KiWi
PAPERBACK
1044

W0177035

Soma Morgenstern

Joseph Roths
Flucht und Ende

Erinnerungen

Herausgegeben und mit einem Nachwort
von Ingolf Schulte

Kiepenheuer & Witsch

1. Auflage 2008

© 2007, 1994 by zu Klampen Verlag, Springe
© 2008 by Verlag Kiepenheuer & Witsch, Köln
Vollständige Taschenbuchausgabe Frühjahr 2008
Verlag Kiepenheuer & Witsch, Köln
Lizenzausgabe mit freundlicher Genehmigung
von zu Klampen Verlag, Springe
Dieses Werk wurde vermittelt durch die Literarische Agentur Thomas Schlück
GmbH, Garbsen.
Umschlaggestaltung: Barbara Thoben, Köln
Umschlagmotiv: © Archiv Kiepenheuer & Witsch
Gesetzt aus der Stempel Garamond
Satz: pagina GmbH, Tübingen
Druck und Bindearbeiten: Clausen & Bosse, Leck
ISBN: 978-3-462-04000-5

Inhalt

Erste Begegnungen

Im Jahre 1909 oder 1910 – ich erinnere mich nicht, in welchem – reiste ich nach Lemberg, wie die Stadt Lwów (damals noch eine österreichische) hieß. Ich war einer von den Delegierten zu einer Landeskonferenz der zionistischen Mittelschüler Galiziens.[1] Ich war einer von den fünf jüngeren Delegierten, von denen einer, der jüngste von uns, Roth hieß. Leon Roth. Diesem Umstand habe ich zu verdanken, daß ich damals Joseph Roth kennengelernt habe. Nach einer der Sitzungen trat ein Junge an unsere Gruppe heran und fragte mich: »Heißt du Roth?« Ich zeigte ihm meinen kleinen Freund Leon, mit dem ich seit Jahren zusammen hauste, der sogleich in all seiner Freundlichkeit dem Fragenden die Hand reichte und sich vorstellte: »*Ich* heiße Roth.«

Der fremde Junge sprach ein so schlechtes Polnisch, daß Leon Roth ihn aufforderte, lieber jiddisch zu sprechen. Die beiden unterhielten sich eine Weile in jiddisch, worauf der Delegierte, der mit dem Vornamen Joseph hieß, erklärte, daß er in Brody ein Gymnasium mit deutscher Vortragssprache besuchte und deshalb nicht polnisch spreche. Auf die Frage, ob einer von uns deutsch spräche, trat ich zu ihm hin, und er zeigte große Enttäuschung darüber, daß Leon Roth kein Verwandter von ihm war.

Joseph Roth war damals fünfzehn Jahre alt. Er hatte hellblondes Haar, blaue, verschmitzte Augen, starke Backenknochen, ein kurzes Näschen, und fast gar kein Kinn. Er war klein, zartknochig, mit schmalen Schultern, und auffallend leichtfüßig. Er gefiel mir gut. Als ich andern Tags bei den Brody-Delegierten mich nach ihm erkundigte, um Näheres über das deutsche Gymnasium in Brody zu erfahren, sagte mir einer, daß er Joseph Roth wohl kenne, daß aber der kleine Jossele gar kein Delegierter sei und sich offenbar in die Konferenz nur aus Neugierde eingeschlichen habe. Er hatte also damals schon die Eigenschaft eines Reporters, die Neugier und die Geschicklichkeit, und ich hatte keine Ahnung, was ein Reporter war. Während der fünf Tage dauernden Konferenz haben wir ihn nicht wiedergesehn.

In Wien begegneten wir Joseph Roth hin und wieder in der Aula der Universität.[2] Ich studierte Jura, er Germanistik, und wir trafen uns oft, aber immer nur flüchtig. Es war keine Freundschaft auf den ersten Blick. Es dauerte, bis wir uns näherkamen.

In jener Zeit begannen an der Universität wochenlang andauernde Raufereien zwischen den Vorgängern der Nazis, den antisemitischen deutschnationalen, und den jüdischen Studenten. Die Juden wären eine zu schwache Minorität gewesen, aber sie hatten tätige Hilfe von den jugoslawischen und tschechischen Studenten. Die Raufereien arteten in stundenlange Kämpfe aus, die sich hauptsächlich in der Aula abspielten, wo die Polizei nach österreichischem Gesetz keinen Zutritt hatte, aber auch draußen auf der Rampe, vor dem Eingang zur Aula. Ich habe damals zu keiner Studentenorganisation gehört, fühlte mich aber verpflichtet, nicht neutral zu bleiben. An den Kampftagen pflegten wir uns in dem Votivpark nahe der Universität zu versammeln, um dann in Gruppen zur Rampe vorzumarschieren. An einem solchen Tag begegnete ich Joseph Roth. Er war damals sehr elegant gekleidet, fast stutzerhaft. Sein blondes Haar war in der Mitte gescheitelt, und er trug zum Erstaunen der kleinen Gruppe ein Monokel. Er hatte keinen Stock und fühlte sich neben uns deplaciert. Während wir uns über die Kampfsituation aussprachen, gesellte sich zu uns der andere Roth, der auch keinen Stock hatte. Die beiden hatten einander seit der ersten Begegnung nicht mehr gesehn. Joseph erkannte aber den Leon sofort. »Ah«, sagte Joseph, »du bist auch ein Neutraler. Die Roths sind keine Kämpfer.« – »Ich bin kein Neutraler«, sagte der noch kleinere und schwächere Leon. »Wenn du kein Neutraler bist, wo ist deine Waffe? Hast du vielleicht eine in der Tasche?« – »Ich habe keine Waffe, und ich weiß, daß ich kein Kämpfer bin. Aber man schlägt hier Juden – will ich auch geschlagen werden.« Joseph lachte. »Du willst ein Märtyrer sein. Wenn du ein Märtyrer sein willst, geh nach Hause und leide. Hier wirst du nur ein Hindernis sein.« Wir anderen waren auch der Ansicht und redeten dem kleinen Freund zu, nach Hause zu gehn. »Du brauchst dich nicht zu schämen. Wir Roths sind Schwächlinge und müssen dem Krieg fernbleiben. Ich geh in die Bibliothek. Dort prügelt man sich noch nicht.« – »Ich bin ein Schwächling wie du«, sagte Leon, »aber ich heiße nicht mehr Roth. Ich heiße Rosenzweig.« Joseph wollte sich vor Lachen ausschütten. »Was«, sagte er, »der Vater hat die Mutter geheiratet?« – »Ja«, sagte Leon, »ich bin jetzt auch nach österreichischem Gesetz legitim geworden.« – »Das hättest du nicht zulassen sollen«, sagte Joseph, »glaub mir, du tätest besser daran, Roth als Rosenzweig zu heißen.« – »Sicher«, sagte Leon, »es ist auch schöner, ein Monokel zu tragen als einen Zwicker.« – »Sehr gut«, sagte Joseph in unschuldiger Heiterkeit, »mit einem Zwicker bist du in der Bibliothek mehr am Platze als hier. Komm mit!« Auch wir rieten Leon nach Hause zu gehn, aber er hörte nicht auf uns.

Joseph Roth erreichte die Universitätsbibliothek nicht. In einer ähnlichen Situation begegnete ich ihm nach Jahren – ich weiß nicht mehr, in welchem Jahr – wieder. Denn die Raufereien in der Aula wurden nachgerade eine Institution. –

Diesmal kam er schnellen Schrittes mit einer Zeitung in der Hand auf uns zu, in sichtlich freudiger Erregung. »Habt ihr schon die heutige *Presse* gelesen?« fragte er uns. Keiner von uns hatte die Zeitung gelesen. Nicht heute, nicht gestern. Und was mich betraf, hab ich damals sehr selten eine Zeitung gelesen. In Wien las normalerweise jeder Mensch seine Zeitung im Kaffeehaus. Aber in jener Zeit besuchte ich sehr selten ein Kaffeehaus. Dazu hatte ich weder Zeit noch Geld. – Roth mußte sich über unsere Indolenz wundern. Er überreichte mir die Morgenzeitung der *Neuen Freien Presse* und zeigte mir den Artikel, der ihn in Erregung versetzt hatte. Es war ein flammender Aufruf gegen die Exzesse an der Wiener Universität, geschrieben von einem Dr. Emil von Hofmannsthal[3], und als Sensation aufgemacht. Wir kannten den Namen des Verfassers nicht. Aber der Inhalt seines Artikels war auch für uns eine Sensation. Roth informierte uns über die Persönlichkeit des Verfassers. Er war ein Vetter des damals schon sehr berühmten Hugo von Hofmannsthal. Er informierte uns auch über den berühmten Dichter, der wohl jüdischer Abstammung, aber kein Jude war. Das war durchaus am Platz, denn wir erst vor einem Jahr nach Wien Zugereisten wußten nicht viel über den Dichter und gar nichts über seinen Verwandten. Joseph Roth war damals nicht länger in Wien als wir. Aber er wußte, daß der Hof- und Gerichtsadvokat Dr. Emil von Hofmannsthal nicht gerade als Verteidiger jüdischer Interessen bekannt war. »Wenn er nicht ein Abtrünniger, ist es sein erstes Bekenntnis zum Judentum – und was für eins!« Nachdem alle den Artikel durchgelesen hatten, beschlossen wir, daß die Schlägereien sehr bald ein Ende nehmen würden. Wir zogen uns daraufhin von dem Zugang zum Schlachtfeld zurück, und selbst der kleine Leon Roth, der gekommen war, damit er zu seiner Portion Prügel käme, wo Juden geprügelt wurden, entschloß sich, den Rückzug anzutreten und ging nach Hause.

Indessen war ich in ein Gespräch mit Joseph Roth geraten, und da wir beide Interesse daran fanden, suchten wir das nächste Kaffeehaus auf. Kaum Platz genommen und einen Kaffee bestellt, kam er wieder auf den Artikel des Advokaten Emil von Hofmannsthal zurück. Er las ihn wieder und besprach mit mir Absatz um Absatz[4]. Die Schlägereien in der Aula der Universität, die er einst so gleichmütig aufgefaßt hatte, hatte er bereits vergessen. Was ihm an dem Artikel am meisten Eindruck machte, war das offene Bekenntnis eines assimilierten von Hofmannsthal zum Judentum. Genauer gesagt, die Teilnahme des Assimilierten an dem Kampf der jüdischen Studenten.

Wenn ich ein Historiker wäre, würde ich jetzt sagen, daß Joseph Roth schon damals diesen Zug seines Wesens deutlich manifestierte, der ihn zum Journalismus hinzog. Da ich aber kein »rückwärtsgewandter Prophet« bin, bekenne ich frei, daß mir das damals nicht auffiel, offenbar, weil mir selber der Gedanke, ein Journalist zu werden, so fern war, daß ich damals kaum bemerkte, wieviel mehr Interesse Roth für Artikel hatte als für die Vorgänge, die der Artikel behandelte. Die *Neue Freie Presse* war damals noch geradezu ein österreichisches Symbol. Ein solcher Artikel in dieser Zeitung machte die Raufereien in der Universität aus einer Wiener lokalen zu einer österreichischen Angelegenheit.

Nachdem er mit dem Artikel endlich fertig geworden war, fragte ich ihn, ob er einem zionistischen Studentenverein angehörte. Er verneinte es mit einer Entschiedenheit, die mir auffiel, und versetzte mir sofort dieselbe Frage. Als ich sie verneinte, rückte er näher mit dem Stuhl und wollte gleich wissen, warum. Ich antwortete ihm ungefähr so: »Ich kann der Zionistischen Partei nicht beitreten, weil ich nur noch ein halber Zionist bin.« – »Was heißt ein halber Zionist?« wollte er wissen. Ich erklärte ihm, warum ich mich so nannte: »Ich bin zu der Einsicht gekommen, daß die Zionisten die sogenannte jüdische Frage mit der Gründung eines jüdischen Staates nur halb lösen werden. Denn es gibt eigentlich keine jüdische Frage. Die Frage ist vielmehr, ob es je gelingen wird, die Katholiken und auch einen Teil der antisemitischen Protestanten zum Christentum zu bekehren. Solange das nicht geschieht, haben die Zionisten einen guten Grund, für einen jüdischen Staat einzutreten, und ich bin auch dafür. Aber das wird nur den Juden helfen, die nach Palästina auswandern. Die zurückbleiben – und das wird die Majorität sein und vielleicht auch bleiben –, für die wird die alte Frage ungelöst bleiben. Und die können nur die Christen lösen, weil es eine christliche Frage ist, wie ich schon gesagt habe. Als ein halber Zionist kann ich der Partei nicht beitreten, wie ich ja überhaupt nicht so geartet bin, daß ich in irgendeiner Partei ein Mitglied sein könnte.«

Roth stimmte mir zu und gestand, daß auch er keine Neigung habe, einer Partei beizutreten. Daß ich die jüdische Frage als eine christliche betrachte, fand er verblüffend genug, um bei andern Begegnungen immer wieder darauf zurückkommen. Ich gab ihm einen Grund an, von dem ich damals glaubte, daß er der einzige war. Es war ein literarischer Grund und das amüsierte ihn nicht wenig. Wie für ihn, so war auch für mich Max Nordau, der Zionistenführer, an Bedeutung für diese Bewegung geringer nur als ihr Schöpfer, Theodor Herzl.[5] Ich kannte den Namen Nordau schon als Kind. Mein Vater war ein Leser der *Neuen Freien Presse*, aber das war nichts für uns Kinder. Und wenn ich zurückdenke, erinnere ich mich nur, daß am Ende eines Jahres die Freunde und Bekannten meines Vaters, die Interesse für eine Zeitung hatten und in deutscher Sprache lesen konnten, eigens in unser Haus kamen, um einen Artikel von Max Nordau zu lesen. Es war der Artikel, in dem er die Übersicht

der politischen Ereignisse des Jahres summierte und vermutlich auch Zukunftsprognosen stellte. Diese Nummer wurde
nicht nur gelesen, sondern buchstäblich zerlesen. Das ist eine
Kindheitserinnerung. Später, im Gymnasium, war Nordau
natürlich nach dem Tode Herzls für uns der führende Name
in der zionistischen Bewegung. Das einzige Buch, das ich
noch in meiner Gymnasiastenzeit von ihm gelesen habe, war
Die Konventionellen Lügen. Im Jahre 1912 in Wien las ich
sein Werk *Die Entartung.* Dieses Buch machte der Legen-
dengestalt ein jähes Ende. Mit Bestürzung mußte ich einsehn,
daß ich von der Literatur mehr verstand als Max Nordau.
Und das war kein heiteres Erlebnis. Von dem damals berühmten Lombroso[6] hatte Nordau seine Theorie der *Phobien* übernommen, und mit geradezu maniakalischer Verbis-
senheit hängte er jedem der damals berühmten Schriftsteller
eine oder mehrere Phobien an. Alle waren entartet, nur Lombroso und Nordau nicht. Ich hatte schon als Siebzehnjähri-
ger alle Bände von Georg Brandes' *Die Hauptströmungen in
der Literatur* gelesen.[7] Geradezu mit Entsetzen las ich nun
die banalen und kleinlichen Diagnosen eines Arztes, der im
Grunde als völlig kunstfremder Mann sich zeigte, obwohl er
selber als Schriftsteller seinen Rang hatte. Roth hatte das
Buch auch gelesen, aber er nahm meine Mitteilung, daß ich
aus diesem Grunde keinem zionistischen Studentenverein
beigetreten bin, nicht völlig ernst. Er hatte wohl recht, aber
ich konnte das damals nicht einsehen. Was ich als Grund
angab, war wohl nur ein Anlaß. Aber das hab ich erst viel
später eingesehn. Er selber schien mir damals für die Assimilation was übrig zu haben. Er meinte, die zionistische Idee
sei sehr verführerisch, namentlich für die jüdische Jugend,
die unter dem Druck des Antisemitismus aufgewachsen war,
also für uns Ostjuden. Aber die Verwirklichung der Idee
hätte gar keine Chancen. Er selber sei ein Realist und habe

diese Jugendträume längst aufgegeben. Ich war der Ansicht, daß die Lösung der sogenannten Judenfrage im Westen ebenso aktuell war wie im Osten. Daß eine Lösung ohne Errichtung eines Judenstaats nicht möglich sei, daß aber die Errichtung eines solchen Staates nicht alle Probleme lösen würde. Die antisemitischen Exzesse an der Universität waren für mich ein Beweis, daß in dieser Hinsicht kein großer Unterschied zwischen Osten und Westen sei. Unsere Ansichten gingen aber nicht zu weit auseinander, und unser Gespräch führte uns unversehens zur Literatur zurück. Noch immer den Artikel von Emil von Hofmannsthal im Auge, als fürchte er, er könne aus der Zeitung herausfallen, fragte er mich, ob ich die Werke Hugo von Hofmannsthals kenne. Ich mußte das ohne Scham verneinen. Die erste Zeit in Wien verbrachte ich in Konzerten und in den Hörsälen der Universität. Für Lyrik hatte ich nicht viel Zeit. Roth informierte mich über den Dichter, den er besonders als Lyriker hochschätzte. Was ihm an Hofmannsthal damals am meisten imponierte, war, daß er schon als jugendlicher Gymnasiast unter einem Pseudonym einen Gedichtband veröffentlicht hatte, mit der Bewilligung der Schulbehörde natürlich.[8] Denn solche Wagnisse waren Mittelschülern in Österreich verboten. Ich fragte ihn, ob er selber je solche Sünden beging. Er verneinte das, aber nicht so entschieden, wie er es in späteren Jahren tat, als er schon ein berühmter Prosaschreiber war. Noch im letzten Jahr seines Lebens pflegte er mit Stolz zu behaupten: »Ich habe nie Gedichte geschrieben. Flaubert hat keine Gedichte geschrieben, und Tolstoi auch nicht.« – Nach seinem Tode fand ich in der Holzkiste einige Blätter mit säuberlich aufgeschriebenen Gedichten, ungefähr aus der Zeit unserer ersten Begegnung in Wien.[9]

Als wir wieder zu Max Nordau zurückkehrten, improvisierte Roth Phobien, die Nordau Hofmannsthal zugeschrieben hätte, wäre dieser in das Blickfeld des großen Diagnostikers geraten. »Eigentlich müßten wir uns schämen, daß wir Max Nordau so verehrt haben«, sagte er. »Das nicht«, sagte ich, »verglichen mit andern politischen Führern, sogar mit manchen berühmten österreichischen Parteigrößen, war unser Max Nordau noch eine überirdische Erscheinung.« Damit gab sich Roth zufrieden. Um ihn ganz zu trösten und mit den Juden wieder zu versöhnen, nannte ich ihm Georg Brandes und sein Werk über die moderne europäische Literatur. Von diesem kannte Roth damals nur den Titel. Mit dem uneingeschränkten Enthusiasmus, den ich damals noch für das umfangreiche Werk von Brandes hatte, empfahl ich ihm dringend, die Bekanntschaft mit Georg Brandes zu machen. Als ich ihm nach einigen Wochen wieder begegnete, hatte er die vielen Bände bereits durchstudiert. Das war der Anlaß zu mehreren weiteren Verabredungen. Aber zu einer nahen Freundschaft reichte es noch nicht aus. Ich hatte in Wien einige nahe Freunde noch aus meiner Gymnasiastenzeit. Und so ging es auch Joseph Roth.

Er war mir sehr dankbar für meine Anregung, das Werk von Brandes zu lesen, und kam öfter darauf zurück. Diesbezüglich sind mir nur zwei von seinen Bemerkungen in Erinnerung geblieben: Wie ich zum ersten Mal nach Wien gekommen bin, sagte er, war ich von der großen Stadt so überwältigt, daß ich mir nicht vorstellen konnte, mich je hier zurechtzufinden. Nach vielen Monaten konnte ich mich nur in der Inneren Stadt orientieren. Eines Tages schenkte mir eine Freundin einen Stadtplan von Wien. Nachdem ich ihn genau durchstudiert hatte, fühlte ich mich geradezu sicher, und mit Stolz gab ich Auskunft, wenn mich auf der Straße jemand nach einer Gasse fragte. Nach der Lektüre von Brandes hatte ich den Eindruck, als hätte er mir einen Plan der europäischen Literatur aufgezeichnet. Es ist eine große Bereicherung, dieses Werk kennenzulernen, und ich werde dir ewig dafür dankbar sein. – Er machte aber einen Einwand: Brandes hat manchmal eine Art, an einem Dichter was auszusetzen, wie ein richtiger Professor der Literatur, zum Beispiel wenn er von Hans Christian Andersen spricht und ihn mit Recht in den Himmel lobt, läßt er es sich nicht nehmen, zu bemerken, daß dieser entzückende Dichter ein naiver Kleinstädter war. – Ich habe nie nachkontrolliert, ob das stimmt. Ich hatte, wie gesagt, das Werk im Alter von siebzehn Jahren gelesen und hätte nicht gewagt, an einem Autor, der ein so ungeheures Gebiet der Literatur beherrschte, irgend eine Schwäche zu finden.

Ich freute mich immer über jede Begegnung mit Roth, am Anfang einfach aus dem Grunde, weil ich mit ihm deutsch sprechen konnte. Denn mit den andern Freunden sprach ich in den ersten Semestern in Wien noch polnisch. Roth hatte im Gegensatz zu uns allen in Galizien ein Gymnasium mit deutscher Vortragssprache absolviert. Es gab nur zwei solche Gymnasien in Galizien, eins in Lemberg für die Kinder der dort stationierten Offiziere, und eins in Brody, vermutlich als Überbleibsel der Haskala, die in dieser Stadt geradezu aufblühte.[10] Roth sprach ein sehr mangelhaftes Polnisch und ein noch mangelhafteres Ukrainisch. Man kann nicht einmal sagen, daß er polnisch oder ukrainisch sprach. Er verstand beides, sprach aber beides ungern, mit einer mich entsetzenden Aussprache. Er merkte das und vermied es, in meiner Gegenwart diese Sprachen zu mißhandeln.

Eines Tages machte er mir den Vorschlag, mit ihm in den Prater zu gehn. Nachdem wir dort alle Belustigungen mit Ausnahme eines Aufstiegs im Riesenrad absolviert hatten, ruhten wir uns in einem schattigen Winkel aus. Er kam auf unsere Begegnung in Lemberg zu sprechen und erinnerte sich, daß ich damals in Trauer war. Ich sagte ihm, daß in dem

Jahr mein Vater gestorben war. Er wollte wissen, ob ich in guter Beziehung zu meinem Vater stand. Ich antwortete ihm: »Ich habe diesen Verlust noch nicht überwunden und ich hoffe, ihn nie zu überwinden. So stand ich zu meinem Vater.« – »Ich habe nie einen Vater gehabt, das heißt ich habe ihn nie gesehen. Ich kann mich an ihn nicht erinnern. Er hat meine Mutter verlassen wie ich kaum über ein Jahr alt war. Er ist angeblich in einem Städtchen, das der Sitz eines Wunderrabbis war, in religiösem Wahnsinn gestorben. Du warst schon in der fünften Gymnasialklasse, wie du den Vater verloren hast. Du weißt nicht, wie es ist, ohne Vater aufzuwachsen.« Es war das erste Mal, daß ich Roths Trauer um einen Vater, den er nicht kannte, erlebte. Es war der Tag, an dem wir gute Freunde geworden sind. Wir verbrachten auch den Abend bis spät in die Nacht zusammen. Diesmal verabredeten wir ein Wiedersehn und verließen uns nicht mehr auf eine zufällige Begegnung.

Auf einem Ausflug nach Rodaun bei Wien gingen wir stundenlang über die Wiese in Lainz. Es war ein sanfter, sonniger Tag im Frühherbst. Roth war damals gut zu Fuß. Aber nach einer halben Stunde schlug er vor, daß wir uns hinsetzen. Wir saßen eine Weile schweigend in aller Einsamkeit. In der Nähe ließ ein verspäteter Vogel einen klaren Pfiff hören… einmal, zweimal, dreimal. Joseph Roth war entzückt und sagte: »Ich bin völlig unmusikalisch. Aber die Vögel hör ich gern singen.« Ich konnte es nicht glauben, daß ein so sensibler Mensch völlig unmusikalisch sein könnte und sagte es ihm. Ich legte ihm nahe, daß es nach meiner Erfahrung sehr wenige Menschen gibt, die völlig unmusikalisch sind. Meistens behaupten das sogar sehr musikalische Menschen, die keine musikalische Bildung haben und demzufolge ein ernstes Werk der klassischen Musik nicht verstehen. Er blieb aber dabei, daß er musikalisch ungebildet sei und kein Interesse für Musik habe. »Wir wollen das ausprobieren«, sagte ich. »Ich sing dir einige einfache Volkslieder, und wir wollen sehn, ob sie dich langweilen.« – »Du kannst singen?« fragte er. – »Ich kann nicht singen. Aber ich singe.« Und ich sang ihm einige Volkslieder vor. Jüdische und ukrainische. Ein jüdisches und ein ukrainisches gefielen ihm sehr. Ein trauriges ukrainisches und ein noch traurigeres jüdisches Volkslied mußte ich ihm wiederholen, das ukrainische sogar mehrere Male. Es hatte zwei Strophen, die er sich gemerkt hatte, und als er die Worte mit geringer Hilfe wiederholen konnte, mußte ich es ihm noch einmal singen. Hier das Lied, aus dem Ukrainischen wörtlich übersetzt:

> Hyla, Hyla, weiße Gänse,
> Hyla, Hyla, auf der Donau.
> Was du begehrt hast,
> Das hast du bekommen.
> Jetzt sitz und sinne.

> Hyla, Hyla, weiße Gänse,
> Hyla, Hyla, auf dem Fluß.
> Wen du begehrt hast,
> Den hast du bekommen.
> Jetzt sitze in aller Ewigkeit.

Das jüdische merkte er sich natürlich viel leichter. Es lautet:

> Es war einmal eine Geschichte.
> Die Geschichte ist gar nicht fröhlich.
> Die Geschichte fängt an
> Mit einem jüdischen König.

> *Refrain:*
> Lululu, mein Vögelchen.
> Schlaf schon, schlaf, mein Kind.

Vergangen eine solche Liebe.
Weh ist mir und wind[11].

Der König hatt' eine Königin.
Die Königin hatt' einen Garten.
Der Garten hatte ein Bäumchen.
Schlaf nur, schlaf, mein Kind.

Refrain

Das Bäumchen hatte ein Zweiglein.
Das Zweiglein hatte ein Nestchen.
Das Nestchen hatte ein Vöglein.
Schlaf schon, schlaf, mein Kind.

Refrain

Der König is' gestorben –
Die Königin is' worden verdorben.
Das Zweiglein is' abgebrochen.
Das Vöglein weggeflogen.

Lululu, mein Vögelchen,
Schlaf schon, schlaf, mein Kind.
Vergangen eine so große Liebe.
Weh ist mir und wind.

Ich setze den Text dieser Lieder hierher, weil beide Joseph Roths Lieblingslieder geworden sind, für sein Leben lang. Sooft wir uns, manchmal nach Jahren der Unterbrechung, wiedergesehen haben, gab es mindestens einen Tag, da ich ihm diese zwei Lieder singen mußte.

Nach diesem Divertimento erhob sich Roth erfrischt und ausgeruht, und wir konnten noch eineinhalb Stunden bis Rodaun gehen. Aber ehe wir aus der Einsamkeit der Wiese herauskamen, bat er mich noch einmal um die Wiederholung des jüdischen Volkslieds, und diesmal weinte er der vergangenen Liebe eine Träne nach. Nachdem er sie mit einem Taschentuch offen getrocknet hatte, sagte ich ihm: »Rabbi Nachman von Brazlaw sagt: ›Böse Menschen lieben traurige Lieder‹.«[12] – »So«, rief Roth jubelnd aus, »ich gehöre dazu. Ich bin ein böser, böser Mensch!« Diesen seinen Lebensrefrain habe ich im Laufe unserer Freundschaft von ihm noch viel öfter gehört, als er von mir seine Lieblingslieder. Einen Monat vor seinem Tode hat ein Maler, der uns oft im Bistro besuchte, Roth gezeichnet. Ihm gefiel die Zeichnung sehr. Sie existiert noch und ist öfter veröffentlicht worden. In Roths Handschrift stehen unter dem Bild die Worte: »Das bin ich wirklich; böse, besoffen, aber gescheit«.[13]

Nach einer Woche erhielt ich eine Postkarte, in der er mich aufforderte, wieder einmal mit ihm in den Prater zu gehn. Es fiel mir auf, daß die Karte mit den Worten begann: Lieber Herr Morgenstern.

Ich machte mir aber keine Gedanken darüber. Wir hatten uns vor vielen Jahren in einem Alter kennengelernt, wo Gymnasiasten ausnahmslos »du« sagen, und setzten das später in Wien einfach fort. Wir trafen uns an einem Samstag im Prater, verzichteten diesmal auf die Lustbarkeit der Praterbuden, die auf Joseph Roth immer eine große Verlockung ausübten, und gingen einfach spazieren. Als wir an dem kleinen See vorbeigingen, wo Ruderboote zu mieten waren, blieb er eine Weile stehn und sagte schon im Vorbeigehn: »Eigentlich wäre es schön, hier eine kleine Bootsfahrt zu machen. Kannst du rudern?« – »Das ist kein großes Kunststück«, sagte ich, »ich kann natürlich rudern.« – »Bei dir ist auch singen kein Kunststück«, sagte er zornig. »Ich zum Beispiel kann nicht rudern.« – »Du vergißt, daß ich nicht in der Stadt aufgewachsen bin, sondern in einem Dorf«, sagte ich.

»Auf dem Gut, wo mein Vater in den letzten Jahren seines Lebens angestellt war, gab es einen Teich, wild von hohem Röhricht umstanden, fast zur Hälfte mit grünem Seegras bewachsen und viel größer als dieser See da. Aber man nannte ihn einfach ›staw‹, das heißt Teich. Meine Brüder und ich hatten ein eigenes Boot, und wir ruderten und fischten und fingen selbst die Schleien für den Sabbat. Wenn du keine Angst hast, kann ich dir das Kunststück beibringen.« – »Ich habe Angst. Aber ich lerne gern.« Wir mieteten ein Boot für eine Stunde. Roth stellte sich tatsächlich ängstlich an, aber er assistierte mir, bis er die aufgeriebene Haut an seinen Händen zeigte und das Rudern aufgab, ohne in der ersten Lektion viel gelernt zu haben. »Ich bin ein schwacher Stadtjud. Meine Hände sind zu zart für eine so rauhe Beschäftigung.«

Auf dem Heimweg ließ er es sich nicht nehmen, eine Schießbude zu besuchen und einige Schießübungen zu machen. Er zielte ganz gut und gewann, was da zu gewinnen war. »Du kannst natürlich auch besser schießen«, sagte er. »Ich kann überhaupt nicht schießen«, sagte ich, »mein Vater war ein sehr frommer Mann, und er hätte uns nicht erlaubt, ein Gewehr auch nur anzurühren.«

Hernach gingen wir in ein kleines Café, wo es keine Musik gab. »Ist dir bei meiner Karte nichts aufgefallen?« fragte er. Ich hatte schon vergessen, was mir eigentlich aufgefallen war, und sagte nein. »Ist dir nicht aufgefallen, daß ich mit ›Lieber Herr Morgenstern‹ angefangen habe?« – »Ach ja«, erinnerte ich mich, »es ist mir aufgefallen. Aber ich hab mir keine Gedanken darüber gemacht. Du hast dich sicher verschrieben.« – »Ich hab mich nicht verschrieben. Ich wollte dich ärgern.« – »Warum?« fragte ich. »Weil ich mich über dich geärgert hab.« – »Warum? Was hab ich dir getan?« – »Wie ich dich gefragt hab, ob du singen kannst, hast du mir geantwortet: Ich kann nicht singen, aber ich singe. Dann hast du so schön gesungen, daß ich weinen mußte. Warum hast du das gesagt? Bist du so bescheiden?« – »Ich weiß nicht genau, warum ich das gesagt habe. Aber sicher nicht aus Bescheidenheit. Du hast damit angefangen, daß du nicht musikalisch bist. Vielleicht wollte ich dich ausprobieren. Wenn er nicht merkt, daß ich singen kann, dachte ich wahrscheinlich, ist er am Ende tatsächlich unmusikalisch. Aber wenn dich das so geärgert hat, warum hast du mir das nicht gleich gesagt?« – »Ich habe beschlossen, mit dir einen Pakt zu machen. Wir sind jetzt schon gute Freunde geworden. Machen wir miteinander aus: wenn einer von uns sich über den andern ärgert, soll er ihm ein Zeichen geben, in dem er ihm plötzlich einen Brief schreibt mit ›Lieber Herr‹. Das wird ein Zeichen sein, daß etwas zwischen uns zu bereinigen ist. Und das wollen wir immer mündlich ausmachen, nicht schriftlich. Wenn man so was aufschreibt, wird es zu ernst.« Ich habe diesen Pakt vergessen und in Jahren keinen Gebrauch davon gemacht. Nach vielen, vielen Jahren, als er sein erstes Buch veröffentlichte, erhielt ich plötzlich einen Brief mit: Lieber Herr Morgenstern, offenbar in ungeduldiger und zorniger Erwartung einer Besprechung. Als ich darauf nicht reagierte, erhielt ich ein Exemplar des Buches mit der Widmung: Für Herrn Dr. Morgenstern, im Falle einer gut placierten, günstigen Besprechung.[14] Da ich Buchbesprechungen nicht gern und fast nur in der *Frankfurter Zeitung* schrieb, erhielt ich noch mehrere solche Exemplare. In der *Frankfurter Zeitung* war unsere Freundschaft zu bekannt, um mir eine Besprechung eines Buchs von Joseph Roth anzuvertrauen. Und ich selber war nicht geneigt, das Spielchen ›Besprichst du mich, besprech ich dich‹ mitzumachen.

Zum Beginn des Wintersemesters 1913 trafen wir uns bei den Vorlesungen über griechische Philosophie von Professor

Heinrich Gomperz, dem berühmten Verfasser des Werks: Griechische Denker.[15] Joseph Roths Interesse für Philosophie war spasmatisch und setzte bald ganz aus. Er ging damals auch sehr selten ins Theater und besuchte nie ein Konzert. Ich kann mich nicht erinnern, mit ihm damals über Politik geredet zu haben. Wir sprachen also meistens über Literatur und tauschten Erinnerungen aus unserer Gymnasiastenzeit in der Heimat aus. Spät im Herbst wurde ich telegraphisch zur Nachmusterung gerufen. Ich kehrte nicht bald nach Wien zurück, und wir sahen uns erst am Jahre 1914 in Lemberg wieder.

1914

Wir trafen uns zufällig auf der Karl Ludwig-Straße. Ich hatte die erste juristische Staatsprüfung hinter mir und wollte mich ein paar Tage in Lemberg erholen, bevor ich aufs Land ging, um mir in den Ferien das Geld für die nächsten zwei Semester zu verdienen. Da kam die Nachricht von der Ermordung des österreichischen Thronfolgers in Sarajewo. Roth war sicher, daß jetzt der Krieg unvermeidlich war. Ich teilte seine Meinung. Aber selbst in so ferner Erinnerung und nach der Erfahrung, was dann alles über die Welt gekommen ist, könnte ich nicht behaupten, daß uns an jenem Tag die Gewißheit eines nahenden Kriegs auch nur im geringsten erschreckte. Für uns bedeutete der Krieg soviel wie: Krieg gegen Rußland. Diese Aussicht erfüllte uns mit Genugtuung und freudiger Aussicht auf einen Sieg. Wir waren noch Kinder, als die Russen die Schande ihrer Niederlage von 1905 erlitten. Wir gönnten ihnen die schmähliche Niederlage, wie wir Japan den Sieg gönnten. In den drei Tagen, die wir zusammen verbrachten, sprachen wir kaum von etwas anderem als dem kommenden Krieg. Wir sind erst in diesen Tagen eifrige Zeitungsleser geworden.

Nach einem Spaziergang beschlossen wir, zusammen Mittag zu essen. Roth, der Lemberg besser kannte als ich, schlug ein Gasthaus vor, von dem er behauptete, es wäre das beste jüdische Gasthaus. Wir gingen hin, und die Mahlzeit war so gut, daß ich mich noch heute an den Namen erinnere. ›Zehngut‹ hieß es. Roth fiel es ein, mich zum ersten Mal zu fragen, warum ich eigentlich Jura studiere, wenn ich ja doch meistens an Philosophie, Literatur und Musik interessiert war. Ich erzählte ihm, daß mein Vater mir nach langem Kampf die Erlaubnis zum weltlichen Studium nur unter der Bedingung gab, daß ich Jura studiere, aber keinesfalls Advokat, sondern Richter würde. »Aber dein Vater ist doch schon seit vier Jahren tot, soviel ich weiß. Mußt du noch jetzt das Versprechen einhalten?« – »Gerad weil er tot ist«, sagte ich ihm, »werde ich mein Versprechen einhalten. Wenn er noch am Leben wäre, könnte ich es ihm vielleicht noch abhandeln.« Er stellte mir dann viele Fragen über meinen Vater. »Du hast deinen Vater sehr geliebt?« wollte er noch wissen. »Ja«, sagte ich, und ich wollte ihm noch weiter erzählen, aber ich lenkte ab, weil ich plötzlich inne wurde, daß es ihm eine Art Wehlust bereitete, von Vätern zu sprechen, die nicht mehr da waren. Das machte ihm vermutlich den Unterschied zwischen einem verschollenen und einem verlorenen Vater noch schmerzlicher.

Nach einer Weile des Schweigens erregte ein gerade eingetretener Gast seine Aufmerksamkeit. Es war ein sehr vornehmer alter Herr. Er hatte einen dunkelblauen Rock an, eine taubengraue Hose, und über den braunen Schuhen schneeweiße Gamaschen – so weiß wie sein Spitzbart. Er war offenbar ein Stammgast. An den edlen Zügen verriet ein leichtes Lächeln bereits das Vorgefühl der bevorstehenden

Mahlzeit. Roth, an dem ich sein besonderes Interesse für alte, gutaussehende Herren längst bemerkt hatte, fragte mich plötzlich: »Wie stellst du dir dich als alten Mann vor? Wie glaubst du, wirst du aussehen? Wie wirst du leben? Was wirst du tun?« So ein Gedanke war mir nie gekommen, und ich sagte ihm das. Er wunderte sich sehr. Ich erklärte es ihm damit, daß es in unserer Familie väterlicherseits kaum je einen alten Mann gegeben hat. »Ich glaube nicht, daß ich die Ausnahme sein werde, und ich mache mir weder Sorgen noch Gedanken darüber.« – »Ich ja«, sagte Roth. »Ich denke sehr oft daran. Und immer seh ich mich so: Ich bin ein alter, magerer Greis. Ich habe ein langes, schwarzes Gewand an mit langen Ärmeln, die meine Hände fast ganz bedecken. Es ist Herbst, und ich gehe in einem Garten spazieren und denke mir listige Intrigen aus gegen meine Feinde. Gegen meine Feinde und auch gegen meine Freunde. Listige Intrigen.« Ich sah ihn groß an. Es war ihm sehr ernst, dieses Zukunftsbild zu malen, und er hatte richtiges Vergnügen daran. Diese Frage, und die Antwort, die er sich selbst gab, hat er mir im Laufe der Jahrzehnte oft wiederholt, immer mit demselben Vergnügen, und kein Strich im Bilde blieb weg. Immer die langen Ärmel, und immer die Intrigen. Listige Intrigen. Gegen Feind und Freund. Sein Leben lang kokettierte er mit solchen Gedanken, die er mit Vergnügen »böse« nannte. Ich nehme an, daß ich nicht der einzige war, dem er diese Frage gestellt und sich selbst diese Antwort gegeben hat, sonst hätte er kaum vergessen können, daß er meine Antwort schon hatte. An die Wiederholungen kann ich mich nicht mehr erinnern. Aber das erste Mal hat mich das Bild, das er von sich als altem Mann ausmalte, sehr beeindruckt. Das ist auch wahrscheinlich der Grund, warum ich mich an jenen Tag und das Mittagessen bei ›Zehngut‹ so frisch erinnere, als wäre es gestern gewesen.

Als wir uns verabschiedeten, fiel keinem von uns ein, daß wir uns nächstens als Flüchtlinge in Wien treffen sollten. Unsere Erwartung, daß der Krieg mit dem Einmarsch der österreichischen Armee in die Ukraine beginnen würde, hat sich nicht verwirklicht. Denn nach meiner Flucht über Ungarn in Wien angekommen, konnte ich bereits in der *Neuen Freien Presse* lesen: Lemberg noch in unserm Besitz! Diese Meldung hat dann Flügel bekommen. Denn sooft die Russen in ihrem Vormarsch daran waren, eine Stadt zu erobern, begrüßten wir uns mit dem Satz: Lemberg ist noch in unserm Besitz. Trotzdem war die Kriegsbegeisterung in Wien noch so groß wie unsere in den ersten Tagen in Galizien.

Wir verabredeten diesmal, wenigstens in brieflichem Kontakt zu bleiben. Roth gab mir, wenn ich mich recht erinnere, für die nächste Zeit eine Adresse in Mähren, wo er jetzt hinreiste. Ich weiß nicht mehr, in welcher Stadt er dort Verwandte hatte. Ich glaube nicht, von dieser Adresse je Gebrauch gemacht zu haben, denn nur zu bald war ich ein Flüchtling. Bald hab ich zum ersten Mal in meinem Leben alles verloren: meine Bücher, meine Tagebücher, meine Jugend, meine Heimat. Ich habe mich nicht zu schnell entschlossen, ein Flüchtling zu werden. Ich war so sicher, daß unsere Kavallerie in ihren roten Hosen siegreich in Kiew einziehen würde, daß ich einen Posten als Hauslehrer bei einem Gutsbesitzer in der Nähe der Stadt für drei Monate angenommen hatte. Dieses Dorf sollte ich nicht kennenlernen, denn eines Samstags – ich saß mit meiner Mutter und meiner Schwester beim Mittagessen – kündigte ein heftiges Artilleriefeuer das Ankommen der Russen und den Rückzug unserer Armee an. So wie wir bei Tisch saßen, standen wir auf und flüchteten – zunächst zu Fuß. Zu dritt mit Mutter und Schwester verließen wir die Stadt im Strom der Flüchtlinge und wanderten westwärts in das Dorf, wo mein Schwager wohnte. Ich hatte noch die Geistesgegenwart, einen Regenmantel mitzunehmen, und das war mein einziger Besitz, mit dem ich in Wien nach sechs Wochen mit meiner Familie angekommen bin.[16]

Roth hab ich erst wieder in der Aula der Universität getroffen. Wir hatten beide inskribiert, und wie wir früher nicht daran gedacht hatten, daß wir bald Flüchtlinge sein würden, so fiel es uns in den nächsten Wochen nicht ein, daß wir bald Soldaten sein würden.[17] Obwohl ich erst vor einigen Monaten endgültig als untauglich erklärt worden war, mußte ich schon im November wieder zur Musterung. Diesmal hatte ich Erfolg. Ich wurde für tauglich zum Militärdienst erklärt. Roth beneidete mich, denn er sollte erst später drankommen. Er war ein Patriot und ein Optimist. In diesen letzten Monaten unseres Zivilistenlebens waren wir sehr oft miteinander. Wir lasen im Café die Zeitungen und sprachen nicht mehr von Literatur, sondern vom Krieg. Natürlich interessierte uns in erster Reihe die Ostfront. Bei jeder Begegnung zählten wir die Städte, die die Russen in ihrem Vormarsch besetzt hatten. Da in Galizien die Festung Przemyśl sich lange gehalten hat, hatten wir noch Hoffnung, daß unsere Armee in einem offensiven Vorstoß unsere Heimat wieder befreien würde. Diese Hoffnung hegten wir noch, als die Russen schon tief in Ungarn vorgerückt waren.

Eines Tages erinnerten wir uns an unsere erste Begegnung in Lemberg, und da machte mir Roth ein merkwürdiges Geständnis. Er erzählte, daß er kein Delegierter zu der Konferenz der zionistischen Jugend war. Er wäre nur zufällig in Lemberg bei Verwandten zu Gast gewesen und konnte seinem Drang nicht widerstehn, den Sitzungen beizuwohnen, zunächst als Zuhörer. Als so intensiver Zuhörer, daß er der Versuchung nicht widerstehen konnte, einen Delegierten zu spielen. Wir haben uns beide darüber amüsiert, und Roth wollte wissen, ob ich imstande gewesen wäre, so etwas zu tun, was ich entschieden verneinte. Nach vielen Jahren, in Paris im Jahre 1938 – ich hatte dieses Geständnis längst vergessen –, fiel es Roth ein, mich zu fragen, ob ich mich noch erinnerte, wann und wo wir uns kennengelernt hatten. Ich schlug ihm vor, daß jeder von uns das aufschreibe, daß wir dann unsere Aufzeichnungen vergleichen, um zu sehen, wer von uns sich genau erinnert. An unsere erste Begegnung erinnerte ich mich wohl, aber an das im Jahre 1914 gemachte Geständnis, er sei kein Delegierter gewesen, erinnerte ich mich nicht mehr. Roth war sehr stolz darauf, denn im Lauf der Jahrzehnte hatte er die Erfahrung gemacht, daß ich mich an unsere Gymnasiastenzeit in Galizien bei weitem genauer erinnerte als er. Bei dieser Gelegenheit machte er mir ein neues Geständnis: »Im September 1913 hat in Wien ein zionistischer Kongreß stattgefunden. Damals war ich schon Student der Wiener Universität.[18] Obwohl ich damals schon nicht mehr so ein eifriger Zionist war, war ich sehr neugierig auf die Vorgänge im Kongreß. Ich wollte die Führer, deren Namen uns in der Jugend so gut bekannt waren, ich wollte die großen Redner hören, deren Reden bei den Kongressen wir in der Zeitschrift *Die Welt* so gierig gelesen hatten. Kurzum, ich wollte dabei sein. Zufällig hatte ich damals genug Geld. Ich ließ mir rechtzeitig für die Dauer des Kongresses ein Zimmer reservieren im Hotel Imperial. Ich wußte, daß die meisten Delegierten im ›Imperial‹ wohnen würden und hoffte die Gelegenheit zu finden, einige von ihnen kennenzulernen. Das Hotel war natürlich vollbesetzt. Ein paar Tage vor der Eröffnung kam der schon damals weltberühmte Schriftsteller Scholem Alejchem ins ›Imperial‹ und wollte dort ein Zimmer haben.[19] Der Portier sagte ihm: ›Bedaure. Alles ausverkauft. Die meisten Delegierten zum Kongreß wohnen bei uns.‹ Scholem Alejchem ließ sich die Liste zeigen und fand einen Namen, der ihm nicht bekannt vorkam, in einem Einzelzimmer. Er fragte den Portier, ob das auch ein Delegierter sei. Der Portier sagte ja. Scholem Alejchem beschloß, die Bekanntschaft dieses Delegierten zu machen, der allein und unbeweibt in einem Zimmer wohnte. Er ging also hinauf und klopfte an die Tür. Ich war zu Hause und öffnete. Er trat ein und zeigte mit dem Zeigefinger auf mich gerichtet: ›*Du* bist der Delegierte?‹ Ich kannte sein Gesicht von vielen Bildern. Ich sagte ihm gleich, daß es mir eine große Ehre sein würde, ihn als Gast in meinem Zimmer zu haben – obwohl ich kein Delegierter war. Wir lachten beide. Ich ließ seinen Koffer aufs Zimmer bringen. Scholem Alejchem entschied sogleich, daß er im Bett und ich auf dem Sofa schlafen werde und nahm mich dann dafür, sooft ich wollte und sogar schon zur Eröffnung des Kongresses, mit. Er stellte mich, sooft sich die Gelegenheit bot, diesem oder jenem von den Berühmten immer mit einem verschmitzten Blick als Delegierten Joseph Roth vor.«

Ich erinnere mich nicht, welche anderen Abenteuer, die er seiner rührigen Neugier zu verdanken hatte, er mir 1914 noch erzählte. Wir überlegten schon damals beide, was hinter dieser seiner Neugier eigentlich steckte. Schließlich sagte ich ihm, im Scherz natürlich: »An dir wird ein Journalist verlorengehn.« – »Warum ein Journalist?« fragte er. Ich sagte ihm: »Du gehst gern dahin, wo du nicht hingehörst, um dann zu erzählen, was sich dort abgespielt hat. Das sind die Eigenschaften eines Journalisten: Die Gier, was Neues zu erfahren, und der Drang, darüber Bericht zu erstatten.« Roth war damals sehr weit davon entfernt, sich vorzustellen, er könnte Journalist werden. Aber er war sehr stolz darauf, daß ich es ihm, wenn auch im Scherz, zutraute. Daran erinnerte er sich noch im Jahre 1938. »Siehst du, du hast mir damals gesagt, daß an mir ein Journalist verloren gegangen ist. Dein Scherz hat gewiß nicht dazu beigetragen, daß ich den Journalisten in mir wiedergefunden habe. Aber sooft ich daran dachte, war ich dir sehr dankbar.«

Und das stimmt. Joseph Roth war sehr gern ein Journalist. Es gibt, und es gab schon immer, Schriftsteller, die sich ihrer journalistischen Vergangenheit schämten. Nicht so Roth. Er war stolz darauf. Und er ging soweit, bis in die letzte Zeit seines Lebens mir immer wieder zu wiederholen, daß er unter Journalisten bei weitem sympathischere, anständigere, ja ehrenwertere Männer gefunden hat als unter Schriftstellern. Und er zählte mir immer wieder die Namen seiner Freunde unter den Journalisten auf, darunter sogar ein paar Kommunisten, deren Gesinnung und Verbohrtheit er verabscheute, und zwar offen verabscheute. Auf dieser Liste seiner Journalistenfreunde stand immer an erster Stelle Egon Erwin Kisch.[20] Just diesen wollte ich nie als Beweis annehmen. Egon Erwin Kisch hat jeder, der ihn kannte, gern gehabt, namentlich auch die Kinder. Unser gemeinsamer Freund Dr. Löbel erzählte mir von dem ersten Besuch Kischs in seinem Hause.[21] Dr. Löbel hatte zwei Söhne, sechs und sieben Jahre alt. Die Kinder waren von Kisch so entzückt, daß sie, wie er das Haus verlassen hatte, in heller Begeisterung ihrem Vater entgegenstürzten und sagten: »Das wäre ein Papa für uns!«

1916

In diesem Jahr hatte ich zum ersten Mal einen längeren Urlaub. Ich begegnete Roth zufällig in Wien im Stadtpark. Aber ich war in Gesellschaft und konnte diesmal nur ein Wiedersehen verabreden. Es war ein Wiedersehen nach zwei Jahren, und wir hatten im Café Museum viel zu reden. Er war damals sehr patriotisch und kriegerisch gesinnt. Ich war schon damals sehr skeptisch über den Ausgang des Krieges. Ich hatte mich im Sommer dieses Jahres mit einigen Offizieren tschechischer Nationalität angefreundet, die fest überzeugt waren, daß Deutschland und Österreich den Krieg verlieren würden. Obwohl ich mir schon selbst dachte, daß bei einigen von ihnen der Wunsch der Vater des Gedankens war, machten ihre Ansichten und namentlich ihre Argumente Eindruck auf mich. Da war namentlich einer von ihnen, der Informationen hatte, die uns weder in Österreich noch in Ungarn zugänglich waren; zum Beispiel habe ich von ihm zum ersten Mal gehört, daß die deutsche Armee an der Marne eine entscheidende Niederlage erlitten hatte. Seine sichere Prognose war auch, daß es den Deutschen nie gelingen würde, einen entscheidenden Durchbruch im Westen zustande zu bringen, und daß die deutsche Armee ein Koloß auf tönernen Beinen sei. Ich habe mich gehütet, Roth meinen Pessimismus deutlich zu machen. Nicht als ob es gefährlich gewesen wäre, in Österreich solche Gedanken zu äußern. Denn die Stimmung in Wien war schon damals mit dem berühmten Satz: »Die Lage Deutschlands ist ernst, aber nicht verzweifelt – in Österreich ist sie verzweifelt, aber nicht ernst« treffend bezeichnet. Aber es tat mir leid, Roths Enthusiasmus und Optimismus zu erschüttern. Zu meinem großen Erstaunen benahm er sich wie ein gewöhnlicher Infanterist, und zwar ein frisch eingerückter, der er damals war[22], und nahm alles, was ich sagte, mit Ernst und Respekt an, weil ich »schon« den Rang eines Fähnrichs hatte. Er sah in seiner Uniform, die nicht gerade nach Maß geschnitten war, fast zu jung für einen Soldaten aus, was damals nicht ungewöhnlich war. Jeder zweite Soldat auf der Straße sah so aus, denn im Jahre 1916 waren die Assentierungskommissionen nicht mehr zu wählerisch, und man steckte alles, was noch gerade marschieren konnte, in Uniformen.

Natürlich sprachen wir nur kurz über den Krieg. Roth interessierte meistens, wie ich mit Ungarn und Rumänen, mit denen ich jetzt zu tun hatte, auskam. Es waren meine ersten Monate in Ungarn, und zwar in jenem Teil, wo die Städte eine gemischte Bevölkerung hatten, die Umgebung aber meistens recht dörflich und rumänisch war. Ich hatte die Offiziersschule in der Stadt Temeswar absolviert, und Roth konnte nicht genug davon hören. Ich war ein frisch gebackkener Fähnrich, berechtigt, eine schwarze, steife Offizierskappe zu tragen. Da ich vom Etappenraum kam, hatte ich mir noch keine beschafft. Ich verschob den Einkauf in Erwartung eines Urlaubs in Wien. Ich schlug Roth vor, mir beim Einkauf zu assistieren. Er war sehr eifrig dabei und fragte mich, wann ich ungefähr den Rang eines Leutnants erwarte. Als ich ihm sagte, daß die Ernennung kurz bevorstand, meinte er, daß es keinen Sinn hätte, jetzt eine Fähnrichskappe zu kaufen. »Kauf dir jetzt schon eine *richtige* Offizierskappe. Es ist ja herausgeworfenes Geld, wenn du bald Offizier wirst.« – »Was ist der Unterschied?« fragte ich. »Du weißt das nicht?« wunderte er sich. »Eine Offizierskappe ist eine Offizierskappe«, sagte ich, »eine schwarze, steife, hohe Kappe mit einem gelben Schnürchen.« – »Ja«, sagte er, »mit einem gelben Schnürchen, das stimmt. Aber bei einer Fähnrichskappe ist das gelbe Schnürchen ohne Goldfäden. Goldfäden im Schnürchen haben erst Offiziere vom Leutnant aufwärts. Weißt du das nicht?« – »Das hab ich gar nicht bemerkt«, sagte ich. »Ich würde dir raten, gleich eine Offizierskappe zu kaufen, da du doch bald Leutnant wirst.« – »Wieso?« sagte ich, »es ist doch ein Unterschied.« – »Aber wer merkt das schon«, sagte er, »du selbst hast ja nie den Unterschied gemerkt.« – »Weil ich noch nie eine hatte«, sagte ich, »studier ich Offizierskappen?«

Wir gingen in das erste einschlägige Militärgeschäft, und

ich erstand eine richtige Offzierskappe mit Goldfäden im Schnürchen. Ich fragte vorsichtshalber den Verkäufer, ob es kein Vergehen gegen die Vorschrift wäre, als Fähnrich eine richtige Offizierskappe zu tragen. »Aber nein, das machen alle Herren Fähnriche hier jetzt so. Namentlich die Herren, die von der Front und der Etappe hereinkommen. Sie können sie gleich aufsetzen.« Ich tat es, und Roth war entzückt. Hernach gingen wir noch über den Korso, über den Stubenring, und Roth begleitete mich bis zum Kai.

Andern Tags ging ich in ein Konzert. Ich hatte seit langem keine gute Musik mehr gehört und freute mich sehr darauf. Ich traf meine Freundin Renée im Café Imperial zur Jause, und gegen halb sieben beschlossen wir, noch einen kurzen Spaziergang über den Ring zu machen. Ecke Schwarzenbergplatz und Ring trat ein Zugsführer an mich heran, salutierte, bat mich um Entschuldigung und sagte: »Herr Fähnrich, melde gehorsamst, der Herr Oberst möcht' Sie sprechen«, und zeigte mit einer Kopfbewegung in die Richtung, wo eine von den ausgegrabenen Mumien stand. Ich entschuldigte mich bei meiner erschrockenen Freundin und näherte mich der Mumie. An meiner Seite der Unteroffizier flüsterte mir die beruhigende Mitteilung zu: »Es handelt sich nur um unvorschriftsmäßige Adjustierung.« Ich stand stramm vor der Mumie und meldete mich gehorsamst auf Befehl. Die Mumie bewegte sich, gab mir ein Zeichen, ihm zu folgen, und trippelte mit kleinen Schrittchen zum Tor des nächsten Hauses. Dort blickte er zu meiner Kappe auf: »Herr Fähnrich, Sie haben eine unvorschriftsmäßige Kappe auf. Es ist eine Offizierskappe, die Ihnen noch nicht zusteht, Herr Fähnrich.« – »Herr Oberst, melde gehorsamst, ich bin hier auf Urlaub. Ich stehe vor der Ernennung zum Leutnant und bleibe hier nur zehn Tage.« – »Im Etappenraum«, mummelte er streng, soweit es ihm noch gelang, »im Etappenraum dürfen Sie vielleicht in falscher Adjustierung herumlaufen. Aber hier duldet das Wiener Stadtkommando keine Verkleidung.« – »Herr Oberst – –«, wollte ich noch sagen. »Sie melden sich morgen um zehn Uhr bei seiner Exzellenz, dem Stadtkommandanten, zum Rapport. Sie werden nicht der einzige sein.« Der Zugsführer schrieb meine Personalien aus dem »Offenen Befehl« ab, den ich vorzeigen mußte, wobei er mir wieder zum Trost zuflüsterte: »Man wird Ihnen nur den Urlaub kürzen, Herr Fähnrich. I kann nix dafür.«

Im Jahre 1916 hatte die k. u. k. Armee keine andern Sorgen als die Adjustierung im Hinterland. Hunderte von längst pensionierten Mumien wurden reaktiviert und, von Unteroffizieren begleitet, bewachten sie die Straße, namentlich die Innere Stadt, um die Sünder abzufangen.

Die Mumie hatte recht: ich war nicht der einzige beim Rapport. Eine Reihe von etwa 50 Verbrechern gegen die Adjustierungsvorschriften stand vor seiner Exzellenz, dem Stadtkommandanten. Vom Hauptmann zum Fähnrich abwärts wurde man aufgerufen. Man trat vor, meldete sich gehorsamst, versuchte eine Rechtfertigung, ausnahmslos ohne Wirkung, bekam den Urlaub gekürzt und trat ab. Nur ein Leutnant, der vor mir aufgerufen wurde, erstattete seine Meldung in offener Wut, nahm seine schäbige, nicht ganz saubere Kappe, keine Offizierskappe, sondern eine gewöhnliche Soldatenkappe, und meldete: »Exzellenz, melde gehorsamst, ich komme nicht vom Hinterland, nicht von der Etappe, sondern von der Front. Ich habe 14 Tage Urlaub und gehe zurück an die Front. Ich bin nicht in der Laune, mir eine neue, saubere Kappe für 14 Tage anzuschaffen.« Seine Exzellenz, sichtlich betroffen, setzte eine gnädige Miene auf und sagte, das heißt, er wollte sagen... Kaum hatte er die ersten zwei Worte: Ihr Urlaub, ausgesprochen, als der Leutnant in heller Wut schrie: »Mein Urlaub, Exzellenz, ist 14 Tage!« Seine Exzellenz machte eine Pause, sah sich den Leutnant genau an, und sagte väterlich: »Herr Leutnant, Ihr Urlaub wird um einen Tag gekürzt.« Der Leutnant, der schon den Mund offen hatte, um wieder etwas in Wut gehorsamst zu melden, ließ sein Kinn fallen, dann setzte er die Kappe wieder auf und sagte: »Danke gehorsamst.« – Mein Urlaub wurde um 5 Tage gekürzt.

Mein Kommandant sprach nie ›väterlich‹ mit uns, aber zu mir war er wirklich wie ein Vater. Ich setzte mich hin und meldete ihm in einem Brief, was mir in Wien passiert war. Er antwortete mit eigener Hand, aber ohne Unterschrift: Bleib so lang, wie es in Deinem ›Offenen Befehl‹ steht. Aber laß Dich nicht erwischen. Wenn man Dich erwischt, kann ich nichts für Dich tun.

Ich habe die Offizierskappe nicht mehr aufgesetzt. Ich habe sie nicht für eine andere ohne Goldfäden umgetauscht. Ich trug meine alte, feldgrüne Kappe bis zum Ende meines Urlaubs und wurde nicht erwischt. Roth war sehr zerknirscht, als ich ihn zum Abschied noch einmal sah. Ich erzählte ihm alles in sehr langsamen Abständen, aber nicht in so vielen Abständen, wie ich geplant hatte, denn er war zu gebrochen. Die Antwort meines Kommandanten zeigte ich ihm erst im letzten Moment, bevor wir auseinandergingen. Es war das erste Mal, daß ich einem schlauen Rat meines Freundes Joseph Roth folgte. Diesmal ging es noch halbwegs gut aus.

Was meinen Kommandanten betrifft, sagte er mir, als ich zum Rapport erschien, um meine Rückkehr zu melden: »Weißt du, was geschehn wär, wenn man dich erwischt hätte? Man hätte dich sofort zurückgeschickt und ich hätte vom Stadtkommandanten von Wien einen schriftlichen Befehl bekommen, dich streng zu bestrafen, und Vollzug unverzüglich dorthin zu melden. Und weißt du, was ich getan hätte?

Ich hätt den Vollzug gemeldet. Wie hat er ausg'schaut, der Oberst, der eigens einen Zugführer beschäftigt, um Kappen zu jagen?« Ich beschrieb meinem Kommandanten gehorsamst die Mumie. Und das machte ihm großen Spaß.

Assimilitis (1920)

In jenen Jahren litt Roth noch hin und wieder an einer Krankheit, für die er selber den Namen gefunden hat: Assimilitis. Ich sage, er litt. Aber das trifft nicht den Zustand. Ich wiederhole nur die Worte, mit denen er diesen Zustand bezeichnete. Ich würde eher sagen: er überlegte sich manchmal, ob die Assimilation nicht die richtige Lösung wenn auch nicht der sogenannten Judenfrage, so doch eine individuelle Lösung pro persona wäre. In solchen Fällen wollte er sich das mit mir zusammen überlegen. Vermutlich, weil er mit Recht annahm, daß ich Verständnis für solche Überlegungen habe und auch, weil er wußte, daß ich ihm behilflich sein würde, diese Lösung abzulehnen. Ich erinnere mich an die letzte Zusammenkunft, da wir über dieses Problem debattierten. Es war das Jahr 1920.[23] Ich erinnere mich, daß es die letzte Zusammenkunft war, weil er diesen Nachmittag nach einer sehr langen und eifrigen Diskussion mit einem Entschluß beendet hat, den ich hier noch wörtlich zitieren werde.

Ich hatte schon damals die Erfahrung gemacht, daß jüdische Intellektuelle, die sich mit dem Problem der Assimilation plagen, einen Abscheu vor jeglicher jüdischer Apologetik haben, aber immer zutiefst beeindruckt werden, wenn man ihnen enthusiastische oder auch nur günstige Lobsprüche von bedeutenden Christen über Juden und Judentum entgegenhält. In jenem Jahr habe ich ein Geschenk bekommen, das zu den wenigen Sachen gehört, die ich aus jeder Katastrophe, die mich und sogar solchen, die die Welt trafen, immer gerettet habe. Es ist ein Buch, das ich noch heute besitze. Es war nicht leicht, es zu retten, denn es es ist ein umfangreiches Werk in fünf Bänden. Es war ein Geschenk meiner Freundin Renée, ein Geburtstagsgeschenk. Es ist die Geschichte Israels von Ernest Renan in deutscher Übersetzung, herausgegeben vom Verlag Siegfried Crombach, Berlin 1894. Ich habe angenommen, daß dieses Buch von einem Nichtjuden, namentlich die Teile, die von den Propheten handeln und mir selber einen unauslöschlichen Eindruck gemacht haben, ihre Wirkung auch auf Roth nicht verfehlen würden.

Diesmal lud ich ihn ein, zu mir zu kommen, was in Wien unter Studenten gar nicht üblich war. Man traf sich meistens in Kaffeehäusern. Daß einer den andern in seiner ›Bude‹ besuchte, kam selten vor. Ich wohnte damals im VIII. Bezirk in der Skodagasse Nr. 3.[24] Roth wohnte auch im VIII. Bezirk. Es war ein Zufall, daß wir beide just in diesem Bezirk wohnten – ein unglücklicher Zufall, den wir aus Gründen, die ich noch genauer erzählen werde, jahrelang zu bedauern hatten, Roth noch mehr als ich. Ich hatte damals ein schönes Zimmer, ganz nahe dem Hamerling-Park, was Roth so gut gefiel, daß er mich dann öfter besuchte. Ich beschloß, ihm zunächst einige Zitate aus den Vorworten vorzulesen, die Renan jedem der fünf Bände vorausgeschickt hat: »Griechische Philosophen waren nachsichtig gegen die Schlechtigkeiten dieser Welt, trotzdem sie von der Unsterblichkeit der Seele träumten, griechische Religionen blieben reizende Kinderspielereien, zu Nutz und Frommen verschiedener Städtegemeinden; doch der Gedanke an eine allgemeine Religion blieb Griechenland fremd. Der leidenschaftliche Genius der kleinen Völkerschaft, die in einem verlorenen Winkel Syriens lebte, schien wie geschaffen, um diesem Mangel des griechischen Geistes abzuhelfen. Israel konnte sich niemals mit der Thatsache abfinden, daß die Welt schlecht durch einen Gott regiert sein könne, der für gerecht gelten soll. Israels Weisen wurden von Zorn ergriffen beim Anblick der Mißbräuche, die hienieden wimmeln. Ein schlechter Mensch, der in hohem Alter ruhig und reich sterben durfte, erfüllte ihre Herzen mit Entrüstung. Diesen Gedanken haben schon die Propheten des IX. Jahrhunderts vor Christi Geburt zu einem Dogma erhoben. Diese israelitischen Propheten sind eben feurige Publizisten von jener Art, die wir heute Sozialisten und Anarchisten nennen würden. Fanatisch begeistert für die soziale Gerechtigkeit, erklärten sie laut, daß eine ungerechte und der Besserung unfähige Welt viel lieber zerstört werden sollte.«[25]

Roth war damals nicht mehr der blonde junge Mann mit blitzenden blauen Augen, der sein Haar in der Mitte scheitelte und gelegentlich mit den deutschnationalen Studenten flirtete, die zu schlagenden Verbindungen gehörten, mit stolzen Schmissen in den frechen Gesichtern. So sah er nämlich aus, als wir im Jahre 1913 zum ersten Mal über die Verlockungen der Assimilation debattierten. Der Krieg hatte ihn reif und ernst und traurig gemacht. Er war kein Student der Germanistik mehr, und wenn er auch nicht so arm war, wie er später Stefan Zweig und seiner Gemahlin Friderike[26] erzählte, in der Gemeinschaftsküche, wo wir uns so oft trafen, hat er sich nicht selten das Geld für ein kümmerliches Mittagessen bei mir oder unserm gemeinsamen Freund Karol Rathaus[27] ausgeborgt. Sein soziales Gewissen war wach, und wenn er stimmberechtigt gewesen wäre – was wir damals beide nicht waren –, hätte er wie ich für die sozialdemokratische Partei gestimmt, obwohl sie damals in Wien die Macht hatte.

An einer andern Stelle erwähnt Renan, daß er einmal gefragt wurde, warum er sein ganzes Leben der Geschichte der Juden und des Judentums gewidmet habe, er, ein so großer Kenner und Liebhaber der griechischen Kultur. Darauf antwortete er am Ende seines Lebens: Wenn ich zwei Leben zur

Verfügung gehabt hätte, hätte ich eines dem Studium der Juden und des Judentums und das andere dem Studium der Griechen gewidmet. Aber da ich nur ein Leben hatte, bedaure ich es nicht, mein Leben diesem Studium geweiht zu haben, weil für die Geschichte der Welt die Geschichte der Juden noch wichtiger ist.[28] –

Aus dem Vorwort zum dritten Band: »Die Geschichte des alten Judentums ist das Beispiel, an dem man den Antagonismus politischer und sozialer Fragen am besten erkennen kann. Die israelitischen Denker waren die ersten, die sich gegen die Ungerechtigkeit der Welt empörten und die Ungleichheiten, Mißbräuche und Bevorzugungen, ohne die es keine Armee und keine starke Gesellschaft giebt, nicht länger ertragen wollten. Sie gefährdeten die Existenz ihrer kleinen Nation, begründeten aber zugleich den religiösen Bau, der unter den Namen: Judentum, Christentum, Islam, der Menschheit bis zu unseren Tagen ein Obdach gewährt hat. Es liegt darin eine Lehre, über die unsere modernen Völker nie genug nachdenken können. *Die Nationen, die sich den sozialen Fragen ergeben, gehen zu Grunde*; soll aber diesen Fragen die Zukunft gehören, so ist es erhebend, für die einst siegreiche Sache zu sterben. Alle vernünftigen Bürger Jerusalems waren, etwa 500 Jahre vor Christo, wütend auf die Propheten, die jede militärische oder diplomatische Aktion unmöglich machten. Und doch, wie schade wär's, wenn diese erhabenen Thoren in ihrem Thun gehindert worden wären! Jerusalem wäre dann etwas länger die Hauptstadt eines unbedeutenden Staates geblieben, die Religionshauptstadt der Menschheit aber wäre es niemals geworden.«[29]

Mein Freund Roth war auch damals, im Alter von 25 Jahren, kein Ausbund an Temperament. Aber diesmal riß er mir das Buch aus der Hand und las das Zitat noch einmal für sich mit bewegten Lippen wie betende Frauen aus dem Volk.

Dann las er es mir noch einmal laut vor. Dann sagte er: »Ich glaub, ich werde die ganzen fünf Bände lesen müssen, obwohl ich mich auf fünf Bände noch nie eingelassen habe. Wirst du sie mir leihen?« – »Ja«, sagte ich, »aber nicht alle auf einmal.« – »Du hast recht«, sagte er, »wenn du erlaubst, komme ich her zu dir und lese in kleinen Portionen hier. Aber dieser Satz, daß die Nationen zugrunde gehn, die sich der sozialen Frage ergeben, nimmt einem ja alle Hoffnung weg. Jetzt verstehe ich, warum wir uns alle so für die Vorgänge in Rußland interessieren.« – »Ist dir aufgefallen – er sagt: alle Nationen. Aber in den fünf Bänden wird er nicht müde, immer zu wiederholen, daß Israel das einzige Volk war, das die soziale Frage lösen wollte. Er hat also nur einen Beweis.« Darauf Roth: »Wenn das Experiment in Rußland mißlingt, wird es ein zweites Beispiel sein, und es wird wieder 3000 Jahre dauern, bis ein andres närrisches Volk es versucht.«

Joseph Roth hat nicht alle fünf Bände ausgelesen. Aber er kam im Laufe des Winters oft zu mir, suchte sich die Stellen aus, die ihn besonders interessierten, und wir kamen immer wieder zu unsern Gesprächen über die Assimilation zurück. Eines Tages kam er zu folgendem Ergebnis: »Ich wollte mich an die Deutschen assimilieren! Das kommt mir jetzt so vor, wie wenn ich der natürliche Sohn eines Aristokraten wäre, als Mutter eine Köchin hätte und mich eines Tages zu meiner Mutter bekennte anstatt zu dem edlen Vater. Pfui Teufel!«

Damit endeten unsere Gespräche über Assimilation keineswegs. Aber wir debattierten nicht mehr ein Problem, wir sprachen zu einem Thema. Und diese Gespräche dauerten unser Leben lang. Dafür sorgten schon die Antisemiten und die Zionisten in unserer Umgebung. Viel später, schon in der Emigration in Paris, als Roth wieder einmal von der Assimilation als einer zum Glück versäumten Gelegenheit sprach, tröstete ich ihn über die Trauer dieses Versäumnisses hinweg. Ich teilte ihm mit, daß ich schon vor Jahren zur Erkenntnis gekommen bin, daß der Zionismus, wenn man ihn gut durchdenkt, schon eine Art Assimilation ist. Dr. Herzl hatte die Idee, daß die Juden, wenn sie je einen politischen Erfolg haben wollen, eine politische Partei organisieren müßten, eine national-politische Partei. Aber ist das nicht eine Assimilation an den Nationalismus der europäischen Völker? Der rührende deutsche Jude, der Philosoph Hermann Cohen[30], als man ihn einmal fragte, warum er die Zionisten so verachte, sagte: »Die Lumpen wollen glücklich sein!« Theodor Herzl hatte das Glück, seine politischen Ideen noch rechtzeitig zu weltgeschichtlichen Ideen zu machen. Vielleicht ist es ihm geglückt, die Juden körperlich zu retten, und damit vielleicht auch das Judentum. Das aber nur, weil er neben den Zionisten auch die frommen orthodoxen Juden gerettet hat. Denn solange es diese gibt, die orthodoxen Juden, wird das Judentum fortdauern, mögen auch die Feinde Gottes, und demzufolge die Feinde der Juden, ihre Tollwut in jedem Jahrhundert an dem erwählten Volk auslassen, eben weil es das erwählte ist.

Zwei Jahre später heiratete Joseph Roth ein Mädchen aus dem II. Bezirk, dem jüdischsten der Stadt Wien. Die Trauung hat im Tempel in der Pazmanitengasse stattgefunden.[31] Ich bilde mir nicht ein, daß es mein Einfluß war, der Joseph Roth abgehalten hat, eine Zivilehe einzugehn. Vielleicht hat das Ernest Renan, wenn auch nicht mit allen fünf Bänden, getan.

Im Jahre 1922 hat Roth Wien verlassen.[32] Mit dem ihm eigenen Spürsinn hat er rechtzeitig eingesehn, daß ein junger Schriftsteller und Journalist in Wien keine Zukunft hatte.

Bestenfalls eine, die nicht der Rede wert war. Wien war nach wie vor die Stadt für arrivierte Alte und junge Protektionskinder von Eltern mit ›Beziehungen‹. Er hat sich damals ausschließlich als Journalist ausgegeben und in dieser Eigenschaft die ersten Erfolge gehabt. Aus der Zeit zwischen 1922 und 1925 stammen seine ersten Bücher. In diesen Jahren habe ich ihn kaum gesehn. Meine erste Begegnung mit ihm kam zufällig in Berlin zustande. Beim Verlassen eines Kinos trat ein äußerst energischer, praktisch für den Winter gekleideter, selbstsicherer Joseph Roth an mich heran: »Ich wußte, daß du hier bist und für die *Vossische Zeitung* schreibst.[33] Aber ich wollte dort nicht deine Adresse erfragen. Ich dachte mir schon, daß ich dich oder Karol Rathaus irgendwo treffen würde. Gut, daß du Wien endlich verlassen hast. Ich hab's dir ja schon vor Jahren geraten.« Wir gingen zusammen zum Abendessen. Er lud mich zu Kempinski ein, und dann führte er mich in eine Bar, die »Mampestuben« hieß, und bestellte gleich einen Schnaps, der Mampediktiner hieß. Ich wunderte mich, daß Roth imstande war, einen Schnaps zu trinken, der so scheußlich hieß. Aber der Schnaps war gut. Und Roth hatte viel zu erzählen. Er war damals von seiner Rußlandreise zurück.[34] Alle seine Sympathien für Rußland waren weggeblasen. Ich fragte ihn, ob er Trotzki gesehen hatte. »Trotzki«, sagte er, »kann jeder jetzt sehen. Er ist erledigt, und die Russische Revolution auch.« Das wußte jeder Zeitungsleser. Das wußte ich auch. Was ich von ihm wissen wollte, war seine Meinung über die Frage, ob in Rußland nun auch der Antisemitismus beginnen würde. Wir waren uns einig, daß er im Volk nie aufgehört hat. Die Frage war nur, ob die Partei jetzt, geführt von Stalin, nicht auch wieder mit Antisemitismus beginnen würde. »Trotzki behauptet das nicht«, sagte Roth. Wir beide konnten es auch nicht behaupten. Aber wir vermuteten es beide. Ich fragte Roth: »Wie ist es möglich, daß ein Mann dritten Ranges, wie Stalin es damals noch war, es wagen kann, gegen einen Trotzki, das sichtbarste Symbol der siegreichen Revolution, aufzutreten und seinen Kampf zu gewinnen?« Trotzki war damals noch nicht verbannt, aber es dauerte nicht mehr lange, bis er aus dem Bereich der Sowjets verstoßen wurde, um »einen Planeten ohne Visum« vorzufinden. Soweit ich das aber im Rückblick übersehen kann, war Roth der erste, auch antisemitische Motive in den Verleumdungen gegen Trotzki zu wittern und als solche zu denunzieren. Im Gegensatz zu Trotzki selber.

Jahre später, schon nach meiner Flucht aus Europa, machte ich in Casablanca, in Marokko, die Bekanntschaft eines russischen Privatgelehrten und Historikers, der Trotzki und Lenin noch in ihrer Schweizer Zeit kannte, wie er überhaupt in den verborgensten Winkeln der Russischen Revolution bewandert war. Er war auch, früher als ich und Roth, ein eifriger Leser der *Frankfurter Zeitung*, und er suchte mich in meinem Hotel in Casablanca am zweiten Tage nach meiner Ankunft auf. Sein Name: Maxim Rivos[35]. Da ich drei Monate in Casablanca verbrachte[36] und wir in der Jagd auf eine Gelegenheit, davonzukommen, uns täglich sahen und stundenlang beisammen waren, hörte ich von ihm sehr interessante Einzelheiten über die großen Führer der Russischen Revolution. Er liebte Trotzki nicht, obwohl er ihn hochschätzte. Einmal erzählte er mir folgendes: Als in der UdSSR die Juden als Nation anerkannt wurden und das Gesetz jedem Juden anheimstellte, zu welcher Nation er sich bekennen wollte, haben sich fast alle jüdischen Führer der Revolution zur jüdischen Nation bekannt, mit einer berühmten Ausnahme: Leo Trotzki. Er war vielleicht der einzige von den Führern in der ersten Reihe, der so handelte. Vielleicht noch ein anderer: Kaganowitsch, der sich angeblich zur ukrainischen Nation bekannte.[37] Das wußte Rivos nicht sicher. Damals lebte Trotzki noch in Mexiko. Roth war nicht mehr am Leben. Aber Trotzki hat noch einige Wochen vor seinem Tode in einem Interview mit einer jüdisch-amerikanischen Journalistin, als sie ihn danach fragte, nur zögernd und nachdenklich zugegeben, daß Stalin und seine Clique vielleicht auch aus antisemitischen Motiven ihn bekämpft hatten, obwohl auch der Jude Sinowjew[38] mitgetan hat.

A propos Trotzki wird auch folgendes interessieren, was mir auch Maxim Rivos als Fußnote zur Geschichte der Russischen Revolution mitgeteilt hat. Zur Zeit des Bürgerkriegs, als Lenin in einem Moment der großen Gefahr Trotzki berufen hat, die Rote Armee zu organisieren, weigerte sich Trotzki und sagte zu Lenin: Mich, just einen Juden, willst du zum Oberkommandanten der Russischen Armee machen? Lenin, obwohl auch er ein Anhänger der Assimilation der Juden an die Russen, gab zurück: Das sagst du, der einzige von meinen jüdischen Freunden, der sich nicht zur jüdischen Nation, sondern zur russischen bekannt hat?

Schade, daß ich Maxim Rivos nicht schon in Paris kennengelernt habe. Im Jahre 1939, da ich noch mit Joseph Roth im Bistro in der Rue de Tournon gelebt habe, hatte Rivos ein paar Monate, ehe die Nazis in Paris einzogen, ein eigenes Restaurant im Quartier Latin aufgemacht. Und natürlich alles verloren, was er noch gerettet hatte. So geschieht es Historikern, die Gastwirte werden wollen. Wie jammerschade, daß ich die zwei Kenner der Russischen Revolution nie zusammenbringen konnte.

Eine Stimme aus dem achtzehnten Jahrhundert

In der Studentenküche sagte mir Roth einmal: »Morgen nachmittag bin ich zu einer Jause eingeladen bei einem Mann, der dich interessieren sollte. Willst du mitkommen?« – »Was heißt mitkommen? Wenn du zu einer Jause eingeladen bist, soll ich mitkommen?!« – »Ich habe dem alten Herrn gesagt, daß ich dich mitbringe. Er liebt die Galizianer.« – »Ich liebe auch Galizianer«, sagte ich ihm, »aber ist das so eine aufregende Eigenschaft?« – »Er ist ein alter Herr. Er ist der letzte österreichische Justizminister, der noch vom Kaiser ernannt wurde. Er heißt Freiherr von Schenk.«[39] – »Wie kommst du zu dieser Bekanntschaft?« wollte ich wissen. »Er gibt sich gern als Galizianer aus. Sein Vater war einstens Statthalter von Galizien, und der Sohn hat lange in Lemberg gedient. Und er ist wahrscheinlich der einzige Mensch, der sich rühmt, ein Galizianer zu sein. Aus diesem Grund wird er sich auch freuen, dich kennenzulernen. Noch ein Galizianer.«

Ich weiß nicht mehr, in welchem Jahre das war. Ich erinnere mich aber, daß es im Frühling war. Der seltsame Galizianer wohnte im III. Bezirk, und wir gingen durch den Stadtpark, der in voller Blüte war. An dem Tag machte ich zum erstenmal die Erfahrung, daß ein sehr alter Mann, mag er eine noch so wichtige Persönlichkeit gewesen sein, wie ein einsamer alter Junggeselle leben kann, froh, Gäste zu empfangen, mögen sie noch so jung und namenlos sein wie wir beiden damals. Er war ein sehr vornehmer und noch sehr geistreicher alter Herr, und Roth hatte nicht übertrieben, als er behauptete, er wäre ein großer Judenfreund und gäbe sich als Galizianer aus.

Es war eine Jause zu Dritt, und wir führten ein heimweh-mütiges Gespräch über Alt-Österreich, wie wir es alle drei in Galizien noch erlebt hatten. Roth war damals noch nicht ein Schriftsteller, noch kein Trinker, er war auch kein Student mehr, sondern ein Journalist in seinen Anfängen. Er machte schon Pläne, nach Deutschland zu flüchten. »Österreich hat keine Zukunft. Wie können wir Flüchtlinge hier eine Zu-kunft haben? Wenn schon Flüchtlinge, dann in einem Land, das eine Zukunft hat.« Er war außerdem schlechter Laune an diesem Tag, wie in jener Zeit oft, und er überließ mir die Antworten auf viele Fragen des freundlichen Gastgebers.

Herr von Schenk, den Roth »Exzellenz« titulierte – was ich in diesem Fall gerne nachmachte –, stellte viele Fragen, und er warnte in Selbstironie davor. »Was denkt ihr über die heutige Jugend?« Diese Frage überließ ich Roth, da ich nicht vom Fleck weg merkte, daß er mich zum Wortführer er-nannte. Nach einer kleinen Pause mußte Roth antworten, als ihn meine Schüchternheit überraschte. »Wir sind nicht die Jugend, Exzellenz. Für die Jugend sind wir teils die Kerle, die den Krieg verloren haben, teils die Helden, die an der Front gekämpft haben. Da sie noch keine sichtbaren Führer haben, kann man noch nicht sagen, in welcher Richtung sie gehen werden. Hier gehen sie vorläufig noch meistens mit den So-zialdemokraten – eine mittelmäßige, gemäßigte Jugend.« Ex-zellenz wandte sich wieder Galizien zu, seinem bevorzugten Thema: »Weil ich schon vieles vergesse: wie groß war eigent-lich die Bevölkerung Galiziens?« Er wandte sich diesmal di-rekt an Roth. »Das antworte du«, ermahnte mich Roth, »sol-che Sachen weißt du genauer als ich.« – »Ich glaube, ungefähr acht Millionen.« – »So hoch?« staunte Exzellenz. »Ja«, sagte ich, »es war das größte Kronland.« – »Die Juden waren dort also eine kleine Minorität? Wie viele waren's denn?« – »Noch nicht ganz eine Million«, sagte ich. »Die Polen und die Ukrainer waren zahlenmäßig fast gleich, mit dem Unterschied, daß die Polen eine von den regierenden Nationen Österreichs waren.« – »Und die Ukrainer eine von den unterdrückten«, fügte Roth hinzu. »Natürlich assimilierten sich die Juden, wenn sie sich assimilierten, den Polen«, sagte Exzellenz. »Die Lage der Juden war also, wie überall, zwischen Hammer und Amboß – hier, weil in Österreich, gemildert durch Schlamperei«, sagte Roth, der, damals noch den Sozialdemokraten zugeneigt, den berühmten Ausspruch von Victor Adler[40] paraphrasierte: »In Österreich herrscht der Absolutismus, gemildert durch Schlamperei«. »Warum sind die Galizianer hier in Wien so unbeliebt?« wollte der Gastgeber wissen. »Das ist noch die gute alte Tradition aus der Zeit Maria Theresias«, sagte ich. »Na, da gehen wir doch wohl zu weit zurück«, beschwichtigte er. »Nicht zu weit«, sagte ich. »Denn als das gut-christliche Land Polen von seinen gut-christlichen Nachbarn: Rußland, Preußen und Österreich, zerstückelt und verteilt wurde, hatte die Kaiserin den Verdacht, daß der ihr verhaßte protestantische König von Preußen sie benachteiligt und ihr das wertloseste Stück Polens, Galizien, zugedacht hatte. Mißtrauen erstreckte sich auf ihren eigenen Minister. Sie machte sich also selbständig und schickte ihren Beichtvater nach Galizien, um das Land auszukundschaften. Der Vertrauensmann kam zurück und brachte der Kaiserin die Information: ›Galizien ist ein Land, voll von Juden und Läusen.‹ Die Kaiserin mußte bitterlich weinen, aber sie verschmähte den ihr zugedachten Teil nicht.« – »Das hab ich nie gehört«, gab die Exzellenz zu, »ist das auch richtig?« – »Ich hab es bis vor kurzem auch nicht gewußt«, sagte ich ihm, »aber ich habe hier unter den ungarischen Emigranten einen Historiker kennengelernt, der mir das und auch noch ganz andere Sachen über unsere Kaiserin erzählt hat.« – »Aber Herr Doktor, kann man sich auf einen ungarischen Historiker verlassen?« fragte die Exzellenz. »Auf diesen meinen Historiker kann man sich verlassen. Daß er die Wahrheit sagt, erkenne ich daran, daß er mir wiederholt nachgewiesen hat, was sonst kein Ungar zugibt: Er ist der Ansicht, daß die Ungarn am Untergang Österreichs schuldig sind.« – »Da habt ihr beide recht«, sagte unser Gastgeber, »er, daß er es sagt, und Sie, daß Sie ihm glauben.« Roth, der bisher mürrisch dasaß, warf mir jetzt einen erleuchteten Blick zu.

»Haben Sie nie daran gedacht, nach Galizien, das jetzt Klein-Polen heißt, zurückzugehn?« Diesmal beeilte sich Roth mit der Antwort: »Ich habe keinen Moment daran gedacht. Vielleicht mein Freund Soma – ich nicht.« – »Ich hätte vielleicht einen Moment daran gedacht und diesen Gedanken schnell verworfen. Aber die Polen haben mir das erleichtert. Wie Sie sich erinnern, Exzellenz, haben die Polen ihre Auferstehung mit einem Pogrom auf die Juden in Lemberg gefeiert. Das hat mir geholfen, aus einem Alt-Österreicher ein Neu-Österreicher zu werden.« – »Nicht einer zu werden«, lachte Roth, »ein Neu-Österreicher werden zu wollen!« – »Was wollen Sie damit sagen?« – »Nach den Bestimmungen des Friedensvertrages von Saint-Germain haben wir Kriegsflüchtlinge in Neu-Österreich das Recht gehabt, entweder nach Klein-Polen zurückzugehn oder hier für das neue Österreich zu optieren. Ich habe optiert, aber ich hatte das Pech, im VIII. Bezirk zu wohnen, dem einzigen Bezirk in Wien, der eine christlichsoziale Mehrheit hat. Und diese Mehrheit hat meine Option zurückgewiesen.« – »Warum haben Sie mich nicht verständigt? Mit den Christlichsozialen kann ich noch ein Wort reden. Das ist ja unverschämt! – Und Sie, Herr Doktor, haben gar nicht optiert?« – »Ich habe auch optiert. Aber ich wohnte damals auch im VIII. Bezirk[41]. Es ist mir genauso ergangen wie meinem Freund Roth. Nur mit dem Unterschied, daß er darüber sehr unglücklich war, und ich nicht.« – »Warum nicht?« fragte die Exzellenz. »Weil zur Zeit man es viel bequemer hat, in Europa mit einem polnischen Paß zu reisen als mit einem neu-österreichischen. Mit einem polnischen Paß stehe ich auch hier in Wien unter dem Schutz einer Großmacht. Aber im VIII. Bezirk wohne ich nicht mehr. Ich wohne jetzt in Alt-Hietzing. Da gibt's, soweit ich sehe, weniger Antisemiten und bessere Alt-Österreicher als im VIII. Bezirk.« – »Kann man gegen einen solchen Beschluß eines Gemeindebezirks nicht Einspruch erheben?« fragte die betrübte Exzellenz. »Mir ist der Appetit dazu vergangen«, sagte Roth. »Und wie geht es eigentlich jetzt den Juden im früheren Galizien?« fragte er diesmal mich, »wissen Sie was darüber?« – »Oh ja, ich hab ja noch Verwandte dort. Verglichen mit den jetzigen Zuständen war für die Juden das alte Galizien ein Paradies auf Erden, dank dem Kaiser Franz Joseph.« – »Ich hoffe, Sie werden mich nicht mißverstehen«, sagte der alte Herr, »ich glaube, den Juden schadet es in vielen Ländern, daß ihre Intellektuellen, wie man sie jetzt nennt, immer *rerum novarum cupidi* sind. Warum ist das so? In der Russischen Revolution haben sie, scheint es mir, eine zu große Rolle gespielt.« – »Die Russische Revolution wäre auch ohne die Juden gekommen«, sagte Joseph Roth. »Die Bolschewiken haben einen solchen Schrecken in aller Welt hervorgerufen, daß man nur von ihnen hört. Man hat schon vergessen, daß der Zar abgesetzt wurde von der Aristokratie und der Bourgeoisie, nicht zu reden von dem englischen Einfluß. Bei diesem Umsturz haben die Juden gar keine Rolle gespielt. Hätte Kerenski, oder sein fürstlicher Vorgänger, die Situation in Rußland richtig beurteilt, so wären die Bolschewiken gar nicht dazu gekommen, ihre Revolution durchzuführen. Das russische Volk wollte Frieden haben – Frieden um jeden Preis. Ihre Verluste und die Not im Lande waren zu groß selbst für das an Leiden gewöhnte Volk. Das hat Kerenski leider nicht verstanden.«[42] – »Aber wie die Bolschewiken drankamen, waren zu viele Juden dabei«, meinte der alte Herr. »Und wenn auch Lenin der Hauptmacher war, war Leo Trotzki sichtbarer als alle andern Führer.« – »Mit gutem Grund«, meinte Roth, »Lenin ist im entscheidenden Moment nach Finnland weggelaufen. Aber Trotzki blieb – nicht nur, weil er mehr Mut hatte als Lenin, sondern weil er die Lage richtiger beurteilt hat. Kerenski hat noch den Übermut aufgebracht, Trotzki zu verhaften. Aber er mußte ihn bald freilassen und sich selbst in Sicherheit bringen. Das haben aber selbst die Bolschewiken vergessen, und sie erklären heute noch, daß Lenin nach Finnland weggelaufen ist, nicht, weil er es mit der Angst gekriegt hat, sondern weil er sich seiner geschichtlichen Mission bewußt war. Trotzki war dann immer der zweite Mann. Er ist erst wieder so glorreich sichtbar geworden, als er einen russischen konterrevolutionären General besiegt und die Revolution dadurch gerettet hat.« – »Mir hat ein österreichischer General, dem ich in einem Restaurant in Hietzing oft begegne, einmal gesagt: Der einzige General, der in diesem Krieg nicht geschlagen wurde, war der Trotzki«, mischte ich mich ein. »Und der General, der den letzten Durchbruch an der Westfront gemacht hat, war ein australischer General namens Monash. Auch ein Jud'.«[43] – »Hast du gewußt, daß der Monash ein Jude war?« fragte mich Roth. »Ich bin noch heute nicht sicher. Aber der General in Hietzing weiß es.« – »Ihr General, der so genau weiß, wer ein Jude ist, ist wahrscheinlich kein Judenfreund«, meinte Exzellenz. »Das stimmt«, sagte ich. »Die Juden haben zum Ausbruch der bolschewikischen Revolution keine entscheidende Rolle gespielt«, sagte Roth, »ungeachtet der Siege von Trotzki, die den Bürgerkrieg zugunsten der Roten Armee entschieden haben. Aber eine entscheidende Rolle haben sie nach dem siegreichen Bürgerkrieg gespielt. Nämlich in der Verwaltung. Die Bolschewiken haben nämlich die Dummheit begangen, die ganze zaristische Zivilverwaltung zu vernichten. Die Revolution wäre daran gescheitert, wären die Juden da nicht eingesprungen. Ein Jude mit einer Schreibmaschine konnte ein paar hundert Tschinowniks[44] ersetzen. Diese namenlosen Juden haben die Revolution gerettet.« – »Die Juden haben in Rußland genug gelitten«, sagte ich jetzt, »und es ist leicht zu begreifen, daß die Revolution für sie eine Erlösung war. Was immer noch in Rußland kommen wird, sie brauchen sich ihres Anteils der Revolution nicht zu schämen.« – »Daß die jüdischen Intellektuellen *rerum novarum cupidi* sind, liegt daran, daß die Juden in den meisten Ländern Europas kein leichtes Leben haben«, sagte Roth. »Und ein Mensch, der schlecht liegt, tut etwas, was auch ein Tier in einer schlechten Lage tut: er sucht seine Lage zu verbessern.« – »Das wäre der negative Grund«, sagte ich. »Es gibt wahrscheinlich auch einen positiven. Das ist ein atavistisches Motiv, ein religiöses – obwohl die Intellektuellen sich dessen gar nicht bewußt sind. Juden, ob sie wollen oder nicht, haben den Drang zur Erlösung.« – »Das leuchtet mir ein«, sagte der Alte, »ein großes Volk hat seinen Charakter, der sich nicht ändert. Trotz Karl Marx! Das werden die Bolschewiken auch noch eines Tages einsehn, und dann wird es zu spät sein.«

Indessen ging die Uhr auf sieben und Roth winkte mir zu, daß es Zeit wäre, den Besuch zu beenden. Der alte Herr wollte aber nichts davon wissen, und wir blieben noch eine halbe Stunde im Gespräch über Alt-Österreich und den Niedergang der Stadt Wien nach dem Zusammenbruch der Monarchie. Als wir dann Abschied nahmen, überlegte sich Seine Exzellenz, daß er noch einen kleinen Spaziergang machen möchte und bereit war, uns über den Stadtpark zu begleiten. Unterwegs zündete sich Roth eine Zigarette an. Wir waren gerade wieder im Gespräch über die Nachkriegsjugend. Wir blieben stehn, um Roth bei der Prozedur des Anzündens nicht zu stören, und Seine Exzellenz nahm das Wort. Jetzt sagte er etwas, was wahrscheinlich der Grund ist, warum ich mich an diesen Besuch so angenehm erinnern kann. »Wie die Zeiten und Sitten und Gebräuche sich ändern! So wie Sie jetzt hier sich eine Zigarette anzünden, so tat ich es einmal, als mich mein alter Onkel über den Ring zum Ministerium für Galizien begleitete. Mein Onkel war in so hohem Alter wie ich es jetzt bin. Er hat noch Menschen aus dem achtzehnten Jahrhundert gekannt. Er rügte mein Benehmen: ›Ein Edelmann raucht nicht auf der Straße!‹ Ich war erstaunt – wie Sie jetzt erstaunt sein werden, daß ich das erzähle. Ich wollte wissen: ›Warum sollte man nicht auf der Straße rauchen dürfen?‹ – ›Weil ein Edelmann Laster haben kann. Aber man zeigt sein Laster nicht auf offener Straße.‹«

Ich habe Exzellenz nie wieder gesehen. Roth wanderte nach Berlin aus, und ich getraute mich nicht, mich wieder mit dem alten Herrn in Verbindung zu setzen. Ich war damals, wenn auch nicht mehr jung, dennoch zu jung, um zu wissen, daß ein so alter Herr, mag er auch eine Exzellenz sein, in großer Einsamkeit fortlebt und sich vermutlich mit einem Besuch auch von mir allein sehr gefreut hätte.

1928

Die *Frankfurter Zeitung* hatte genaue Redakteure, genaue Korrespondenten, und manche genaue Vorschriften, die andere Zeitungen nicht hatten. Verboten zum Beispiel war das Wort »bekanntlich«. Es durfte unter keinen Umständen angewandt werden. Es gab einmal dort einen Chef des Feuilletons namens Mamroth[45], der war, wie ich, nebenbei auch ein Bergsteiger – fast hätte ich gesagt: bekanntlich auch ein Bergsteiger. Er paßte wie ein Schießhund auf, daß ja kein »bekanntlich« in eine Ausgabe hineingeschmuggelt würde. Eines Sommers war er wochenlang im Hochgebirge und kam nur jede Woche einmal herunter ins Tal, um sich die Post zu holen. Einmal passierte es, daß in einem Bergdorf eine Ausgabe der Zeitung ihn erreichte, wo sei es ein nachlässiger oder ein boshafter Setzer das Wort »bekanntlich« durchgelassen hatte. Daraufhin brach der Redakteur Mamroth seinen Urlaub ab, kehrte mit dem nächsten Eilzug nach Frankfurt zurück, und ging nicht so bald wieder auf Urlaub.

Verboten waren Interviews, und zwar mit der Formel: ›Auch wenn es Ihnen gelingt, den Kaiser von China zu interviewen – wir drucken's nicht!‹ Verboten war auch, um nur noch ein Beispiel anzuführen, »aus maßgebenden Quellen erfahren wir...« Nichts ist maßgebend. Die Quelle nennen oder nicht benutzen!

Genau waren auch die Leser der *Frankfurter Zeitung*. Joseph Roth war bekanntlich ein besonders scharfer Beobachter. Das hervorzuheben ist geradezu pleonastisch. Im Jahre 1928 war er eine längere Zeit in Wien. Er hielt sich streng an die Regel, daß man einem Kollegen nicht ohne Bewilligung ins Gras steigt. Er hielt sich so streng daran, daß er sogar bei mir erst eine Erlaubnis einholte, einen Artikel in Wien über Wien zu schreiben. Ich schenkte ihm ganz Wien, und er wählte das Goethe-Denkmal. Er las mir sogar den Artikel vor, und er vermied es tatsächlich, mir noch einmal, wie er sagte, ins Gras zu steigen. Ich las diesen Artikel von Joseph Roth in der *Frankfurter Zeitung* noch einmal, und es fiel mir auf, daß er einige Male den auf einer Marmorbank sitzenden Goethe, den Olympier, zwar nicht so, aber immer wieder den »steinernen Goethe« nannte.[46] Ich machte mir aber keine besonderen Gedanken darüber. Nach einer Zeit erhielt ich einen Expreßbrief von Joseph Roth, in dem er mir schrieb: »Lieber Soma, schau mal nach, ob der Meschuggene in seinem Brief recht hat.« Der beigelegte Brief lautete – ich zitiere aus dem Gedächtnis – ungefähr: »Hochverehrter Herr Joseph Roth! Ich bin immer sehr glücklich, etwas aus Ihrer Feder zu lesen. Da Sie seit Jahren nicht mehr für Wien schreiben, war ich besonders beglückt, wieder einmal von Ihnen was Hübsches zu lesen. Aber, sehr verehrter Herr Roth, Sie schreiben immer wieder: der steinerne Goethe, der steinerne Goethe, der steinerne Goethe. Nun, soweit ich mich erinnern kann, ist zwar die Bank, auf der er sitzt, weißer Marmor und vielleicht der Sockel, auf dem die marmorne Bank steht, aus Marmor. Ich nehme an, daß Sie noch in Wien sind, da Sie von dort aus Ihren Artikel geschrieben haben. Bitte schaun Sie nach. Ich glaube nämlich, daß die Figur von Goethe aus Bronze ist. Ich wäre Ihnen sehr dankbar, verehrter Herr Roth, wenn Sie die Güte hätten, noch einmal an dem Denkmal vorbeizugehn und nachzuschauen, ob ich nicht recht habe. Mir ist es nämlich unmöglich, es zu tun. Ich befinde mich nämlich schon seit Jahren in Steinhof (die größte Irrenanstalt Österreichs). Ich habe gebeten, mir ausnahmsweise einen Passierschein zu geben, damit ich mir das Denkmal anschaue. Aber man hat es mir leider nicht bewilligt. In großer Verehrung, Ihr...«

Ich brauchte nicht erst nachzuschauen und zog es vor, Roth den Brief zurückzuschicken und ihm zu sagen, daß der arme kranke, und doch so scharfe, Beobachter ein schärferer sogar als Joseph Roth war und von diesem einen mit seiner schönen Handschrift eigenhändig geschriebenen Brief verdiente. Natürlich blieb der zornige Joseph Roth die Antwort nicht schuldig. Sie war kurz: »Es gibt also zwei Meschuggene in Wien und beide haben recht, sowohl der Eingesperrte als der frei Herumlaufende.«

Der scharfe Beobachter verstieg sich zuweilen auch mit seinen Hyperbolen, und es fand sich immer ein scharfer Leser, der ihn dabei erwischte. Zum Beispiel Roth schrieb einmal in irgendeinem seiner schönen Aufsätze: Millionen von Uhren schlugen zwölf.[47] Ein genauer Leser schrieb ihm: Sehr geehrter Herr Roth, ich liebe Sie sehr. Aber es gibt keine Millionen Turmuhren in der ganzen Welt.[48] Ein andres Mal schrieb Roth: Millionen Lerchen trillern. Wieder schrieb ein genauer Leser: Lieber Herr Roth, es gibt keine Millionen Lerchen. Ob dieser Leser recht hatte, weiß ich nicht. Aber ich weiß mich zu erinnern, daß Roth beiden nicht ganz freundlich antwortete: Ich muß wohl die Zahl der Turmuhren und der Lerchen mit der Zahl der Sorgen, die Sie sich über meinen Irrtum machen, multipliziert haben.[49]

Ein anderes Mal kam Roth ins Gedränge. Die Zeitung hatte in der Sonntagsausgabe ein Reiseblatt. Hin und wieder schrieben wir alle gelegentlich etwas für dieses Blatt. Roth, der ja der fahrende Feuilletonist der *Frankfurter Zeitung* war, fiel es einmal ein, über die Frühstückskultur in verschiedenen Ländern zu berichten. Ich nehme an, daß er sehr wohl wußte, was er tat, als er die Meinung äußerte, das schlechteste Frühstück in Europa würde in deutschen Hotels serviert.[50] Der Sturm der Entrüstung war gewaltig. Nicht nur einzelne Hotels schickten Entrüstungsschreie an die Zeitung – die Dachorganisation der Vereinigten Hotelbesitzer Deutschlands blies zum Sturm gegen Joseph Roth. Natürlich drohten sie auch mit dem Boykott der *Frankfurter Zeitung*, und es sah aus, als ob Joseph Roth diesmal nichts zu lachen haben würde.

Die *Frankfurter Zeitung* hatte »bekanntlich« keinen Chefredakteur. Sie wurde von der Redaktionskonferenz geleitet, die täglich um 8 Uhr morgens sich zusammensetzte. Natürlich kam der Fall zur Beratung, und man erwog, wie man diesem Sturm begegnen sollte. Man war schon nahe daran, wieder einmal den bewährten diplomatischen Schiedsmann Rudolf Geck mit der Schlichtung zu betrauen.[51] Im letzten Moment aber fiel es Heinrich Simon, dem Herausgeber[52], ein zu fragen, wie viele Hotelbesitzer auf die Zeitung abonniert waren. Man telephonierte an die Männer in der Administration, und bald kam die Antwort: 800 Hotels. »Was?« sagte Heinrich Simon, »nur achthundert? Wegen 800 werden wir nicht unsern Geck berufen. Das soll Roth selbst auf sich nehmen. Er soll die Antwort geben, und zwar eine ganz scharfe, wenn er will.«

Man konnte Roth kein größeres Vergnügen machen. Er setzte sich hin und schrieb eine schnelle Antwort. Ich kann natürlich den Inhalt nicht mehr zitieren. Er drohte zum Schluß, daß die *Frankfurter Zeitung* die Hotels boykottieren und ihre Frühstückskultur noch genauer prüfen würde. – Eine schnellere Kapitulation wird man schwerlich in den Chroniken finden. Die größte Freude daran hatte natürlich unser lieber Joseph Roth.

Unter guten Freunden gedeiht auch zuweilen die harmlose, aber anhaltende Schadenfreude. Mir passierte es einmal, daß ich ein ganzes Volk tief gekränkt, um nicht zu sagen, beleidigt habe. Ganz ahnungslos obendrein. Das kam so: Auf dem Gute meiner Schwiegermutter in Oberbayern[53] glaubte ich gehört zu haben, daß der Mann, der im Kuhstall die Oberhand hatte, mit dem lieben schwarzgefleckten Vieh englisch sprach. In Oberbayern! Um es kurz zu sagen: Meine Schwiegermutter lachte und meinte, ich litte an Hör-Halluzinationen.

Der Mann interessierte mich auch sonst, und im Laufe der Ferien lernte ich ihn und seine Lebensgeschichte kennen. Als junger Mann war er aus Bayern nach Amerika ausgewandert, und zwar als Goldsucher im Klondike. Zu Gold ist er dort nicht gekommen, aber er lernte die Sprache so weit, daß er mit dem Vieh, wie andre Alaskan, sich englisch unterhalten konnte. Ich schrieb mir die Geschichte auf und schickte sie unter dem Titel *Der Goldsucher im Kuhstall* an die *Frankfurter Zeitung*.[54] Im Laufe der Erzählung nannte ich den Goldsucher abwechselnd so, oder auch Schweizer, wie man in Europa – soviel ich weiß in allen Ländern – höhere Kuhstallmeister nennt. Sogar in allen slawischen Sprachen. Darauf erhielt die *Frankfurter Zeitung* einen offiziellen Protest der Eidgenossenschaft. Das Schriftstück berief sich auf einen Sprachvertrag, den die Eidgenossen mit Deutschland abgeschlossen hatten und in dem die Deutschen sich verpflichteten, das Wort Schweizer nicht auf einen Kuhstallmeister anzuwenden. Ich hatte nie davon was läuten gehört. Selbst der Alemanne Rudolf Geck wußte von diesem Vertrag nichts. Aber man schickte mir das Protestschreiben nach Wien ein.

Ich fühlte mich dieser Sache nicht gewachsen. Ich hatte noch nie in meinem Leben ein ganzes Volk beleidigt und bat die Zeitung, die Angelegenheit meinem geliebten Rudolf Geck zu überlassen. Das geschah lange nach der Krönung, die Joseph Roth an Geck vollzogen hat. Aber Joseph Roth schickte mir ein schadenfrohes Telegramm: Geck hat wieder ein Meisterstück zuwege gebracht. Stop. Es wird dir aber nichts nützen. Die Schweizer lassen dich nicht mehr herein. Du wirst nie im Leben mehr im Dolder essen.[55]

1928. In diesem Jahre habe ich die schönste Zeit mit Joseph Roth verbracht. Er kam für längere Zeit nach Wien. Er hatte beschlossen, sich um die Staatsbürgerschaft im neuen Österreich zu bewerben. Joseph Roth war in den Jahren nach dem Krieg, zwischen 1919 und 1928, kein Österreicher! Der Verfasser des *Radetzkymarsch* war neun Jahre kein österreichischer Staatsbürger. Bis zu einem gewissen Zeitpunkt ertrug er diesen Schicksalsschlag mit jüdischer Geduld. Aber wie er einen Vertrag mit der *Frankfurter Zeitung* abgeschlossen hat und von dieser Zeitung auf Reisen geschickt wurde, war ihm der polnische Paß unbequem geworden. Unbequem, weil man mit einem neu-österreichischen Paß sehr bald nach dem Krieg mit Leichtigkeit ein Visum für fast alle Staaten bekommen konnte, was mit der polnischen Staatsbürgerschaft nicht so einfach war. Abgesehen davon bildete er sich ein, daß es auch der *Frankfurter Zeitung* unbehaglich war. Was nicht stimmte. Ich habe eine andere Erfahrung gemacht. Bei Abschluß des Vertrages mit der *Frankfurter Zeitung* habe ich gleich das Geständnis gemacht, ein polnischer Staatsbürger zu sein. Benno Reifenberg tröstete mich: »Wir haben schon einen: Joseph Roth. Machen Sie sich deswegen keine Sorgen. Ich selber hab eine polnische Frau.«[56] Joseph Roth aber machte sich Sorgen. Im Jahre 1928 waren die Nazihorden schon in Deutschland sichtbar geworden, und es wird ihm begreiflicherweise nicht angenehm gewesen sein, in München zum Beispiel in einem Hotel abzusteigen und dort einen polnischen Paß vorzuweisen. Kein Wunder, daß er den Entschluß faßte, sich um die österreichische Staatsbürgerschaft zu bewerben. Er redete mir auch gleich zu, dasselbe zu tun, obwohl mir nichts daran lag. Aber Roth meinte, ich müßte das auch tun, sozusagen aus Loyalität für die *Frankfurter Zeitung*. Mich kostete dieser Schritt wenig Mühe, denn ich hatte indessen die Staatsbürgerschaft im neuen Wien ›ersessen‹ und es war nur eine Formalität. Ob man es glaubt oder nicht, Roth hatte große Schwierigkeiten, denn er war jahrelang in Wien nicht ansässig. Und es fiel auch unserm gemeinsamen Freund, dem Ministerialrat Fuchs, der im Presseamt der österreichischen Regierung einen wichtigen Posten hatte, nicht leicht, obwohl er das Ohr des Bundeskanzlers, des Prälaten Seipel, hatte.[57] Roth blieb also wochenlang in Wien und hatte viel in oberen und niederen Ämtern zu tun.

Das Paar Roth wohnte diesmal, um in meiner Nähe zu sein, in Hietzing im Hotel Hopfner.[58] Roth konnte die kranke Frau nicht überall mitnehmen. In solchen Fällen weigerte sie sich, allein zu bleiben, und er schämte sich ihres ›hysterischen‹ Benehmens, für das sie obendrein ihn verantwortlich machte. Stundenlang saß ich mit ihr im Hotelzimmer, und stundenlang erzählte sie mir, wie er Reisen nach Rußland gemacht und sie allein in Berlin gelassen hatte. Dabei gab sie dem Wort ›Berlin‹ einen so sinistren Nachdruck, als hätte er sie allein in einem finstern Wald, von Wölfen umstellt, verlassen. Da ich kein Psychiater bin und die Frau schon nicht sehr mochte, ehe sie Frau Roth geworden, glaubte ich, die Eifersüchtige redete sich eine Krankheit ein, um ihren Gatten mit der Kraft ihrer Schwäche zu beherrschen. Leider Gottes ist es der wirklich armen Kranken gelungen, ihrem Gatten die Ursache und Schuld an ihrer Krankheit für die Dauer von einigen Jahren aufzubürden.

Damals, im Jahre 1928, war Roth bereits ein Trinker, aber ein mäßiger, noch kein Alkoholiker. In den Wiener Kaffeehäusern trank er ein, zwei Gläschen Stanislauer. Aber er schleppte mich noch nicht in Bars und war nie auch nur angeheitert. Es war damals noch ein Genuß, ihm beim Trinken zuzuschauen, wie er seinen Stanislauer in langsamen, gemessenen Schlückchen schlürfte. Im Sommer 1928, da sein Laster wohl latent, aber noch nicht augenscheinlich war, kam ihm die maniakalische Beschuldigung der erkrankten Frau vermutlich nicht ungelegen. Welcher Trinker hätte nicht seine romantisch-tragische Geschichte als Rechtfertigung des Lasters? Aber Roth war zu klug, um vom Fleck weg mit der Geschichte Eindruck machen zu wollen. Das sollte erst viel später kommen, als die Frau, als eine unheilbar Schizophrene, in einer Anstalt untergebracht war. Am Anfang der Krankheit hielten sie die Fachleute der Psychoanalyse für hysterisch und heilbar. Frau Roth war damals noch durchaus gesellschaftsfähig. Es erübrigt sich, sie zu beschreiben, wie sie damals noch war. Sie sah so aus, wie Roth die Tochter Mendel Singers in *Hiob* beschreibt: eine Gazelle.[59] Wenn wir zu dritt waren, war sie auch guter Laune. Ich glaube mich zu erinnern, daß sie in jenem Sommer in Wien nicht einmal in ärztlicher Behandlung war. Sie las mit Interesse alles, was wir ihr zu lesen gaben. Sie hatte ein gutes Urteil über Literatur und ein geradezu snobistisches Gefühl für stilistische Finessen. Hin und wieder blieb sie ein, zwei Tage bei ihrer Familie. Sonst waren wir fast immer zu dritt beisammen. Roths Verhältnis zu ihrer Familie war korrekt, und das ist alles, was dazu zu sagen ist. Aber ich hatte immer den Verdacht, daß er, seitdem er verheiratet war, sehr selten und nur unwillig nach Wien kam und sich immer nur kurz aufhielt,weil er der Familie nicht zu nahe sein wollte. Diesmal hatte er, wie gesagt, Wichtiges zu erledigen. Diesmal blieb er sogar länger, als er mußte. Der Grund war: Wir beide waren zum ersten Mal nach vielen Jahren ohne Übertreibung Tage und Abende zusammen, und es war eine glückliche Zeit für unsere Freundschaft.

Das Jahr 1928 war für Wien das Jahr der Schubert-Zentenarfeier. Just in den Sommerwochen, da Roth und Friedl in Wien waren, fanden die wichtigsten Veranstaltungen zu Ehren des Meisters statt. Nicht weniger als 120 000 Sänger waren in Wien eingetroffen. Sie kamen aus aller Herren Ländern. Oder, wie sie sich selbst, in allgemeiner Verabredung gegen die Grammatik, rühmten, aus aller Herren Länder. Sie kamen aus allen Windrichtungen, mit der Eisenbahn, mit Schiffen, aus den Vereinigten Staaten, aus Südamerika, mit Automobilen und manche sogar schon in Flugzeugen. Sie nannten sich Deutsche Sangesbrüder. Sie trugen keine Uniformen, aber sie machten sich kenntlich durch ihre weißen Kappen mit Schildern. Sie grüßten einander jubilierend: »Deutscher Sangesbruder, Heil!«, sooft sie einander begegneten. Und so wurden sie sehr bald auch von den belustigten Wienern begrüßt. Zum Entzücken Joseph Roths begann auch ich sie so zu grüßen, sooft wir ihnen begegneten. Er selbst versuchte das nur einmal. Aber er wurde von seinem eigenen Lachkrampf unterbrochen und war beinahe in Gefahr, von den verdutzten Sangesbrüdern Grobheiten zu hören.

Die Sangesbrüder sangen überall. Sie saßen in den Gasthäusern und tranken Bier und sangen. Sie saßen in den Kaffeehäusern und tranken Bier und sangen. Ihre Damen tranken Kaffee mit Schlag und sangen mit. Sie sangen in Gruppen auf den Straßen. Das alles privat. Offiziell sangen sie: in den Sälen des Musikvereins, des Konzerthauses, an allen Orten, wo ein Raum sie fassen konnte. Hauptsächlich aber sangen sie in der für sie und eigens zu diesem Zweck gezimmerten großen Halle im Prater. In diesem gigantischen Holzbau konnte ein Chor von 40 000 Sängern auftreten.

Ich hatte damals als Korrespondent der *Frankfurter Zeitung* über diese Zentenarfeier zu berichten. Aber Gottseidank nur über die künstlerischen Darbietungen.[60] Ich versuchte auch hie und da Joseph Roth mit Gattin mitzunehmen, wogegen er sich mehr wehrte als sie. Nur einmal kam er mit. Und er hat es, wie ich, sein Lebtag nicht vergessen. Die Verlockung war selbst für Roth zu groß, um sich ihr zu entziehen. Ich versprach ihm ein Konzert, wo 40 000 Sänger auf einmal auftraten. Das, noch ehe ich das Programm dieser Veranstaltung vor Augen hatte. Allein die Zahl dieses gigantischen Männerchors übte eine unwiderstehliche Verlockung auch auf Roth aus. Es war ein Abend, da Friedl bei ihren Eltern war, und sie hat uns nie verziehen, daß sie nicht dabei war. Das hat sie ausnahmsweise nicht ihm, sondern mir nicht verziehen. Aber ich war unschuldig. Ich kannte, wie gesagt, das Programm nicht. Und das war erst die Sensation. Als erster Punkt dieses Konzerts stand: *Leise flehen meine Lieder.* Schon beim Lesen des Programms wäre Roth beinahe vom Stuhl gefallen. Für mich war das Überraschende, noch mehr als der Einfall, 40 000 Sänger just auf dieses Lied loszulassen, das Erlebnis, daß 40 000 Stimmen tatsächlich ein Pianissimo zuwege brachten. Nach dem Konzert war Roth professionell gespannt, wie ich damit fertig werde, diesen Eindruck zu beschreiben. Als ich ihm den Satz zeigte: »Donnerwetter! War das ein Pianissimo!«[61], sah er mich wie betäubt an und sagte: »Das ist ein Treffer! Aber du kommst damit nicht durch.« – »Warum?« fragte ich ihn erstaunt. »Es ist ironisch. Dieser Kongreß der Sangesbrüder anläßlich der Schubert-Feier hat auch seine politische Seite. Es ist auch eine Propaganda für den Anschluß-Gedanken. Die *Frankfurter Zeitung*«, informierte er mich, »ist leider auch für den Anschluß. Und das werden wir zwei nicht ändern. Es ist empörend, aber nur für uns.« – »Empörend ist es für mich gar nicht«, sagte ich, »unsere österreichischen Sozialdemokraten sind ja auch für den Anschluß. Sie wollen sich mit der großen

Bruderpartei, mit Noske und Scheidemann, vereinigen. Aber ich glaube, du übertreibst. Dieses bißchen Ironie in einem Musikreferat werden sie mir schon durchgehen lassen.« Diesmal gewann ich, nicht Roth. Aber ehe die Invasion der deutschen Sangesbrüder zu Ende war, sollte er recht behalten.

Zum Ende der Zentenarfeier zu Ehren Franz Schuberts kulminierte die Sängerei in einer Demonstration: die 120 000 Sangesbrüder marschierten über den Ring in einer großen Parade. Es war ein Parademarsch zu Ehren der Musik, der Politik, und vor allem des Geschäftes. Für die Zuschauer waren Tribünen über einen großen Teil des Rings gezimmert. Zwei große Tribünen waren reserviert, eine für die Honoratioren, eine für die Presse.

Wenn ich erwartete hatte, daß die Wiener Geschäftswelt diese Parade für ihren Fremdenverkehr ausnützen würde, habe ich mich geirrt. Die Reklame, die sofort einsetzte, war nach Landsmannschaften, nach Ländern und reichsdeutschen Geschäftszweigen zusammengesetzt und dauerte stundenlang. Heute, nach dreißig Jahren in den Vereinigten Staaten, namentlich in New York, glaube ich, damals bei der Geburt der New Yorker May-Parade dabei gewesen zu sein. Ich habe das in einem Artikel für die *Frankfurter Zeitung* beschrieben mit dem resoluten Einfall, ich wäre auf der Pressetribüne nach zwei Stunden eingeschlafen, und habe das ganze als den Traum eines Zuschauers ausgegeben. Dieser naive Trick war ein vollkommener Versager. Roth wettete, der Artikel würde nicht angenommen werden – und diesmal hat er gewonnen.[62] Um die Wahrheit zu sagen: ich habe diesen Artikel eigentlich als private Korrespondenz für den Chef des Feuilletons eingeschickt. Ich war mir wohl bewußt, daß dieser Artikel den Anschluß-Gedanken nicht gerade förderte. Aber ich hielt das nicht für wichtig. Denn den Anschluß-Gedanken förderte schon der politische Redakteur, Dr. Lachmann, zur Genüge.[63] Dr. Lachmann war ein Berliner, und sein Enthusiasmus für den Anschluß kam ihm von Herzen.

Ich habe mich gehütet, in dem Artikel zu erwähnen, daß die 120 000 Sangesbrüder keine große Liebe für die Auslandsdeutschen erweckt haben. Sie tranken zuviel Bier und bekotzten sämtliche Kaffeehäuser der Inneren Stadt. Dennoch war es augenscheinlich (und man brauchte keinen besonderen Spürsinn), daß die ganze Zentenarfeier ohne Schuberts Hinzutun den sonst fernliegenden Anschluß-Gedanken aufgefrischt hat.[64] Sogar der österreichische Bundeskanzler, der gestrenge Prälat Seipel, keine Wiener und nicht einmal eine österreichische Figur, rang sich ein zurückhaltendes Bekenntnis ab, obwohl der Anschluß ihm gewiß nicht weniger zuwider war als der Beelzebub persönlich. Man sah es ihm an. Und man hörte, wie er mit schmalen, bleichen Lippen das Bekenntnis sich vorsichtig abrang.

Natürlich entstanden anläßlich der Sangesbrüder eine frische Reihe Wiener Anekdoten. Eine weiß ich noch heute. Eine Gruppe von Berliner Sangesbrüdern fragt einen Polizisten: »Saren Se mal, wenn wir hier die Praterstraße weiterlaufen, steht da der Admiral Tegetthoff?« – »Jo«, sagt der Wiener, »der steht dorten. Aber wann S'net hinlaufen, steht er a dorten.« – Als Emil Ludwig[65], bereits auf der Höhe seines Ruhms, über seinen Besuch in Paris schrieb, schickte mir Roth diesen Bericht aus Paris und unterstrich eine Stelle, um mich an diese Wiener Anekdote zu erinnern: »Emil Ludwig schreibt: ›Ich trat auf den Balkon. Vor mir lagen die Tuilerien.‹ – War er auch ein Sangesbruder?«

Joseph Roths Mentor: Schulz

In der Zeit, da die Sangesbrüder in Wien gesungen, Bier getrunken und die ganze Stadt bekotzt haben, machte mich Roth mit einem seiner Freunde bekannt, der in den ersten zwanziger Jahren auf ihn Einfluß hatte, auch politischen. In erster Reihe aber auch alkoholischen. Und zwar in Wien und Berlin. Das war ein Herr Hugo Schulz.[66] Er war ein Journalist, ein Sozialdemokrat. Das war in den Jahren, da die sozialdemokratische Partei eine Mehrheit in der Republik Österreich und also die regierende Partei war. Zu dieser Zeit war Schulz, den Roth als Mitarbeiter der *Arbeiter-Zeitung* kennengelernt hatte, Presseattaché der österreichischen Gesandtschaft in Berlin. Schulz, viel älter als Roth, war ein sehr kluger und – obwohl Sozialdemokrat – ein Mann von originellen Ansichten, und vor allem ein mächtiger Trinker. Von ihm hat Roth das Trinken erst recht gelernt.

Ich habe mir vorgenommen, auf die Psychopathologie des Trinkens in diesen Erinnerungen an ihn nicht als Autorität einzugehn. Daß ich trotzdem öfter auf Roth, den Trinker, aufmerksam mache, liegt daran, daß ich den weitverbreiteten Aberglauben, ein Trinker wäre das und jenes und nebenbei ein Trinker, oberflächlich und lächerlich finde. Die Trunksucht ist – und das wußte ich schon zu einer Zeit, als die Medizin es noch nicht wußte – eine Krankheit, und – was die offizielle Medizin auch heute noch nicht wahrhaben will – eine physische Erkrankung. Roth selber hat einmal in einem *lucidum intervallum* die Auskunft gegeben: Nur die Psychoanalytiker glauben an die Tragödien, die die Alkoholiker ihnen erzählen, um ihr Saufen zu rechtfertigen.

Unter meinen guten Bekannten hier in New York ist einer ein gewesener Alkoholiker. Gerettet haben ihn, wie er oft und scharf betont, nicht die Ärzte, die ihn fast soviel gekostet haben wie der Alkohol, sondern der hier in USA bekannte Verein ›Alcoholics Anonymous‹. In meiner Gegenwart hat er oft Alkoholiker abgekanzelt, wenn sie mit ihren »Tragödien« Eindruck machen wollten. Er hat auch solche Tragödien erzählt: Er habe mit seinem Auto ein Kind überfahren. Ohne Alkohol hätte er diesen Unfall nicht überlebt. So sei er ein Alkoholiker geworden. Jedem, der es hören wollte, hat er diese Geschichte erzählt. Jetzt, da er nicht mehr trinkt, erzählt er die Geschichte nicht. Er hat nie ein Auto chauffiert. Es war eine alkoholische Geschichte, die er nicht mehr brauchte.

Roth erzählte mir oft von seinem Freund Schulz, den er als Politiker schätzte und sehr gern hatte. Er versprach mir, mich mit ihm zusammenzubringen, verschob aber die Verabredung immer wieder. Es kam erst dazu, wie seine Frau bei ihrer Familie war und wir uns zu dritt treffen konnten. Er gestand mir später, daß er es vermeiden wollte, Friedl mitzubringen, und ich verstand erst nach der zweiten Begegnung mit Schulz, warum. Die erste fand in einem Kaffeehaus statt. Da redeten wir meistens über Politik. Dabei stellte sich heraus, daß Schulz, obwohl Sozialdemokrat, gegen den Anschluß war. Ich kann mich nicht erinnern, ob das ein privates Geständnis für uns war.

Schon bei dieser ersten Begegnung fiel mir auf, daß Roth Schulz gegenüber eine fast schülerhafte Haltung hatte. Am Anfang glaubte ich, es sei die Verehrung für den älteren Mann, den erfahrenen Politiker, den gewandten Journalisten oder für seinen echten Wiener Humor. Aber im Lauf des Gespräches und namentlich des Trinkens kam ich darauf, daß Roth als Trinker sein Schüler war. Er bestellte immer das, was Schulz bestellte, und trank auch in den Abständen und in der Reihenfolge des Meisters. Auch das Saufen will gelernt sein, bevor es zur Lebensweise wird.

Roth hatte mir oft erzählt, daß sein Freund Schulz eine Abneigung gegen Musiker hatte, die so weit ging, daß er sie nicht Musiker, sondern Musiktrottel nannte. Ich solle keinen Anstoß daran nehmen. Das sei von ihm nur so eine Marotte. Er behauptete, daß die übertriebene Liebe der Wiener für Musik daher komme, daß sie Jahrhunderte versklavt waren und daß die Musik für sie ein Ventil war für den Mangel an Freiheit. Roth war überrascht, als ich ihm mitteilte, daß kein Geringerer als Stendhal auch dieser Ansicht war. Er äußerte sich darüber in dem ersten Buch, das er als junger Mann geschrieben hat. Es war ein Buch über Josef Haydn. Es fragt sich nur, ob das auch Stendhals Meinung ist, denn er hat das Buch einfach von einem Wiener Italiener gestohlen, der Haydn nahstand und ein Buch über ihn geschrieben hat. »Gestohlen?« fragte Roth entrüstet. Ich erzählte ihm genau, wie sich die Sache verhielt. Er gestand offen, daß er mir das nicht glaubte und in Paris aus französischen Quellen nachprüfen würde. Ich empfahl ihm die beste französische Quelle: Romain Rolland[67]. – Und wie das schon immer so ist, wenn man vor einem gewarnt wird, kam es ganz anders. Kaum hatten wir im Kaffeehaus Platz genommen, sagte mir Schulz: »Wir haben ja jetzt viel zu tun mit diesem Musikwirbel.« – »Woher wissen Sie das?« fragte ich ihn. »Ja«, sagte er, »ich lese in der *Frankfurter Zeitung* nicht nur, was unser Freund Joseph Roth schreibt.« Er erkundigte sich noch bei mir, ob in diesem »Wirbel« es auch Konzerte gab, die ein gutes Niveau hatten. Und als ich das bejahte und ihm einige Beispiele anführte, gab er sich damit zufrieden. Und nach dem ersten Schnaps sprachen wir dann nur noch über Politik.

Im Weggehn, schon auf der Straße, angesichts der umherschlendernden Sangesbrüder, erzählte ich ihm, wie Roth den Versuch gemacht hatte, die Gäste mit dem Gruß »Deutsche Sangesbrüder, Heil!« zu feiern. »Dös hätt ich mir gern ang'hört«, sagte Schulz. Beide waren diesmal nur leicht angeheitert. Wenn es dabei geblieben wäre, hätte ich eine sehr ungetrübte, ja angenehme Erinnerung an Freund Schulz. Leider, muß ich sagen, kam es noch zu einem zweiten Beisammensein.

Diesmal trafen wir uns zum Nachtmahl in einem bürgerlichen Gasthaus im IV. Bezirk. Es war an einem heißen Tag. Man saß im Schatten in einem hübsch eingezäunten Baumgarten. Weil es in der Stadt so heiß war, ging ich eine halbe Stunde früher hin, um im kühlen Garten meine versäumte Zeitungslektüre nachzuholen. Zu meiner Überraschung war Herr Schulz schon da. Er saß in einer Ecke in Hemdsärmeln an einem Tisch in einem Winkel, vor einem Krügel Bier, die Rechte auf dem Henkel, in der Linken eine Zeitung. Ich überlegte, ob ich ihn und mich lesen lassen sollte. Aber es waren noch so wenige Gäste im Garten, daß ich befürchtete, er könnte mich bald entdecken und es mißverstehn. Ich ging also an seinen Tisch und schreckte ihn mit einem Gruß auf. So sah es aus. Er blickte mich unwillig an und setzte seine Zeitungslektüre fort. Als ich dennoch stehenblieb, wandte er seinen Kopf von der Zeitung ab und musterte mich mit dem sturen Blick eines Betrunkenen. Ich stellte mich ihm vor und berief mich auf Roth. Es dauerte eine Weile, bis es ihm einleuchtete. »Ah«, sagte er, »Sie sind's! Ich hab Sie net erkannt.« Er legte die Zeitung weg, nahm die Rechte vom Bierkrügel und versuchte, auf beide Hände gestützt, aufzustehn. Da es ihm sichtlich Mühe machte, ließ ich mich schnell auf einen Stuhl ihm gegenüber nieder. »So ist's besser«, sagte er, »diese Hitz' heute macht mich ganz kaputt.« Ich bat ihn, sich in der Zeitungslektüre nicht stören zu lassen und wies auf meine zum Zeichen, daß ich dasselbe vorhatte. Er gab mir einen leichten Schlag auf die Zeitung. »Ach was, Zeitung«, sagte er, »die läuft uns nicht davon. Offen gestanden bin ich froh, daß Sie früher gekommen sind. Ich hätte gern mit Ihnen über unsern Freund gesprochen. Ihr zwei habt euch schon als Kinder gekannt, net woahr?« – »Nein«, sagte ich ihm, »Kinder waren wir schon nicht mehr, als wir uns kennenlernten. Wir waren schon Gymnasiasten in der 4. oder 5. Klasse.« – »Na«, sagte er, »also noch in der Kinderzeit. Ihr habt euch damals natürlich für sehr erwachsen gehalten. Drum kommt's Ihnen so vor. Haben Sie seine Familie gekannt? Seine Mutter? Seinen Vater?« – »Seinen Vater hat er selber nicht gekannt. Die Mutter hab ich einmal gesehen.« – »Was ist mit dem Vater? Wer war er?« fragte er weiter. »Sein Vater, soviel ich weiß, ist in religiösem Wahnsinn gestorben in der Umgebung eines Wunderrabbis. Das weiß ich nicht von Roth selber. Es gibt darüber verschiedene Auskünfte.« – »Und die Mutter, wie hat die ausgesehn?« – »Haben sie Roths *Hiob* gelesen? Die Frau von Mendel Singer ist genau ein Porträt seiner Mutter.« – »Ich hab gedacht«, sagte er, »daß seine Mutter so ausgesehn hat wie die Tochter von Mendel Singer. Weil er ja selber früher so zart war.« – »Nein«, sagte ich, »die Tochter von Mendel Singer sieht so aus wie seine Frau Friedl.« – »Ach so«, sagte er, »die Gazelle.« Damit gab er sich zufrieden und kehrte zu seinem Bier und seiner Zeitung zurück. Nach einer Weile lenkte ihn der Durst ab, und nachdem er, ohne mich eines Blickes zu würdigen, einen tiefen und offenbar recht erquickenden Trunk getan hatte, fand er mich mit erstaunten Augen wieder an seinem Tisch, und nach längerer Prüfung erinnerte er sich sogar, was wir gesprochen hatten. »Ich hab Sie so viel gefragt. Entschuldigen S'schon. Ich hab einen Verdacht, und ich möchte wissen, was Sie davon denken. Unser Freund Roth, wie ich ihn kennengelernt hab, war er, wenn auch nicht ein Mitglied der Partei, so was wie ein Marxist. Aber wenn er von seiner Jugend erzählte, erwähnte er, daß er in der zionisti-

schen Jugendbewegung war.« – »Das wäre noch kein Wider-
spruch, Herr Schulz«, sagte ich, »es gab und es gibt einen
linken Flügel in der zionistischen Partei, der sozialistisch ist.
Aber es gibt andre Widersprüche in seinen Erzählungen.« –
»Das ist es ja. Drum hab ich eben einen Verdacht. Der Roth
ist ein Ostjude. Darüber ist er ganz offen, und sogar stolz
darauf. Wenn man ihn fragt, wo er geboren ist, rückt er immer je weiter nach dem Osten, je besser. Dem Stefan Zweig
erzählt er, daß er in Rußland geboren ist. Aber mir kann er
das nicht sagen. Wenn er als Russe geboren ist, wieso war er
in der österreichischen Armee? Ich hab den Verdacht, daß
das einzige, was er verstecken und nicht zugeben will, ist, daß
er ein Galizianer ist. Ist das sehr blöd, was ich da sag, Herr
Doktor? Ich meine, mein Verdacht.« – »Ihr Verdacht, Herr
Schulz, ist das Beste, was sich darüber sagen läßt. Aber daran
ist Wien mehr schuldig als der Roth. In Wien hat man Galizien so abscheulich und so lächerlich gemacht, daß es manchen Galizianern in Wien furchtbar schwerfällt, offen zu-
zugeben, daß sie aus Tarnopol sind.« – »Sehr richtig!« sagte
Herr Schulz, »aber wie hat das angefangen?« – »Sie, Herr
Schulz, sind ein guter Historiker, hat mir Roth gesagt. Ich,
kein Historiker, wage zu behaupten, daß es schon mit der
Kaiserin Maria Theresia angefangen hat. Und Sie werden
wissen, daß die Kaiserin bittere Tränen vergossen hat, daß es
ihr das Herz abgedrückt hat, weil man ihr bei der Zerstük-
kelung Polens gerade diesen Teil aufgezwungen hat.« – »Die
Teilung Polens«, sagte er, »war natürlich eine große christliche Schweinerei. Aber was hat das mit Tarnopol zu tun?« –
»Sie werden es gewiß gelesen haben, aber nicht viele wissen,
daß die Kaiserin Maria Theresia, mißtrauisch wie sie war,
ihren privaten Beichtvater eigens nach Galizien schickte,
dem so neubenannten Land, um zu sehn, was ihr der böse
König von Preußen aufgezwungen hatte. Der Beichtvater

kam, offenbar nach einer gründlichen Untersuchung, mit der Auskunft zurück, daß Galizien ein Land sei ›voller Läuse und Juden‹. Da weinte die Kaiserin noch bitterere Tränen und nahm's, das Land.« – »Diese katholische Propaganda hat sich durchgesetzt, das is scho ja woahr. Aber daß es so weit geht, daß selbst ein Joseph Roth von seinem Geburtsland abrückt, wenn auch nach dem Osten!« – »A propos abrükken: einmal rückte er sogar von mir ab. Das geschah in Frankfurt am Main. Der Herausgeber der *Frankfurter Zeitung*, Dr. Heinrich Simon, hat jeden Freitag zum Mittagstisch offenes Haus für Persönlichkeiten, die gerade in Frankfurt ›weilten‹. (Der geistreiche alte Rudolf Geck hatte für solche Gäste, die gerade ›in den Mauern weilten‹, einen schönen Namen gefunden: die Mauernweiler.) Einmal traf es sich, daß Roth und ich zusammen in den Mauern weilten und demzufolge zusammen bei Simons zu Tisch waren. Frau Simon, die eine Wienerin ist – sie ist die Tochter von Baron Josef von Schey dem berühmten Juristen[68] –, fand sofort heraus, daß Roth einen andern Akzent hatte als ich, und sie fragte uns, wie es komme. Ehe ich ein Wort sagen konnte, um ihr das zu erklären, rückte Roth schnell von mir ab und erklärte ihr: ›Das kommt davon, daß ich noch weiter östlich geboren bin als er.‹« – »Wie erklären Sie das?« fragte Schulz. »Mich interessiert so was. Sie sind doch in derselben Gegend geboren.« – »Wir haben einen verschiedenen Akzent, weil Roth in einer kleinen Stadt geboren ist, und ich in einem Dorf, wo es im ganzen zehn jüdische Familien gab. Ich bin in einer Dorfschule mit Bauernkindern sechs Jahre gesessen. Er hat also den Akzent der kleinstädtischen Juden und ich den von ukrainischen Bauern. – Merkwürdig, daß wir gerade heute darüber sprechen.« – »Warum?« fragte er. »Joseph Roth hat mich gestern zu einer Beratung zugezogen. Er hat einen Brief bekommen von Kürschners Literatur-Kalender.

Man bittet ihn, seine Daten für den Kalender anzugeben.« – »Was braucht er da mit Ihnen zu beraten?« – »Er wollte mit mir beraten, wo er geboren ist. Er ist in Brody geboren. Dort gab es eine Vorstadt Szwaby. Roth gefiel es besser zu sagen, daß er in ›Schwabendorf‹ geboren sei, und er schrieb so an Kürschner, ohne anzugeben, in welchem Lande der Ort liegt. Wozu er mich zur Beratung brauchte, weiß ich nicht. Er hatte es schon selbst entschieden. Er wollte wahrscheinlich nur sehn, wie mir seine Schlauheit gefiel.«

Das amüsierte Herrn Schulz. Er machte nunmehr keine Pausen mehr und wir unterhielten uns, bis Roth ankam. Indessen hatte ich noch Zeit, Schulz zu informieren, daß Joseph Roths Idiosynkrasie gegen seine galizische Abstammung nichts mit seinem Judentum zu tun hatte. Sein Trauma ist seine Familie. Wäre er als Sohn eines Vaters mit einem guten jüdischen Namen geboren, wäre er gerne ein Galizianer gewesen. Aber als Sohn eines Vaters, den er gar nicht kannte, der Abkömmling einer kleinbürgerlichen Familie, das ist zeit seines Lebens sein Problem geblieben, das er nie überwinden konnte. »Ja, Herr Doktor, das habe ich mir auch schon gedacht«, sagte Schulz, »er war immer beeindruckt, wenn einer ein Sohn von einem Rabbi war. Der Roth wäre gern der Sohn eines Grafen oder von einem Rabbi.«

Als Roth endlich erschien, war Herr Schulz schon schwer geladen, und er begrüßte ihn: »Da kommt unser Schwabe!« Roth sah mich an: »Du hast ihm erzählt?« Und zu Schulz: »Ja, ich hab mich zu den Schwaben geschlagen.« Und wie immer, wenn er einen Streich spielte, blickte er abwechselnd zu ihm und zu mir mit fröhlichen Lausbubenaugen, in denen ein blaues Feuerchen glimmte.

»Wir haben eben von dir getratscht«, sagte Schulz, »und beschlossen, daß du am liebsten von einem polnischen Grafen abstammen würdest, der sich zum Judentum bekehrt hat und ein Rabbi geworden ist.« – »Das hast du erfunden, Hugo, nicht Soma, weil Soma die Polen viel zu gut kennt, um sich einen polnischen Grafen vorzustellen, der sich zum Judentum bekehrt. Das kann nur so einem Wiener wie dir einfallen.« – »Se non vero, ben trovato«, sagte ich, »aber in diesem Falle ist es halb gut erfunden und halb wahr. Als Kenner der Polen kann ich dir mitteilen, daß es einen polnischen Grafen gegeben hat, der sich zum Judentum bekehrt hat. Das ist also wahr. Rabbiner ist er nicht geworden. Vielleicht wäre er es sogar geworden und die Erfindung vom Herrn Schulz wäre ganz und gar wahr. Aber obwohl er ein Graf war – und zwar nicht irgendein polnischer Graf, sondern ein Graf Potocki (und du, Roth, weißt, was das heißt: ein Potocki!) –, ist er als Ketzer in Wilna öffentlich auf dem Marktplatz verbrannt worden.« – »Im Ernst?« fragte Roth, »und das hast du mir nie erzählt?« – »Du hast mir dazu keine Gelegenheit gegeben.« – »Wann ist das passiert«, fragte er, »im Mittelalter?« »Nein, im achtzehnten Jahrhundert, in Wilna. Im polnischen Wilna. Da war es offenbar noch Mittelalter. Der unglückliche Graf Potocki war mit einer schönen Komtesse verlobt. Aber vor der Heirat machte er noch eine Studienreise nach dem Westen Europas. In Amsterdam blieb er längere Zeit. Er kam dort in Verbindung mit Juden. Und obwohl, wie du weißt, die Juden jeden vor einer Bekehrung warnen und ihm die größten Schwierigkeiten machen, hat er sich zum Judentum bekehrt, blieb sieben Jahre dort als frommer Jude, zog einen jüdischen Kaftan an, ließ sich einen Bart und Pejes[69] wachsen, und in dieser Tracht kehrte er leichtsinnigerweise nach seiner Heimat zurück. Seine Verlobte hatte er längst aufgegeben. Er saß in Talmudschulen über seinem Studium eine längere Zeit, bis er erkannt, angezeigt, abgeurteilt und verbrannt wurde, obwohl seine Familie und die Familie seiner Verlobten alles taten, um ihn zu retten.«[70] –

»Eigentlich wäre das ein gutes Thema für ein Buch für mich«, meinte Roth. »Also der Graf Potocki hat sich nicht geschämt, in Wilna verbrannt zu werden«, sagte Hugo Schulz, »und du schämst dich, in Brody geboren zu sein, und erzählst dem Kürschner-Kalender, daß du in einem Schwabendorf geboren bist!« – »Wenn ich ein Potocki wäre, würde ich mich gern dazu bekennen, daß ich in Brody geboren bin. Aber so wie es ist, paßt es mir besser, ein gebürtiger Schwabendorfer zu sein.«

Was dabei herauskam, sollte ich erst nach vielen Jahren, ja erst nach Roths Tod erfahren. Die Leute vom Kürschner-Kalender, die nicht wußten, wo Schwabendorf liegt, fragten nicht bei Roth an und fanden, offenbar nach gründlicher Untersuchung, ein Schwabendorf in Hessen. So wurde Roth ein Hesse und ist es über Dezennien geblieben.[71] Bis mir eines Tages, bereits nach dem Zweiten Weltkrieg, eine österreichische Literaturgeschichte in die Hände fiel und ich Roth suchte und ihn nicht fand. Der Historiker richtete sich offenbar, wie alle andern, nach dem Kürschnerischen Kalender, und so blieb der Verfasser des *Radetzkymarsch* ein reichsdeutscher Schriftsteller. Bis ich das berichtigte. Die meisten Streiche Roths gingen so aus. Max Pallenberg[72], der witzigste aller Schauspieler unserer Zeit neben Groucho Marx, als ihm der frische, blonde Brausewetter vorgestellt wurde, blickte den hübschen Jungen scharf an und sagte: »Wer solche Grübchen hat, fällt selbst herein.« Joseph Roths Streiche waren seine Grübchen.

Wie beim ersten Zusammentreffen, hatten die alten Freunde ihre Erinnerungen auszutauschen, und ich saß eine lange Zeit, ein hungriger Zuhörer. Denn wie es bei Säufern oft der Fall ist, wenn sie tief ins Trinken geraten, vergessen sie das Essen, auch wenn sie in einem Gasthaus sitzen. Denn die Redensart: Fresser und Säufer, trifft ja meistens gar nicht zu.

Man ist entweder ein Fresser oder ein Säufer. Bis ich endlich revoltierte, den Kellner rief und eine Leberknödelsuppe bestellte. Roth war der erste, das zu bemerken, denn das war seine Lieblingssuppe, und er bestellte auch eine. Schulz blickte uns verächtlich an und bestellte vom Fleck weg ein Goulasch. Als das Essen kam, nahm Schulz hin und wieder eine Kostprobe zu sich und tunkte von Zeit zu Zeit eine Semmel in die Goulaschsauce. Aber das waren nur Füllsel in den Pausen zwischen dem Trinken. Von Zeit zu Zeit machte er eine Hustenpause. Es war das erste Mal, daß ich mit einem alternden Säufer bei Tisch war. Ich war den Geräuschen dieses Essens nicht gewachsen, und es kam ein Moment, wo ich eine Pause machen mußte, um mich in einen Nebenraum zu flüchten. Als ich wiederkam, sah mir Roth das an. Denn auch ihm war es peinlich. Er hatte offenbar mit seinem Freund lange Jahre nicht gegessen, und sein physischer Verfall kam ihm erst bei dieser Gelegenheit zum Bewußtsein.

Wir begleiteten spät in der Nacht den wankenden Schulz nach Hause. Roth war sehr deprimiert. Ich weiß nicht, ob ihm in diesem Moment der Gedanke kam, daß sein Dämon ihn zu diesem Verfall bringen würde. – Neun Jahre später, als ich Joseph Roth in Wien wiedertraf, sah er bereits wie ein alter Säufer aus, und er erinnerte mich zu meiner Bestürzung an jenen Abend mit Schulz.

Der Ministerialrat Fuchs, mit dem ich in der Zeit, da Joseph Roth in Wien war, öfter zusammen war, rief mich eines Tages an und bat mich, ins Bundeskanzleramt zu kommen. »Ich möchte Sie was fragen«, sagte er, »es hat nichts mit Politik zu tun.« Ich schlug ihm vor, daß wir uns lieber im Kaffeehaus treffen, aber er insistierte, daß ich in sein Büro komme, was ich am selben Nachmittag tat. Wie immer, wenn ich auf Verabredung in sein Amt kam, lag auf seinem Tisch an sichtbarem Platz die *Frankfurter Zeitung*, obwohl es sich bald herausstellte, daß der Anlaß zu diesem Besuch nichts mit der Zeitung zu tun hatte. Der Ministerialrat hatte schon vor Monaten Joseph Roths *Hiob* gelesen, hatte aber das Buch nie erwähnt. Das war mir nicht aufgefallen. Denn wenn wir uns trafen, sprachen wir meistens Politik. Diesmal zog er gleich Roths Buch aus einer Schublade und hielt es mir mit der Titelseite vor. »Haben Sie *das* gelesen?« fragte er. Die Betonung des Wörtchens ›das‹ ließ nichts Gutes erwarten. Aber es kam schlimmer, als ich dachte. Noch ehe ich antworten konnte, setzte er fort: »Ich kenne Roth nicht so lange wie Sie ihn kennen. Aber ich kenne Sie lange genug, um eine aufrichtige Antwort auf eine persönliche Frage erwarten zu dürfen. Wie gefällt Ihnen der Titel?« – »Ach so, der Titel«, sagte ich erleichtert. »Was heißt hier: ach so? Ist der Titel eines Buches nicht wichtig?« – »Mich hat der Titel auch überrascht«, sagte ich. »Überrascht«, fragte er, fast im Zorn, »nur überrascht? Ich hoffe, unangenehm überrascht!« – »Der Titel ist schon gewagt«, sagte ich versöhnlich. »Mich hat er nicht überrascht«, sagte er, »mich hat er angeekelt. Wie kann ein so guter Schriftsteller, ein Mann mit so gutem Geschmack, sich eine solche Anmaßung leisten. Ich finde keine Entschuldigung dafür.« – »Der erste Teil des Buches«, sagte ich, im Versuch ihn abzulenken, »der Teil, der im jüdischen Rußland spielt, ist das Beste, was Roth je in einem Buch geschrieben hat.« – »Das mag sein«, sagte er, »das legitimiert nicht den Titel. Es gibt keine Legitimierung für eine Blasphemie!« – »Blasphemie ist ein zu starkes Wort«, sagte ich. »Herr Ministerialrat, Sie haben vorhin ein treffenderes Wort gebraucht.« – »Was hab ich gesagt?« fragte er. »Sie sagten: Anmaßung.« Er schwieg eine Weile und blickte mich mit seinen großen und traurigen Augen an. »Ich habe Sie gebeten hierherzukommen«, sagte er dann, »um Ihnen eine sehr persönliche Frage zu stellen. Anstatt dessen sind wir in eine literarische Auseinandersetzung geraten. Was ich Sie fragen wollte ist, kurz und einfach: Würden Sie es zuwege bringen, sich so einen Titel anzumaßen?« – »Sie wollen ein Ja oder Nein?« – »Das überlasse ich Ihnen«, antwortete er. »Nein«, sagte ich daraufhin. Der Ministerialrat atmete erleichtert auf. Ich kann es mir erlassen, ihn hier zu beschreiben. Ich habe ihm einen, wenn auch nicht zu großen, aber ehrenhaften Platz in meiner Roman-Trilogie eingeräumt.[73] Und diese Szene war das Motiv sowohl als der Kristallisationspunkt für die Gestalt des Doktor Frankl.

Nachdem ich seine Frage entschieden verneint hatte, hatten wir ein längeres literarisches Gespräch, das aber nicht mehr so ernst, sondern in dem ihm eigenen traurig-ironischen Ton gehalten war. Zum Abschied sagte ich ihm: »Ich bin für Revanche, und zwar ohne Aufschub. Jetzt werde ich Ihnen eine persönliche Frage stellen: Warum haben Sie mich erst heute zu sich gebeten, um mir diese Frage zu stellen. Roth hat Ihnen doch vermutlich das Buch gleich nach dem Erscheinen schicken lassen, also sicherlich vor mehr als einem Jahr.«[74] – »Gewiß, gewiß«, sagte er, »aber offen gestanden, habe ich es erst vor einigen Tagen gelesen. Ich habe mir eingebildet, daß Sie ebenso über den Titel enttäuscht sein werden wie ich.« – »Ich möchte gerne so entrüstet sein wie Sie, Herr Ministerialrat. Aber ich bin mit Joseph Roth schon zu lange befreundet, um ihm nicht manches nachzusehn. Aus diesem Grunde schreibe ich auch nie über seine Bücher. Er nimmt es mir auch übel. In diesem seinem Buch entzückt mich eigentlich nur die Hälfte, der Teil, der in Europa spielt. Sein Amerika schreibt er so, wie er es nicht sieht. Aber genau.«

Ring-rund mit Anekdoten

Der Ministerialrat Fuchs lud mich zum Abendessen ein und fragte, ob Joseph Roth noch in Wien sei. Er war noch in Wien, und der Ministerialrat bat mich, auch ihm die Einladung zum Abendessen zu übermitteln. Wir trafen uns zuerst im Café Klomser und unterhielten uns ausschließlich über Politik, meistens über die Anschluß-Frage. Wir zwei Galizianer, nicht gerade echte, sondern gelernte Wiener, waren heftig gegen den Anschluß. Der Ministerialrat, in jeder Hinsicht – im Sprechen, im Denken, im Fühlen, in Gewohnheiten und namentlich in Aversionen – ein sehr echter Wiener, als Mitarbeiter und ›rechte Hand‹ des Bundeskanzlers, des Prälaten Seipel, nahm den Gedanken an den Anschluß nicht zu ernst. Seine Heftigkeit galt den Sozialdemokraten, die damals noch eifrige Anhänger des Anschlusses waren, mehr noch als den Deutschnationalen, die ja noch zu Lebzeiten des Kaisers Franz Joseph nur zu gern Reichsdeutsche geworden wären. Es passierte ja schon vor dem Ersten Weltkrieg, daß ein Soldat einem inspizierenden General auf die Frage: »Wie heißt unsere Majestät?« antwortete: »Kaiser Wilhelm von Hohenzollern.« Daß wir überhaupt über die Anschluß-Frage sprachen und debattierten, war darauf zurückzuführen, daß die noch anwesenden Sangesbrüder die ganze Schubert-Feier als Propaganda für den Anschluß zu inszenieren versuchten.

Vom Café Klomser gingen wir nur ein paar Schritte hinüber zum Nachtmahl in eine billige Kutscherkneipe, weil es in diesem Lokal auch am Abend vorzügliches gekochtes Rindfleisch gab, was wir alle drei nicht oft genug essen konnten. Beim Nachtmahl sprachen wir keine Politik mehr, sondern über Literatur, namentlich über Karl Kraus und Sigmund Freud, gegen die Joseph Roth viel Sarkastisches zu sagen hatte.

Wir haben uns zu dritt so gut verstanden und gerieten in so gute Laune, daß wir draußen auf der Straße vor dem Abschied dreistimmig beschlossen, noch einen Spaziergang zu machen. Wir standen schon am Schwarzenbergplatz. Es war bereits halb zwölf geworden. Wir gingen auf dem Ring in der Richtung zum Stadtpark, dann durch den Park, und auf dem Ring wieder bis zum Kriegsministerium. Vor dem Kriegsministerium fiel Joseph Roth, der schon damals mit seinem *Radetzkymarsch* schwanger ging, natürlich der Kaiser Franz Joseph ein: »Hier müssen wir über Kaiser Franz Joseph sprechen. Erzählen Sie mir eine gute Franz Joseph-Anekdote, Herr Ministerialrat.« – »Ich liebe Anekdoten«, sagte der Ministerialrat, »aber ich kann eine Anekdote nur erinnern, wenn ich in Gedanken oder in einem Gespräch durch Gedankenassoziation ein Plätzchen dafür finde. Aber ich assoziiere nicht mit meinen Füßen. Weil wir gerade vorm Kriegsministerium stehn, sollen mir Franz Joseph-Anekdoten einfallen?« – »Mir fällt eine ein«, sagte ich. »Dir wird wahrscheinlich eine einfallen, eine tschechische, wo der Kaiser Prohaska heißt und vertrottelt ist«, meinte Roth. »Oh nein«, sagte ich, »ich halte zwar Monarchisten für Trottel. Aber nicht den Kaiser Franz Joseph. Für Seine Apostolische Majestät mach ich eine Ausnahme. Die Anekdote paßt gerade hier vor dem Kriegsministerium sehr gut.« – »Also los!« sagte der Ministerialrat. »Es war im Jahre, da die Festung Przemyśl fertig geworden war. Kriegsminister war damals der ungarische General Galgóczy. Finanzminister war damals irgendein polnischer Graf. Auf dienstlichem Wege verlangte er vom Kriegsministerium eine Abrechnung, die längst fällig war. Galgóczy war für den Bau verantwortlich und ließ dem Finanzminister eine Rechnung schicken. Die lautete: Für den Bau der Festung Przemyśl 5 Millionen Gulden übernommen. Für den Bau der Festung Przemyśl 5 Millionen Gulden ausgegeben. Der polnische Graf ließ dem Kriegsminister erklären, wie eine Rechnung aussehn muß, um im Finanzministerium ad acta gelegt zu werden. Darauf kam die zweite Rechnung: »5 Millionen bekommen. 5 Millionen ausgegeben. Wer das nicht glaubt, ist ein Trottel. Unterschrift: Galgóczy.« Diese zweite Rechnung legte der Finanzminister Seiner Majestät bei der nächsten Gelegenheit zur Unterschrift vor. Der Kaiser, der wohl wußte, daß mit Galgóczy nicht gut Kirschen essen war, nahm schnell die Feder und schrieb: »Ich glaub's. Franz Joseph.«

Als wir an den Kai kamen und am Donaukanal an den Anlagen vorbeigingen, sagte der Ministerialrat Fuchs: »Hier gehört eine jüdische Anekdote hin.« Roth meldete sich schnell mit einer: »Zwei Juden saßen hier auf dieser Bank, einer ein Raucher, einer ein Nichtraucher. Darauf einer zum andern: ›Rauchen Sie nicht fortwährend. Das ist ja ekelhaft! Immer sitzen Sie so, daß der Wind mir Ihren Rauch bringt.‹ Der andere wechselte den Platz und sagte: ›Ich bin ein Raucher. Raucher müssen rauchen.‹ – ›Sie werden nicht alt werden, wenn Sie so weiterrauchen.‹ – ›Ich bin schon fünfundsiebzig Jahre alt, obwohl ich rauche.‹ Darauf der andere zornig: ›Aber wenn Sie nicht rauchen würden, wären Sie schon fünfundachtzig!‹«

Als wir an der Polizeidirektion vorbeigingen, sagte Roth: »Hierher gehört eine Joseph Roth-Anekdote. Ich habe meine journalistische Karriere als Polizeiberichterstatter begonnen.«

Als wir an dem jüdischen Gasthaus Tonello vorbeikamen, meldete ich mich freiwillig: »Der bayerische Humorist Ludwig Thoma, der im *Simplicissimus* eine Beleidigung Seiner Majestät, des Kaisers Wilhelm, begangen hatte und nach Wien flüchtete, war hier Stammgast. Er fand, daß hier die beste Wiener Küche war. Mit der Zeit ist er ein guter Freund der Frau Tonello geworden. Einmal stellte er ihr eine intime Frage: ›Frau Tonello, Sie sind eine Jüdin. Ihr Mann ist ein Jude. Die Küche ist jüdisch. Die Gäste sind meistens Juden. Nur die Kellner sind keine Juden. Warum?‹ – ›Das werde ich Ihnen erklären, Herr Doktor. Mit den Kellnern ist es so: Zuerst ist einer Lehrjunge, ein Piccolo. Dann macht er eine Prüfung und wird Getränkekellner. Dann wird er Speisenträger. Dann wird er Zahlkellner, Oberkellner. Das ist so bei den Christen. Bei den Juden ist es so: Einer verkauft Strümpfe. Das Geschäft geht nicht. Dann verkauft er Wäsche. Das Geschäft geht nicht. Dann ist er Kommis in einer Schnittwarenhandlung. Geht auch nicht. Dann gibt er sich einen Klatsch vor die Stirn und wird Kellner. Das kann ich nicht brauchen!‹«

Als wir beim Burgtheater angekommen waren, kam endlich auch der Herr Ministerialrat mit einer Anekdote zu Wort: »Es geschah zur Zeit, wo der Hofschaupieler Hugo Thimig Direktor des Burgtheaters war. Eines frühen Abends begleitete er am Ende einer Probe die noch junge, aber schon berühmte Schauspielerin Adele Sandrock über den Ring.[75] An einem Baum stand ein Mann und tat, was sonst nur Hunde an einem Baum tun. Hugo Thimig war ein geborener Sachse und also etwas prüde. Er versuchte, die Richtung zu ändern, in der Hoffnung, der jungen Dame den Anblick zu ersparen. Sie ließ es aber nicht zu. Sie ging stramm ihres Weges in der Richtung des Übeltäters. Der Hofburgtheaterdirektor Thimig äußerte sich mit Entrüstung: ›So eine Frechheit!‹ Adele Sandrock hatte bereits ihr Lorgnon gezückt und äußerte sachverständig: ›Sogar eine jüdische Frechheit!‹«

Wir haben einen schönen Abend verbracht. Es war bereits ein Uhr – Roth würde schreiben: Hunderttausend Turmuhren schlugen eins. Wir gingen um den ganzen Ring herum und begleiteten noch den Ministerialrat nach Haus. Das war im Sommer 1928. Wir hatten bereits alle drei das unsterbliche deutsche Werk *Mein Kampf* gelesen. Hundertzwanzigtausend Sangesbrüder waren noch in Wien. Wir haben den ganzen Abend nicht ein einziges Mal den Führer und seine Mordbuben erwähnt. Die Nazis waren in Wien damals noch weder hörbar noch ruchbar geworden. Nur in den Hochschulen, namentlich an der Wiener Universität, tummelten sich schon die Professoren und die Studenten im Zeichen des Hakenkreuzes, aber noch nicht so laut, daß sie einem auch nur einen Tag verderben konnten.

1929 – 1931

Im Jahre 1929 hatte ich ein Zerwürfnis mit der *Frankfurter Zeitung*. Es begann mit einer Meinungsverschiedenheit mit unserm Musikkritiker in Frankfurt. Im Frühjahr dieses Jahres kam Toscanini mit einem Ensemble der Mailänder Scala zu einem Gastspiel in der Wiener Staatsoper. Ich muß hier erwähnen, daß ich mich geweigert habe, über Musik zu schreiben, als mir das Feuilleton zum ersten Mal mit dieser Aufforderung kam. Ich habe mich seit meiner Kindheit für Musik interessiert. Ich hab im Gymnasium im Chor gesungen und im Schulorchester Cello gespielt. Schlecht und recht. Gesungen hab ich recht – ich hatte eine gute Stimme und sang die Soli. Als Cellospieler blieb ich ein Anfänger und blieb ein solcher, bis ich bei Anbruch des Krieges 1914 mit dem Spielen aufgehört habe. Ich hatte schon im Gymnasium keine Zeit zu üben. Mein Tag war ausgefüllt mit Stundengeben, womit ich mir nach dem Tode meines Vaters mein Auskommen verdiente. Ein Musikenthusiast war ich mein Leben lang geblieben, aber ich bin nie ein Musiker geworden. Ich weigerte mich also, obwohl mir der Antrag schmeichelte, mich auf einem Gebiet zu betätigen, wo ich professionell nicht zuständig war. Da fiel es dem Chef des Feuilletons ein, mich mit einem Trick in das Fach hereinzulocken. Aus Wien berichtete über Musik für die *Frankfurter Zeitung* eine ältere Dame, die in einer Wiener Zeitung die Musikkritikerin war und dort ihrer pathologischen Aversion gegen moderne Musik, namentlich gegen den Schoenberg-Kreis, Luft machte. Um sie nach langjähriger Mitarbeit möglichst schmerzlos loszuwerden, bat mich der Chef des Feuilletons gelegentlich ein Musikreferat zu liefern. Gleichzeitig teilte er der Wiener Dame mit, daß das Feuilleton jetzt für die Berichterstattung aus Wien die Kosten einschränken müsse, und da die Zeitung einen Feuilletonkorrespondenten in Wien engagiert habe, müßte man leider auf ihre weitere Mitarbeit verzichten. Ich machte mich erbötig mitzuspielen, weil ich mich diebisch darüber freute, Alban Berg und anderen Freunden vom Schoenberg-Kreis zuliebe die gehässige Streiterin gegen die moderne Musik aus der *Frankfurter Zeitung* zu eliminieren. Der Zufall wollte es, daß just in dieser Woche der Entscheidung in der Wiener Staatsoper Igor Strawinskys *Ödipus Rex* zum ersten Mal auf dem Spielplan stand. Als Strawinskys langjähriger Bewunderer benützte ich die Gelegenheit, mein erstes Musikreferat zu komponieren. Mich lockte auch der lateinische Text dieser Oper. Dieses Drama war eines von den drei griechischen Dramen, die ich im Original aus freien Stücken seinerzeit in heißem Bemühen durchaus studiert hatte, und es interessierte mich, den latinisierten Text von Jean Cocteau zu hören.[76] Ich stieg in diese Abenteuer nicht völlig unvoreingenommen ein: Monsieur Cocteau war nie mein Fall. Der Einfall, eine Opcr mit lateinischem Text zu geben, geschrieben von einem Franzosen, komponiert von einem Russen, erschien mir nicht gerade einem dringenden Bedürfnis der Zeit zu entsprechen. Die Folge war, daß mir noch selten, wenigstens bis dahin, ein Referat so leicht von der Feder ging als dieser mein erster Versuch in Musikkritik.[77] Nach dem Erscheinen des Artikels telephonierte mir Alban Berg einen Glückwunsch und wunderte sich obendrein, wie ich es wagen konnte, so kritisch eine Oper zu behandeln in der *Frankfurter Zeitung*, wo bereits der Doyen der deutschen Musikkritiker, Hermann Springer, die Oper nach der Premiere in Berlin in den Himmel gelobt hatte.[78] Ich war einerseits bestürzt, den alten Herrn Springer sicherlich verstimmt zu haben, andrerseits froh, daß es mir vermutlich gelungen war, mit diesem Anfang meiner Karriere als Musikkritiker auch zugleich das Ende gemacht zu haben. Daraufhin schrieb ich dem von mir hochgeschätzten alten Herrn Springer einen Brief, in dem ich ihm wahrheitsgemäß mitteilte, nicht gewußt zu haben, daß ein Referat von ihm bereits erschienen war. Leider beeilte sich der noble alte Mann, mich zu meinem Referat zu beglückwünschen und mir obendrein mitzuteilen, daß er etwas getan hatte, was ihm noch nie vorher zu tun beigefallen war: er habe 25 Exemplare meines Referats an Freunde geschickt und der Zeitung gratuliert, einen Nicht-Kritiker als Musikkritiker für die *Frankfurter Zeitung* erworben zu haben. Damit war mir jede Möglichkeit genommen, dem Feuilleton mitzuteilen, daß ich mich weiterhin weigere, der Nachfolger der Frau Elsa Bienenfeld in der *Frankfurter Zeitung* zu werden.[79]

Wie dann später Toscanini nach Wien kam, ging ich bereits als erprobter Musikberichterstatter in die Oper und schrieb, wie es meine Pflicht war, den Bericht über *Don Giovanni* mit der Mailänder Scala und Toscanini am Dirigentenpult. Dann schrieb ich noch einen zweiten über *Lucia di Lammermoor* und einen dritten, der mir selbst mehr Vergnügen bereitete als meine ganze bisherige musikkritische Tätigkeit über Verdis Meisterwerk *Falstaff*. Mit dem Erfolg, daß der erste Bericht erschien.[80] Den zweiten und den dritten wollte der Frankfurter Musikkritiker der Zeitung nicht erscheinen lassen, mit der Begründung, daß er im Auftrage des Blattes nach Berlin reisen würde, um dort über das Gastspiel der Scala zu berichten. Toscaninis Gastspiel in Berlin sei für die *Frankfurter Zeitung* wichtiger als das Gastspiel in Wien.[81] Ich schrieb in meiner Antwort an Karl Holl: Wenn die Sache so steht, hätte man mich verständigen sollen, um mir die Mühe zu ersparen. Und ich insistierte auf die Veröffentlichung meiner Artikel, es sei denn, daß wichtigere Einwände gegen sie beständen.

Indessen erhielt ich einen Brief von Roth, in dem er mir schrieb, daß er die *Frankfurter Zeitung* verlassen habe. Er klagte über schlechte Behandlung und konnte seine Freude über meinen Konflikt mit der Redaktion nicht verbergen. Er insistierte, daß ich diesen Konflikt dazu benützen sollte, der *Frankfurter Zeitung* zu kündigen. Er behauptete, in der Zeitung machten sich bereits antisemitische Einflüsse geltend, und zitierte einen Ausspruch des Berliner Feuilletonkorrespondenten der *Frankfurter Zeitung*, Bernard von Brentano[82], der einmal die Redaktion eigens anrief, um seinen Protest gegen mein Engagement zu erheben. Mit den Worten: »Schon wieder einen Ostjuden in die *Frankfurter Zeitung* hereingebracht!« Ich werde diese Affaire an anderer Stelle genau erzählen. Hier möchte ich noch folgendes hinzufügen: Nach Erledigung des Konflikts stellte es sich heraus, daß Roth, der erwähnte, er sei bereit, mir eine Stelle bei den *Münchner Neuesten Nachrichten* zu beschaffen, mich dorthin mitnehmen wollte, weil er gehört hatte, daß Reifenberg mich als Ersatz für ihn einführen wollte.[83] Das einzig Wahre in seinem Brief war der der telephonische Ausspruch von Bernard von Brentano.

Übrigens hat Bernard von Brentano seinen Protest gegen mich nicht geleugnet. Eigens nach Frankfurt berufen, um sich bei mir zu entschuldigen, erklärte er mir, er habe nicht gewußt, ich sei ein Österreicher: »Für 1918 kann niemand was. Ich bitte Sie um Entschuldigung.« Soviel über Bernard von Brentano, den kommunistisch, hernach in der Schweiz angeblich nazistisch angehauchten Freund von Bert Brecht. Seine Karriere an der *Frankfurter Zeitung* sollte noch vor 1933 ein dramatisches Ende haben. Er hatte den Auftrag, politisches Material über die Nazipartei für die Zeitung zu erwerben. Das brachte er zuwege. Aber ehe er das Material der *Frankfurter Zeitung* einlieferte, legte er es erst einem kommunistischen Freund vor, der es photokopierte. Natürlich wurde ihm sofort gekündigt.

Roth teilte mir den Hinauswurf Brentanos jubilierend mit. Mich machte diese Mitteilung recht traurig. Der Unwürdige hat einen würdigen, noblen Familiennamen befleckt.

Mit Robert Musil

Roth war diesmal nur zu einem kurzen Besuch in Wien. Er war allein gekommen, ohne Frau, auf der Durchreise nach Polen. Wir trafen uns natürlich im Café Museum. Anderen Tags rief mich Musil an. »Gestern war ich auch im Café Museum. Aber Sie waren in dem kleinen Gibson-Zimmer in so eifrigem Gespräch mit einem Herrn, und ich wollte Sie nicht stören. Ich war mit Broch. Mit wem waren Sie?« fragte er. »Mit meinem Freund Joseph Roth«, antwortete ich. Musil äußerte den Wunsch, Roth kennenzulernen. Das wunderte mich, denn er war sonst gar nicht so neugierig, Schriftsteller kennenzulernen. Ich hatte Bedenken, die zwei zusammenzubringen. Ausweichend sagte ich: »Er ist hier nur auf kurzen Besuch, aber ich treff ihn noch einmal, und ich werde es so einrichten, daß er wieder ins ›Museum‹ kommt.«

Ich war fast sicher, daß die zwei nicht zueinanderfinden würden. Musil war ein *poeta doctus*. Das fand man leicht heraus, wenn man ihn so gut kannte wie ich, auch vor dem Erscheinen seines großen Werks *Der Mann ohne Eigenschaften*. Roth hatte eine Abneigung gegen Denker-Künstler. Schriftstellern wie Ernst Bloch, Walter Benjamin – obwohl beide wie er auch für die *Frankfurter Zeitung* geschrieben haben – wich er in weitem Bogen aus. Gegen den damals mit mir befreundeten Dr. Wiesengrund-Adorno zeigte er offene Gehässigkeit.[84] Musil, den ich einmal Jahre später – Bloch war bereits Flüchtling in Wien[85] – mit Bloch bekannt gemacht habe, fand Gefallen an ihm, obwohl er mir später mit dem süffisanten Lächeln, das ihm so eigen war, gutmütig zugab, daß er nicht alles verstanden habe. »Der spricht ja so, wie er schreibt. Das ist mir noch nicht vorgekommen. Verstehen Sie alles, was er sagt?« – »Nur wenn er erzählt«, gestand ich ihm, »oder wenn er auf eine Frage antwortet. Sonst hör ich ihm, so wie Sie, mit Vergnügen zu, wie in einem Stummfilm ohne Titel.«

Ich erinnerte mich, daß Musil sich einmal lobend über Roth ausgesprochen hatte: »Ihr Freund Roth ist in einem seiner Bücher einmal ein Dichter.« – »Wo?« fragte ich ihn. »In seinem *Hiob* fand ich eine dichterische Stelle. Wie der arme Mendel Singer seine Tochter engumschlungen mit einem Kosaken aus einem Getreidefeld herauskommen sieht, in seiner Bestürzung davonläuft und atemlos nach langem Lauf die Synagoge erreicht und dort betet – das ist der Einfall eines Dichters.«[86] – »Ich finde den ganzen ersten Teil dieses Buches das Beste von Joseph Roth«, sagte ich ihm. »Solange die Familie in Rußland sitzt, ist er in seinem Element und ein Dichter.«

Ich verabredete mit Musil, ihn am nächsten Tag im Café Museum zu treffen, ohne aber vorher Roth von Musils Kommen zu verständigen. Roth und ich saßen schon eine Weile im »Museum«, als Musil hereinkam. Roth erhob sich, ohne abzuwarten, daß ich ihn vorstelle, und grüßte Musil respektvoll als einen Bekannten: »Erinnern Sie sich, woher wir uns kennen?« – »Es muß schon lange her sein.« – »Zehn, elf Jahre, Herr Hauptmann«, sagte Roth, »wir haben uns ein paarmal in der Redaktion vom *Tag* getroffen. Sie waren damals Theaterkritiker der Zeitung.« – »Ach ja«, sagte Musil, »vom *ersten*

›Tag‹ natürlich.« – »Vom *schöneren* ›Tag‹ natürlich«, sagte Roth; »ich war damals ein Anfänger.«[87] – »Ich muß Sie selten gesehen haben«, meinte Musil, »sonst hätte ich Sie gleich erkannt.« Roth gestand, daß er zu schüchtern war, um öfter auf die Redaktion zu kommen. »Alfred Polgar begrüßte mich immer mit höflicher Ironie: ›Ach, da haben wir wieder ein schönes kalligraphisches Meisterwerk von Roth.‹«[88]

Sie tauschten Erinnerungen an den alten und Urteile über den neuen *Tag* und Anekdoten über die anderen Mitarbeiter aus. Musil erzählte, wie er einmal, nicht völlig im Scherz, aber noch nicht als seinen Entschluß, in der Redaktion äußerte, daß ihn seine Beschäftigung als Theaterkritiker langweile und er daran denke, dieses Richteramt aufzugeben. Worauf Alfred Polgar ihn beim Wort nahm und sein Nachfolger geworden ist bis auf den heutigen Tag (und darüber hinaus bis zum letzten Tag vom *Tag*).[89]

Ich hörte zu und freute mich an ihrer reibungslosen Unterhaltung, in die ich erst eintreten konnte, als sie auf ihren gemeinsamen Bekannten aus der Kriegszeit, den berühmten Journalisten Egon Erwin Kisch, zu sprechen kamen. »Kennst du eigentlich meinen Freund Egon?« fragte mich Roth. – »Wer kennt Egon Erwin Kisch nicht! Gewiß kenne ich ihn.« – »Aber wir waren nie zu dritt zusammen«, sagte Roth. »Nein«, sagte ich, »Kisch hab ich erst durch unsern gemeinsamen Freund Dr. Löbel kennengelernt. Ich hab ihn schon gern gehabt, eh ich ihn kennengelernt habe, weil Dr. Löbel mir von ihm erzählte.«

Musil wollte wissen, ob Kisch immer noch so ein militanter Kommunist sei. »Natürlich«, sagte Roth, »der wird immer dabei bleiben.« – »Merkwürdig, daß er ein guter Reporter ist«, meinte Musil. »Ist er ein guter Reporter?« fragte Roth. »Ich kann das nicht beurteilen. Ich hab ihn zu gern. Wenn Sie es sagen, muß ich es glauben.« – »Ich hab seit Jahren nichts von ihm gelesen. Ich maße mir auch kein Urteil an«, sagte Musil, »*Ihre* Meinung würde mich interessieren.« – »Warum?« wollte Roth wissen. »Ich erinnere mich«, sagte Musil, »Sie haben einmal zu einem Buch eine Vorrede geschrieben – ich weiß nicht mehr den Titel des Buches. Aber an die Vorrede erinnere ich mich sehr gut. ›Jetzt ist es Zeit, zu berichten, nicht zu dichten‹ hieß der Schlußsatz.«[90] – »Ja«, sagte Roth, »das hab ich geschrieben. Es war die Vorrede zu meinem Buch *Flucht ohne Ende*.« – »Halten Sie immer noch so viel vom Berichten?« wollte Musil wissen. »Warum nicht?« sagte Roth. »Sie schreiben ja jetzt Romane«, sagte Musil. »Ich schreibe jetzt auch Berichte.« – »Dichten Sie nicht auch dabei?« – »In meinen Berichten? « – »Offen gestanden«, sagte Musil, »ich habe Ihre Berichte nicht gelesen. Aber dichten Sie nicht in Ihren Romanen?« – »Nicht absichtlich«, sagte Roth und lachte vergnügt.

Roth kannte natürlich Musils *Zögling Törleß*. Musil hatte damals schon seine Romantheorie, der große Roman war aber noch nicht erschienen.[91] Roth interessierte sich für Romantheorien sehr wenig. In dieser Hinsicht war er der ›naive‹ Künstler. Er hatte die Beziehung eines Handwerkers zu seinem Handwerk. Da er Musil schätzte und seine Verstimmung sah, fügte er hinzu: »Dichten – berichten… es kommt auf das Wie an. Man hat mich damals beim Wort genommen, und viele Dichter – oder sogenannte Dichter – waren empört. Und sie sagten es. Und sie schrieben es. Gegen mich natürlich. Ich habe nie mehr ein Vorwort zu einem Buch geschrieben. Aber das Vorwort hat dem Buch sehr genützt. Thomas Mann war empört. Und das war mir ein Vergnügen.« – »Oh«, sagte Musil, »wenn es auf das ankommt, hat's mich auch gefreut. Aber Sie sehen doch das Problem. Wenn Sie ernstlich darüber nachdenken, müssen Sie sich doch darüber im klaren sein, ob Sie bei Ihrer Behauptung bleiben oder schon abge-

wichen sind.«[92] – »Ich zerbreche mir darüber nicht den
Kopf«, sagte Roth. »Ich bin kein Denker. Soma hat mich
verleitet, eine Romantheorie von Georg Lukács zu lesen.[93]
Ich habe ihm zuliebe den Versuch gemacht, das Buch zu lesen. Zwei Seiten lang habe ich mich quälen lassen. Und damit
war ich mit dem Buch fertig. Aber Soma hält ja auch Kafka
für einen großen Schriftsteller. Kafka ist ein Schriftsteller für
Schriftsteller.« – »Das hat man schon über Brahms gesagt: ein
Komponist für Komponisten«, warf ich ein. »Du hast mir
schon Kafka gepredigt, wie er noch gelebt hat«, sagte Roth,
»und kein einziger von seinen ›großen‹ Romanen bekannt
war. Dir ist nicht zu helfen. Aber sind seine großen Romane
Romane?« – »Wenn man es genau nimmt, vielleicht nein«,
sagte ich, »aber es sind die Werke eines großen und ungewöhnlichen Schriftstellers.« – »Mit Morgenstern hab ich
über Kafka schon vor sieben oder acht Jahren eine Auseinandersetzung gehabt«, sagte Musil. »Und wenn ich auch seine
Meinung nicht teilte, ehe der Nachlaß Kafkas zugänglich
war, so hab ich unserm Freund Morgenstern schon zugegeben, daß es sich um einen sehr eigenartigen Schriftsteller handelt.«
Wenn Roth mitgetan hätte, wäre es zu einer Debatte gekommen, aber Roth wich dem aus. Als Musil einwendete,
daß man am Ende bei l'art pour l'art ankommen muß, wenn
das ›Wie‹ das Wichtigste wäre, antwortete Roth, er mache
sich nichts aus l'art pour l'art, ohne Musils Behauptung wi-
derlegen zu wollen. Musil merkte es und war verstimmt.
Nach einer Unterbrechung zitierte Roth den alten Tolstoi,
der einmal in einem Gespräch sagte: »Was geht das Iwan und
Stepan an, wie ich diesen Baum sehe.« – »Das muß aber schon
der sehr alte Tolstoi gesagt haben«, meinte Musil, »als er
schon religiöse Traktätchen verzapft hat.« Ich sagte: »Das
war schon eine Absage nicht nur an das ›Wie‹, sondern eine

Absage an die Kunst überhaupt.« – »Wenn man das Lebenswerk Tolstois hinter sich hat, kann man sich so was leisten«, sagte Musil. »Da wollte der alte Meister schon ein Heiliger sein.« Damit war die Diskussion zu Ende, und beide wurden erst wieder angeregt, als das Gespräch sich von der Literatur abwandte und wir dann nur über Schriftsteller und nicht über Literatur sprachen.

Als Musil sich verabschiedet hatte – damals ging er noch allein nach Haus, ohne zu warten, daß ihn Frau Martha abholte –, sagte Roth: »Er spricht wie ein Österreicher, aber er denkt wie ein Deutscher. Fast so, wie deine Freunde Benjamin oder Bloch. Lauter Philosophen.« – »Musil denkt klar und geistreich wie ein Franzose. Wenn du ihn mit einem Deutschen vergleichen willst, dann eher mit Lichtenberg. Du hast ihn übrigens verhindert, dir was Angenehmes zu sagen.« Ich erzählte ihm, was Musil mir über Mendel Singer gesagt hatte, wie er seine Tochter mit dem Kosaken erwischt und davonläuft und so lange läuft, bis er ins Bethaus kommt und betet, und dann beschließt, nach Amerika auszuwandern. »Das ist der Einfall eines Dichters, hat er gesagt. So etwas gibt Musil für Romanschreiber selten zu.« – »Das überschätzt der Goj«, sagte Roth. »So etwas fällt einem Juden leicht ein.« – »Ich kenne echtere Juden als dich«, sagte ich, »die sogar jiddisch schreiben, nicht deutsch, und nicht auf jeder Seite solche Einfälle haben. Sei ihm nicht bös, daß er nur *eine* Stelle in deinem *Hiob* gefunden hat. Du kennst Aschs Romane vielleicht besser als ich. Wieviel solche Stellen hast du bei Asch gefunden?« – »Kennst du Asch persönlich?« fragte er mich. »Nein«, sagte ich. »Ich hab auch nie das Verlangen danach gehabt. Mir genügt sein Schund-Drama *Gott der Rache*.«

Beim nächsten Wiedersehen fragte Musil: »Was hat Ihr Freund Roth für eine Bildung?« – »Er hat ein ebensolches Gymnasium besucht wie ich und einige Semester Germanistik studiert. Aber er ist gebildeter, als er sich gibt.« Musil wunderte sich über Roths fast leichtsinnige Art, Probleme zu behandeln. Roth sei der einzige Schriftsteller, erwiderte ich, der jedem Gespräch über Literatur ausweicht, aber gern über Schriftsteller spricht und von einem zum andern Mal vergißt, wie er sie einschätzt.

Schade, daß sich die zwei nie begegnet sind, nachdem Musils *Mann ohne Eigenschaften* und Roths *Radetzkymarsch* erschienen waren. Sie hätten sich vielleicht besser verstanden und sicherlich ein großes Thema gefunden: die österreichisch-ungarische Monarchie. Denn beide waren sie auch als Schriftsteller Österreicher, eine Gattung, die in Österreich auf diesem Niveau nicht oft zu finden ist. Denn die meisten sind regional.

Ein Jahrzehnt später, vielleicht schon im Jahre 1938 in Paris, fragte mich ein österreichischer Emigrant, ob Roth den *Mann ohne Eigenschaften* gelesen habe. Es saßen mehrere Leute an unserm Tisch, auch Roth, er schrieb, aber er hörte die Frage und beeilte sich, sie selbst zu beantworten: »Ich habe ein ganzes Stück mit Vergnügen gelesen. Aber wie er dann auf tausend Seiten Österreich immer wieder Kakanien nennt, und noch einmal Kakanien und noch einmal Kakanien, habe ich aufgehört. Das ist ekelhaft!« Das war alles über den *Mann ohne Eigenschaften*. Doch in jenem Jahr habe ich Roths Urteile über Bücher und Menschen nicht so ernst genommen wie die Leute, die an seinem Tisch saßen.

Nach dem Erscheinen des ersten Bandes von Musils Meisterwerk erschien Joseph Roths *Radetzkymarsch*.[94] Als Musil von Berlin nach Wien zurückkam,[95] fragte ich ihn gelegentlich, ob er diesen Roman gelesen habe. Er habe es sich vorgenommen, sagte er, sei aber noch nicht dazu gekommen. »Liegt Ihnen sehr daran, daß ich ihn lese?« wollte er wissen. »Offen gestanden, ja«, sagte ich, »ich möchte gern hören, was

Sie so von Monarchist zu Monarchist zu diesem Roman zu sagen haben.« Nach vielen Monaten kam er darauf zurück. Er habe das Buch gelesen, sagte er. Und das war alles. Als ich insistierte, fügte er hinzu: »Es ist ein sehr hübsch geschriebener Kasernenroman. Halten Sie dieses Buch für einen bedeutenden Roman?« – »Muß ein Buch gleich bedeutend sein? Aber ›Kasernenroman‹ ist etwas zu streng. Sie werden doch zugeben, daß Franz Joseph eine sehr gute Figur macht. Von einfacher Würde, sehr menschlich und mit feinem Humor. Anderswo hat man ihn positiv verkitscht oder gehässig banalisiert.« – »Glauben Sie, daß er so war, wie Roth ihn darstellt?« – »Ich weiß nicht«, sagte ich, »aber wir in Galizien, auch die Nichtmonarchisten, haben viel Verehrung für den Kaiser gehabt. Erst in Wien habe ich gelernt, ihn für einen freundlichen alten Tepp zu halten.« – »Aber in dem Roman ist er eine episodische Figur, und alle andern sind zweidimensional.« – »Mir gefiel der Roman trotzdem sehr, und auch der Kaiser, den Roth schildert.«

»In seinem *Hiob* ist Roth einmal ein Dichter«, sagte Musil. »Im *Radetzkymarsch* ist er es keinmal. Warum schätzen Sie ihn so hoch?« – »Sie haben es leichter als ich. Sie, Herr Musil, lesen seine Aufsätze in der *Frankfurter Zeitung* nicht«, erwiderte ich. »Und gerade in diesen gibt er sein Bestes.« – »Berichte?« fragte Musil ironisch. »Es ist schon vorgekommen, daß ein Bericht ›große‹ Werke überlebte. Zum Beispiel Victor Hugos *Histoire d'un crime*.[96] Ich glaube, daß dieser Bericht die grandiosen Werke Hugos, wenigstens außerhalb Frankreichs, überleben wird.« – »Liegt das nicht am Stoff?« fragte Musil. »Ich erinnere mich nicht mehr. Ich bin nicht einmal sicher, es je gelesen zu haben.« – »Am Stoff allein liegt es nicht, wenn auch der Staatsstreich Napoleons des Kleinen ein großes Thema ist. Ich halte es für möglich, daß der große Victor Hugo mit einer Anzahl von lyrischen Gedichten und mit dieser Schilderung, oder sagen wir historischen Reportage, überleben wird. Das hört sich grotesk an. Aber wieviel Menschen außerhalb Frankreichs lesen noch den *Glöckner*? Roth mag kein echter Erzähler sein, aber er ist ein großer Schilderer. Seine Beschreibung des Völkerschlacht-Denkmals ist ein Meisterwerk.«[97] – »Ein Feuilleton?« fragte Musil. »Ja, man kann es so nennen. Es war ein Artikel im Feuilleton der *Frankfurter Zeitung*. Ein Meisterwerk. Ich gebe zwei, drei Romane von Joseph Roth für dieses Feuilleton. Er wäre mir bös deswegen. Aber Sie sollten's mir glauben.«

Ich versprach Musil, ihm dieses Feuilleton von Roth zu schicken, und er versprach, es zu lesen. Doch ich vergaß es leider, und er hat mich nie gemahnt. Ich bedaure es noch jetzt – nicht nur für Roth, auch für Musil.

Erst nach dem Zweiten Weltkrieg, nachdem ich die Briefe des Kaisers an Frau Katharina Schratt, die erst dann erschienen, mit großem Vergnügen gelesen habe, mußte ich Roth recht geben, in Bewunderung für ihn und den Kaiser.[98] Denn so wie Roth ihn mit leichter Hand gezeichnet hat, ist Franz Joseph in seinen Briefen. Wieviel Jahre hat man gewitzelt und gelacht über den alten Kaiser mit seinem »Es war sehr schön, es hat mich sehr gefreut«. Diese Formel hat er sich beigelegt und wich für Jahrzehnte nicht von ihr ab. Ob er einer Bilderausstellung beiwohnen mußte oder einer Kundgebung – wo immer er gezwungen war, eine Äußerung zu machen, sagte er: »Es war sehr schön, es hat mich sehr gefreut.« Schulkinder lachten schon darüber. Aber er blieb hartnäckig dabei, der alte Tepp. In demselben Jahr, da ich die Briefe von ihm an Katharina Schratt gelesen habe, schickte mir ein Freund ein kleines Büchlein zu, das in einer Serie zur Geschichte der Stadt Wien ebenfalls in den Jahren nach dem Zweiten Weltkrieg erschienen ist. Diesem Büchlein habe ich die Genesis dieses altersschwachen Sprüchleins zu verdanken. Die Wiener Staatsoper, das Haus, gehört bekanntlich seit einem Jahrhundert schon zu den zwei schönsten Opernhäusern der Welt. Es ist Geschmackssache, ob man der Mailänder Scala oder der Wiener Staatsoper den Vorzug gibt. Sie sind die zwei unerreichten Vorbilder. Ich weiß nicht, wie es dem Italiener ergangen ist, dem man die Scala zu verdanken hat. Aber den zwei Wiener Architekten hat das Wiener Volk keinen Dank gewußt. Beide sind an ihrem Lebenswerk zugrunde gegangen.[99] Der Skandal um diesen, nach dem Urteil der Wiener Bevölkerung verunglückten, Bau war so groß, daß man in Wien ein Volkslied gesungen hat, das mit den Zeilen begann:

> Siccardsburg und van der Nüll
> haben goar ka Stilgefühl.
> Klassik, Gothik, Renaissance
> ist bei ihnen alles aans.

Den einen trieb dieses Lied ins Irrenhaus. Der andere überlebte den Skandal noch so lange, bis man ihm die Nachricht brachte, daß Seine Majestät der Kaiser, der noble Spender des Hauses, sich schließlich auch geäußert hat. »A bisserl zu tief liegt das Haus schon.« Worauf der Meister Selbstmord beging. Der Kaiser war so bestürzt darüber, daß ein Ausspruch von ihm einen Menschen zum Selbstmord treiben konnte, daß er seitdem nie mehr ein Wort über irgendeinen Gegenstand der Kunst oder irgendeine Veranstaltung, der er beiwohnte, äußerte, als die vielbelachten Worte: »Es war sehr schön. Es hat mich sehr gefreut.«

Was Roths *Radetzkymarsch* betrifft, so möchte ich noch hinzufügen, daß auch in diesem Falle »habent sua fata libelli«. Diesem Buch hat das Schicksal die Schande zugefügt, das letzte Buch zu sein, das zwar nicht der Führer selbst, aber ein anderer Adolf – ein Österreicher auch er, wenn auch kein so echter – gelesen hat, ehe er gehenkt wurde. Adolf Eichmann hat einige Tage vor seinem Ende den Wunsch geäußert, noch zwei Bücher zu lesen: Schillers *Abfall der Niederlande* und – horribile dictu – auch Joseph Roths *Radetzkymarsch*. Diese befremdliche Nachricht habe ich, nachdem man seine Asche hoffentlich über einen recht unreinen Ab-Ort gestreut hatte, ausgerechnet hier in New York in einer jiddischen Zeitung gelesen. Diese Zeitung hat einmal, als Richard Strauss starb, bei mir angefragt, ob ich der Ansicht war, daß er ein Nazi war. Ich sagte dem Fragesteller, daß dieser Musikmillionär zeit seines Lebens zwar gelegentlich gern antisemitelt hat und auch sonst, euphemistisch gesprochen, ein Opportunist war, aber trotz allgemeiner Ansicht kein Nazi. Ich wußte das. Mit meinen eigenen Augen habe ich einen Brief gelesen von Richard Strauss an Stefan Zweig, der ihn mir in Paris gezeigt hat. Wie man weiß, hat Richard Strauss nach dem Tode von Hugo von Hofmannsthal bei dem noch reineren Juden Stefan Zweig ein Buch *Die schweigsame Frau* bestellt. Das war noch vor der Machtübernahme. Aber schon lange nach der Machtübernahme – Stefan Zweig war bereits ein etablierter Emigrant in London – hat Strauss von ihm noch ein Buch für eine neue Oper verlangt. Zweig riet ihm ab wegen der Schwierigkeiten, die Strauss damit riskierte. Darauf antwortete ihm Strauss in dem Brief, wo ich mit eigenen Augen ungefähr den Satz las: Kümmern Sie sich nicht um diese Bande. Die werden schon längst auf dem Misthaufen der Geschichte liegen, wenn unsere Werke noch bestehen werden. (Ich kann nicht für den genauen Wortlaut garantieren, wohl aber für den Sinn. Der Brief dürfte noch existieren.[100]) Die jiddische Zeitung druckte meine Auskunft über Richard Strauss ab. In dem Falle Eichmann/*Radetzkymarsch* hat mich die Zeitung leider nicht befragt. Offenbar weil sie den Namen Joseph Roth nicht kannte und der *Radetz-kymarsch* ihr mit Recht militärisch vorkam, unterrichtete sie den Leser in Klammern: Joseph Roth war ein preußischer Junker, der Militärromane schrieb.

Wie Roth Rudolf G. Binding gedemütigt hat

Eines Tages behauptete Roth, er hätte ein kleines Gasthaus entdeckt, wo das Essen sogar mir schmecken würde. Das in Frankfurt am Main! Es war angenehmes Wetter, und damals, im Jahre 1929, ging Roth noch gern zu Fuß. Wir gingen langsam die Kaiserstraße hinunter. Bei der Hauptwache begegneten wir dem Herrn Rudolf Goj von Binding... so nannte ihn Joseph Roth. Er war einer von den Mitarbeitern der *Frankfurter Zeitung*, die Joseph Roth haßte. Ich kannte ihn auch. Er war ein Snob und ein sehr eingebildeter Herr. Niemand braucht ihn zu beschreiben. Das hat der arme, liebe Klaus Mann kurz und bündig und geschichtlich maßgebend getroffen: Rudolf G. Binding, der Franz von Papen der Literatur.[101] Dieser Satz ist mir lieber als der ganze *Doktor Faustus* des Vaters.

Roth blieb stehen und begrüßte ihn mit gewohnter Höflichkeit, und wir blieben eine Weile im Gespräch. Beim Abschied erwähnte Binding, daß er zum Mittagessen eingeladen war und nannte die Straße. Zu meinem großen Erstaunen beeilte sich Roth mit der Mitteilung, daß wir in dieselbe Richtung müßten. Er würde ein Taxi nehmen und ihn vor dem Haus seiner Freunde absetzen. Ich glaubte, da ich Frankfurt nicht so gut kannte wie Roth, es wäre ein kleiner Umweg, und wir stiegen in ein Taxi. Es war sehr weit – es dauerte 25 Minuten, bis wir Herrn von Binding ans Ziel gebracht hatten. Ich merkte bald, daß wir über dieselben Straßen zurückfuhren und fragte Roth, wo eigentlich das Gasthaus sei, in das er mich führen wollte. Er schwieg, und schweigend kamen wir mit dem Taxi wieder zur Hauptwache, wo Roth haltmachen ließ, und wir stiegen aus. »Warum hast du das gemacht?« fragte ich ihn. – »Ich wollte den Herrn von Binding demütigen.« – »Was?« schrie ich in gerechtem Zorn. »Du hast ihn gedemütigt, indem du ihn in einem Taxi dahin gebracht hast, wo er hinwollte?« – »Das verstehst du nicht«, sagte er. »Der Herr von Binding ist ein Schnorrer. Er kann sich kein Taxi leisten. Soll er sehn, daß das bei uns keine Rolle spielt.« – »Du Trottel, du! Glaubst du, daß er das gemerkt hat? Weißt du, was er sich gesagt hat? Die zwei Ostjuden machen sich eine Ehre daraus, mich in einem Taxi zu begleiten, um in meiner Gesellschaft zu sein. Und er wird recht haben, so zu denken. Denn diesmal wäre mir lieber, mit Binding zu Mittag zu essen, anstatt mit einem Kretin wie du einer bist!« Nach der Suppe sagte er versonnen: »Ja, ich bin manchmal so schlau, daß es schon teppert ist.« – »Manchmal?« sagte ich. »Siebenmal in einer Woche!«

Bis ans Ende seiner Tage haben wir beide das Wort ›demütigen‹ in dem Sinne, den Joseph Roth ihm beigegeben hat, oft gebraucht und unsern Spaß daran gehabt.

Wie Joseph Roth dem alten Geck
die Krone aufgesetzt hat

Ich weiß nicht, in welchem Jahre ich von Wien nach Frankfurt gerufen wurde, um einen von den Redakteuren des Feuilletons zu ersetzen. Der zu Ersetzende war Heinrich Hauser, ein Sohn eines deutschen Admirals, dem der lange Dienst unter Landratten zu lang geworden war.[102] Er arbeitete mit mir zusammen noch eine Zeit, um mich einzuführen. Dann saß ich allein als Redakteur, was mir schon nach einigen Tagen nicht behagte. Nicht die Arbeit eines Redakteurs, sondern das Sitzen. Das Sitzen im Bureau, wenn auch in einer Redaktion, war mir eine zu ruhige Beschäftigung. Meine Zimmernachbarn waren: links der alte Geck, rechts Dr. Kracauer.[103] Jeden Morgen war der Posteinlauf in drei Häufchen geteilt, eins auf dem Tisch von Geck, eins auf dem Tisch von Kracauer, und eins lag vor mir. Als erfahrener Redakteur wurde täglich der alte Geck im Nu fertig. Eine Weile hielt er es allein aus. Dann kam er zögernd, aber unentwegt, in mein Zimmer, wo mein Häufchen kaum zur Hälfte erledigt war, nicht etwa, um mich zu belehren, wie man das schneller machen könnte – er tat nicht mal so –, sondern einfach zu einem Morgenplausch. Ich hatte für Geck schon als Leser der *Frankfurter Zeitung* große Verehrung, als ich seinen Namen noch nicht kannte, da er nur als »-ck« zeichnete, und ich nahm mich sehr zusammen, ihn nicht merken zu lassen, daß er mich bei meiner Arbeit störte. Der alte Geck aber – so nannten ihn in der Redaktion alle, als ob das Alter ein Attribut wäre, das eigentlich für Geck erfunden worden war – war zu sensitiv, um nicht zu bemerken, daß ich nicht geübt genug war, um gleichzeitig zu redigieren und zu schwätzen. So stellte er sich eines Tages an meinen Tisch und fing an: »Lieber Herr Dr. Morgenstern, ich sehe mit Freuden, wie Sie von Woche zu Woche schneller mit dem Posteinlauf fertig werden, obwohl ich Ihren noch schnelleren Fortschritt, so gut ich es zuwege bringen konnte, verhindert habe. Aber ich bin, wie Sie vielleicht schon gemerkt haben, ein unentwegter Schwätzer. Das war ich schon in meinen jüngsten Jahren. Ich habe auch dem Umstand, der stadtbekannt ist, schon Rechnung getragen. Als alter Schwätzer habe ich dafür gesorgt, daß alle Welt das erfahre. Ich habe eine Grabinschrift für mich entworfen und in sauberer Handschrift aufgeschrieben:

> Hier ruht Geck,
> ein Dichter.
> Geh weg,
> Sonst spricht er.«

Wenn ich ihn bis jetzt als Schriftsteller verehrt hatte, hab ich mich an jenem Tag in den alten Geck verliebt. Es war gerade das Jahr, in dem er 60 Jahre alt geworden ist. Aber alle nannten ihn nie anders als den »alten Geck«, und ich Trottel auch. Eines Tages rückte Roth in Frankfurt ein – vermutlich weil er wieder einmal einen Vorschuß brauchte. Und um diesen Eindruck zu verwischen, blieb er zwei, drei Wochen. Wie immer, wenn wir in derselben Stadt eine Zeitlang waren, waren wir auch diesmal unzertrennlich beisammen.

Roth kannte natürlich das ganze Haus, alle Redakteure und alle Stenotypistinnen. Natürlich sprachen wir auch über Geck, für den gerade die *Frankfurter Zeitung* zu Ehren seines 60. Geburtstages eine Auswahl seiner Feuilletons erscheinen ließ. Ich erzählte ihm, wie glücklich Geck darüber war und wie entzückend ich diese Sammlung fand. »So«, sagte Roth, »den senilen Geck findest du entzückend? Ein Schwätzer.« – »Du, Roth, sag du nicht ›der senile Geck‹. Nimm dir die Zeit und lies das Buch. Es ist entzückend. Es gibt dort Stücke, die in Johann Peter Hebels *Schatzkästlein* nicht fehl am Ort wären. Der Schwabe Geck ist nicht ›der alte Geck‹, und schon gar nicht ›der senile Geck‹. Er ist ein Blutsbruder von Hebel.«

Einige Tage danach kam ich, wie immer etwas verspätet, in mein Redaktionszimmer. Der alte Geck stürzte aus seinem Zimmer hervor, die Zeitung in der Hand, mit zitternden Händen: »Dr. Morgenstern, haben Sie schon gelesen? Ihr Freund Joseph Roth hat mir die Krone aufgesetzt in unserer Zeitung!« Er war nicht ganz in Tränen, der alte Geck, aber sehr nahe dran. Ich setzte mich hin und las den sehr hübschen Lobgesang, verfaßt von unserem Roth. Und ich war auch den Tränen nahe, aber den Tränen der Wut. Alles, was ich ihm über Geck und sein großes Vorbild, Johann Peter Hebel, gesagt hatte, war in dem Artikel als Herzstück gut eingefaßt. Nur das Wort »Blutsbruder« fehlte. (Das hielt er wahrscheinlich für übertrieben.)[104] Ich gestehe, ich hatte nicht übel Lust, dem alten Geck das Material, aus dem die Krone zusammengesetzt war, zu verraten. Aber ich brachte es nicht übers Herz, dem glücklichen Geburtstagskind die Freude zu trüben.

Wie wenn nichts geschehen, holte mich Roth zum Mittagessen ab. Wie wenn nichts geschehen, ging ich mit. Nachdem wir gegessen hatten, sagte ich ihm: »Es gibt ein slawisches Sprichwort. Die Polen sagen, es ist polnisch. Die Russen behaupten, es wäre russisch: ›Auf dem Dieb brennt die Mütze.‹ Hat dir vorgestern, da du dabei warst, dem ›senilen Geck‹, wie du sagtest, die Krone aufzusetzen – wie er sagte –, hat dir da nicht die Mütze auf dem Kopf gebrannt?« – »Erstens trage ich keine Mütze. Zweitens hab ich mir schon öfter von dir was ausgeborgt, in den Jahren, wo du zu faul warst, es aufzuschreiben. Drittens hab ich ja gewußt, daß du dem Geck nichts erzählen wirst.« – »So, das hast du gewußt? Oder nur gehofft?« Er lachte und sagte: »Gewußt! Gewußt!« – »Schön«, sagte ich, »du hast's gewußt. Und du hast recht. Ich werde dem alten Geck die Krone nicht entwerten. Aber ich habe mir schon eine andere Strafe ausgedacht. Ich werde, wenn ich wieder in Wien bin, allen, die sich für so was interessieren, erzählen, daß du deinen geliebten Kaiser Franz Joseph eine alte, zerknitterte Mütze tragen läßt – eine Offiziersmütze, nicht etwa eine Kappe, wie man das nennt.« – »Ich?« entrüstete er sich, »ich habe geschrieben, daß er eine alte Mütze trägt?« – »Ja, du hast es geschrieben, und ich habe mich riesig darüber gefreut. Natürlich kann das nur einem Schriftsteller passieren, der nie eine Offizierskappe auf dem Kopf hatte, weil er es nur bis zum Feldwebel gebracht hat... unter uns gesagt. Das werde ich auch in Wien erzählen.« – »Ich werde sagen, daß du lügst«, sagte er. »Ich werde die Stelle zeigen, wo von der Mütze des Kaisers in deiner blütenbunten Prosa steht.«

Andern Tags holte er mich nicht zum Mittagessen ab, erst zum Abendessen. Beim Essen kam er wieder auf die denkwürdige Krönung in der Eschenheimer Gasse zu sprechen und sagte schließlich: »Ich weiß, du wirst dich nicht rächen, weil du viel zu faul bist dafür.« – »Du überschätzt mich. *So* faul bin ich gar nicht. Ich hätte schon gestern dem von mir verehrten Mann erzählt, was du für ein Gauner bist. Aber ich habe mir überlegt und eingesehen, daß du ja schließlich bereits ein in weiten Kreisen der Bevölkerung bekannter Vielschreiber bist, und daß das Lob, das ich ihm gespendet habe, bei weitem mehr Wirkung haben wird, wenn es auf deinen Namen geht. Schließlich muß man es dir zugute halten, daß meine Formulierung dich heimlich so entzückte und inspi-

rierte, daß du es beim besten Willen nicht fertiggebracht hast,
mich zu zitieren. Hast du wenigstens das Buch gelesen?« –
»Aber nein«, sagte er, »ich kann mich auf dein Urteil verlassen. Und ich freue mich diebisch.«

1934

Nach dem schäbigen Sieg der österreichischen Putschisten duldete es mich nicht mehr in Wien. Ich beschloß, auszuwandern und zunächst allein nach Paris zu reisen. In den ersten Tagen erwartete ich, daß mich der Führer der Heimwehr, der Fürst Starhemberg, verhaften lassen würde. Ich hatte in den letzten Jahren hin und wieder mich nicht enthalten können, in der *Frankfurter Zeitung* Invektiven gegen die Vorbereiter des Bürgerkriegs zu äußern. Namentlich ein Artikel unter dem Titel *Wenn die Polizei die Wahrheit holt* hat den Ärger des Fürsten erregt, wie mir einer von seinen Adjutanten, ein ungarischer Oberleutnant, mitteilte.[105] Mein Freund Alban Berg verstand meinen Entschluß zu verreisen. Aber er riet mir, so gut er konnte, davon ab. Beeinflußt von Karl Kraus' Enthusiasmus über die Niederlage der Sozialdemokraten, redete er mir zu, abzuwarten. Obwohl er sein Vergnügen an den Ausfällen gegen den fürstlichen Heimwehrführer hatte, war er der Meinung, daß man mich in Ruh lassen werde, da ich ja jetzt für die *Frankfurter Zeitung* kaum noch schrieb. Auch andere Freunde, namentlich solche, die auch gern Wien verlassen hätten, wenn sie sich gezwungen fühlten, sahen mich ungern verreisen. Alban, der gute Beziehungen zu einem Kofferfabrikanten hatte, schenkte mir einen besonders leichten geräumigen Koffer (den ich noch heute besitze), und Helene schenkte mir Arnold Schoenbergs *Texte*[106] und schrieb mir zum Abschied in das Buch: »Partir, c'est toujours mourir un peu«. So empfand ich es auch. Aber drei Tage nach dem Triumph der Heimwehr war ich schon in Paris.

Zum ersten Mal in meinem Leben erreichte ich endlich diese Stadt. Am Bahnhof hatte ich Zeit daran zu denken, wie oft ich eine Reise nach Paris ersehnt hatte. Ich kam just an einem Tag an, da in Paris ein Streik ausgebrochen war. Ich saß auf dem Bahnhof auf meinem Koffer. Und kein Retter. Daß Roth mich am Bahnhof abholen wird, hatte ich gehofft, aber nicht erwartet. Aber daß Karol Rathaus es tun wird, dessen war ich sicher. Also saß ich da und fühlte mich glücklich, endlich in Paris zu sein. Vor Jahren war ich einmal in Gesellschaft, zu der Rainer Maria Rilke eingeladen war. Natürlich war den ganzen Abend von Paris die Rede. Das war ein Thema, zu dem ich nichts beitragen konnte als Schweigen. Dem berühmten Dichter, in dessen Nähe ich saß, fiel das auf und menschenfreundlich wie er war, zog er mich ins Gespräch. Als ich die erste Gelegenheit benützte, ihm zu sagen, daß ich noch nie in Paris gewesen war, sah er mich verwundert an und fragte ebenso: »*Sie* waren noch nie in Paris?« Und fügte sogleich hinzu: »Sie sollten das bald nachholen. Sie werden es dort gut haben.« – »Warum glauben Sie das?« – »Weil Sie in dem Moment, da Sie aus dem Zug steigen, von allen für einen Franzosen gehalten werden.« – »Bis ich meinen Mund öffne«, sagte ich, »und die Franzosen mein Berlitz School-Französisch hören.« – »Das macht nichts«, sagte er, »der erste Eindruck bleibt, ihre Sympathie wird schon gewonnen sein. Das ist sehr wichtig. Überall, und in Paris erst recht. Denn die Pariser sind im Grunde Xenophoben.«

Ich war nicht der einzige, der auf seinem Koffer saß. Die leichtes Gepäck mithatten, verflüchtigten sich bald. Die mit schwerem Gepäck taten wie ich: sie saßen da und warteten auf Rettung. Meine kam bald, Karol, der Filmmusik für einige erfolgreiche Filme komponiert hatte, hatte Freunde unter vielen Leuten. Einer von ihnen brachte Karol und Gerta Rathaus mit seinem Auto zum Bahnhof, und sie holten mich ab. Karol, ein älterer und mir noch näherstehender Jugendfreund als Roth, weigerte sich, mich gleich ins Hôtel Foyot zu bringen, wo Roth wohnte. Ich blieb die ersten drei Wochen in seinem Haus.

Meine Freunde waren bestürzt über mein Aussehen. Ich selbst merkte erst hier, wie ich in den letzten Tagen infolge des österreichischen Bürgerkriegs heruntergekommen war. Der brutale Anschlag auf die sozialdemokratische Regierung in Wien wirkte niederschmetternd auf jeden Einwohner dieser Stadt, der nicht auf seiten der Putschisten war. Ich war nie ein Sozialdemokrat. Aber an dem Tage, da ich die Kanonade in der Stadt hörte und die Information hatte, daß die Heimwehr schweres Artilleriefeuer auf die neu erbauten Arbeiterhäuser legte, war ich bereit, das Unsinnigste zu tun. Im Radio hörte ich, daß der sozialdemokratische Schutzbund auf dem Wege sei, sich bis zum Südbahnhof durchzuschlagen, um der Heimwehr den Zuzug vom Süden abzuschneiden. Ich wohnte in der Nähe des Südbahnhofs[107], und ich hörte mein Herz höher schlagen, als ich mir vornahm: Wenn es dem Schutzbund gelingt, den Bahnhof zu erreichen, und wenn mir einer von ihnen ein Gewehr in die Hand gibt, werde ich ›mittun‹. Ich gebrauchte das Wort »das Unsinnigste«. Nicht, weil der Kampf bereits verloren ging und weil die Putschisten siegten. Sondern weil dieser ganze Aufstand wohl das Stupideste war, das je Putschisten provoziert haben. Die österreichischen Sozialdemokraten waren die einzige sozialistische Partei, die für ihr Land Wesentliches geleistet hat. Hätten die deutschen Sozialdemokraten auch nur annähernd Ähnliches getan, wäre die Katastrophe in Deutschland vermieden worden. Nach der Vernichtung der großen sozialdemokratischen Partei in Deutschland waren die österreichischen Sozialisten so isoliert, daß sie zu jedem Kompromiß bereit waren. Aber ihre Gegner, angestiftet von Mussolini und leider auch vom Einfluß des Vatikans, sahen blindwütig keine andern Widersacher als die »Roten« in Wien.

Erst in Paris wurde ich inne, in welcher Gefahr man ist, wenn man mitten in einen Bürgerkrieg gerät. Ich war nie ein Mann der Tat. Und keine politische Idee hat mich je so weit ereifert, daß ich bereit gewesen wäre, an einem Kampf teilzunehmen. Und doch war sogar ein so untätiger Einzelgänger wie ich zu allem bereit. Vermutlich spielte dabei meine Liebe für diese Stadt eine entscheidende Rolle. Ich habe davon schon zu oft berichtet, um mich hier damit aufzuhalten. Ich sah ein, daß dieser Putsch der geliebten Stadt, die ja schon nach dem Zusammenbruch der Monarchie keine Hauptstadt mehr in Europa sein konnte, den letzten Stoß versetzt hatte. Das sahen die Putschisten sehr bald ein. Nämlich: nach dem Mord an dem Bundeskanzler Dollfuß. Man hat elf Nazimörder in Wien gehängt, und sie starben mit dem Ruf »Heil Hitler«. Das war in demselben Jahr 1934, nur vier Monate nachdem die Schergen der halbfaschistischen Regierung Dollfuß einige sozialdemokratische Führer gehängt haben, die die Konstitution der rechtmäßigen, auch noch 1932 demokratisch gewählten Regierung in Wien verteidigt hatten.

Davon hatte ich meinen Gastgebern, und später Roth, viel zu erzählen. Alle waren bemüht, mir Paris zu zeigen und mich die aufregenden Erlebnisse der letzten Wiener Zeit vergessen zu machen. Damit will ich nicht sagen, daß Joseph Roth mich etwa in die Museen führte. Denn er selber ging in ein Museum wahrscheinlich nur, wenn er eine Absicht, nein, einen Auftrag hatte, es zu beschreiben und drucken zu lassen. Er führte mich aber in gute Restaurants. Und das war ein Opfer. Diesmal warf er mir nicht vor, daß ich ein Esser bin, weil er einsah, daß ich zu dünn geworden war und bereits das ›Schneidergewicht‹ erreicht hatte, das ich in den ersten Nachkriegsjahren hatte.

Nach drei Wochen war ich so weit wiederhergestellt, daß mein Freund Karol, ein ›practical joker‹ von Kindesbeinen an, eines Tages mir versprach, irgendwohin zu gehn, wo man besonders gut essen konnte. Unter der Obhut seiner eigenen Frau, Gerta, führte er mich in das berühmte »Sphinx«, ein Lokal, wo man schon, kaum durch die Tür, sich in einem überparfümierten Raum befindet, wo ein Dutzend splitternackter Mädchen die Eintretenden empfangen und gleich einige verführerische Szenen produzieren. Mit meinem Freunde Karol habe ich in der großen Zeit des ersten Weltkriegs, namentlich in Ungarn, nicht wenige Bordelle besucht. Aber er hatte mit Recht erwartet, daß ich beim Eintritt in dieses Lokal kaum einen blasierten Eindruck machen werde. Und er genoß meine Verblüffung in vollen Zügen, gewürzt von der sichtbaren Belustigung Gertas. Sie war offenbar schon ein Stammgast, denn ich war wohl kaum der einzige Freund, dem Karol mit dieser Pariser Überraschung aufwartete.

Nach drei Wochen war ich auch so weit, daß ich mich befreit genug fühlen konnte, die Arbeit an meinem Roman fortzusetzen. Das Buch hatte ich im Jahre 1930 begonnen. In diesem Jahr habe ich die Freude an meiner Arbeit für eine Zeitung verloren. Jahrelang hatte ich mir den Beruf eines Theaterkritikers als eine ideale Beschäftigung für mich erträumt. In Wien damit anzufangen war nicht möglich. Es hätte mich auch wenig gefreut. Die Theaterkritiker hier waren alte, eingesessene Redakteure, die einem jungen Zuzug geradezu feindlich waren. Wie ich nach Berlin übersiedelte, machte ich mir Hoffnungen in dieser Richtung. Vage Hoffnungen. Ich hatte eine Empfehlung an den Feuilletonchef der *Vossischen Zeitung*, Monty Jacobs.[108] Er empfing mich sehr freundlich und forderte mich zur Mitarbeit auf. Er war ein sehr liebenswürdiger Mann. Ich war schon damals versucht zu sagen: ein gentleman. Nicht wegen seines englischen Vornamens, sondern wegen seiner natürlich-guten Manieren. Als er mich nach mehreren Fragen beriet, mit Buchkritiken anzufangen, und ich ihm in aller Naivität antwortete: »Am liebsten möchte ich mit Theaterkritiken anfangen«, sah er mich großväterlich liebevoll an und sagte: »Sie wollen also mich beerben? Theaterkritiker bin nämlich hier ich. – Mit Theaterkritiken fängt man nicht an.« Darauf ging er zu einem Glasschrank hin, öffnete ihn und sagte: »Hier stehen ganze Reihen von Büchern. Wählen Sie sich was aus. Schreiben Sie eine Besprechung und kommen Sie wieder.« Ich sah mir die Reihen genau an und fand zu meinem großen Erstaunen unter den Büchern, die keine Besprecher finden konnten, unter anderem drei Bücher von Franz Kafka und, was mich noch mehr deprimierte, auch *Der brave Soldat Schwejk* von Jaroslav Hašek. Ich nahm die erwähnten Bände heraus, zeigte sie Herrn Jacobs und fragte ihn, ob ich alle mitnehmen dürfe. Er sah sich die Titel an, sah dann mich nachdenklich an und sagte: »Bitte, nehmen Sie wieviel und was Sie wollen.«

Ich weiß nicht, mit welcher Buchbesprechung meine Mitarbeit an der *Vossischen* begann. Aber sicher ist, daß der Aufsatz über den *Braven Soldaten Schwejk* unter dem Titel: *Der Mythos vom Maulhelden Schwejk* zu meiner Berufung an die *Frankfurter Zeiung* nicht wenig beigetragen hat.[109] Vor dem Abgehn fragte mich Monty Jacobs: »Haben Sie schon je etwas in einer Zeitung veröffentlicht?« – »Einen kleinen Aufsatz im *Berliner Tageblatt*.« – »Über was war es?« – »Es war ein Nachruf für Franz Kafka. Der Rezitator Ludwig Hardt hat in Wien eine Trauerfeier ein paar Tage nach Kafkas Tod veranstaltet, und ich habe darüber berichtet.«[110] – »Gezeichnet mit Ihrem Namen?« fragte er. »Ja«, sagte ich, »aber ich habe gezeichnet: S. Morgenstern. Der Artikel war handgeschrieben, und der Name wurde nicht als S., sondern als G. Morgenstern gedruckt.« – »Da waren Sie wohl sehr unglücklich darüber?« – »Im Gegenteil«, sagte ich, »ich habe mich gefreut.« – »Gefreut«, rief er aus, »wieso?« – »Ich habe schon immer eine Scheu davor gehabt, wenn ich nur dran dachte, daß mein Name in einer Zeitung stehen könnte. Eine Zeitung liest man heute, und morgen liegt sie im Mistkasten. Das hat mich vor einer Mitarbeit an einer Zeitung jahrelang abgeschreckt. Ludwig Hardt hat mich einigermaßen gezwungen, den Nachruf auf Franz Kafka zu schreiben. Es war der einzige, der in der deutschen Presse erschienen ist. Es erschienen nur noch zwei. Einer in Prag von Max Brod und einer von Anton Kuh.«[111] Dafür interessierte sich Monty Jacobs nicht im geringsten. »Also Sie haben sich gefreut, daß Ihr Name verdruckt war? Ach, wie gut, daß niemand weiß, daß ich Rumpelstilzchen heiß? Und Sie wollen ein Journalist werden?!« – »Ist denn ein Theaterkritiker ein Journalist?« fragte ich ihn. Er schüttelte den Kopf und sagte: »Eigentlich nicht ganz.« Ich fragte ihn: »Erinnern Sie sich, Herr Jacobs, was der größte Wiener Feuilletonist, Daniel Spitzer, über das Feuilleton gesagt hat: Ein Artikel, der nicht in die Zeitung gehört und doch darin steht, ist ein Feuilleton.« Monty Jacobs lachte: »Und er hat sein Leben lang nichts als Feuilletons geschrieben.« – »Ja«, sagte ich, »sechs Bände, die so berühmt waren, daß sie sogar in türkischer Übersetzung erschienen sind.« – Monty Jacobs entließ mich mit einem freundlichen Seufzer und einem warmen Händedruck.

Monty Jacobs war immer wie ein guter Vater zu mir, was mir oft gut zustatten kam. Sooft ich knapp an Mitteln war, durfte ich zu ihm in die Redaktion gehn, und wenn ich ihm nur den Titel eines geplanten Artikels aufschrieb, gab er mir ohne weiteres die Anweisung für einen Vorschuß. Das allein machte mir die Mitarbeit an der *Vossischen Zeitung* durchaus angenehm. Diese älteste deutsche Zeitung hatte damals keine große Auflage. Sie gehörte dem Verlag Ullstein, der mehrere andere Zeitungen und Zeitschriften in seinem Betrieb hatte. Die *Vossische*, die vermutlich kein gutes Geschäft war in den Zwanziger Jahren, diente dem großen Betrieb als ehrwürdiges Ornament. Nur im Feuilleton waren Versuche, berlinerisch-modern zu sein. Übrigens war das Feuilleton nicht unter dem Strich gedruckt. Es war im Blatt eine besondere Abteilung, die den Namen *Unterhaltungsblatt* trug. Das hatte zuweilen groteske Nebenfolgen. Zum Beispiel brachte die Zeitung einmal die Nachricht vom Tode des großen Wiener Dichters Arthur Schnitzler, wie es sich gehört, auf der ersten Seite des Blattes: Arthur Schnitzler in Wien gestorben. Daneben in Klammern: Näheres im *Unterhaltungsblatt*.[112]

Zwei Jahre später wurde ich an die *Frankfurter Zeitung* engagiert und nach Wien geschickt als Feuilletonkorrespondent, in erster Reihe als Theaterkritiker. Drei Jahre später hatte ich so genug davon, daß ich eines Tages beschlossen habe: Ich habe es satt, *über* etwas zu schreiben. Wenn ich nichts andres kann, wenn ich nicht *etwas* schreiben kann, werde ich mich auf meine Juristerei gut-bürgerlich zurückziehn.

Die Arbeit an meinem Roman wurde zweimal von weltgeschichtlichen Ereignissen unterbrochen. Hitlers Machtübernahme in Deutschland, was dazu geführt hat und was die Folgen sein könnten, hat mich monatelang mehr beschäftigt als die Arbeit an einem Roman. Der Putsch in Wien, und was dazu geführt hat, verhinderte mich auch am Schreiben an einem Roman. Eine solche Arbeit in solchen Zeiten kam mir grotesk vor. Zeit meines Lebens verstand ich nicht, und auch heute noch, im Alter, begreife ich noch immer nicht völlig, wie man angesichts des Untergangs von Völkern und Welten am Schreibtisch sitzen kann und als Künstler, als

Dichter, ungestört weiter zum Wohl oder gar zum Vergnügen Kunst oder gar Amüsement zu produzieren imstande ist. Warum man es tut, wüßte ich schon zu sagen. Aber wie man es fertigbringt, scheint mir bedenklich. Und dabei soll es meinetwegen bleiben. Mag es noch so defaitistisch und lächerlich anmuten.

Nachdem ich in das Hôtel Foyot übersiedelt war, wo Roth seit Jahren wohnte, waren wir natürlich täglich zusammen. Gleich am ersten Tage wollte er wissen, wie weit ich mit meinem Roman war. »Ich glaube, ich habe etwa zwei Drittel fertig. Ich muß mir das noch genau ansehn, denn ich habe, wie du dir wohl denken kannst, in den letzten Monaten nicht die Laune gehabt und nicht die Kraft zur weiteren Arbeit an dem Buch.« – »Du mußt trachten, mit dem Buch schnell zu Ende zu kommen. Wir haben unsere Welt verloren. Ich bin in etwas besserer Lage als du, denn meine Bücher haben schon meinen Namen im Ausland bekannt gemacht. Das wird mir nicht viel helfen. Aber wie man in Wien sagt: besser wie gornix. Du, Soma, kommst schon fast zu spät. Wie soll sich einer, der jetzt deutsch schreibt, im Ausland als Flüchtling einen Namen machen?«

Dieses Gespräch fand in dem kleinen Lesezimmerchen des Hotels statt, das, wie ich bald herausfinden sollte, Roths Arbeitszimmer geworden war. Hier saß er stundenlang, ließ sich vom Laufburschen, der in Paris *chasseur* heißt, seinen flüssigen Betriebsstoff bringen, und schrieb. Hier empfing er seine Besuche. Und schrieb. Hier las er die Zeitungen. Und schrieb. Dem altmodischen kleinen Hotel, das seinen Ruf einem erstrangigen Restaurant verdankte, mißfiel Roths Annexion des Lesezimmers nicht im geringsten. Die Mehrzahl der Besucher des Restaurants waren Frankreichs Senatoren, die nicht zum Lesen von Zeitungen kamen. Dieses

Lesezimmer war ein wahres Glück für Roth. Im Foyot lebte er nicht allein. Er wohnte hier mit Frau Manga Bell und ihren zwei Kindern, einem Jungen und einem Mädchen, beide im Schulalter. Er hatte schon immer die Gewohnheit, in aller Öffentlichkeit zu schreiben. Er tat das schon in Wien, wo er am liebsten in einem stillen Kaffeehaus schrieb. In späteren Jahren reiste er viel für die *Frankfurter Zeitung.* Und diese Gewohnheit, öffentlich zu schreiben, war seine Arbeitsweise geworden.

Als ich mich nach dem ersten Gespräch erhob, um auf mein Zimmer zu gehn, sagte er: »Du kannst mich jederzeit, wann immer du Lust hast, hier finden. Mich kannst du nicht stören. Ich habe immer Zeit. Nur unbegabte Menschen haben keine Zeit. Kesten, der hier wohnt, hat nie Zeit. Ich hab immer Zeit.« Da ich diese seine Meinung teilte, habe ich ihn im Laufe der Tage und Wochen und Monate hier oft im Schreiben unterbrochen. Seine Äußerung, er habe immer Zeit, war durchaus ernst gemeint und wahr. Sooft ich nach einem Gespräch mich erheben wollte, um auf mein Zimmer und zurück zu meiner Arbeit zu gehn, hielt er mich zurück unter dem Vorwand, daß er auf diese Weise dem Hotel vormachte, daß er nicht allein das Zimmer besetzt hielt. Mit dem *chasseur,* der ihm die Getränke brachte, einem Jungen von etwa 17 Jahren, war er per »du«. Damit will ich sagen, daß nicht nur er mit dem Laufburschen, sondern dieser auch mit ihm per »du« stand. Und er stellte ihn immer als seinen »bon ami« vor. Der Junge war ein Elsässer, und auch ich hab ihn lieb gewonnen. Er ist tatsächlich ein guter Freund von Roth und auch von mir geworden. Als ich vier Jahre später, im Jahre 1938, wieder nach Paris kam, da das Hôtel Foyot nicht mehr existierte und das Gebäude, in dem es sich befand, schon im Zustande einer sehr langsamen Demolierung war, kam der gewesene *chasseur,* sooft sein Beruf es zuließ, als alter Freund zu uns. Als er später als Soldat einberufen wurde und zur Zeit des »drôle de guerre« in der Maginot-Linie diente, besuchte er mich noch nach dem Tode von Joseph Roth, wenn ich nicht gerade in einem Konzentrationslager war.

Im Jahre 1934 war Roth noch mobil. Er nahm noch kein Taxi, wenn er einen Weg von 10 Minuten zu machen hatte. Im Gegenteil. Als nach zwei Monaten meine Frau nach Paris kam, gingen wir oft zu viert, mit Frau Manga Bell, vom Hotel, also vom Jardin du Luxembourg, über den Boulevard St-Germain und die Place de la Concorde, um in einer Seitengasse der Champs-Elysées, in der Rue Lincoln, zu Abend zu essen. Er hatte noch keine geschwollenen Füße und keinen Hängebauch. Er war auch mitunter stundenlang nüchtern. Er lebte ja, sozusagen, *en famille* mit der Frau und den Kindern. Und er aß, wenn auch nicht regelmäßig, so doch mindestens einmal am Tage eine Mahlzeit.

Ich verbrachte damals etwa drei Monate in Paris.[113] Es waren die fleißigsten Monate meines Lebens. Dennoch habe ich Zeit genug übrig gehabt, um Paris einigermaßen kennenzulernen. Wie ich in Wien, so war Roth in Paris verliebt. Er liebte die Stadt und liebte die Menschen. Man sagt den Parisern nach, daß sie Xenophoben, exklusiv und für Fremde nicht zugänglich sind. Das hat seine Geltung. Aber es gilt hauptsächlich für Touristen. Ein Schriftsteller, ein Künstler, hat es nicht schwer, wenn er die Sprache beherrscht, Freunde zu erwerben – wenn auch nicht so leicht wie zum Beispiel in Wien. Roth liebte Paris auch aus dem einfachen Grunde, weil er dort Erfolg hatte. Und weil er Paris liebte, liebte er Frankreich.

In den ersten drei Monaten, die ich in Paris verbracht habe und an meine Arbeit an dem Buch mehr Zeit wendete als an mein Interesse für die Stadt, vermochte ich noch lange nicht die zwiespältige Beziehung zu ermessen, die ihn mit dieser Stadt verband. Aber da er seine alte Heimat, so wie ich, eben verloren hatte, trauerte er, wie ich, der Verlorenen jetzt, wie es mir vorkam, in übertriebenem Maße nach. Täglich mußte ich ihm berichten, was ich in den Tagen des Bürgerkriegs in Wien erlebt hatte. Wie er schon immer mehr über Schriftsteller sprach als über Literatur, so interessierten ihn am Bürgerkrieg nicht so sehr die Ereignisse wie die Haltung der Menschen, die er persönlich kannte. »Hast du Tschuppik gesehn in jenen Tagen?« fragte er.[114] Ich erzählte ihm, wie ich am zweiten Tag des Kampfes Tschuppik aufsuchte, wie er mich zum ersten Mal in unserer jahrelangen Freundschaft schweigend in sein Zimmer im Hotel Bristol führte, um mir unter vier Augen seine Meinung über den Putsch zu sagen. Soweit es druckfähig ist, habe ich Tschuppiks Worte in einem andern Teil meiner Erinnerungen zitiert.[115] Ich vergaß auch nicht, Roth mitzuteilen, daß der sonst so zynische alte Journalist nach dem wütenden Ausbruch mich umarmte und weinte. »Was hat Ely in der *Stunde* geschrieben?« wollte Roth wissen.[116] »Alle Blättchen, soweit sie erscheinen durften, schrieben hymnische Kriegsberichte in dem Ton, wie die ersten Kriegsberichte im Weltkrieg, über die ›großen Siege‹ an der Ostfront. Ely berichtete jubilierend über die erste Bombardierung des größten Wohnbaus der Arbeiter, des Karl Marx-Hofs. Die andern Blätter standen ihm nicht im geringsten nach.« – »Waren die Kaffeehäuser offen?« wollte er wissen. »Ja«, sagte ich ihm, »und die Trambahnen verkehrten. Du kennst das laute Geklingel der Wiener Trambahnen. Man hörte es gemischt mit dem Bum-bum der Artillerie. Ein Kellner im Café Museum flüsterte mir zu: ›Die Gewerkschaft der Trambahn-Arbeiter war die einzige, die verraten und nicht mitgekämpft hat.‹ Ich konnte nicht ermitteln, ob dieses Gerücht wahr ist.« – »Erzähl mir was, was mich besonders freuen würde.« – »Am dritten Tag stand ich Ecke Operngasse und Ringstraße. Als eine Kolonne eines Heimwehrregiments kampfbereit über den Ring marschierte, hörte ich den alten Fürsten Schwarzenberg[117], der vor mir stand, mit einem Stock gegen die Marschierenden gerichtet: ›Dieser Sieg wird nicht lange dauern.‹ Er sagte es ganz laut, und sein Stock zitterte.« Das hörte der Monarchist Roth gern, offenbar in der Erwartung, daß sein Habsburger eine Chance hätte.

Hin und wieder fragte Roth mich am Abend: »Wieviel Seiten hast du heute geschrieben?« Als ich ihm sagte, daß mir das Schreiben am Roman leichterfiel als an einem Artikel für die Zeitung, sagte er: »Mir geht es genauso. Das heißt: bis zu einem gewissen Punkt ging es mir auch so.« In einem solchen Zusammenhang sagte er mir eines Abends: »Ich werde dir eine persönliche Frage stellen. Denke gut nach. Du kannst mir dieselbe Frage stellen: Kannst du mir sagen, wann dir der Knopf aufgegangen ist?« – »Was meinst du damit?« fragte ich ihn. – »Ich werde dir zuerst sagen, wann mir der Knopf aufgegangen ist. Dann wirst du wissen, wie ich das meine. Ich habe lange Jahre nach jedem Artikel, den ich schrieb, das schreckliche Gefühl gehabt: das ist mein letzter. Wie werde ich den nächsten schreiben können? Das ging so, bis ich Proust gelesen habe. Bei Marcel Proust ist mir der Knopf aufgegangen. Seitdem wußte ich, wie ich zu schreiben habe. Obwohl ich den Proust gar nicht nachmache, wie du wohl weißt. Wann ist dir der Knopf aufgegangen?« – »Jetzt versteh ich die Frage. Ich hoffe, du wirst dich nicht wundern, wenn ich dir sage, wie und wann mir der Knopf aufgegangen ist. Wie dir Proust geholfen hat, hat mir erstaunlicherweise kein Schriftsteller, sondern ein Komponist geholfen. Und noch einmal erstaunlicherweise ein russischer Komponist namens Modest Mussorgski. Ich habe in einem Konzert ein Stück von ihm zum ersten Mal gehört, und ich ging hinaus mit dem Gefühl: Jetzt weiß ich, wie ich zu schreiben hab. Verstehst du das?« – »Ja«, sagte er, »obwohl ich nichts von Musik verstehe. Aber hast du es schon einem Komponisten gesagt? Und hat ein Komponist das verstanden?« – »Ich habe das jetzt zum ersten Mal einem Schriftsteller gesagt. Aber ich habe einen Freund, Alban Berg, wie du weißt. Ich habe ihm, so wie dir, die ersten hundert Seiten meines Romans zu lesen gegeben, einige Monate, nachdem du sie gelesen und mich telegraphisch verwarnt hattest, daß es keinen weißen Klee gibt. Alban rief mich an und sagte unter anderem: ›Du schreibst ja, wie der Mussorgski komponiert.‹ Das hat mich ebenso gefreut wie gewundert. Und das ist auch der Grund, warum ich mich getraut habe, dir das zu sagen und dein Verständnis erwartete.« – »Hast du es unserm Freund Karol Rathaus gesagt?« – »Nein. Ihm hab ich ja nichts von meinem Roman gezeigt.«

Nachdem ich meinen Roman in Paris zu Ende geschrieben hatte, gab ich ein Exemplar Roth zu lesen und ein Exemplar Karol Rathaus. Wie Roth reagierte, werde ich später erzählen. Karol war von meinem ersten Roman tief beeindruckt und kam so oft darauf zurück, daß ich vergaß ihm die Auskunft zu geben, was ich einem Musiker zu verdanken hatte. Erst nach vielen Jahren fiel es mir ein, das zu tun.

In New York, im Jahre 1941 angekommen, begegnete ich zufällig auf der Straße einem bekannten Wiener, den ich im Jahre 1934 kennengelernt, aber mit dem ich weiter keinen Verkehr hatte. Hier wohnte er in meiner Nähe, und ich habe mich mit Jacques de Menasce und seiner Frau Georgette angefreundet.[118] Er war ein guter Pianist, und er komponierte. Er hatte spät damit begonnen und war noch nicht recht bekannt. Als mein Roman in englischer Übersetzung in New York erschien, haben ihn natürlich meine neuen Freunde gleich gelesen. Und Jacques de Menasce, den wir Jimmy nannten, sagte mir gleich: »Sie werden sich wundern, wenn ich Ihnen das sage: Ihr Roman erinnerte mich an kein anderes Werk der Literatur, sondern an einen Musiker, und zwar an Mussorgski.« – »Ich würde mich wundern«, sagte ich ihm, »wenn nicht ein Ihnen wohlbekannter Komponist mir fast dasselbe gesagt hätte.« – »Wer ist das?« – »Alban Berg.« Darüber freute sich mein Freund Jimmy, wie auch Georgette. An einem der folgenden Tage war ich bei Karol Rathaus in Flushing zu Besuch. Er hatte eben zum zweiten Mal meinen ersten Roman gelesen, diesmal in englischer Übersetzung. Wir sprachen natürlich mehr über die Übersetzung als über das Buch. Und es fiel mir dabei ein ihm zu erzählen, was Alban Berg vor Jahren und Jacques de Menasce vor einigen Tagen gesagt hatten. Karol war sehr erstaunt und fragte immer wieder: »Wie kann ein Musiker einen Schriftsteller beeinflussen?« Ich erzählte ihm von meinem Gespräch mit Joseph Roth in Paris, und darüber wunderte sich Karol noch mehr. Im Laufe der Jahre kam Karol öfter darauf zurück. Und das hatte zur Folge, daß ich über eine andere Frage nachdenken mußte, nämlich: Warum haben zwei Musiker, von denen keiner mit mir so viele Jahre befreundet war wie Karol, etwas Wichtiges an mir entdeckt, was ein so naher, alter Freund nicht erfassen konnte. Dabei bin ich zu folgendem Ergebnis gekommen: Alban Berg war, wie alle Schoenberg-Schüler, ein Intellektueller. Karol war ein ursprüngliches Talent, ein musikantischer Musiker. Ein Intellektueller war er nicht. Jacques de Menasce war als Komponist im guten Sinne des Wortes ein *dilettante*, aber als Kenner der Musikliteratur ein Intellektueller durchaus. Freilich will ich damit nicht behaupten, daß ich dieses Vorkommnis richtig angedeutet habe. Ich nehme an, daß es eine tiefere Schicht hinter den Schaffensquellen gibt, wo die Kunst noch nicht in Gattungen aufgespalten ist.

Die ersten zwei Monate im Hôtel Foyot wohnte ich in einem kleinen Dachzimmer, das die Ausmaße einer Zelle hatte. Es war noch gerade Platz genug zum Schlafen und zum Schreiben. In diesen zwei Monaten habe ich mein Buch zu Ende geschrieben. Ich atmete auf und schrieb meiner Frau, die mit unserm Sohn bei ihrer Mutter auf dem Lande war, sie möchte allein nach Paris kommen. Ehe sie ankam, übersiedelte ich in ein größeres Zimmer mit einem Ausblick auf den Jardin du Luxembourg, auf dem ersten Stock, wo Roth mit, wie er sich ausdrückte, »seiner Negerfamilie« wohnte. Jetzt hatte ich mehr Zeit, und nachdem Inge angekommen war, führten wir *à quatre* ein Familienleben. Inge und Manga Bell mochten einander gern, und wir gingen oft alle vier zusammen abends aus. Manga Bell hatte zwei Kinder. Das jüngere, die Tochter, war begabt und, wenn auch nicht hübsch, sehr klug. Der um einige Jahre ältere Sohn war sehr hübsch, aber nicht gerade das liebenswürdigste Geschöpf. Frau Manga Bell war eine sehr charmante, sehr hübsche junge Frau. Sie war eine halbe Afrikanerin. Man sah es ihr nicht an. Sie war mit einem Neger verheiratet gewesen, der ein französischer Staatsbürger war und, wenn ich mich nicht irre, sogar ein Mitglied der Chambre des Députés. Sie war von ihm geschieden, und Roth behauptete, daß sie gar kein Einkommen hatte. Aber solche Auskünfte mußte man bei ihm nicht ernst nehmen. Denn er protzte schon immer gern mit der Zahl der ihm Nahestehenden, die er angeblich »aushalten« mußte. Das war einer von seinen Tricks, um seine finanzielle Lage noch schwerer erscheinen zu lassen, als sie war.

In dieser Zeit führte Roth ein fast normales Leben. Er war, verglichen mit seinem Zustand im Jahre 1932, das ein schlechtes Jahr für ihn war, in guter Verfassung. Ich hatte in jener Zeit die Hoffnung, daß Manga Bell eine Rettung für ihn bedeuten könnte. Durch das Zusammenleben allein mit ihr und ihren zwei Kindern gewöhnte er sich langsam daran, einigermaßen geregelte Mahlzeiten einzunehmen, obwohl er sich dagegen wehrte und es nicht wahrhaben wollte. Eines ist gewiß: Sie war die einzige Frau, mit der er ein Verhältnis hatte, das alle Merkmale einer Leidenschaft hatte. Wer ihn so gut kannte wie ich, mußte das nach einigen Tagen bemerken. Und es hat nicht lange gedauert, bis er mir gestand: »Sie hat aus mir einen Mann gemacht.« (Er hat sich drastischer ausgedrückt als ich es hier aufschreiben möchte.) Er gehörte offenbar zu jenen Männern, die erst von einer Frau lernen müssen, was Sex bedeutet. Wenn er, wie ich an anderer Stelle erwähne, um eine ihn bedrängende Verehrerin abzuwehren, ihr sagte: »Was wollen Sie von mir? Ich bin doch impotent«, so war das nur halb gelogen.

Ich weiß nicht, wie lange dieses Zusammenleben gedauert und warum die Frau ihn verlassen hat. Wie ich 1938 nach Paris kam, lebte er schon wieder allein. Frau Manga Bell besuchte ihn noch hin und wieder, und an solchen Tagen trank sie mit ihm, und ich habe ihr das übelgenommen. Mit Unrecht. Denn wie sollte eine junge, lebenslustige Frau die Macht haben, einen Mann wie Joseph Roth von seinem Dämon zu befreien, wenn keiner von seinen Freunden, weder Stefan Zweig noch ich, in vielen Jahren das zuwege gebracht hat. Roth ist der von ihm sehr geliebten Frau auch nach der Trennung in den letzten Jahren seines Lebens dankbar geblieben, obwohl sonst Dankbarkeit nicht zu seinen primären Tugenden gehörte. Noch im Jahre 1939, sooft er zu Geld kam, war das erste: er nahm seinen Stock in die Hand und ging zu Fuß, was er sonst nie tat, von einem Geschäft zum andern bis zur Place Danton, kaufte Lebensmittel ein und schickte ein Paket für Manga Bell und ihre Kinder. – In Joseph Roth ist kein Tugendbold zugrunde gegangen. Aber hätte er Kinder gehabt, er wäre sicherlich der beste Vater geworden.

Frau Manga Bell hat, wie ich nach vielen Jahren erfahren konnte, nur mit ihrer Tochter Glück gehabt. Sie hat einen Franzosen geheiratet, einen Weißen, was in Paris kein solches Problem ist wie in den Vereinigten Staaten, und lebt glücklich mit ihm. Von ihrem Sohn erzählte man mir eine recht traurige Geschichte. Sein afrikanischer Vater hatte ihn zu sich nach Afrika geholt, um ihn dort zu seinem Nachfolger zu erziehen. Es endete damit, daß er in einem Streit den Vater erschossen hat. Das erfuhr ich anläßlich eines Aufenthalts in Paris 1957, und das verdarb mir mein Vorhaben, die Frau aufzusuchen.

»Habt Ihr Freunde in Wien?« fragte Roth Inge und mich 1934 bei einem Abendessen im Méditerranée. Es war das nächste gute und nicht billige Restaurant beim Foyot. Es regnete, und wir wollten einmal nicht sparsam sein. Wir zählten ihm einige Freunde auf. »Also nur ein Journalist. Die meisten sind Musiker.« – »Es sind auch Architekten dabei und zwei Maler«, sagte ich ihm, »aber die meisten kennst du nicht.« – »Ich verkehre am liebsten mit Journalisten«, sagte er, »ich verkehre lieber mit Journalisten als mit Schriftstellern.« – »Warum?« fragte ich ihn, »mit Schriftstellern verkehrst du nicht?« – »Ich verkehre auch mit Schriftstellern. Aber mit geringen Ausnahmen sind das nicht meine Freunde. Meine wenigen wirklichen Freunde sind Journalisten.« Und er zählte sie auf: »Egon Erwin Kisch, Bornstein[119] und noch ein paar andere. Journalisten sind anständigere Menschen als Schriftsteller. Schriftsteller sind neidisch und egoistisch. Wie kommt es, daß du mit so vielen Musikern befreundet bist?« – »Ich habe das nicht geplant, und es fällt mit erst jetzt auf, weil du sie gezählt hast. Aber vielleicht liegt es daran, daß mich ein Musiker oder ein Architekt oder ein Arzt mehr interessiert als ein Schriftsteller. Was ein Schriftsteller weiß, weiß ich ungefähr auch. Aber ich bin ja doch auch mit dir befreundet. Bist du kein Schriftsteller?« – »Wir haben uns angefreundet, wie ich noch nicht mal Journalist und du noch nicht mal ein Doctor juris warst. Wir sind ja nicht durch Literatur miteinander bekannt geworden.« Er wollte gleich, daß wir eine Liste machen und vergleichen. Aber da kam schon der Kellner, und er wollte Inge beim Lesen der Speisekarte beraten. Er machte sie gleich aufmerksam, daß er uns in dieses Gasthaus geführt hatte, weil man hier die beste Bouillabaisse genießen konnte: »Nicht einmal in Marseille kriegt man eine bessere.« Mich hatte er längst davon überzeugt, und ich sekundierte ihm. Er selbst hatte auch, wie er mich ins Méditerranée eingeführt hat, keine Bouillabaisse bestellt, sondern ein gutes Stück Fleisch, das nicht gerade typisch für die französische *cuisine* war.

Im Méditerranée speiste man langsam, weil sehr gut, und so blieben wir dort so lange, daß wir im Weggehn beschlossen, gleich ins Hotel zurückzugehn, weil Inge vermutlich noch müde war von der Reise. Im Foyot trafen wir Hermann Kesten und Gattin. Roth stellte meiner Frau seinen »lieben Freund Kesten und Frau« vor. Manga Bell und Inge beschlossen, auf ihre Zimmer zu gehn, und Frau Kesten tat dasselbe. Für Roth war es zu früh am Abend, in sein Zimmer zu gehn. Also gingen wir zu dritt in sein Arbeitszimmer, das heißt in das Lesezimmer des Hotels.

Kesten war ein etwas früh verfetteter, kleiner Mann. Bei dieser Gelegenheit fiel es mir noch nicht auf, daß Roth, wenn er mit Kesten zusammen war, es immer so einrichtete, daß er »Hermanns Bäuchlein« nicht sehen mußte. Sie sprachen erst von den Verlagsnöten der beginnenden Emigrantenliteratur, namentlich von den zwei Verlegern in Holland, von Walter Landauer und Landshoff, bei denen Kesten schon in Berlin als literarischer Beirat fungierte.[120] Wir sprachen auch über Politik, natürlich. In vorgerückter Stunde tauschten sie Erinnerungen über den Beginn ihrer Bekanntschaft aus. In einem Anfall von guter Laune forderte Roth Hermann Kesten auf, eigens für mich ein Geschichtchen zu erzählen: »Erzählen Sie Soma, was Sie mit der Buchbesprechung angestellt haben, die ich für Ihren ersten Roman schreiben mußte.« Kesten erstrahlte schon, ehe er zu erzählen begann: »Wie mein erstes Buch erschien, lag es mir natürlich daran, eine gute Besprechung von Joseph Roth zu haben. Zuerst gab er mir eine ausweichende Antwort. ›Ich schreibe nicht gern Buchbesprechungen‹, sagte er. ›Ich muß warten, bis mir dazu was einfällt.‹ Ich wartete vergeblich. Es fiel ihm lange nichts ein. Aber ich ließ nicht locker und mahnte ihn bei jeder Gelegenheit. Schließlich versprach er mir eine Besprechung unter der Bedingung, daß er den Artikel mir persönlich schickt und ich dafür sorgen soll, daß er irgendwo gedruckt wird.«

Kesten erzählte das Ganze in heiterster Laune. Er unterbrach sich immerzu, da er so viel lachen mußte. »Natürlich mußte ich ihn noch einige Male daran erinnern, bis ich den versprochenen Artikel endlich erhielt. Der Artikel war so geschrieben, daß er mir eher geschadet hätte als genützt. Er endete mit dem Satz: ›Ich verstehe den Roman nicht. Vielleicht ist Hermann Kesten ein Humorist.‹ Ich überlegte, was ich tun sollte. Dann hatte ich einen guten Einfall. Ich veränderte den letzten Satz. Er lautete jetzt: ›Hermann Kesten ist ein großer Humorist.‹ Und so wurde es gedruckt.« Zum Schluß mußte sich Kesten schier ausschütten vor Gelächter. Kopfschüttelnd, als bewundere er den Streich, sah mich Roth an und lachte. Und ich lachte mit. Aber am besten und am längsten lachte Kesten.

Roth hatte einmal eine Nacht schlecht geschlafen und erzählte uns, wie er wach sich stundenlang mit aller Willenskraft ruhig verhielt, um ja nicht die schlafende Frau zu stören. Er fragte mich, was ich in so einem Fall täte. Ich sagte ihm: »Das, was du tust: ich leide und halte still. Als Kind, wenn ich in die Situation kam, auf Reisen zum Beispiel mit meinem Vater in einem Zimmer zu schlafen, lehnte ich es ab und entschuldigte mich bei meinem Vater (zu seinem Ergötzen): Ich kann nicht ›Hab acht‹ schlafen.« In gute Laune versetzt, wandte sich Roth nun an Kesten, der mit seiner Gattin dabei war, und fragte ihn: »Was machen *Sie*, Herr Kesten, wenn Sie nicht schlafen können und Ihre Frau schläft?« – »Ich wecke!« jubelte Kesten und demonstrierte an seiner neben ihm sitzenden Frau mit Hand und Arm, wie er das tat. Die Liebende bestätigte es liebevoll.

Als das Ehepaar Kesten über die Treppe hinauf zu ihrem Zimmer gegangen war, sagte Roth: »Hast du gehört: Kesten weckt! Und er zeigt, wie er das macht. Eine schöne Seele, der Brillanten-Hermann!« – »Wieso Brillanten-Hermann?« fragte ich. »Weißt du das nicht? Zusammen mit seiner Schwester treibt er einen Diamantenhandel. Ich hab ihn schon in Berlin den Brillanten-Hermann genannt. Er ist einer von den Jüdchen, von denen Karl Kraus sagt, daß sie anstatt mit alten Hosen mit neuen Büchern handeln.«

Andern Tags fragte mich Roth: »Kannst du dir einen Journalisten von dem Typ Kesten vorstellen?« – »Zwei«, sagte ich, »drei! Soviel du willst. Was hat das mit seiner Schriftstellerei zu tun? Es ist der Mensch, nicht der Schriftsteller.« Indem sahen wir das Ehepaar Kesten die Treppe herunterkommen. Von der Fensterwand des Schreibzimmers, wo wir saßen, sahen wir sie in Fortsetzungen: zuerst die Füße, dann die Beine, dann langsam den Rest. Als sie abschiedwinkend an uns vorbei und hinaus auf die Straße gegangen waren, fügte Roth hinzu: »Wenn ich den Brillanten-Hermann so auf der Treppe herunterkommen sah, mit seinem Bäuchlein und seinem Uhrkettchen über dem Bäuchlein, kann ich eine Stunde lang nicht schreiben. Jeden Tag, ein paarmal. Das ist ja ekelhaft.« – »Ich wollte dich schon längst etwas fragen«, sagte ich. »Heute sehe ich, daß es keine schwierige Frage ist: Warum tust du so, und wie bringst du es zuwege so zu tun, als ob du mit dem Brillanten-Hermann befreundet wärst?« – »Weil Kesten mir schaden kann. Das hab ich von Franz Molnár gelernt.[121] Kesten sitzt in allen Verlagen, wo meine Bücher erscheinen. ›In einem Verlag‹, sagte Molnár, ›und im Theater kann einem der Hund des Verlegers und die Katze des Theaterdirektors schaden.‹ Ich kenne Franz Molnár nicht persönlich. Aber *du* hast mir das von ihm erzählt.«

Anfang Mai[122] war ich mit meinem Roman fertig und nach einigen Tagen, fast gleichzeitig mit mir, meine Frau mit der Abschrift auf der Schreibmaschine. Ich las das Buch zum ersten Mal in nicht-handschriftlicher Form durch, und nach einigen Korrekturen gab ich Roth eine Kopie. Ich übergab sie ihm am Morgen im Lesezimmer. Roth war immer ein Frühaufsteher, und ich fand ihn schon um halb neun unten. »Du bist der erste Leser des Buches. Ich erwarte von dir ein unbarmherziges, aufrichtiges Urteil.« Er nahm es mit beiden Händen, las den Titel *Der Sohn des verlorenen Sohnes* und nickte mir im Einverständnis zu. Dann sah er sich die letzte Seite an und sagte: »Der Titel ist ausgezeichnet. Im Druck werden's ungefähr 300 Seiten sein. Das ist für einen Roman gerade das richtige Format. Nicht zuviel, nicht zuwenig. Natürlich wird bei mir das Lesen einige Tage dauern. Aber erwarte von mir keinen freundschaftlichen Lobgesang. Ich hoffe, es wird so gut sein wie das Buch unseres Freundes Constantinowsky, *Les Traqués*.« Das war ein Buch über russische Flüchtlinge, geschrieben von einem Odessaer Bildhauer, das gerade erschienen war und uns beiden gut gefallen hatte.[123]

Folgenden Tags sagte er mir: »Ich habe den ersten Teil

schon gelesen. Aber den kannte ich ja. Heute abend werde ich weiterlesen.« Am folgenden Morgen zu so früher Stunde, daß er Inge und mich aus tiefem Schlaf weckte, klopfte er an die Tür. Er kam in Schlafrock und Hausschuhen, was er noch nie getan hatte, an mein Bett, das Manuskript in den Händen, und küßte mich mit seinem slowakischen Schnurrbart auf die Stirn. »Ich gratuliere dir. Es ist ein Meisterwerk.« Und zu Inge: »Soma hat ein herrliches Buch geschrieben. Ich hab es die ganze Nacht in einem Zug gelesen.« Und wieder zu mir: »Du wirst wie ein Stern aufgehn. Dafür werde ich sorgen.« Und zu Inge: »Entschuldige, daß ich euch geweckt habe.« Und er verließ das Zimmer, das Manuskript noch in Händen.

Im Lesezimmer gab er mir das Manuskript zurück. Ich fragte ihn: »Ist das so gut wie *Les Traqués*?« Mit einer wegwerfenden Handbewegung sagte er: »Sei mir nicht böse. Ich hab nicht gewußt, was in dir steckt. Hast du es gewußt?« – »Nein«, sagte ich, »offen gestanden weiß ich das noch immer nicht.« – »Du kannst zufrieden sein. Schreib nur so weiter.« – »Ich hab schon den zweiten Roman im Kopf«, sagte ich ihm. »Wo wird der Junge sein?« – »In Dobropolje«, sagte ich, »ein ganzes Jahr.« – »Das ist gut«, sagte er, »das kann nur gut werden. Im Dorf bist du in deinem Element.«[124]

Wenn ich nicht gestände, daß dies ein glücklicher Tag für mich war, wäre es mir unmöglich, folgendes zu erklären: Obwohl ich, im Gegensatz zu den meisten Schriftstellern, die mit dem Dichten anfangen und dann resigniert Kritiker werden, schon in jungen Jahren mit Kritiken angefangen habe, hat mir meine kritische Erfahrung bei der Beurteilung meiner eigenen Arbeiten nicht im geringsten genützt. Gewiß hat mir das mehr als lobende Urteil von Robert Musil und Joseph Roth, nachdem sie die ersten 80 Seiten des Manuskripts seinerzeit gelesen hatten, Mut gegeben zur weiteren Arbeit. Aber Roths Äußerungen an jenem Tage, die ich hier keineswegs alle anbringen will, haben mir nicht nur den Anstoß gegeben, weiter zu arbeiten, sondern die geradezu beglükkende Gewißheit, daß ich auf dem richtigen Weg war. Er hat mir in weiteren Gesprächen nicht nur Komplimente gemacht. Er hat mich aufmerksam gemacht, daß ich es nicht leicht haben werde, weil, wie er sich ausdrückte, »die Juden in deinem Roman so echt sind, daß der Leser von ihnen so abrücken wird wie die Judenfeinde und auch die assimilierten Juden es in der Trambahn tun, wenn ein echter Jude einsteigt. In meinen Büchern übersetze ich die Juden für den Leser. Du gibst sie im Original. Das ist gut für dich, aber nicht für das Buch auf dem Büchermarkt. Außerdem hast du dich mit dem Buch verspätet, weil du faul bist. Du hättest mit dem Roman spätestens herauskommen müssen wie ich mit meinem *Radetzkymarsch*.«[125] – »Ich bin ein langsamer Arbeiter«, sagte ich ihm, »ich habe 1930 begonnen, und ich habe vier Jahre gebraucht, um es zu Ende zu bringen.« – »Wie bist du zu dem Einfall gekommen?« – »Heinrich Simon rief mich telephonisch von Frankfurt an und sagte mir: ›Soma, es ist zwar nicht Ihre Sache, über einen Kongreß zu berichten, und ich erwarte auch keinen Bericht. Aber in Wien wird ein Kongreß der Agudas Jisroel stattfinden. Der Präsident dieser orthodoxen Bewegung ist der Frankfurter Jacob Rosenheim.[126] Schauen Sie es sich vielleicht an und geben Sie uns in Ihrer Art Ihren Eindruck. Reifenberg wird ihn gern im Feuilleton bringen.‹ Ich informierte Heinrich Simon, daß ich zu diesem Kongreß schon längst eingeladen worden war. Und zwar von Ministerialrat Fuchs vom Österreichischen Presseamt. Der Ministerialrat wurde vom Bundeskanzler Seipel aufgefordert, die Regierung bei diesem Kongreß offiziell zu vertreten.[127] Der Prälat war auch interessiert daran, einen privaten Bericht über den Kongreß der orthodoxen Juden zu haben. Der Ministerialrat lud mich in seine Loge ein, und zwar, wie er mir schmeichelte, als Sachverständigen für die toratreuen Juden. Aber, wie ich Heinrich Simon gleich mitteilte, hatte ich nicht erwartet, daß die *Frankfurter Zeitung* einen Bericht von mir haben wollte. Ich sah mir den Kongreß an, und ich hatte die beste Absicht, dem Wunsch Heinrich Simons entgegenzukommen. Aber ich habe den Artikel nie zuwege gebracht. In diesem Kongreß, der sich in den Sophiensälen in Wien abspielte – du weißt, wo die Sophiensäle sind –, bin ich Juden begegnet, die mir sozusagen *ad oculos* gezeigt haben, warum das jüdische Volk zweitausend Jahre der Verbannung überleben konnte. Weder die neue jiddische und nicht einmal die hebräische Belletristik hat mir das je klargemacht. Der Eindruck war so überwältigend, daß ich nach einigen Tagen den Plan, einen Artikel zu schreiben, aufgeben mußte. Ich hatte das Gefühl, daß ich diesen meinen Eindruck in einem Buch wiedergeben muß. Nach einigen Wochen hatte ich den Plan im Kopf und schrieb kein Wort nieder. Nach einigen Monaten genügte meinem Plan ein Buch nicht mehr. Ich litt physisch an diesen Plänen, wie eine Frau zu Beginn einer Schwangerschaft. Ich empfand geradezu Übelkeit, wenn ich an diesen Plan dachte. Es dauerte ein Jahr, bis ich die Ruhe und den Mut hatte, mit dem Schreiben zu beginnen. Und als ich dir und Musil den ersten Teil schickte, war ich nicht nur nicht sicher, daß es ein guter Anfang für einen Roman ist. Ich fühlte nicht einmal die Gewißheit, daß er druckfertig war. Musil und du, ihr seid verantwortlich, daß ich diesen Roman zu Ende geschrieben habe.« – »Daß Musil Verständnis hat für so einen jüdischen Roman, ehrt ihn, und mich wunderts.« – »Du kennst Musil nicht. Das liegt an ihm. Er ist sehr unzugänglich und mißtrauisch.« – »Hast du Heinrich Simon das erzählt?« – »Viel später. Da war er schon ein König ohne Land.« – »Vor zwei Jahren, wie ich den ersten Teil gelesen habe, hat mich der

Verwalter Jankel am meisten beeindruckt. Das ist eine Gestalt in Lebensgröße. Ich hatte das Gefühl, daß wir alle von ihm beschützt werden. Jetzt sehe ich, daß Welwel Mohylewski die Hauptgestalt ist. Solche zwei Gestalten tragen allein noch einen Roman. – Du kennst wahrscheinlich auch die Anekdote von dem Wunderrabbi, der einen Knaben segnet und ihm sagt: ›Lerne du wie ein frommes jüdisch Kind und sei gesund wie ein Goj.‹ Das bist du. Ich hab dir gesagt, daß du faul warst. Bleib weiter so faul und mach dir nicht zuviel Sorgen. Das wollte ich dir noch sagen. Darum hab ich das Manuskript mitgenommen, damit es mich erinnert, daß ich dir noch was sagen wollte – ohne Zeugen. Inge wollte noch weiterschlafen.«

Einige Tage später, nachdem Karol Rathaus das Manuskript gelesen hatte, fragte er mich: »Hat Roth das Buch schon gelesen?« – »Ja«, sagte ich, »er war mein erster Leser vom ganzen Roman.« – »Was hat er gesagt? dir?« Ich erzählte ihm ungefähr, wie ich es oben angedeutet habe, worauf Karol sagte: »Hoffentlich wird er das auch schreiben, wenn das Buch herauskommt.«

Roth ging überhaupt nicht ins Kino. Er behauptete, daß es ihm schwerfalle, der Handlung zu folgen. Aber als Karol Rathaus mich zu einer Premiere des nachher berühmt gewordenen Schubert-Films mit echter Schubert-Musik einlud, äußerte er den Wunsch mitzugehn, »wegen Schubert und wegen Wien«. Ich hatte den Film in Wien gesehen, wo er schmählich durchgefallen war, und schlug Karol vor, Roth an meiner Statt mitzunehmen. Aber Karol, der viel Filmmusik gemacht hat, hatte Einfluß genug, noch eine zusätzliche Karte zu bekommen, und wir gingen hin. Zu meinem großen Erstaunen und zum Erstaunen von allen, die den Film in Wien gesehen hatten, konnte man schon an dem Enthusiasmus in der Première einen durchschlagenden Erfolg voraussehn. Beim Verlassen des Saales kam ein älterer Herr in großer Erregung Rathaus entgegengestürzt und schrie meinen Freund an: »Und ich, Doktor Rathaus, ich sage Ihnen: der ganze Erfolg ist die Musik!« Darauf Karol, nicht wenig verblüfft: »Aber, Herr Rubinstein, es ist Musik von Franz Schubert!« Worauf Rubinstein, die Hände vorgestreckt gegen den Komponisten, der auch für ihn Filmmusik schrieb: »Nu?« – Roth verstand dieses »Nu« nicht und lächelte. Karol war verlegen. Ich lachte, und nachdem er gegangen war, fragte Roth: »Wer ist der Mann?« – »Ein Filmproduzent«, sagte Karol. »Was wollte er von dir?« fragte Roth. »Er will, daß ich Schubert-Musik mache.« Ich fügte hinzu: »Nu?! Tu das! Für den nächsten Film, den er produzieren wird, natürlich.«

Gleich nach der Première hat ein Wiener Besitzer des kleinsten Kinos in Wien, wo der Film, wie gesagt, mit Pauken und Trompeten durchgefallen war, die Rechte für Wien erworben, und der Film, der inzwischen ein Welterfolg geworden war, wurde nun auch in Wien ein großer Erfolg.

Bei dieser Gelegenheit sprachen Karol und Roth hinter meinem Rücken über mein Buch. Beim Abschied flüsterte mir Karol zu: »Er ist begeistert. Er wird schreiben, wie er dir gesagt hat.«

Befreit von der Besessenheit, mit der ich an dem Abschluß meines Buches geschrieben hatte, wurde ich jetzt erst recht inne, daß ich mich in Paris befand. Jetzt konnte ich mich erst in dieser herrlichen Stadt umsehen. Es trieb mich jetzt in die Museen und auch, bis zur Ermattung, über die Boulevards. Dabei konnte natürlich Roth nicht mittun, der zu Museen ein ironisches Verhältnis hatte. »Na, hast du schon die Mona Lisa gesehn?« fragte er mich eines Tages. »Ja«, sagte ich, »natürlich. Du nicht?« – »Hat sie dir einen großen Eindruck gemacht, die Lisa?« – »Offen gestanden, nein. Ich bin kein großer Kenner der Malerei. Aber die Lisa ist das *einzige* Bild von Leonardo, das mir keinen großen Eindruck gemacht hat. Aber, wie gesagt, ich verstehe nichts davon.« – »Genausoviel versteh auch ich. Aber ich schäme mich nicht.«

Nebenbei hatte ich Gelegenheit, Einblick in das deutsche Emigrantenleben in Paris zu nehmen. Es deprimierte mich dermaßen, daß ich anfing, an einen Rückzug nach Wien und an meinen Schreibtisch zu denken. Es war in meinem bisherigen Leben der einzige Schreibtisch, vor dem ich gerne saß. Es zog mich zu ihm hin mit einer Kraft, als hätte ich schon eine Ahnung, daß dieser Schreibtisch auch der letzte sein wird, von dem ich das behaupten kann. Roth sagte mir schon im April, daß mir nichts drohe, wenn ich nach Wien zurückkehrte. Auch ich hatte indessen eingesehn, daß das neue Regime in Österreich zwar unter dem Patronat von Mussolini und dem Vatikan stand, aber daß Wien noch keine Mördergrube geworden war. Ich hatte noch in Wien einflußreiche Freunde, die mich vor dem Heimwehrführer schützen konnten. Ich habe sogar den Bundeskanzler Dollfuß persönlich gekannt, der vor Jahren ein Büchlein über die Agrarfrage geschrieben hatte, das in der *Frankfurter Zeitung* eine gute Besprechung hatte.[128] Ich hatte keine Ahnung davon. Aber Herr Dollfuß hatte die *Frankfurter Zeitung* in guter Erinnerung. Ich habe das nicht gewußt, aber Joseph Roth wußte es. Wie sagt Thackeray in seinem Meisterwerk: »Novelists know everything.«[129] Als monarchistischer Novellist wußte er alles. Er wußte sogar, daß die Wiener Polizeidirektion nichts gegen mich hatte und daß ihr mein Artikel *Wenn die Polizei die Wahrheit holt* gar nicht so mißfallen hatte, wie ich annahm. Er sah es mir an, daß mich die Frage quälte, und eines schönen Maimorgens begrüßte er mich mit der Nachricht: »Ich habe mit der Staatspolizei in Wien telephoniert und habe die ausdrückliche Versicherung, daß man dich in Wien nicht verhaften wird. Genügt dir das?« – »Ja«, sagte ich, »das genügt mir. Nur nicht verhaftet werden. Im Café Museum ist der Major, der jetzt Bürgermeister geworden ist, ein Stammgast. Sein Adjutant, ein ungarischer Oberleutnant, war ein guter Leser der *Frankfurter Zeitung*. Mein erster Gang wird zum Café Museum sein. Der Bürgermeister verkehrt wahrscheinlich nicht mehr so viel dort. Aber der Oberleutnant wird bestimmt dort sein. Von ihm werde ich erfahren, ob man mich trotz allem noch verhaften wird.« Man hat mich nicht verhaftet.

Inge war schon früher zurückgefahren. Es war zum ersten Mal, daß sie unsern Sohn für so lange Zeit allein gelassen hatte. Er war bei der Großmutter auf dem Lande gut aufgehoben. Zum Abschied gingen wir wieder, diesmal eingeladen von Roth, zum Méditerranée. An diesem Abend unterhielt sich Roth mit Inge meistens über unsern Sohn. Sie mußte ihn in Worten beschreiben. Ein Photo, das auch ich mit mir hatte, genügte ihm nicht. »Erzähl was von ihm. Wie spricht er? Was sagt er?« Inge erzählte ihm von seinem ersten Besuch im Belvedere-Park. Er war drei Jahre alt. Wir wohnten ganz in der Nähe des Schlosses, in der Belvederegasse. Heimgekommen, hatte er viel zu erzählen. Am meisten hatten ihn die Löwen beeindruckt vor dem schönen Schloß, erbaut vom größten Feldherrn Österreichs, Prinz Eugen von Savoyen. »Die Löwen sind sehr groß«, erzählte er, »aber sie sind schmutzig, und einer hat eine abgebrochene Nase und der andere eine zerbrochene Pfote. Aber nicht ich hab das getan.« Inge erzählte noch weitere Weisheiten aus dem Kindermund, bis Roth sich an mich wandte: »Siehst du, eine Mutter kann was erzählen. Wenn ich dich frage, ziehst du deine Brieftasche heraus und zeigst mir ein Photo.« Nach einiger Anstrengung fiel mir etwas ein und ich erzählte:

»Eine Woche vor meiner Flucht aus Wien war ich mit ihm allein in der Wohnung. Inge war mit der Köchin zum Einkauf gegangen und ich hatte zu tun. Ich saß in meinem Zimmer am Schreibtisch, und ich versorgte ihn mit Bilderbüchern in seinem Zimmer und warnte ihn, mich nicht zu stören, bis ich mit meiner Arbeit fertig werde: ›Wenn ich soweit bin, gehen wir zur Belohnung ins Café Museum.‹ Er sagte: ›Dort treffen wir den Professor Frank.‹[130] Nach etwa fünf Minuten öffnete er leise die Tür, steckte den Kopf herein und fragte: ›Bist du schon fertig?‹ Ich sagte: ›Nein, es dauert noch eine halbe Stunde.‹ Nach einer nicht zu langen Zeit öffnete er wieder die Tür, kam an den Schreibtisch und sagte: ›Eine halbe Stunde ist schon vergangen?‹ Er hatte mich mitten in einem Satz unterbrochen. Noch in Gedanken, nahm ich ihn bei der Hand, führte ihn langsam hinaus und sagte: ›Man sollte glauben, ein Junge von vier Jahren weiß schon, daß er nicht stören darf, wenn man an einer Arbeit ist.‹ Damit ließ ich ihn aus und wollte zurückgehn. Er faßte aber meine Hand, sah friedlich zu mir auf und sagte: ›Derweilen aber ...‹ In Gedanken, begriff ich nicht, was er meinte. – ›Du hast gesagt: ‚Man sollte glauben, ein Junge von vier Jahren weiß schon, daß er nicht stören darf, wenn man an einer Arbeit ist.‘ Derweilen aber ...‹ Ich hatte den Satz nicht zu Ende gesprochen und er reklamierte das, wie er überhaupt viel korrekter spricht als wir alle zusammen.« Roth war sehr vergnügt. »Fahr du nach Hause, Inge. Wenn man ein solches Kind hat, läßt man es nicht allein.«

Zum Abschied sagte Roth zu Inge: »Du tust gut daran, daß du nach Hause fährst zu deinem Sohn. Ein Kind braucht seine Mutter, nicht eine Großmutter. Und wenn das Kind ein Sohn ist, gehört es zum Vater. Soma wird dir bald nachfolgen. Ich habe schon vorgearbeitet. Man kann nicht spät genug Emigrant sein. Wenn ich nicht hier schon ansässig wäre, würde ich mich auch schon als Emigrant fühlen. Soma wäre hier ein Emigrant.«

Mit mir allein, wie immer im Lesezimmer, zurückgeblieben, sagte er mürrisch: »Inge hat sich hier schon lange genug amüsiert. Eine Mutter fern von ihrem Kind darf nicht so gut gelaunt sein.« Weil er nie seinen Vater gesehen und das nie überwunden hat, war er zeit seines Lebens ein Bruder der verlassenen Kinder, und wären sie auch bei Großmüttern gut aufgehoben.

Mein Freund Karol begleitete mich zum Bahnhof. Diesmal war auch Roth dabei. Auf dem Bahnhof versorgte mich Roth mit zwei französischen Tageszeitungen, und Karol kaufte mir das *Pariser Tageblatt*. Ich habe diese deutsche Emigrantenzeitung in Paris wenig gelesen. Ich wollte mich lieber mit der französischen Presse vertraut machen. Das tat ich auch während der Heimreise und las zuerst die zwei französischen Zeitungen, den *L'Œuvre* und den *Figaro*. Zum *Pariser Tageblatt* griff ich erst, als wir schon nahe der deutsch-österreichischen Grenze waren. In Salzburg ging ich in den Speisewagen und nahm diese Zeitung mit. Unterm Strich stand ein Kapitel aus einem laufenden Roman von Joseph Roth. Mein Blick fiel auf einen Namen, der mir zu vertraut vorkam. Ich traute meinen Augen nicht. Ich trug damals noch keine Brille, sonst hätte ich sie aufgesetzt, um meine Augen zu kontrollieren, ob ich richtig gelesen hatte. Da stand es unverkennbar: Christjampoler.[131] Der alte Mann aus meinem Roman, der Roth so ans Herz gewachsen war. Ich weiß nicht mehr, was ich im Speisewagen bestellt hatte, aber ich weiß, daß ich die Mahlzeit nicht zu Ende aß. Ich zahlte und ging auf meinen Sitz zurück, um mit meinem Freund allein zu sein. In Paris hatte Roth mir einmal im Lesezimmer geklagt, daß er an einem Roman »laboriere«, mit dem er nicht zufrieden war, den er aber fertigschreibe, weil er schon einen Vorschuß genommen hatte und Geld brauchte. Das war der Roman.

Zu Hause angekommen, wusch ich mir noch nicht einmal die Hände, ehe ich eine Epistel an den Verbrecher schrieb. Ich war mir klar darüber, daß er die Untat schon vor zwei Jahren begangen hatte, nachdem er den ersten Teil meines Romans gelesen. Ich fragte ihn unter anderem, warum er mich im Hôtel Foyot auf diese schöne Überraschung nicht vorbereitet hätte. Ich gab den Brief sofort express auf und wartete auf die Antwort.

Es kamen einige Antworten. Die erste Auskunft war, daß er schon in seiner Jugend einen Mann kannte, der Christjampoler hieß. Das erklärte nicht, warum mein Jankel Christjampoler von meinem Manuskript in seinen Roman übersiedelte, und warum sein Christjampoler just auch den Namen Jankel hatte.[132] Hernach kam eine Mitteilung, er sei bereit, mir einen Brief zu schicken, den er vor etwa 20 Jahren von seinem Christjampoler bekommen habe. Warum er diesen Brief eigens für den Fall, daß er einmal in einen Konflikt geraten sollte, aufgehoben hatte – »ahndungsvoll«, daß er ihn einmal gegen mich brauchen könnte –, das schrieb er nicht. Sein drittes Argument war: »Die Leser werden es gar nicht bemerken, daß ein Christjampoler in meinem sowohl wie in Deinem Roman vorkommt.«

Mir war es nicht ganz neu, daß Joseph Roth die Neigung hatte, sich mit fremden Federn zu schmücken, obwohl er selbst reichlich gefiedert war. Das passierte schon in jungen Jahren, als er noch kein Schriftsteller war. Ich brauche es hier nicht mehr zu erzählen. Das habe ich schon an anderer Stelle getan. Ich bin nicht der Ansicht Shakespeares: »What's in a name?« In einem Roman ist ein Name noch wichtiger als im Leben. Eine gelungene Gestalt in einem guten Roman hat immer den Namen, der ihr wie eine Haut am Körper liegt.

Hätte mir Roth verraten, daß er sich den Christjampoler ausgeborgt hat, als mein Roman noch ein Manuskript war, während seiner schon gedruckt, so hätte ich den Namen Jankel Christjampoler keinesfalls aufgegeben. Und ich habe ihn nicht aufgegeben, einfach aus dem Grunde, weil es ihm gelungen ist, den Namen zu stehlen, aber nicht im geringsten die Gestalt, obwohl er sichtlich auch das versucht hat. Mit diesem Entschluß habe ich mich beruhigt, und ich hätte ihm diese Untat verziehen. Es kam aber noch etwas viel Wichtigeres dazu, das bei weitem schlimmer war. Aber davon später.

Mit einem Argument hat er übrigens recht behalten: wenn er mich getröstet hat, daß kein Leser es bemerken würde, nämlich die Identität des Namens. Bis auf den heutigen Tag hat es kein Mensch bemerkt, daß ein Jude mit demselben Namen in zwei verschiedenen Romanen auftaucht. Daß viele Leser von Romanen über den Namen der Helden hinweglesen, hat man schon bei den Lesern namentlich von russischen Romanen bemerkt, die alle mit drei Namen auftreten, die der Leser nur mit Schwierigkeiten buchstabieren kann. Aber daß die Leser von einer Zeitung, die einem Namen jahrelang begegnen, ihn dennoch immer wieder falsch lesen, diese Erfahrung habe ich mit meinem Vornamen gemacht. Bei weitem mehr als die Hälfte der Briefe, ob sie mir Lob oder Tadel einbrachten, waren an Frau Sonia Morgenstern adressiert. Nicht nur in Deutschland und in Österreich und nicht nur flüchtige Leser schmeichelten mir und tadelten mich als Frau Sonia. Im Jahre 1930 schrieb ich einen Aufsatz für die *Frankfurter Zeitung*, einen Artikel über den ersten Pogromversuch in der Judengasse in Wien, in dem ich die Nazibuben die »Pockenträger des Hitlerheils« nannte.[133] Dieser Artikel hat mir die Ehre eingetragen, auf die Schwarze Liste der Nazis zu kommen. Das hat der Musikkritiker der

Deutschen Allgemeinen Zeitung, Walter Schrenk, meinem Freund Karol Rathaus nach Berlin mitgeteilt. Und mein Freund schrieb mir das nach Wien. Das war, wie ich sagte, im Jahre 1930. Diese gefährliche Nachricht ging mir damals zu einem Ohr hinein und zum anderen heraus. Daß die allwissende Gestapo mich als Sonia Morgenstern in ihre Schwarze Liste eingetragen hat, sollte ich erst nach vielen Jahren, bereits in Todesgefahr, in Frankreich in Marseille erfahren. Eines Tages, im Jahre 1940, wurde ich zur Polizeipräfektur vorgeladen, und der Beamte tat so, als ob er sich um mein Schicksal kümmerte und mein Dossier studierte. Plötzlich und ohne mich anzublicken, so nebenbei, stellte er mir die Frage: »Monsieur Morgenstern, vous connaissez par hasard une Madame Sonia Morgenstern?« Es war der Monat, da die Polizei in Marseille die Führer der Unabhängigen Sozialdemokraten, Breitscheid und Hilferding, die bereits amerikanische Visa hatten, in die besetzte Zone geführt und der Gestapo ausgeliefert hat.[134] Das unter dem Vorwand, daß sie die beiden Männer mit ihren Frauen zusammenbringen, die aus der besetzten Zone herüberkommen sollten. – Obgleich ich Todesangst verspürte – oder vielleicht eben darum –, war ich zum ersten Mal in meinem Leben schlau. Ich sagte nicht, daß ich Frau Sonia Morgenstern nicht kenne, was ich wahrscheinlich, wenn ich nicht zu Tode erschrocken wäre, gesagt hätte. Ich sagte: »Ja, ich kenne sie.« – »War sie in Paris?« – »Ja«, sagte ich. – »Wissen Sie, was mit ihr geschehen ist?« – »Sie hat gute Beziehungen zu den englischen Journalisten gehabt. Und die haben sie mit einem der letzten Flugzeuge nach England gerettet.« – »Wissen Sie, wo sie jetzt ist?« – »Nein. Wie sollte ich das wissen?« Dieses Verhör habe ich nicht einmal meinem besten Freund in Marseille mitgeteilt, obwohl er sich über die Veränderung in meinem Zustand nach dem Verhör mit Unwillen gewundert und auch oft geärgert hat. Ich verbrachte viele schlaflose Nächte in Gedanken, daß eines Tages einer von den Nazispitzeln, die es auch unter uns Emigranten gab, meine Identität mit der Frau Sonia der Gestapo mitteilen könnte.

Zurück zu Roth. Er hat schon in früheren Jahren die Neigung gehabt, den Bösewicht zu spielen. Nur ein Beispiel von vielen: Ich hatte einmal einen Streit, oder besser gesagt eine Meinungsverschiedenheit, mit dem Chef des Feuilletons. Benno Reifenberg bat mich, einen Satz in einem Artikel zu streichen. In diesem Satz machte ich eine ironische Bemerkung über den Anschluß-Gedanken. Auch die *Frankfurter Zeitung* war für den Anschluß Österreichs an Deutschland. Dieser Gedanke war nicht in Deutschland entstanden, sondern in Österreich geboren, gleich mit dem Verfall der österreich-ungarischen Monarchie. Nach der Entstehung der sogenannten Nachfolgestaaten begannen nicht nur die Deutschnationalen in Österreich, die eine sehr kleine Partei bildeten, sondern leider auch die Sozialdemokraten, die nach dem Sturz der Monarchie die politische Majorität im neuen Österreich hatten, die Idee des Anschlusses an Deutschland zum Credo ihrer Außenpolitik zu machen. Wenn ich mich nicht irre, haben sie das neuentstandene kleine Österreich Deutschösterreich genannt. Der Friedensvertrag hat ihnen das verboten. Aber die sozialdemokratische Partei blieb bei diesem Credo bis zum Einmarsch Hitlers und auch darüber hinaus. Der hinterbliebene Führer der Sozialdemokraten, Dr. Karl Renner, brauchte keinen Gewissenskonflikt zu überwinden, als er zur Volksabstimmung über den Anschluß, die Hitler sogleich nach seinem Einmarsch arrangierte, sein öffentliches ›Ja‹ abgab. Gegen den Anschluß waren selbst in Österreich nur die hinterbliebenen Monarchisten und zum Teil auch die habsburgtreuen Christlichsozialen. Roth, der zum Beginn seiner journalistischen Laufbahn, wie viele Intellektuelle in Österreich, mit den Sozialdemokraten sympathisierte, ist erst nach seiner Rußlandreise, wo er seine Sympathien für die Linken begraben hat, nach einem nicht zu schnellen Übergang Monarchist geworden. Als Verfasser des *Radetzkymarsch* war er nun ein verbissener Gegner des Anschlusses geworden. Natürlich freute er sich über meine Gegnerschaft und war auf meiner Seite in der Meinungsverschiedenheit mit Reifenberg. Obwohl er bereits seit Jahren mit ihm befreundet war, schrieb er mir einige Punkte auf zu einem Brief, den ich Reifenberg schreiben sollte. Ich las die Punkte und glaubte meinen Augen nicht. Nicht nur waren seine politischen Einwände gegen den Anschluß weder ernst noch sachlich, fast alle von den 5 oder 6 Punkten waren persönliche Invektiven gegen Reifenberg und gegen die *Frankfurter Zeitung*. Ich zerriß das Blatt sehr langsam und bedächtig und fragte ihn: »Wenn du die Absicht hattest, mich aus der *Frankfurter Zeitung* zu eliminieren und mir Reifenberg zum persönlichen Feind zu machen, hättest du es nicht anders und nicht besser machen können.« Er lachte: »Ich wollte nur sehen, ob du das wirklich an die Redaktion schreiben würdest. Ich wollte dich nur ausprobieren.« Nicht für einen Moment glaubte ich ihm das. »Man hätte dir nicht gekündigt«, tröstete er mich. »Man hätte mich hinausgeworfen«, sagte ich ihm, »und ich hätte dich mitgenommen.« Zum ersten Mal, seitdem er ein Trinker geworden war, redete er sich auf den Alkohol aus: »Wenn du einmal meinen Rat brauchst, frag mich am Vormittag, nicht spät am Abend, wenn ich schon mein Maß getrunken habe.« Das erinnerte mich daran, wie in den Dörfern, wo ich meine Kindheit verbrachte, die Bauern, wenn sie eines Verbrechens schuldig waren, sich mit den Worten verteidigten: »Ich war besoffen.« Weder bei den Bauern noch bei Roth war Alkohol der Ansporn zum Übel. Sowohl den Bauern als auch Roth hat der Alkohol die Hemmungen weggeschwemmt. Roth war damals bereits seinem Dämon verschrieben.

Ich hatte Roth fast schon verziehen, als ich eine Woche später einen Brief von ihm erhielt, in dem er mir entrüstet mitteilte, daß ein anderer Freund von ihm, der polnische Schriftsteller Józef Wittlin, ihn auch einmal eines Plagiats beschuldigt habe.[135] Mit Wittlin war ich zwar nicht so lange befreundet wie Roth, aber ich war fest überzeugt, ohne es nachzuprüfen, daß Wittlin so einen Vorwurf einem Freund nicht ohne Grund gemacht hätte. Was mich richtig wütend machte, war eine Stelle im Brief, die er offenbar in einem guten Rausch hingekritzelt hatte, die ungefähr lautete, daß er – Roth – wie ein Fluß sei, der, wie es in der Natur eingerichtet ist, von den Nebenströmen bereichert wird. Und man solle ihn in Ruh lassen! Daraufhin schrieb ich ihm in schneller Wut eine Erwiderung. Zunächst sagte ich ihm, daß ich Wittlin aufs Wort glaube, daß er an ihm ein Plagiat begangen hatte. Er hat eine Stelle aus einem veröffentlichten Buch sich ausgeborgt. Bei mir aber hat er aus einem Manuskript sich ein paar Rosinen herausgeklaubt, also nicht plagiiert, nicht gestohlen, sondern veruntreut. Unter Freunden ist es keine Veruntreuung, die ja klagbar wäre, sondern einfach eine Lumperei. Und um ihn erst recht zu ärgern, habe ich nicht das Wort Lump gebraucht, sondern das entsprechende polnische Wort zugefügt, das eine noch schäbigere Färbung hat. Diesen Brief hat Roth nicht aufbewahrt, obwohl ich ja von ihm schon die Kopie eines Briefes von jenem Kristjampoler[136] hatte (den er angeblich seit seiner Jugend über viele Grenzen und viele Länder mitgeschleppt haben wollte!). Und das sollte unserer Freundschaft ein jähes Ende machen. Aber dank der Intervention von Stefan Zweig[137] ist es nur eine dreijährige Unterbrechung geworden.

Ich hatte Wien zur rechten Zeit erreicht, um den Tag des Unglücks zu erleben, den Mord an Dollfuß, von Hitler angeordnet.[138] Wie schon oft in den turbulenten Jahren, erhielt ich auch diese Nachricht von Karl Tschuppik. Er rief mich um die Mittagstunde an und bat mich, ihn in der Nähe des Hotels Bristol an der Sirkecke zu treffen, er habe mir Entsetzliches mitzuteilen, möchte es aber nicht telephonisch tun.

In Aufregung wartete ich an der verabredeten Stelle. Ich ging unruhig auf und ab. Ein Mann, der in einem Korbstuhl vor dem Hotel saß und mir mit auffallendem Interesse mit den Augen folgte, stand in plötzlichem Entschluß auf, trat an mich heran und fragte mich in deutscher Sprache mit amerikanischem Akzent: »Sind Sie Herr Morgenstern?« – »Ja«, sagte ich. »Erkennst du mich nicht?« Trotz meiner Aufregung erkannte ich ihn wohl, konnte mich aber seines Namens nicht erinnern. »Ich weiß, wer du bist«, sagte ich, und jetzt fiel mir der Name ein, »du heißt Bass.« – »Willst du mit mir ein Bier trinken?« fragte er mich. »Ich kann leider nicht«, sagte ich ihm, »ich habe hier eine Verabredung.« Er zog sich, sichtlich beleidigt, zurück.

Nach einer kurzen Weile kam Tschuppik und erzählte mir von dem Attentat auf Dollfuß. Der Kanzler war noch nicht tot. Man wußte nicht, ob man der Mörder habhaft geworden war. Tschuppik erzählte auch, daß die Nazibuben die Radiostation besetzt hatten, und wir überlegten, ob wir nicht mit der Trambahn gleich nach Bratislava über die Grenze nach der Tschechoslowakei flüchten sollten, um dort das Weitere abzuwarten. Ich ging mit ihm in ein Café, um von dort aus das Büro der *Frankfurter Zeitung* anzurufen. Dort wußte man schon, daß der Angriff auf die Radiostation mißlungen und die Täter verhaftet worden waren. Ich brachte die Nachricht dem wartenden Tschuppik. Wir atmeten auf und ich brachte Tschuppik zurück zum Hotel Bristol.

Zu meiner angenehmen Überraschung saß der Amerikaner, den ich in Tarnopol gekannt hatte, als wir beide noch sehr jung waren, noch vor dem Hotel. Er war nach Amerika ausgewandert, da ich etwa in der zweiten oder dritten Gymnasialklasse war. Dennoch hatte er mich nach fast dreißig Jahren sofort erkannt, was mich sehr bewegte. Nachdem ich mich von Tschuppik verabschiedet hatte, ging ich auf ihn zu, und in der Absicht, ihm zu erzählen, was vorgefallen war, sagte ich zu ihm: »Jetzt kann ich mit dir ein Bier trinken.« Zu meiner Enttäuschung sagte er in gekränktem Ton: »Jetzt will *ich* nicht mehr« – als wären wir beide noch in Tarnopol. Vor ein paar Minuten war ich in Gedanken schon wieder auf der Flucht, diesmal mit meinem Freund Tschuppik nach Bratislava. Ich brachte jetzt nicht die Gemütsruhe auf, den gekränkten Amerikaner zu beschwichtigen. Ich war in Eile, nach Hause zu gehn und meine Frau zu beruhigen.

Ich sollte meinen Amerikaner aber wiedersehn. Sieben Jahre später. Eine Zeit, in der einiges in der Welt geschehen war. In New York saß ich in dem nicht gerade billigen Gasthaus ›Voisin‹ mit meinem Freund Dr. Lester.[139] Da saß der Amerikaner mit einer Dame. Nach einer Weile stand er auf, kam an unsern Tisch und begrüßte mich. Er gab mir seine Adresse und bat mich, zu ihm ins Büro zu kommen. Ich weiß nicht mehr, nach wie langer Zeit es mir einfiel, es zu tun. Vielleicht, weil ich indessen erfahren hatte, daß er ein sehr wohlhabender Fabrikant war. Dennoch bin ich auch bei diesem Besuch nicht dazu gekommen, ihm zu erzählen, warum ich damals nicht sofort die Einladung zu einem Bier annehmen konnte, was er mir offenbar nie verziehen hat. Vielleicht weil ich meinerseits ihm nicht verziehen habe, daß er meine Einladung in gekränkter Stimmung und in gereiztem Stolz abgewiesen hat. Er hat dabei die Gelegenheit verpaßt, als erster Amerikaner von dem Attentat der Nazis auf den Kanzler

Dollfuß zu hören. Ich habe die Gelegenheit verpaßt, von einem reichgewordenen Tarnopoler rechtzeitig ein Affidavit zu bekommen. Dabei fällt mir ein, daß ich im Jahre 1934 von Affidavits so wenig wußte wie etwa von den Astronauten.

Nach dem mißlungenen Naziputsch kamen jetzt die Nazis an die Reihe, gehängt zu werden. Elf von ihnen endeten am Galgen und sind mit dem Ruf: Heil Hitler! in die Heldengeschichte des Hitlerheils eingegangen. Der Führer hatte sich verrechnet. Er hatte die Macht des Glaubens an sein Heil bei den Österreichern diesmal überschätzt. Dr. Schuschnigg, der als Justizminister die Sozialdemokraten teils gehängt, teils in Konzentrationslager gebracht hat, eröffnete jetzt neue Konzentrationslager für die Nazis.[140] Sein Vorgänger Dollfuß hatte die Linke erledigt, Schuschnigg erledigte nun die Rechte. Wie sie die Linke erledigt haben, wurde bald an einem Symbol sichtbar. Eines Tages erschien der aus dem Gefängnis entlassene, von Dollfuß abgesetzte Bürgermeister von Wien, Dr. Karl Seitz, in der Inneren Stadt.[141] Er hatte den Einfall, an einem sonnenlichten Tag auf dem Korso Kärntnerstraße-Graben einen Spaziergang zu machen. Karl Seitz war nicht nur in seiner Jugend ein mutiger Kämpfer und nach dem Sturz der Monarchie ein guter Bürgermeister der Stadt Wien, er war auch ein Mann von Würde und Eleganz. Wäre der Kaiser Franz Josef auferstanden und hätte einen Spaziergang in der Inneren Stadt gemacht, die Begrüßung des beliebten Herrschers hätte nicht herzbewegender sein können. Ich hatte das Vergnügen, dem Spektakel beizuwohnen. Schon von der Ferne sah ich Hüte in die Luft fliegen, und ich hörte Rufe: »Guten Morgen, Herr Bürgermeister! Guten Tag, Herr Bürgermeister!« Er kam lächelnd daher, mußte schon seinen Hut in der Hand halten und rechts und links die Grüßer grüßen. Hinter ihm kamen zwei Individuen daher, offenbar Polizeispitzel. Bestimmt, den befreiten Bürgermeister zu beobachten, machten sie aber mehr den Eindruck, als gingen sie als verblaßte Schatten in seinem Schutz. Und das Publikum, das ihn um die Mittagsstunde auf dem Korso jubelnd grüßte, bestand nicht gerade aus Proletariern.

Der unglückselige Kanzler Dollfuß war tot. Seine Nachfolger waren die Sieger. Vor fünf Monaten, im Februar, hatten sie die Linken besiegt. Die österreichischen Hitleranhänger, die als politische Partei in Österreich eine sehr geringe Minorität waren, fanden keinen zu großen Zuzug von den verbitterten Sozialdemokraten. Jetzt waren sie an der Reihe, Märtyrer zu werden und in Konzentrationslagern für das Hitlerheil zu leiden. Die deutsche Presse war voll moralischer Entrüstung über die brutale Unterdrückung der Freiheit des österreichischen Volkes.

Obwohl ich nach dem Februarputsch bereits von der *Frankfurter Zeitung* formell gekündigt worden war, überraschte mich damals ein Brief von der Feuilletonredaktion der *Frankfurter Zeitung*, in dem mich der alte Rudolf Geck, der wieder Chef des Feuilletons geworden war, um einen Wiener Artikel ersuchte. Die *Frankfurter Zeitung* hatte schon einen »arischen« Korrespondenten in Wien. Aber da ich ein Österreicher war, konnte die Zeitung es sich offenbar leisten, von einem Juden einen Artikel zu bringen. Ich dankte dem alten, von mir sehr verehrten Geck für diese Ehre. Das Wort Ehre, das ich nur zu deutlich betonte, verstand der weise und sehr schlaue alte Redakteur nur zu gut, und das war mein letzter Brief nach Frankfurt. Ich hatte schon nach meiner Kündigung begonnen, für die damals in Wien erscheinende *Weltbühne* zu schreiben, die indessen nach Brünn übersiedelte.[142] Ich schrieb noch einiges nach Brünn, darunter auch einen Artikel über Pfitzner unter dem Titel *Kantate von neudeutscher Seele*[143]. Der alte Meister, der das Hitlerregime von Herzen begrüßte, hatte den schäbigen Einfall,

den schon in der Emigration lebenden Thomas Mann anzu-
greifen. Ich erinnerte mich, daß Thomas Mann es gewesen
war, der in Verehrung für den Komponisten des *Palestrina* an
der Gründung einer Pfitzner-Gesellschaft das Hauptver-
dienst hatte. Dieser Umstand allein regte mich zu meinem
Artikel an, den ich unter einem Pseudonym veröffentlichte.
Viele Verehrer von Thomas Mann und sogar manche Verehrer von Pfitzner lasen den Artikel mit Vergnügen. *Ein* Leser
war entzückt, und weil Liebe sehend macht, erkannte er den
Verfasser und schrieb mir einen Brief. Das war Alban Berg.

Trauerfeier für Dollfuß

Karl Kraus veranstaltete eine Trauerfeier für den ermordeten
Bundeskanzler. Ich erhielt einen Expreßbrief von Alban, in
dem er mich bat, der Feier beizuwohnen und ihm darüber zu
berichten. Ich folgte seiner Anregung. Das grauenvolle Ende
des kleinen Kanzlers war auch für mich ein Schock. Aber in
tiefer Trauer war ich, offen gestanden, nicht. Ich dachte an
den Ausspruch eines alten jüdischen Weisen. Er sah eine Leiche in einem Fluß schwimmen und sagte: »Weil du einen
ertränkt hast, hat man dich ertränkt. Und die dich ertränkt
haben, werden auch ertränkt werden.« Ich ging auch hin, um
wieder einmal die Theorie der ›Gesichtspolizei‹ von Anton
Kuh auszuprobieren und um zu sehen, ob nur wirklich in
tiefer Trauer Gebeugte dabeisein würden. Anton Kuh hat im
Jahre 1936 die Beobachtung gemacht, daß man in den Straßen von Wien den Menschen nach dem Gesicht ansehn
konnte, ob sie Nazis waren oder Heimwehrer oder Sozialdemokraten. Man solle eine Gesichtspolizei einführen und
die rabiaten Staatsfeinde auf ihr Gesicht hin auf der Straße
verhaften.[144] Als aber Karl Kraus das Podium betrat und, der

geborene Schauspieler, der er im Grunde seines Wesens war, in theatralischer Pose das Publikum zum Aufstehen auffor- derte, um »den großen kleinen Schatten« zu ehren, erhob ich mich schneller als die anderen und ging durch den Mittelgang zur Tür hinaus. Alban, dem ich demzufolge keinen Bericht schicken konnte, meinte später, daß Karl Kraus mir das nie verzeihen würde, was mich weniger erschreckte als es mich neugierig machte.

Karl Kraus hat lange geschwiegen, ehe er zu den Greueln des Hitler-Regimes in Deutschland Stellung nahm. Seine treuesten Bewunderer verbrachten viele Monate, ja Jahre, in peinlicher Erwartung.[145] Nebenbei: ich erlebte eine Überra- schung, die ich nicht für möglich gehalten hätte. Eine nahe Freundin von Karl Kraus, eine Frau von Cleve, kam einmal eigens zu mir ins Café Museum und sagte mir: »Man hat Karl Kraus zugetragen, daß auch Sie zu jenen gehören, die be- unruhigt sind darüber, daß die *Fackel* so lange nicht erschie- nen ist. Ich soll Ihnen sagen, wenn Sie einmal wieder ins Café Parsifal kommen und ihn dort sehn, sollen Sie an seinen Tisch kommen, und er wird Ihnen dann erklären, warum er so lange schweigt.« Das war von Karl Kraus wohl die größte Auszeichnung, und so war es auch von ihm gedacht. Ich habe keinen Gebrauch davon gemacht, obwohl ich diese Auffor- derung tatsächlich als Auszeichnung empfunden habe. Aber nach reiflicher Überlegung hab ich mich damals entschlos- sen, darauf zu verzichten. Mich in jener Zeit Karl Kraus vor- zustellen, hätte sicherlich so verstanden werden können, als hätte ich ihm seine Haltung während des Bürgerkrieges ver- gessen. Noch heute, nach dreißig Jahren, frage ich mich, was den unzugänglichen, exklusivsten Einsiedler von Wien be- wogen hat, mir eine Audienz vor seinem Stammtisch zu ge- währen. Aber ich finde keine Erklärung dafür. Vielleicht war er informiert, daß unter seinen Anhängern viele in der Be-

ängstigung lebten, Kraus könnte mit einer grausamen Überraschung kommen. Er hatte ja einmal schon eine beiläufige
Bemerkung über die Nazis gemacht, ungefähr so: »Sie haben
ja recht. Leider sind sie Räuber und Mörder.«[146] So mancher
Anhänger hatte schon Kraus' Bewunderung für Dollfuß für
einen bedenklichen Anfall von Altersschwäche gehalten.

Als Kraus endlich in einer sehr umfangreichen *Fackel*-
Nummer mit seiner famosen *Walpurgisnacht* herauskam,
war Alban nicht mehr am Leben.[147] Mit der so rühmlich er-
probten Methode des Zitierens und Kommentierens der
reichsdeutschen Presse gelang es Kraus, das bestialische Wal-
ten der Monster im eigenen Land so recht augenscheinlich zu
machen. Aber wer von den Naziführern hätte das großartige
Mandarinendeutsch dieser *Fackel*-Nummer verstanden! Er
ist aber der einzige, der die endgültige Lösung der deutschen
Frage gefunden hat: »Hinaus aus dem Planeten!«[148] Wohin?
Das hat er schon im Ersten Krieg gefunden und gesagt: »Auf
den Hundsstern!«[149] Dabei ist noch zu bedenken, daß er die
späteren Untaten Hitlerdeutschlands nicht erlebt hat. Was
sind die Greuel, die Hitler im eigenen Lande verübt hat, verglichen mit den späteren, als die Tollwut der Träger des Hitlerheils, seiner bewaffneten Mordbrenner, ganz Europa
heimgesucht hat! Er muß sie geahnt haben. Denn sein letztes
Wort, erzählt sein Arzt, war: Pfui Teufel! Kein Arzt könnte
das erfunden haben.

Es dauerte ein paar Wochen, bis ich mir einreden ließ, daß
dieses österreichische Regime von Dauer sein könnte. Noch
länger hat es gedauert, bis ich soweit war, mit meinem Schreiben am zweiten Roman zu beginnen.[150] Ich habe schon immer die sogenannten schaffenden Künstler bewundert, die,
ungeachtet aller Wirren der Zeit, ihr Schaffen für das Wichtigste in der Welt hielten und keine Störung duldeten. Diese
Bewunderung war und ist nicht ganz rein geblieben. Wenn

ich daran denke, wie so ein Romandichter tief darüber nachbrütet, wann sein Held eine Zigarette oder gar eine Zigarre anzünden soll, während in der Ukraine Hunderttausende gemordet werden, mischt sich in meine Bewunderung ein Schuß Verachtung für die Schöpfer und die Werke, die sie schufen.

Hinzu kamen die persönlichen Schwierigkeiten mit Verlegern. Daß Roth nichts dafür tat, daß ich »wie ein Stern« aufgehe, war mir selbstverständlich. Weniger selbstverständlich war mir die Erfahrung, die ich mit den zwei Verlegern gemacht habe, die nach Holland ausgewandert waren, um dort die Emigrantenliteratur zu retten, mit Walter Landauer und Landshoff vom Querido Verlag.[151] Beide lasen, lobten und lehnten ab mit der Begründung, mein Roman sei »zu jüdisch« für die jüdischen Emigranten. Abhängig oder unabhängig voneinander gaben mir beide den Rat, einen Verleger in Deutschland zu suchen, wo es einen jüdischen Kulturbund gab und Verleger, die Bücher brachten, die nur an Juden verkauft werden durften! Später, als ich mich mit Roth wieder versöhnt hatte, erzählte er mir, daß er diesen beiden Verlegern die Bezeichnung »zu jüdisch« suggeriert hatte, um sie lächerlich zu machen. Daß er mir bei seinen Verlegern schaden würde, war ihm eine willkommene Nebenwirkung. Indessen kam Stefan Zweig nach Wien, und ein gemeinsamer Freund gab ihm das Manuskript meines Romans zu lesen. Er schrieb mir einen begeisterten Brief und setzte sich gleich bei Verlegern für mich ein. Zu seinem Erstaunen fiel es selbst ihm nicht so leicht. Eines Tages bot sich Robert Musil, dem mein Roman nicht zu jüdisch war und der nicht wußte, daß der Erich Reiss Verlag in Berlin seine Bücher nur noch an Juden verkaufen durfte, an, eine Empfehlung an Reiss zu schreiben. Ich beriet mich mit Stefan Zweig, und dieser zur Zeit erfolgreichste Schriftsteller Europas, der mehr von den Geheimnissen des Büchermarktes verstand als alle Verleger, fand diesen Einfall Musils durchaus nicht abwegig. Und, tätig wie er war, schrieb er sogleich auch eine Empfehlung für das Buch an Reiss. Ich schickte ein Manuskript an den Verlag in Berlin und erhielt nach einigen Tagen einen begeisterten Brief und einen Vertrag von Erich Reiss. Als das Buch soweit war, verlangte Reiss einen wirksamen Satz für die ›Bauchbinde‹. Ich fragte ihn, ob ein Satz von Stefan Zweig oder Robert Musil ihm genehm wäre, und ich schlug ihm Musil vor, weil Zweig schon nicht mehr in Wien war. Reiss antwortete: »Robert Musil ist zwar ein bedeutender Schriftsteller und kein Jude. Aber ich halte einen Satz von Stefan Zweig als Reklame noch immer für wirksamer.« Zweig schlug mir vor, einen Satz aus dem Brief zu nehmen, den er mir geschrieben hatte. Er lautete: »Alles Gute gesegneter Kunst ist da beisammen, Farbe, Licht, Kraft, Spannung, so beginnt ein Buch, das den Anspruch hat, als klassisches Buch seiner Nation zu gelten.«[152]

Habent sua fata libelli ... Es war hoffentlich nicht das einzige Mal, da Joseph Roth »in alkoholischer Tücke«, wie ein gemeinsamer Freund es nannte, schaden wollte und von Nutzen war. Mein Buch *Der Sohn des verlorenen Sohnes* fand in Deutschland viele beglückte Leser. Unter ihnen waren vermutlich viele, denen es auch »zu jüdisch« gewesen wäre, wenn sie schon in der Emigration gelebt hätten. Und nicht nur Juden haben es gelesen. Meine Schwiegermutter, die in Bayern lebte, kaufte einige Exemplare und brachte sie einigen Freunden nach München als Weihnachtsgeschenk. Einer von ihnen, ein frommer Katholik, nahm das Buch dankend an, dann öffnete er eine Schublade von seinem Schreibtisch, zog sein Exemplar des Buches hervor und sagte: »Ich werde einen Abnehmer unter meinen Freunden für mein Exemplar finden.« Es war auch ein finanzieller Erfolg. Aber die Finanzen blieben auf einem Sperrkonto in Deutschland.

Bis zum Jahre 1938 konnte ich nur wenig von dem Sperrkonto herausbekommen. 1938, nach vollzogenem Anschluß,
schrieb mir Erich Reiss, daß er mir nunmehr meine Tantiemen nach Wien überweisen könne. Da war ich aber zum
Glück schon in Paris. Ich hatte Bedenken, das Geld an meine
Mutter nach Wien überweisen zu lassen, weil ich fürchtete,
die österreichische Gestapo auf sie aufmerksam zu machen.
Ich ließ also den ganzen Betrag an meine Schwiegermutter
nach Bayern überweisen, die eine dänische Staatsbürgerin
war und dort noch bis 1943 blieb. Einer meiner Freunde, der
schon im Jahre 1934 nach dem Heimwehrputsch nach USA
ausgewandert war, hatte eine gute Idee. In Wien war seine
nichtjüdische Frau zurückgeblieben, von der er geschieden
war und der er Alimente zu zahlen hatte. Er erklärte sich
bereit, den monatlichen Betrag an mich nach Paris zu schik-
ken. Ich schrieb meiner Schwiegermutter, daß ich der ge-
schiedenen Frau in Wien einen Betrag schulde, den sie in
monatlichen Raten von meinem Geld auszahlen solle. Das
hielt mich in Paris über Wasser fast bis zum Ausbruch des
Krieges. Ich habe Roth von dieser Transaktion nichts erzählt.
Erstens, weil Roth in heiteren Stunden kein Geheimnis halten konnte und meine Schwiegermutter in großer Gefahr
war, wenn diese Transaktion bekannt geworden wäre. Zweitens, weil ich Roths Vorschlag, gemeinsame Kasse mit ihm zu
führen, für eine von seinen alkoholischen Tücken hielt.
Trotzdem bin ich, wie ich es an anderer Stelle erzähle, dieser
alkoholischen Tücke nicht entronnen.

Unser Freund Tschuppik

Etwa zwei Jahre nach der Ermordung des Bundeskanzlers Dollfuß hat sich das Verhältnis zwischen der deutschen und der österreichischen Regierung so weit gebessert, daß der Zustrom von deutschen Touristen nach Österreich auffallend gewachsen war. Sie kamen in ganzen Gruppen, und die Spione, die die Aufgabe hatten, Österreich innerlich noch mehr zu demoralisieren als es schon war, kamen mit den kleinbürgerlichen Familien, mit Mutti und Kinderchen, um harmlos zu erscheinen. Mit Karl Tschuppik war ich einmal in einem Gasthaus, das ›Griechenbeisl‹ hieß, und hinter uns saß an einem Tisch eine solche harmlose Familie. Tschuppik saß mit dem Rücken zu ihr und konnte sie so gut hören wie ich sie sehen. Wir aßen schweigend, denn Tschuppik war zu intensiv mit dem Zuhören beschäftigt. Schließlich hielt er es nicht mehr aus und mischte sich in das Gespräch am Nachbartisch. Die Familie hatte offenbar das Wiener Gericht Beuschl mit Knödeln mit sichtbarem und hörbarem Appetit verzehrt, und Mutti wollte vom Kellner das Rezept erfahren. Der Kellner mußte ein paarmal von der Küche zu der Touristenfamilie hin- und herrennen, bis das genaue Rezept von dem Vater der Familie aufgeschrieben war. Ich hatte das Ganze nicht beachtet. Plötzlich drehte sich Tschuppik mit seinem ganzen Körper um und belehrte die Familie ganz laut: »...Und wenn Sie glauben, daß Sie jetzt imstande sind, Beuschl mit Knödeln zu machen, irren Sie sich. Dazu gehören achthundert Jahre Habsburg und tausend Jahre Katholizismus.« Der Vater der Familie war entzückt, mit einem ›ulkigen‹ Österreicher in ein Gespräch zu kommen, und es dauerte nicht lange, bis auch ich, ohne mich in das Gespräch zu mischen, leicht erkennen konnte, daß es eine von den Nazifamilien war, die gekommen waren, um Propaganda für das Dritte Reich zu machen und die Bruderliebe für Österreich zu beteuern.

Tschuppik war einer der wenigen Journalisten, mit denen ich in Wien befreundet war. Er war bei Prag geboren, und schon als dreißigjähriger Mann war er Hauptredakteur des *Prager Tagblatts*. Aber er verstand sich nicht gut mit den jüdischen Herausgebern der Zeitung, weil sie zu deutsch gesinnt waren und er es mehr mit den Tschechen hielt. Wie ich ihn kennenlernte in Wien, war er bald fünfzig und ein berühmter Wiener Leitartikler. Einmal fragte ich ihn: »Wer liest eigentlich in der Tschechoslowakei das *Prager Tagblatt*?« Darauf Tschuppik: »Die Juden natürlich, die jüdische Intelligenz. Aber ich schwöre dir, Soma, die Herausgeber würden ganz gern ein Pogrom auf ihre eigenen Leser machen.«

Tschuppik und Frau hatten eine billige Wohnung in Wiens teuerstem Hotel, im ›Alten Bristol‹. Seine Frau war eine Prager Jüdin und hieß mit ihrem Mädchennamen Proskauer. Sie soll ein sehr hübsches und leichtlebiges Mädchen gewesen sein, als er sie kennenlernte. Er hatte nicht die geringste Absicht, sie zu heiraten. Eines Tages blätterte er zufällig in ihrem Tagebuch, wie er sie allein in ihrer Wohnung vergeblich erwartete, und da fand er heraus, daß sie ordentlich und genau eingetragen hatte, wann und wo und mit wem und wie oft sie geschlafen hatte. »Da dachte ich mir: Das wird eine gute Hausfrau sein, und ich hab sie geheiratet.« Zu seinem Erstaunen, obwohl sie, wie man sieht, nicht gerade eine Frau von bürgerlicher Gesinnung war, bestand sie darauf, daß sie eine Hochzeitsreise machen. Und wohin reiste man damals für die Flitterwochen? Nach Venedig. Am ersten Morgen ging sie Einkäufe machen. Tschuppik begleitete sie bis zu den

Läden, und wie die meisten Intellektuellen es tun, wartete er draußen auf der Straße, bis der Einkauf fertig war. In einem der Geschäfte blieb sie auffallend lange. Aber Tschuppik wartete geduldig, bis sie mit einem eleganten italienischen Offizier herauskam. Madame Tschuppik wollte vorstellen: »Karl«, sagte sie, »das ist Oberleutnant – –« Er ließ sie nicht ausreden und winkte ab: »Aber laß das bitte! Die Italiener sind ja so eifersüchtig.« Und ließ das Paar allein.

Trotzdem, oder vielleicht deswegen, ist es eine gute Ehe geworden. Tschuppik war ein Bohémien, aber ein ritterlicher Gatte, beides, wie es im Buche steht. Aber er war ein Weintrinker, und es kam vor, daß er am Abend allein nach Hause kam, sich in der Wohnung einschloß, und wenn sie spät kam, nicht die Tür öffnete, sondern hinging und ihr die Auskunft gab: »Was wollen Sie hier, Fräulein Proskauer? Hier wohnen Tschuppiks.«

Tschuppik war, wie man sich wohl denken kann, gegen alle Sextabus. Und wenn er gegen etwas war, war er es mit Herz und Seele. – Auf dem Wege zu einer Verabredung mit ihm ging ich eines frühen Abends über die Kärntnerstraße. Es fiel mir auf, daß die Straßenmädchen in schnellerem Tempo als sonst sich bewegten und in Abständen in erregten Grüppchen Beratungen abhielten. Ein junger Mann, der schnell an mir vorbeistrich, flüsterte mir mit einer Hand vorm Mund zu: »Razzia!« Und ehe ich das Hotel Bristol erreichte, flüsterten mir noch mehrere junge Männer diese Warnung zu.

Tschuppik erwartete mich schon vor dem Hotel. Ich erzählte ihm von der Razzia auf die Straßenmädchen und wunderte mich, warum die jungen Burschen mich gewarnt hatten. »Es ist keine Razzia auf die Mädchen«, sagte er, »es ist eine Razzia auf die Schwulen, Soma! Die braven Jungens haben dich für einen von ihnen gehalten!« Und er umarmte mich, als wäre mir eine große Ehrung erwiesen worden.

Joseph Roths Freund und Mentor im Trinken, Hugo Schulz, behauptete, daß Roth ein sehr glücklicher Mann geworden wäre, wenn er als Graf zur Welt gekommen wäre. Er wäre dann öffentlich zum Judentum übergetreten, um sein Leben lang Antisemiten und abtrünnige Juden auszurotten. Ich habe Karl Tschuppik in Verdacht, daß er gern als Jude zur Welt gekommen wäre, um die Prager deutschgesinnten Juden auszurotten, ohne sich dem Verdacht auszusetzen, ein Antisemit zu sein.

Wie man sieht, habe ich Tschuppik sehr gern gehabt. An den sonnenlosen, wolkigen Tagen, da er einen schwarzen Derby aufhatte, sah er aus wie ein kleiner englischer Lord, der sich in Bohème-Kreisen herumtreibt. Wenn er ohne Hut oder mit einer Baskenmütze herumspazierte, sah er mit seinem blonden Haar, blauen Augen und rötlichem Schnurrbart wie ein tschechischer Musikant aus. Ich hab ihn gern gehabt selbst in den Jahren, da er Chefredakteur des von einem ungarischen Erpresser herausgegebenen Boulevardblattes war.

Er haßte die Deutschen, vermutlich weil er in der Tschechoslowakei die Ur-Nazis, die Sudetendeutschen, zu gut kannte. Aber das hinderte ihn nicht, die preußische Armee über alles zu bewundern. Den österreichischen Generalstab und ihr Genie, Conrad von Hötzendorf, nannte er Geographie-Generäle. Er schrieb viel als Militärfachmann. Schließlich verirrte er sich so weit, daß er eine Ludendorff-Biographie schrieb.[153] Ich weiß nicht, wie viele Bücher Ludendorff gelesen hat. Das andere Kriegsgenie Deutschlands während des Ersten Weltkriegs und späterer Präsident der Weimarer Republik, Hindenburg, rühmte sich, in seinem Leben nur das Dienstreglement gelesen zu haben. Aber Ludendorff hat sich die Zeit genommen, Tschuppiks Buch zu lesen, und die Biographie gefiel ihm dermaßen, daß er den Autor kennenzulernen wünschte und ihn in Audienz empfing. Vor erfolgreichen Männern, wer immer sie waren, hatte Tschuppik großen Respekt. Sogar vor Schriftstellern, die er als solche mißachtete, stand er in devoter Haltung, wenn sie eine Menge Geld machten. Nun kann man sich denken, in welcher Devotion er vor Ludendorff stand. Die Audienz nahm dennoch eine überraschende Wendung. Taktvoll wie nur ein preußischer General sein kann, namentlich ein Ludendorff, meinte der siegreiche General: »Unser Unglück war Österreich. Wir haben ja gar nicht gewußt, daß wir eine Leiche mitschleppen. Das hab ich erst erfahren, wie ich einmal eine österreichische Front inspizierte. Und wenn *ich* eine Inspektion machte, ging ich vor bis in die Schützengräben. Da sprang mir ein Hauptmann entgegen und meldete: ›Exzellenz, bla-bla-bla.‹ Ich verstand kein Wort. Da erklärte mir mein Adjutant: ›Das ist ein ungarisches Regiment.‹ Da ging ich weiter. Aus einem andern Schützengraben sprang wieder einer vor: ›Bla-bla-bla.‹ Das war eine galizische Landwehr. Das war Österreich? Honvéd, Kroaten und so weiter? Österreich war unser Unglück.« Darauf Tschuppik in aller Devotion: »Exzellenz, der deutsche Generalstab hat Millionen für den Spionagedienst ausgegeben. Wie wäre es, wenn er noch eine Million ausgegeben hätte, um auszuspionieren, daß die mit Deutschland verbündete österreichisch-ungarische Monarchie aus elf Nationen bestand?!« Der Held von den Masurischen Seen sah sich den kleinen Tschuppik lange und nachdenklich an, bis er verstand und kommandierte: »Die Audienz ist zu Ende, Herr Tschuppik!«

Das war aber nicht die letzte Begegnung Tschuppiks mit preußischen Offizieren. Im Sommer 1936 veranstaltete die wiederbelebte österreichische Kavallerie ein Pferderennen in Wien. Die deutsche Armee war eingeladen und nahm, sicherlich auf Befehl des Führers, die Einladung an. Vertreter der deutschen Kavallerie kamen nach Wien und nahmen Logis im ›Alten Bristol‹, wo – wie schon erwähnt – die Tschuppiks zu Hause waren. An einem späten Abend sichteten die Tschuppiks die deutschen Offiziere in der Bristol-Bar. In guter Weinlaune separierte sich Tschuppik von der geborenen Proskauer und ging noch für einen späten Trunk in die Bar. Er brauchte den ihm befreundeten Oberkellner nicht erst anzuweisen, die Offiziere zu informieren, daß der Biograph Ludendorffs soeben die Bar betreten hatte. Die Offiziere, in ebenso guter Laune wie der Biograph, versäumten nicht die Gelegenheit, dem so rühmlich beleumdeten Schriftsteller sich vorzustellen. Tschuppik zechte mit den Preußen bis zum Morgen und man trennte sich nach wohlgemuter Verbrüderung.

Folgenden Mittags traf ich mich mit Tschuppik und Dr. Löbel zu unserm täglichen Spaziergang. Diesmal war Tschuppik der erste, der vor dem Hotel stand. Er hatte sensationelle Nachrichten für uns. Er schilderte das Abenteuer mit den preußischen Offizieren, als wäre nichts Besonderes dabei. Dann forderte er uns auf, in die Halle des Hotels einzutreten. Dort führte er uns in eine stille Ecke. »Ich muß Ihnen was erzählen«, sagte er, »was *ich* keinem von Ihnen im Ernst geglaubt hätte. Die Preußen, die nicht viel vertragen, waren nach einigen Runden so weit, daß sie mir auf alle Fragen genaue Auskunft gaben. Natürlich spielte nicht nur der Alkohol, sondern vermutlich auch mein Renommée als Ludendorff-Biograph eine Rolle. Sie machten mich – es waren ihrer vier, schneidige Reiter – mit dem politischen, ja man kann sagen: militärischen Plan der Naziregierung bekannt. Ich kann mir natürlich nicht vorstellen, daß vier Kavallerie-Offiziere, deren Spezialität die Reitkunst ist, mit wichtigen Geheimnissen betraut werden. Aber sie haben mir etwas gesagt, das nicht das Produkt ihres Gehirns sein kann. Sie waren auch gar nicht drauf aus, als besonders gut Eingeweihte bei mir Eindruck zu machen. Sie sagten das einfach so im Lauf eines Gesprächs über die neue Gestaltung Europas. ›Wenn man so weit aufgerüstet hat, meinten sie, daß man jeder Situation gewachsen sein wird, ist es der Plan des Führers, ohne Warnung eines Tages die kleinen Nachbarstaaten des Reichs, einen nach dem andern, aufzupicken und dann Frieden anzubieten.‹ – ›Was heißt: aufzupicken?‹ fragte ich die Herren. ›Besetzen natürlich. Einmarschieren und besetzen.‹ – ›So wie Belgien?‹ fragte ich. ›Ja‹, sagten sie, ›so wie Belgien. Aber diesmal *alle* kleinen Nachbarn.‹« Tschuppiks Schnurrbart war in Trauer gesenkt. Sein nicht ganz ausgeschlafenes Gesicht bewölkt, sah er uns beide kopfschüttelnd an. Dann fragte er: »Was sagen Sie dazu?« Dr. Löbel, Joseph Roths Doktor Skowronnek in vielen seiner Romane, nahm es mit Humor auf: »Ich habe die Gescheitheit der Nazis nie überschätzt. Aber daß Hitler seinen Aufmarschplan so ausplappern läßt, daß sogar dem Reitsport ergebene, subalterne Offiziere davon wissen, das glaub ich nicht.« Tschuppik, noch immer sehr traurig, sah mich an und wartete. Ich hielt es für möglich, daß es deutsche Kasernengespräche über hohe Politik waren, die man von oben sogar ausstreut, um politisch Schrecken zu verbreiten. »Das beruhigt mich«, sagte Tschuppik, »ich habe lange nicht einschlafen können. In der Nacht glaubt man verschiedenes, was man bei Tag gleich als Unsinn erkennt.«

Wir machten unsern Spaziergang. Und obwohl wahrscheinlich jeder von uns weiter darüber nachdachte, sprachen wir kein Wort weiter darüber. Als wir uns aber vor seinem Hotel verabschiedeten und wieder für den nächsten Tag verabredeten, kam Tschuppik auf seinen Abend in der Bar zurück und sagte wieder gesenkten Kopfs, ohne uns anzublicken: »Und ich sage Ihnen schon heute, was ich Ihnen morgen sagen werde: ich glaube jedes Wort, was sie mir über diesen Plan sagten. Ich traue dem Gesindel alles zu. Und warum sollten sie es geheimhalten? Sie sprechen von den kleinen Nachbarn. Vor wem sollen sie Angst haben? Vor Belgien? Vor Holland? Vor Dänemark? Vor Österreich? Vor der Schweiz?« – »Aber was werden die Großmächte sagen?« fragte Dr. Löbel. »Wenn preußische Offiziere schon in einer Bar darüber reden, werden es die Großmächte schon gehört haben«, sagte ich. Darauf Tschuppik: »Sicher! Und glauben es nicht. Und werden nichts tun, auch wenn sie es glauben. Ebendarum bin ich dafür, daß wir das jedem erzählen, der zuhören will. Ich werde es auf alle Fälle tun. Ich würde es auch tun, wenn ich nicht glaubte, daß es wahr ist. Aber es ist wahr.«

Wir erzählten es jedem, der zuhören wollte. Und keiner wollte es glauben.

Tschuppik, für den Politik sein Hauptberuf war, hatte gute Beziehungen zu den Tschechen, und ich vermute, daß sie die ersten waren, denen er von seinem Abenteuer mit den Preußen in der Bar erzählt hat. Und wenn die Tschechen es wußten, die getreuesten Verbündeten Frankreichs, wußten es auch die Franzosen. Wahrscheinlich glaubte man es ebensowenig in Paris wie anderswo. Weil man es nicht glauben wollte. Der Gentleman mit dem Friedensschirm in London war wahrscheinlich schon damals in seinen Friedensträumen auf den geheimen Abwegen, die ihn später nach München führen sollten.

Tschuppik hatte das tiefste Verständnis für den österreichischen Typ Hitler. »Bei uns wäre er ein Heiratsschwindler geworden und hätte ein paar Frauen umgebracht. In Deutschland ist es ihm gelungen, ein ganzes Volk zu verführen und hoffentlich umzubringen.«

Tschuppik hat das nicht erlebt. Er starb plötzlich, das Opfer einer von seinen harmlosen Eigenschaften. Er ließ sich zu gern von solventen Verehrern einladen. Im Sommer 1937 lud ihn sein Freund Ely zu einer Kur in Bad Gastein ein. Tschuppik brauchte keine Gastein-Kur. Er war ein gemäßigter Weintrinker, ein Stammgast in den Weingärten von Grinzing, und klagte hin und wieder über Herzschwäche. Aber er konnte der Einladung nach Gastein just in der Hochsaison nicht widerstehn. Und weil die Kur auch gratis war, machte er sie mit. Nach zwei Wochen mußte er den Aufenthalt abbrechen. Eines heißen Sommerabends ging ich am Alten Bristol vorbei. Und da saß er in einem Korbstuhl allein vor dem Hotel. Er hatte seinen Derby auf und hielt mit beiden Händen seinen Stock vor sich. »Schon zurück, Tschuppik? Was ist geschehn?« fragte ich ihn. Traurig, aber nicht klagend, meinte er: »Ich habe die Kur nicht gut vertragen. Ich werde jetzt von einem Herzspezialisten behandelt.« – Ein paar Tage später rief er mich an: »Ich habe mich erholt. Wollen wir am Abend zusammen essen?« Wir verbrachten einen angenehmen Abend und Tschuppik erzählte mir sehr viel von einem seinerzeit in Wien berühmten Cabaret und namentlich von dem Komiker Springer. Er trank an diesem Abend nur ein Glas Wein und ging diesmal nicht sehr spät nach Hause, gegen seine sonstige Gewohnheit. – Drei Tage später war er tot.

Frau Tschuppik kam aus Prag zurück, und ich begleitete sie zum Spital, wo er aufgebahrt war. Auf ihr Verlangen hin öffnete man den Sarg. Sie beugte sich über ihn, sagte mit ersterbender Stimme: »Scheen… scheen«, und sank langsam, als wollte sie sich niedersetzen, in meinen Armen ohnmächtig zu Boden.

Andern Nachmittags fuhr ich mit der Trambahn nach Grinzing zum Begräbnis. Auf dem langen Wiesenpfad zum Friedhof ging vor mir langsam ein alter Herr in schwarzem Schlußrock und Zylinder in der Hitze des Tages. Ich folgte ihm auf dem Pfad, denn schon von hinten erkannte ich ihn. Es war der einzig Überlebende von dem berühmten Cabaret, der berühmte Komiker Springer. Vor dem Eingang zum Friedhof nahm ich mir das Herz, dem auch von mir verehrten Manne zu erzählen, wie mir Tschuppik vor einigen Tagen noch einen ganzen Abend von ihm und dem berühmten Cabaret vorgeschwärmt hatte. Der alte Mann war zu Tränen gerührt.

Man begrub Karl Tschuppik mit Musikbegleitung. Es war ein Quartett, das in Weinstuben in Grinzing beim Heurigen musizierte. Sie spielten für Tschuppik sein Lieblingslied: *Es wird ein Wein sein, und wir wer'n nimmer sein.*

Herbst 1937

Stefan Zweig hat angerufen: Joseph Roth ist angekommen, wir wollen uns zu dritt in der Bar des Hotels Bristol treffen. Zweig machte das Gespräch kurz. Aber er tat nicht, als hätte er es eilig, sondern ganz offen, als duldete er keine Absage meinerseits und als wollte er sie gar nicht erst hören. »Sagen Sie Roth, daß ich mich sehr freue, ihn wiederzusehn«, sagte ich ohne Zögern, mehr zu meiner eigenen als zu Zweigs Überraschung. Ich hatte Joseph Roth seit Oktober 1934 nicht gesehn, eine so lange Zeit ohne Briefwechsel war nicht einmal während des Weltkriegs vergangen.

Obwohl ich pünktlich um vier Uhr die Bar betrat, waren beide bereits in lebhaftem Gespräch. Joseph Roth erhob sich so schnell, wie er es damals noch zuwege bringen konnte. Wir umarmten uns wortlos. »So ist es recht«, sagte Zweig. »Das hat noch gefehlt, daß ihr zwei mir einen Bruderzwist vormacht.« – »Es war schon genug, daß ich einen Stefan Zweig gebraucht habe, um den herzulocken«, sagte Roth und schob mich mit einer zärtlich-zornigen Armbewegung zu Zweig hin. Ich dankte Zweig für den Anruf und fragte Roth, ob er denn im Ernst glaubte, ich wäre nicht sofort gekommen, wenn er selber angerufen hätte. »Warum auch nicht? Eine bellikose *anima candida* ist alles imstand«, sagte Roth, und nun hörte ich zum ersten Mal das bereits heisere, von Husten unterbrochene alkoholische Gelächter, das ihn in den letzten Jahren seines Lebens zwar öfter und schmerzlicher, aber vielleicht nicht so empfindlich plagen sollte wie mich. Ich sah ihn, indes er sich vom Lachen mit einem Schluck Cognac erholte, genau an. Die Veränderung im Gesicht und in der Gestalt erschütterte mich. Er war damals weniger als dreiundvierzig Jahre alt, und – mein Herz vergibt es mir nicht, daß ich es so aufschreibe –: er sah aus wie ein sechzigjähriger Säufer. Sein Gesicht mit deutlichen Backenknochen, zu kurzem Kinn, einst von stets wacher Schaugier belebt, war jetzt gedunsen und schlaff, die Nase gerötet, die blauen Augen voll Blutwasser in den Winkeln, das Haar am Kopf stellenweise wie ausgerupft, der Mund von einem dunkelroten, slowakisch herabhängenden Schnurrbart völlig verdeckt. Wie er nun aber, zum Telephon gerufen, langsam auf einen Stock gestützt ging, auf dünnen Beinen in schmalen, altmodisch eng zugeschnittenen Hosen, schlaff hängenden Bauches, der so schlecht zu der feinknochigen Gestalt paßte, machte der ostgalizische Jude den Eindruck eines vornehmen, wenn auch verkommenen österreichischen Aristokraten alten Stils – also genau den Eindruck, den zu machen er aus allen Leibes- und Geisteskräften sich zeit seines Lebens redlich, und leider manchmal auch unredlich, gemüht hat.

Ein paar Tage und einige Hennessy-Flaschen später sagte mir der Zahlkellner der Bristol-Bar: »So einen Gast haben wir hier seit dem seligen Grafen Adalbert Sternberg nicht gehabt.«[154] – Um ihm eine Freude zu machen, erzählte ich das, als wir wieder zu dritt mit Stefan Zweig in der Bar saßen. Roth war entzückt. Darüber vergaß er sogar, daß Graf Sternberg nicht gerade ein Anhänger des Hauses Habsburg war. Ein *enfant terrible* der österreichischen Hocharistokratie, hat dieser Graf einmal die Laune aufgebracht, in einer öffentlichen Sitzung des Parlaments – noch zu Lebzeiten des Kaisers Franz Joseph I. – die gewiß nicht völlig salonfähige Bemerkung zu machen, daß die Kapuzinergruft, die patriotisch-verheiligte Ruhestätte der Habsburger, das größte Quecksilberbergwerk der Welt sei – eine nicht zu noble Anspielung auf die angeblich beträchtliche Anzahl von Syphilitikern im allerhöchsten Erz-Haus. – Joseph Roth schmeichelte der Vergleich mit dem Grafen so sehr, daß er nicht nur mir die Anspielung auf jenen Zwischenfall im österreichischen Parlament, sondern auch dem Grafen die giftige Äußerung verzieh. »Der Träger eines so alten Adelstitels«, meinte er, »darf sich so was erlauben. Aber wenn Karlchen Kraus solche Witzchen macht, ist das eine Chuzpe!« – »Es ist«, sagte ich, »eine Geschmacklosigkeit, auch wenn ein Graf Sternberg so was dem Parlament mitteilt. Und ich bin kein Monarchist.« – »Du wirst noch ein Monarchist werden«, prophezeite mir Joseph Roth, wie er schon vor Jahren mir zu prophezeien pflegte, daß ich noch Alkoholiker werden würde.

Stefan Zweig war damals bereits Gast in Österreich. Er lebte seit Jahren nun schon in London. Roth kehrte zu dem offenbar durch mein Eintreten unterbrochenen Gespräch zurück und fragte Zweig, wie England sich verhalten wird, wenn Hitler gegen Österreich vorgeht. Stefan Zweig: »Das kommt darauf an, wie die österreichische Regierung und die Nachbarstaaten reagieren werden.« Roth: »Wenn es von Schuschnjak (Roth sagte niemals Schuschnigg, immer Schuschnjak, wenn er vom Bundeskanzler redete) – wenn es auf Schuschnjak ankommt, ist Österreich verloren. Was meinst du?« Ich: »Herr Zweig ist, wie ich sehe, nicht sicher, daß England sich rühren wird. Ich bin kein Kenner der englischen Politik. Aber ich habe einen Freund hier in Wien, der ein paar Jahre in London gelebt hat, er war Sekretär von Dr. Chaim Weizmann.[155] Meiner Ansicht nach versteht er von der Großpolitik Englands bei weitem mehr als Dr. Weizmann. Als Chamberlain Premier geworden ist, sagte er mir hier, im Café Museum: Dieser Birminghamer Stahlhändler wird Europa Stück um Stück an Hitler ausliefern.«[156]

»Ein Kommunist, dein Freund?« fragte Roth. »Weit davon entfernt«, sagte ich, »viel weiter noch als du.« – »Wieso?« entrüstete sich Roth, »wie macht er das?« – »Du hast nach dem Krieg eine Zeit für die *Arbeiter-Zeitung* geschrieben. Mein Freund war zeit seines Lebens ein Zionist.« – »Aber ein linker Zionist?« fragte Roth. – »Nein, eher ein rechter.« – »Wie heißt Ihr Freund?« erkundigte sich Zweig. »Er heißt Dr. Abraham Sonne. Schrieb einmal in seiner Jugend Gedichte in hebräischer Sprache, aber das Dichten ist ihm längst vergangen. Vielleicht, so nehme ich an, ist es nicht leicht, in Wien in hebräisch zu dichten.«[157] – »Ich kenne ihn«, sagte Zweig, »er ist ein hochgebildeter und sehr kluger Mann. Ich habe mit ihm nie Politik geredet. Daß er Chamberlain einen Birminghamer Stahlhändler schimpft, wundert mich ebenso wie Roth. Aber was er über Chamberlain gesagt hat, beunruhigt mich bei weitem mehr. Was glauben Sie, hat Dr. Sonne recht?« – »Das weiß ich nicht. Aber wenn es so ist, wie Sie meinen, daß es von den Nachbarstaaten abhängt, so hängt das natürlich von Frankreich und England ab. Ich denke aber, daß es in erster Reihe von Österreich selbst abhängt. Und das ist schlimm genug. Österreich ist infolge des Bürgerkriegs 1934 völlig demoralisiert und, diesem Zustand entsprechend, sogar politisch ohnmächtig.« Zweig darauf: »Und Sie sitzen noch immer da?« Roth: »Soma war schon 1934 Emigrant in Paris. Er hat aber meinen weisen Rat beherzigt und ist nach Wien zurück. Bereust du es?« – »Nein«, sagte ich, »durchaus nicht. Ich habe hier in den drei Jahren noch einen Roman fertiggeschrieben. Das wäre mir in Paris nicht gelungen. Zum Davonlaufen hab ich noch ein paar Monate Zeit.«

Roth wollte Dr. Sonne kennenlernen. Ich sagte ihm, daß ich ihn fast täglich zwischen sechs und sieben Uhr im Café Museum treffe. Zweig bedauerte, nicht mitkommen zu können, weil er eine Einladung zur Jause bei Sigmund Freud hätte und mit ihm vielleicht den ganzen Abend verbringen wird. So kam das Gespräch auf Freud. Eigentlich war es mehr ein Streit als ein Gespräch. Gestritten hat sich Roth mit seinem Freund und Gönner Stefan Zweig, während ich mehr schlecht als recht den Schiedsmann spielte, obwohl mir die grenzenlose Bewunderung nicht behagte, die Zweig für Freud für alle Fälle parat hatte. Aber die Gehässigkeit Roths war schwer hinzunehmen, weil sie auch ein persönliches Motiv hatte.

Seine Frau hatte schon im Sommer 1928 die ersten Symptome einer Nervenzerrüttung gezeigt, und im Laufe der folgenden Jahre, nach andauernder ärztlicher Behandlung und Wechsel der Diagnosen und der Diagnostiker, ging sie, über die Stadien von dementia praecox zur Paranoia, an Schizophrenie in der Irrenanstalt in Baden bei Wien zugrunde.[158] Die Erkrankung hatte, wie gesagt, im Jahre 1928 begonnen. Das Paar hatte den Frühling und einen Teil des Sommers in Wien verbracht.[159] Roth faßte damals den Entschluß, Staatsbürger des Neuen Österreichs zu werden, und obwohl ein Altösterreicher, der nach dem Krieg zwangsweise polnischer Staatsbürger geworden war, stieß er als galizischer Jude auf größere Schwierigkeiten, als er gewärtigt hatte.

Um damals in Wien in meiner Nähe zu sein, wohnte das Paar im Hotel Hopfner in Hietzing. Roth hatte begreiflicherweise an Vormittagen in den Ämtern zu tun und konnte die Frau nicht immer mitnehmen. In solchen Fällen weigerte sie sich, allein zu bleiben. Er schämte sich dieses »hysterischen« Benehmens selbst vor mir und mußte oft eine Verabredung absagen, einen Besuch, der ihm nützlich sein mochte, verschieben, um mit der Frau zu bleiben. Als er es nicht mehr so einrichten konnte, erzählte er mir von den Schwierigkeiten, und ich machte mich erbötig, mit der Frau im Schön-

brunner Park spazieren zu gehen oder sie im Schloß umher-
zuführen, was ihr sichtlich sehr gut tat, da zu jener Zeit Roth
bereits heftige Anfälle von monarchistischer Gesinnung
hatte, die sie nach der Art von kleinbürgerlichen Gattinnen
snobistisch zu teilen begann. Wenn es regnete, saß ich mit ihr
im Café des Hotels Hopfner, und da lag es ihr daran mir
nahezulegen, daß ihr Mann, den sie »noch sehr liebte«, schuldig wäre an ihrem Angstzustand. Wie er sie im Jahre 1924
»verlassen« hatte, um für die *Frankfurter Zeitung* eine Reise
zu machen, habe sie das noch verstanden, als selbstverständlich hingenommen und auch gut überstanden. Aber wie er im
Winter 1926/27 für viele Monate nach Sowjetrußland ver-
reiste und sie in Berlin allein gelassen, fingen eben die Angstzustände an. Roth war tatsächlich auch für die *Frankfurter
Zeitung* in Rußland gewesen. Wie er dort ankam, begrüßten
ihn die Zeitungen als einen großen Freund der Sowjetrepu-
blik. Wie er abgereist ist, schrieben sie, ein Feind der So-
wjetrepublik hätte seine wahre Bourgeois-Gesinnung gezeigt. Ich habe Joseph Roth nach seiner Rückkehr aus
Rußland in Berlin oft gesehen. Er hat schon damals richtig
vorausgesagt, was dort kommen würde. Er war der einzige,
der schon damals behauptete, die Hetze gegen Trotzki habe
auch antisemitische Motive. Trotzki selbst wollte nichts davon wissen oder auch nur hören.

Eines Regentags, da wir, diesmal zu dritt, im Café Hopfner
beisammen saßen, gestand ihm die Frau, daß sie mir die Ursache ihrer Angstzustände mitgeteilt habe. Ich sage gestand,
weil sie so tat, als hätte sie mir ihr wichtigstes Ehegeheimnis
verraten. Zu meinem großen Kummer bemerkte ich, daß
Roth ihre Auffassung, nämlich daß seine Reisen ihre Angstzustände hervorgerufen hatten, zwar nicht teilte, aber doch
sehr ernst nahm. Auch in ihrer Abwesenheit, wenn sie zu
Besuch bei ihrer Familie war. Keiner von uns sah in diesen

Äußerungen der Frau den Beginn einer Krankheit – Roth meinte, sie wäre krankhaft eifersüchtig. Ich glaubte, die Eifersüchtige bilde sich eine Krankheit ein, um ihren Mann mit der Macht ihrer Schwäche zu beherrschen. Da ich die Frau schon nicht mochte, als sie noch nicht Joseph Roths Frau war, waren die Stunden, die sie bei ihrer Familie verbrachte, für uns die schöneren, wenn wir in jenen Wochen zu zweit blieben. Leider ist es der armen Kranken bald gelungen, ihrem Gatten die Ursache und Schuld an ihrer Krankheit für zwei bis drei Jahre aufzubürden.

Im Jahre 1928 war Roth noch kein rechter Alkoholiker. In einem Café pflegte er, wie übrigens auch ich, anstatt »noch einen Kapuziner« oder »noch einen Schwarzen« einen Schnaps zu trinken. Damit hatten wir im ersten Nachkriegsjahr begonnen, da in allen Wiener Kaffeehäusern der Kaffee weder mit dem Geruch noch der Farbe an Kaffee erinnerte und nicht viel weniger kostete als ein Schnaps. Als Galizianer bestellten wir täglich ein Gläschen Schnaps, der nach der galizischen Stadt Stanisławów, in Wien: Stanislauer, hieß. Ich hatte mit einem genug. Roth bestellte nach einer Stunde einen zweiten, wenn er das Geld dazu hatte, was in den düsteren Nachkriegsjahren nicht so oft der Fall war. Fern sei es von mir zu behaupten, daß seine Stanislauergläschen so harmlos gewesen wären wie die meinen. So ein genießerisches Schnapstrinken habe ich nur noch bei *einem* anderen trinksüchtigen Freunde bemerkt, bei Hanns Eisler, dem Komponisten.[160] Dennoch ist Eisler kein tragischer Säufer geworden, sondern ein recht wohlgemuter Trinker geblieben. Warum?, habe ich mich oft gefragt. War Eisler ein willensstarker Künstler, Roth aber ein willensschwacher? Eines Tages, angesichts einer Riesenflasche Cognac, befragte ich Eisler. Er sagte, nicht ohne einen leichten Seufzer: »Leider ist es so, daß ich keine Note schreiben kann, wenn ich getrunken habe. Sonst wäre ich sicher ein schwerer Alkoholiker geworden.« Joseph Roth sagte mir, nicht nur einmal – in Wien, in Frankfurt, in Berlin, in Paris – überall, wo er in einem öffentlichen Lokal rastlos trank und rastlos schrieb: »Ohne Alkohol wäre ich wahrscheinlich noch gerade ein guter Journalist geworden. Alle guten Einfälle kommen mir beim Trinken. Wenn du willst, zeig ich dir in meinen Romanen jede gute Stelle, die ich einem guten Calvados zu verdanken habe.« Ich zog es vor, *ihm* die Stellen zu zeigen – und es waren nicht die besten, und ich sagte es ihm. Es waren einige Stellen in dem Buch *Das falsche Gewicht*, das ich aus seinem Hotelzimmer herunterholte.[161] »Woran erkennst du das?« wollte er wissen. Es waren meistens sadistische Einfälle. Das gab er zu, sagte aber zornig: »Das gefällt dir nicht aus didaktischen Gründen. Du willst mich kurieren. Ich soll ein Abstinenzler werden wie du. Ein Tugendbold wie du und Hitler!« Niemand wußte es besser als er, daß ich weit davon entfernt war, ein Abstinenzler zu sein und, wenn es darauf ankam, ein bei weitem größeres Quantum, namentlich von Cognac, vertragen konnte. Er hat schon immer wenig vertragen. Und je älter er wurde, desto weniger vertrug er. Freilich hatte er nicht oft den nüchternen Hochmut, sich des Trinkens zu rühmen. Im Gegenteil! Wenn er recht im Schwung war und eine Wut auf mich hatte, konnte er es zuwege bringen, in Anwesenheit eines nicht gerade ausgewählten Freundeskreises, mit einem zornigen Finger gegen mich gekrümmt, zu klagen: »Er, nur er ist schuld daran, daß man mich für einen Säufer hält! Er« – und, das hemmungslose Gelächter der Runde triumphal zur Kenntnis nehmend, mit dem erquickenden Charme, der ihn Gott und den Menschen lieb machte, schloß er mit besoffener Logik: »Er wird der Strafe nicht entgehn! Noch ein paar Wochen an meiner Seite, und Soma wird ein so großer Säufer sein – wie ich.«

Die Frauen in seinem Leben

Ich unterbreche hier die Aufzeichnungen aus dem Jahre 1937, um von den Frauen zu erzählen, die in seinem Leben wichtig waren. Joseph Roth war kein *homme à femmes*. Nicht in seiner Jugend, und auch später nicht, wie er bereits ein berühmter Schriftsteller war und die Weiber sich an seinem Ruhm erwärmen wollten, aber diesen ihren Drang geschlechtlich, meistens erfolglos, zu erhitzen suchten. Der Gattin eines Herausgebers einer Zeitschrift, die ihn recht zudringlich ›verehrte‹, sagte er offenherzig: »Was wollen Sie von mir? Ich bin impotent.« Ich zitiere weiter wörtlich, nicht nur, weil ein so bündiger Satz schwer zu vergessen ist, sondern auch, weil Roth in unverwüstlicher Heiterkeit oft, und mit Vor- und Zunamen der Ruhmjägerin, ihre Antwort zu gern erzählte: »Impotent?« sagte sie. »Herrlich! Gerade das interessiert mich.«

Die erste Frau, die hier der Rede wert ist, weil sie ihn sehr geliebt hat, zu einer Zeit, da Roth noch jung und völlig unbekannt war und er ihre große Liebe erwiderte, war eine Ärztin, eine russische Jüdin, älter als er. Sie waren entschlossen zu heiraten. Leider war das nicht möglich. Die Frau war verheiratet, und ihr Gatte wollte von einer Scheidung nichts hören. »Sie wollen meine Frau heiraten? Können Sie eine Frau ernähren?« schrie der sehr klein gewachsene (und natürlich sehr kriegerische) Gatte. »Ich will sie nicht ernähren. Ich will sie heiraten«, sagte ihm Roth. – Frau Dr. Sylvia Zappler[162] hat er in seinen Romanen oft beschrieben. Erstaunlicherweise ist er nie gewahr geworden, daß er gleichzeitig dabei auch seine Mutter mitbeschreibt. Es ist jammerschade, daß die Ehe nicht zustande gekommen ist. Diese Frau hätte ihn vorm Trinken bewahrt. Ich habe sie gut gekannt. Sie hatte ein offenes, breites, slawisch-gutmütiges Gesicht. Sie war nicht schön. In ihrer Gegenwart hat Joseph Roth einen geborgenen, zukunftsgläubigen Eindruck gemacht. Sie war kinderlos, und so ist auch er geblieben.

Sein zweiter Versuch, einem Mann die Frau ›wegzuschnappen‹, ist ihm leider gelungen. Diesmal ging es aber nicht um eine Gattin, sondern um eine Braut. Friedl war ein Mädchen aus dem jüdischsten Bezirk von Wien, der sogenannten Leopoldstadt. Kennengelernt hat sie Joseph Roth in einem Café. Dort saß in den kalten Wintermonaten der Nachkriegsjahre die jüngere Bohème von Wien (auch von Prag, und nach 1920 auch von Budapest). Schriftsteller, Musiker, Architekten, Poeten, Journalisten, Kommunisten etc. Wo eine so gemischte Bohème sitzt, sitzen auch gemischte Mädchen: Jüdinnen, Tschechinnen, Ungarinnen, Wienerinnen. Da saß auch das Mädchen Friedl, an der Seite ihres Bräutigams, Hanns Margulies[163]. Das war ein junger Journalist, der zur Zeit, da Joseph Roth noch Polizeireporte für die Wiener *Arbeiter-Zeitung* schrieb, schmissige Sportberichte verfaßte, die er gern mit englischen Fachausdrücken wie *endspurt*, grandioser *finish* und ähnlichem Zierat verbrämte. Er trug auch ein Monokel, was Joseph Roth, der an demselben Tisch zu sitzen pflegte, nicht wenig ärgerte, obwohl – oder, wie man's nehmen will, weil – er selber im Jahre 1913 als junger Student auch ein Monokel zu tragen pflegte, was bei seinen nächsten Freunden (zum Beispiel bei mir) nicht wenig Hohn erregte. Ich erwähne dieses eigentlich lächerlich belanglose Vorkommnis, weil ich im Ernst überzeugt bin, daß Joseph Roths Interesse für die Braut von Hanns Margulies mit dem Ärger über sein Monokel begonnen hat. Margulies hat sich nach einigen Jahren als Gerichtsberichterstatter einen guten Namen gemacht. Er hat einen rühmenswerten Anteil gehabt an der Revision des Urteils im skandalösen Vatermord-Prozeß in Tirol gegen den später berühmt gewordenen Photographen Halsmann.[164]

Was Friedl betrifft, die ihr Bräutigam (wieder zum Ärger der Tischrunde) auf wienerisch Fritzi zu nennen liebte, so muß ihr zu Ehren gesagt werden, daß sie ihre Reize nach einer nicht zu langen Frist gegen Joseph Roth umgruppierte, weil sie vielleicht nicht viel von Männern, aber dafür etwas von Literatur verstand. Hinzu kam, daß in jener Zeit etwas geschah, was nicht nur im Café Herrenhof, sondern in vielen andern Kaffeehäusern geradezu eine literarische Sensation bedeutete. Es geschah, daß in der *Fackel* von Karl Kraus, der in jeder seiner Nummern ein paar Schriftsteller oder Journalisten oder sonstige Zeitgenossen »hinzurichten« pflegte, ein paar lobende Zeilen über einen Artikel des noch unbekannten Joseph Roth erschienen.[165] Nicht zu lange darauf entschied die Braut, die sich bis nun vielleicht zu gern Fritzi rufen ließ, daß Joseph Roth der bessere Schreiber war, und brachte das Opfer, sich in eine Friedl zu verwandeln. Wie lange es hernach noch gedauert hat, bis das Paar in dem Pazmanitentempel nach dem Gesetz von Moses und Israel getraut worden ist, weiß ich nicht mehr. Aber ich bin dabeigewesen, und es war kein schöner Tag für mich. Denn damals war ich mit meiner Seele, mit meinem Verstand und namentlich mit meinem Leib dagegen, daß ein Mann unter fünfzig an *eine* Frau für das ganze Leben sich bindet. – Sie war ein hübsches Mädchen, die Friedl. Schlank, mit langen Beinen, einem feingeschnittenen Gesicht und einem süffisanten Lächeln um den kleinen Mund. Aber wozu diese Beschreibung. Roth hat sie sehr genau im *Hiob* beschrieben. Sie ist Mendel Singers Tochter, »eine Gazelle«. Wie Friedl endet auch sie in einer Irrenanstalt.

Sein Kampf gegen die Psychiatrie

Zwei, drei Jahre glaubte Roth, wie ihm die Frau eingeredet hatte, schuld an ihrer Erkrankung zu sein. Es dauerte aber nicht so lange, bis er einsehen mußte, daß es sehr viele und sehr kostspielige Helfer gibt, aber keine Hilfe. Viele Heiler, und keine Heilung. Ein tätiger Geist, der er immer war, fing er an, Psychiatrie zu studieren. Nicht schnell ein paar einschlägige psychiatrische Werke gelesen und gleich Einwände sarkastisch geäußert. So war es nicht. Zunächst trieb es ihn, irgendwo ein Geheimnis zu finden, das just seiner Frau die Rettung bringen könnte, die von keinem Spezialisten zu erwarten war. Wie alle Hoffnungslosen fing er an, an Wunder zu glauben, und er machte sich auf den Weg, eines zu finden. Er studierte. Es war ein Winter, da er, um keinen Moment untätig zu verbringen, nur die Kaffeehäuser besuchte, wo die medizinischen Zeitschriften auflagen. Ehe er sich des Überrockes entledigte, hatte er schon beim Kellner die medizinischen Hefte bestellt, um sich bald mit ihnen zu vereinsamen und das Wunder, das neueste Ergebnis der Wissenschaft, noch im letzten Moment zu erjagen – ehe die Spezialisten das gefürchtete Endurteil verkünden, das Wort: unheilbar. Erstaunlich, daß er just in der Zeit seiner psychiatrischen Studien weniger getrunken hat. Wie sagt der große Wiener Humorist Nestroy: »Wann ich mir meinen Verdruß net versaufet, ich müßt' mich g'rad aus Verzweiflung dem Trunke ergeben.« Noch hatte er sich dem Trunk nicht völlig ergeben. Seinen Kummer versaufte er sich schon. Aber mit seiner Verzweiflung blieb er nüchtern und studierte. Man sauft nicht in Bibliotheken. Sein rapides, aber durchaus nicht flüchtiges Studium abgeschlossen, rief er mich eines Abends telephonisch in eine Bar. Er hatte die ersten zwei von seinen Artikeln über die Psychiatrie fertiggeschrieben. Ein echter Reporter, der er damals war, drängte es ihn, jedes wichtige Erlebnis aufzuschreiben. Als er mit der Serie von ich weiß nicht mehr wie vielen Artikeln fertig geworden, schickte er sie der Feuilletonredaktion der *Frankfurter Zeitung*. Die Artikel brachten in scharfsinniger, durchaus sachkundiger, man möchte schier meinen: wissender Weise das Ergebnis seiner Studien. Nämlich: daß die Psychiatrie keine Wissenschaft sei und keine Therapie habe. Die Professoren ändern von Zeit zu Zeit die Namen der Krankheiten und den Umgang mit den Patienten, und das sei alles. – Die Feuilletonredakteure der *Frankfurter Zeitung* lasen die Artikelserie mit Vergnügen und legten sie der höchsten Instanz vor: der jeden Morgen tagenden Konferenz der Redakteure. Denn nach dem Tode des Begründers der *Frankfurter Zeitung* gab es keinen Chefredakteur mehr. Der Erbe und Herausgeber, Dr. Heinrich Simon, hatte, wie jedes Mitglied der Redaktionskonferenz, nur *eine* Stimme. – Soweit ich mich erinnere, lasen auch diese Redakteure Roths Artikel mit viel Vergnügen, aber mit wenig Ernst, und sie lehnten die ganze Serie ab: Wir lieben und schätzen Joseph Roth sehr. Aber wenn wir unsern Lesern ein Urteil über die Psychiatrie bringen wollen, werden wir es im Rahmen von naturwissenschaftlichen Fachberichten bringen.

Joseph Roth tat sehr beleidigt, obwohl er damals schon ein viel zu erfahrener Zeitungsmann war, um ernstlich zu glauben, daß diese Artikel für die *Frankfurter Zeitung* annehmbar wären. Man gab ihm die Serie frei. Und er gab sich damit zufrieden. Er war damals auch als Romanschriftsteller bereits bekannt genug, um leicht einen Abnehmer für seine »Demolierung« der Psychiatrie zu finden. Leopold

Schwarzschild, der Begründer und Herausgeber des Berliner *Tage-Buch*, bot ein angemessenes Honorar an.[166] Und der Aufruhr in den Reihen der Psychiater konnte beginnen.

Zuerst kam er gravitätisch-akademisch. Dann jokos, indigniert. Dann ernstlich skandalisiert. Wie es zu erwarten ist, wenn es um die Würde, um die Wissenschaft, um die Wahrheit und vielleicht auch um das Höchste: um die Wurscht, geht. Aber wie das so oft im Leben vorzukommen pflegt, Menschen sind menschlich, auch wenn sie Psychiater sind.[167] Eines Tages erschien ein Artikel, geschrieben und mit Namen gezeichnet von einem sehr bekannten Berliner Psychiater, und dieser stellte sich Joseph Roth zur Seite. Er fragte ungefähr: Ich weiß nicht, warum meine Kollegen so entrüstet sind. Sie müssen ja doch wissen, wie ich es weiß, daß Joseph Roth, zwar ein Laie, dennoch recht hat. Wir haben keine Wissenschaft. Wir haben keine Therapie.

Natürlich hat Roth die Bekanntschaft dieses Psychiaters gemacht, und sie sind Freunde geworden. Ich habe Dr. Jolowicz erst im Jahre 1938 in Paris kennengelernt, ich, ein frisch hinzugekommener Emigrant, Roth und er schon seßhafte Emigranten. Dr. Jolowicz kam öfter zu uns in unser Bistro. Roth hatte mich schon vor der ersten Begegnung mit ihm davor gewarnt, das Wort Psychoanalyse und Psychoanalytiker in Dr. Jolowicz' Gegenwart auszusprechen. »Er ist ein gutgelaunter Mann«, unterrichtete mich Roth, »aber ein fanatischer Hasser der Psychoanalyse und der Psychoanalytiker.«[168] – Eines Abends lud uns Dr. Jolowicz in sein Haus zum Essen ein. Er versprach uns ein gutes österreichisches Nachtmahl. Wir kamen aber nicht dazu, auch nur den ersten Gang zu kosten. Wir saßen in Erwartung an dem gedeckten Tisch. Joseph Roth war bereits im Wohnzimmer in finstere Laune geraten, weil er ein gute Viertelstunde dasaß, ohne etwas zum Trinken zu bekommen. Bei Tisch bemerkte er gleich, daß keine Trinkgläser da waren, und er fragte den Gastgeber sogleich in erzwungener Leichtigkeit: »Sie wollen mich doch wohl nicht verdursten lassen, Dr. Jolowicz!« – »In meinem Hause«, sagte Dr. Jolowicz, »wird kein Alkohol serviert.« – »Aber Sie wissen doch als ein alter Freund, daß mir das Trinken so wichtig ist wie Ihnen das Fressen.« – »Prinzip ist Prinzip«, sagte in aller Freundlichkeit der Gastgeber. »Alle Achtung für Ihr preußisches Prinzip«, erwiderte Roth mit überraschender Schärfe, »aber ich habe auch meine Prinzipien. Ich bin ein Österreicher, und ich verkehre nicht in Häusern, wo nicht getrunken wird. Nicht einmal in einem Hause, wo man mich zu einem österreichischen Nachtmahl einlädt.« Ich versuchte, den Konflikt mit einem Scherz zu mildern: »Man sollte glauben, daß der Konflikt zwischen Österreich und Preußen bei Königgrätz für alle Zeiten entschieden wurde. Es ist mir peinlich, dabei zu sein, wie zwei jüdische Emigranten den alten Bruderzwist wieder erneuern.« – »Da hast du dich geirrt«, sagte Roth und stand auf, »die deutschen Juden sind preußischer als die Preußen. Gehen wir, Soma! Gehen wir zu ›Chez Louis‹. Dort werden wir österreichisch essen und französisch trinken.« Ich versuchte zu vermitteln und schlug vor, daß ich heruntergehen und was zum Trinken holen würde. Beide lehnten das ab. Ich schwitzte Blut, bis es mir gelang, die zwei Kampfhähne, einen österreichischen und einen preußischen, beide Hähne jüdischen Glaubens, zu einem Kompromiß zu bewegen. Ich schlug vor, daß wir zu dritt in ein Gasthaus gehen, was beide nach langem Zureden annahmen. Wir gingen zu ›Chez Louis‹. Wir aßen gut und Roth trank sein Maß. Aber ein angenehmer Abend ist es nicht geworden. Beim Abschied sagte der österreichische Kampfhahn zum preußischen: »Sie haben sich benommen wie ein preußischer Psychoanalytiker.« Darauf Jolowicz, im Zorn: »Preuße, ja. Aber wieso Analytiker?« Darauf Roth: »Weil Psychoanalytiker die einzigen Menschen auf der Welt sind, die vom Trinken einen Dreck verstehn. Wie Sie!«

Sechs Jahre später, fünf Jahre nach dem Tod von Joseph Roth, begegnete ich seinem Freunde Dr. Jolowicz wieder. In New York. Bei einem Nachtmahl. Bei einem österreichischen Nachtmahl. Frau Esti Freud, eine Schwiegertochter von Sigmund Freud, war die Gastgeberin.[169] Unter den Eingeladenen waren unter anderen mein Freund Professor Lewisohn[170], einige mir unbekannte Herren von psychoanalytischem Aussehn und einer, den ich zu kennen glaubte, aber seinen Namen nicht erinnern konnte. Wir waren zwölf Personen. Der Herr, dessen Namen ich nicht erinnern konnte, blickte während des Essens oft zu mir herüber, und unser beider Blicke kreuzten sich fragend und in augenscheinlicher Erwartung, daß die Frage nach dem Essen gelöst werden würde. Nach dem Essen trat der Mann, obwohl älter, schneller als ich, mir entgegen und sagte: »Sie sind Soma Morgenstern, nicht wahr?« An der Stimme erkannte ich ihn sogleich und sagte: »Jetzt erkenne ich Sie auch. Sie sind Dr. Jolowicz. Wir sind offenbar beide noch nicht richtige Amerikaner, sonst hätten wir beim Vorstellen unsere Namen gehört, was die Amerikaner immer zuwege bringen.« Wir blieben stehn und tauschten Erinnerungen aus. Dabei fiel mir ein, wie unser verstorbener Freund mich gewarnt hatte, vor Dr. Jolowicz das Wort Psychoanalyse auszusprechen, und ich sagte zu ihm: »Was müssen Sie hier leiden, Dr. Jolowicz.« – »Warum ich mehr als Sie?« wunderte er sich. – »Ich leide hier gar nicht. Aber Sie, Herr Doktor, in einem Lande wo man zu einem Psychoanalytiker so geht wie zu einem Zahnarzt!« – »Ich habe meine Ansicht geändert. Ich habe die Psychoanalyse unterschätzt. Ich bin hier selber Psychoanalytiker geworden. Setzen wir uns hier in die Ecke, und ich werde ihnen erklären, warum.« – »Ich setze mich gerne mit Ihnen in die Ecke, Herr Doktor. Aber Sie brauchen mir nicht zu erzählen, warum. Das kann ich mir schon denken. Sprechen wir von was anderem.«

Eines von den Büchern Joseph Roths heißt *Der stumme Prophet*.[171] Es ist keines von seinen Meisterwerken. Aber ein Prophet war er. Einmal. In diesem Falle. Und kein stummer.

Das war ein großer Sieg für Roth. Aber das Geld, das ihm dieser Sieg eingetragen hat, reichte nicht, um die Kosten für einen Monat in einem Sanatorium zu bezahlen, wo seine kranke Frau untergebracht war. Sie blieb weiter in privater Behandlung, bis Roth in solche Schulden geraten war, daß weder die *Frankfurter Zeitung* noch seine Buchverleger weitere Vorschüsse leisten konnten. Im Jahre 1932 erhielt ich einen Brief, in dem er seine verzweifelte Lage schilderte und mich anflehte, dafür zu sorgen, daß die unheilbar Kranke in einer staatlichen Anstalt in Österreich untergebracht werde. Mit Hilfe unseres stets hilfsbereiten Freundes Ministerialrat Dr. Fuchs (vom Bundeskanzleramt)[172] und des Rechtsanwalts Dr. Hugo Wolf[173] ist es mir gelungen, die Patientin in der Anstalt in Baden bei Wien unterzubringen, wo sie bis zu ihrem Tod geblieben ist.[174] – Soweit ich mich erinnere, war in jener Artikelserie von Psychoanalyse nicht die Rede. Auch in dem Gespräch mit Zweig in der Bar war nicht von seiner Wissenschaft, sondern von Freud selbst die Rede.

Es begann mit der Bemerkung Zweigs, daß er nicht sehr lange mit uns bleiben könne, weil er bei Freud zur Jause erwartet würde. »Haste Vergnügen! Eine Jause! Im Hause Freud! Bleiben Sie lieber hier, mit uns werden Sie gesund sein.« Wenn er sarkastisch redete, hörte sich alles, was Joseph Roth, in welcher Sprache immer er reden mochte, fast jiddisch an. Monarchisten, wenn sie das lesen, werden über mich die Köpfe schütteln. Mit Recht. Wenn er mit Monarchisten redete, hörte sich alles echt Armee-österreichisch an. – Die sarkastische Laune galt nicht dem Namen Freud, sondern dem Wort Jause. Joseph Roth war einer von den wenigen echten österreichischen Schriftstellern, die die Literatur der Monarchie zu verzeichnen hat – aber ein Wiener ist er nie geworden. Das Wort Jause reizte seinen Hohn. »Die Wiener werden eingeteilt in starke Jausner und schwache Jausner. Ist Freud ein starker Jausner?« wollte Roth wissen, fragte aber nicht Zweig, sondern mich. Gutmütig antwortete Stefan Zweig: »Ich bin ein schwacher Jausner. Aber ich bin eigens nach Wien gekommen, um den alten Mann zu sehen. Die Mission, euch beide zu versöhnen, hab ich nur nebenbei übernommen. Das haben wir mit Erfolg erledigt. Ich frag mich jetzt, ob es passend ist, vor einem Besuch bei einem so großen Manne sich mit zwei Freud-Feinden hier in einer Bar zu amüsieren.« – »Soma ist kein Feind von Freud«, warf Roth schnell ein, »Sie überschätzen ihn. Wie Sie ihn da sehen, ist er imstand und liest auch noch das letzte Werk des Meisters – wenn es noch rechtzeitig erscheint.« – »Wenn du von *Moses* sprichst, kannst du versichert sein, daß ich dieses Meisterwerk nicht lesen werde.«[175] – »Warum?« fragte Zweig. »Noch einen Hennessy für den Herrn Doktor«, sagte Roth zum Kellner, um mich auf der Stelle dafür zu belohnen, daß ich etwas nicht lesen werde. »Wenn es nur ist, daß Freud nachzuweisen versucht, Moses wäre kein Jude gewesen, sondern ein Ägypter, werde ich das nicht lesen. Vor einigen Jahren, als das Interesse für den Spiritismus so modern war, daß selbst Thomas Mann mit einem Vortrag zu diesem Problem umherreiste[176], habe ich in einer Zeitung einen Artikel über Spiritismus gelesen, der mit einem Absatz, ja, mit einem Wort mir das bestätigt, was ich schon immer über Spiritismus gedacht habe. Ich zitiere den Satz aus dem Gedächtnis, und ich versichere Ihnen, daß er auch Ihnen unvergeßlich bleiben wird: ›Wenn einer zu uns mit einer Theorie käme, die uns sagt, daß der Kern der Erde nicht aus feuriger Lava bestehe, sondern aus Sodawasser, so könnten wir uns vielleicht für eine Weile darauf einlassen. Warum nicht? Wenn das Zentrum der Erde voll Wasser wäre, konnte es unter Druck Sodawasser werden. Aber wenn einer uns mit der Theorie kommt, daß der Kern der Erde aus Powidl besteht, so ist das schon eine andere Sache.‹ Freuds Theorie, die uns glauben machen will, Moses sei ein Ägypter gewesen, ist keine Sodawassertheorie. Das ist schon eine Powidltheorie. Und nicht einmal seine eigene.«

»Sie wären nicht einmal neugierig zu erfahren, was ein Mann wie Freud sonst noch über Moses zu sagen hat?« fragte mich Zweig. »Nein«, sagte ich, »ich bilde mir ein, die Fünf Bücher besser zu kennen als Freud.« – »Warum glauben Sie das? Sie sind doch kein Wissenschaftler«, sagte Zweig. – »Wenn es sich um die Fünf Bücher handelt, ist Freud auch kein Wissenschaftler. Bei weitem weniger ein Wissenschaftler als ich, weil ich den Vorzug habe, diese Fünf Bücher im Original zu lesen, während Freud bestenfalls die Übersetzung einer Übersetzung kennt. Außerdem kommt es hier auf die Motivierung an. Warum setzt sich ein alter Mann hin und schreibt ein Buch, das, wenn man es ernst nehmen könnte, ihm keinen Ruhm, uns Juden Schaden und allen Unmenschen Schadenfreude, ja, Heidenspaß machen wird?«

»Seine Motive?« meinte Roth. »›Nostalgie de la boue‹ eines schon hochbetagten Mannes. Aber es handelt sich um ein altersschwaches Powidlbuch. Viel wichtiger wäre es, die Motive zu erfahren, die ihn dahin geführt haben, mit seiner Therapie herauszurücken. Ich kenne einen Arzt. Er ist kein Psychiater, also kein Konkurrent, ein Krebsforscher ist er und ein sehr belesener Mann. Er vermutet, daß Freud seine Therapie erfunden hat, weil sonst seine Bücher das Schicksal gehabt hätten wie die Werke von Friedrich Nietzsche. *Der Wille zur Macht* hat ein Dutzend Exemplare verkauft – –« – »Das ist eine Übertreibung. Soweit ich mich erinnere, hat dieses Buch fünf Stücke abgesetzt«, sagte Zweig. »Wenn nicht Georg Brandes ihn um 1900 entdeckt hätte, wäre Nietzsche erst nach dem Weltkrieg entdeckt worden.«[177]

Roth ließ sich von seinem Motivenbericht nicht ablenken und setzte fort: »Zur Erfindung seiner Therapie wird Freud auch ein materielles Motiv geholfen haben. Ich bin, wie Sie wissen, kein Bewunderer von Karl Kraus. Aber seine Definition der Psychoanalyse als ›die Kunst, von einem Patienten ein ganzes Jahr zu leben‹, ist treffend.«

In der Gegenwart von Stefan Zweig Kraus zu zitieren, empfand ich als eine grausame Taktlosigkeit, und ich mußte mich über Roth wundern. Er war, schon als Gymnasiast, geradezu ein Muster von Höflichkeit, aber just mit Stefan Zweig ging er nur zu oft, Trunkenheit vorschützend, schonungslos um. Zweig, offenbar froh, daß er ein peinliches Gespräch über Freud abbrechen konnte, tat so, als habe er nur auf das Stichwort gewartet und richtete an mich die Frage, die ihm vermutlich schon lange auf dem Herzen lag: »Sie haben eine Zeitlang zu dem Freundeskreis von Kraus gehört, nicht wahr?« – »Nicht wahr«, antwortete Roth für mich, »Soma und ich, wir beiden sind nie Krausianer gewesen. Diese Krankheit der Wiener Jugend hat uns verschont. Wir zwei gehören, vielleicht darum, zu den wenigen Schriftstellern, die Kraus nie angegriffen hat. Mich hat er sogar einmal lobend erwähnt.« – »Warum hat man Sie immer in Wien für einen Krausianer gehalten?« wollte Zweig von mir wissen. – »Ich habe einmal einen Aufruf für Karl Kraus unterschrieben. Es war in der Zeit, da er mit seinen Offenbach-Vorlesungen nicht nur in Wien großen Erfolg hatte. Seine Freunde glaubten, es wäre möglich, einen Geldbetrag zu sammeln, um in Wien für Kraus ein Offenbachtheater zu eröffnen. Sie verfaßten einen Aufruf und sammelten zunächst Unterschriften für den Aufruf. Ich hatte damals in der *Frankfurter Zeitung* einen enthusiastischen Bericht über die Offenbach-Vorlesungen geschrieben[178], und zwei von meinen sehr lieben Freunden, Alban Berg und Edward Steuermann[179], die nahe Freunde von Kraus waren, baten mich, den Aufruf zu unterschreiben, was ich natürlich gern getan habe.[180] Das hat mir den nicht völlig unschädlichen Ruf eingetragen, ein Anhänger von Karl Kraus zu sein.« – »Ich habe den Aufruf nicht unterschrieben«, sagte Roth, und er stärkte sich mit einem Schlückchen Hennessy. »Du hast Glück«, sagte ich, »du verstehst nichts vom Theater. Ich habe unterschrieben, und es tut mir auch jetzt nicht leid.« – »Du läßt mich nicht austrinken«, sagte Roth, »ich habe den Aufruf nicht unterschrieben, und ich müßte es jetzt bedauern. Solang er am Leben war, fühlte ich beim Schreiben, als ob er hinter mir stände und aufpaßte, daß ich mich gegen die Sprache nicht versündige. Jetzt, da er tot ist, fehlt er mir. Und ich fange an, ihn zu verehren.«

Welch ein Geständnis angesichts von Stefan Zweig, der jahrzehntelang eines von den meistgeschundenen Opfern Krausscher Satire gewesen war. Aber Zweig war ein toleranter Liberaler. In Joseph Roth war er geradezu vernarrt, und er ließ sich auch dieses Geständnis gefallen. »Und Sie«, fragte er mich, »fangen Sie nun auch an, ihn posthum zu verehren?«

Ich hatte erst in dem ersten Jahr des Weltkriegs mit dem Lesen der *Fackel* begonnen. Hernach lag mein Regiment nicht mehr in der Reichweite der *Fackel*, die ich in der ganzen Kriegsdauer nur noch während meiner zwei kurzen Urlaube in Wien genießen konnte. Ich sage: genießen, denn es ist das

Wort für die fast physisch empfundene Genugtuung, die mir diese Lektüre damals bereitet hat. Da war ich wohl auf dem Wege und in Gefahr, mir die Krankheit der Wiener Jugend zuzuziehn. Aber die Kriegsereignisse haben es nicht zugelassen. Nach dem Krieg habe ich alle meine Zeit und Energie zunächst für mein Studium verwendet. Selbstverständlich hatte ich trotzdem noch freie Stunden und Tage, um *Die letzten Tage der Menschheit* zu lesen. Nach meiner Promotion zum doctor juris im Jahre 1921 beschloß ich, die ganzen versäumten Jahrgänge der *Fackel* nachzuholen. »Im ersten Jahrgang der *Fackel* machte ich gleich einige Entdeckungen, die mich gegen die Überschätzung des Charakters des Weltverbesserers Karl Kraus völlig immun gemacht haben, ohne die Bewunderung für die infernalische Klugheit, den Geschmack, den Witz, die sprachliche Treffsicherheit des großen Satirikers zu beeinträchtigen.« – »Was hast du entdeckt?« wollte Roth wissen. »Du weißt, ich bin ein ›proster mentsch‹[181]. Ich hab gern ein Beispiel. Was hast du entdeckt, was wir nicht wissen?« – »Ich habe in den ersten Jahrgängen entdeckt, was ich nicht wußte, daß Karl Kraus auf der Seite der Antisemiten in der Dreyfus-Affaire stand, den Kampf um Dreyfus für eine Verschwörung der liberalen Presse gehalten hat und den alten, vermutlich schon senilen Liebknecht in der *Fackel* gegen Dreyfus und die Liberalen gravitätisch polemisieren ließ.[182] Genügt das Beispiel?« – »Was?!« schrie Roth nicht mich, sondern Stefan Zweig an, »das soll wahr sein?« Zweig hat das natürlich gewußt. Während des Dreyfus-Prozesses war er vermutlich bereits Leser der *Fackel*, vielleicht sogar noch ein Bewunderer. Aber Roth war nicht leicht zu beruhigen. Wir besprachen die »Affaire«, die Zweig in allen Phasen zu schildern verstand.

Als er die berühmten Namen aufzählte, die für und gegen gestritten haben, und dabei den Roth und mir unbekannten

Fall Marcel Proust erwähnte, der Duelle ausgetragen hat für Dreyfus[183], geriet Roth in eine aus Enthusiasmus und Ekel gemischte Verzücktheit: »Marcel Proust, der Halbjude, trägt Duelle aus für Dreyfus in Paris! Herrlich! Karlchen Kraus, der tschechische Jude, schießt auf ihn in Wien mit antisemitischen Wortwitzchen. Ekelhaft!« Dieses Wort: ekelhaft, war bei Roth der Ausdruck für das Verhaßteste. Er benützte es sehr oft, in den letzten Jahren seines Lebens war es sein Leitmotiv. Schon am Rande der Verzweiflung, sagte er nur: ekelhaft. Nur noch: ekelhaft.

Zweig zitierte Clemenceau, der behauptet hat, daß Dreyfus bis zum Ende seines Lebens nicht begriffen hat, worum es sich in der nach ihm benannten Affaire gehandelt hat[184], und den Ausspruch von Anatole France, daß Dreyfus, wäre nicht er, sondern ein anderer Jude – »zum Beispiel Karl Kraus«, warf Roth ein – der traurige Held der Affaire gewesen, er – Dreyfus – selbst ein Anti-Dreyfusard gewesen wäre. »Das ist der Segen der Assimilation«, sagte Roth. Seine posthume Verehrung für Karl Kraus war dahin. Und Zweig hörte es gern.

Indessen hatte ich das Gefühl nicht unterdrücken können, daß wir zu dritt sozusagen ein ausweichendes Gespräch führten. Zweig war für eine kurze Zeit aus London, Roth für ein paar Wochen aus Paris gekommen. Ich hatte seit drei Jahren Wien nicht verlassen. Ich war gierig zu erfahren, wie der immer gut informierte Stefan Zweig die außenpolitische Situation des innenpolitisch hoffnungslos zerrissenen Ländchens Österreich beurteilte. Neugierig auch, von Roth zu hören, wie seine närrischen Monarchisten ihre Chancen einschätzten. Roth war der Ansicht, daß Frankreich einen Anschluß nie zulassen würde. Zweig war nicht so sicher. Ich war sicher, daß England nichts gegen den Anschluß einwenden wird, und zitierte wiederum meinen Freund, Dr. Abraham

Sonne. »Wenn in dieser Prophezeiung alles so stimmt wie ›Birminghamer Stahlhändler‹«, sagte Zweig, »müßten wir uns alle sehr bald nach Amerika einschiffen.« – »Wer ist dieser Sonne, von dem ihr schon wieder redet?« fragte Roth. »Er war einmal ein hebräischer Dichter, hat aber das Dichten schon im Weltkrieg aufgegeben. Er stammt aus Przemyśl, Galizien.« – »Haste Kenner der englischen Politik!« sagte Roth. – »Er war eine Zeitlang einer von den zwei Sekretären und politischen Beratern von Professor Chaim Weizmann in London. Der andere war B. V. Cohen[185]. Beide Sekretäre unterstützten den amerikanischen Richter Louis Brandeis gegen den Präsidenten Weizmann mit dem Erfolg, daß beide ihre Stellung verloren. Dr. Sonne lehrt jetzt am Jüdischen Pädagogischen Institut in Wien.« – »Wieso ist er immer noch hier, wenn er so düstere Prognosen stellt?« fragte Zweig. »Er hat einen polnischen Paß und glaubt, vielleicht aus diesem Grund, daß zum Davonlaufen noch lange Zeit ist.«

Hernach sprachen wir über die Regierung Schuschnigg-Starhemberg und deren »Schutzpatron« Mussolini. Roth sagte, wie bereits erwähnt, nicht ein einziges Mal: Schuschnigg, sondern immer wieder und mit Abscheu Schuschnjak, um – ich weiß nicht auf Grund welcher monarchistischen Information – anzudeuten, daß es sich um einen germanisierten Slowenen-Namen handelt. Nachdem wir uns geeinigt hatten, daß der katholische Heimwehrputsch im Februar 1934 Österreich vollends ohnmächtig gemacht und der faschistischen Gnade Mussolinis ausgeliefert hat, schlug Roth allen Ernstes die einzige Rettung vor: den Jüngling Otto von Habsburg zum Kaiser von Österreich zu proklamieren. Nachsichtig schweigend erhob sich Zweig, und mit einem hastigen Blick auf die Uhr deutete er an, daß er sich zu der Jause bei Freud bereits etwas verspätet hatte. Zum Abschluß flehte ihn Roth mit nicht einmal schlecht gespielter

Weinerlichkeit an, bei dem Meister zu erwirken, daß, wenn er seinen *Moses* abgeschlossen, er um Gottes Willen nicht mit einer Theorie herausrückt, Hitler wäre jüdischer Abstammung. »Sie tun ihm unrecht. Freud hat mir einmal gestanden, wie sehr es ihm leid täte, daß er gerade in der Zeit, wo sie so grausam verfolgt werden, den Juden ihr Bestes wegnehmen muß«, sagte Zweig. Er hatte noch nicht zu Ende gesprochen, als Roth in so konvulsivisches Gelächter ausbrach, daß ich mit beiden Händen seine Hände erfaßte, um zu verhindern, daß er vom Stuhl herunterrutsche und zu Schaden komme. Eine lange Weile hielten wir einander an den Händen, und wir lachten in brüderlicher Vereinsamung gegen die ganze Welt, die es kaum ermessen wird, wie viel Lächerlichkeit in der fast herzigen Vorstellung eines Mannes liegt, der glaubt, er könne den Juden ihren Moses wegnehmen. Peter Altenberg spricht irgendwo vom heiligen Lachen Mozarts.[186] Das da war das heilige Lachen Joseph Roths. Ich habe von Herzen daran teilgehabt, und es machte mir nichts aus, daß sich diese Szene in einer Bar ereignete und daß der Alkohol auch ein wenig mitspielte. Als wir uns, Tränen in den Augen, umblickten, sahen wir, daß Stefan Zweig mit uns gelacht haben mußte, denn er sah sehr vergnügt aus. Auch der fremde Trinker, der die ganze Zeit in der entferntesten Ecke der Bar saß, sah in heiterer Teilnahme zu uns herüber.

Nachdem er sich völlig erholt hatte, sagte Roth zu Zweig: »Nie im Leben hätte ich mir vorgestellt, daß ich einmal ›nebbich‹ denken werde, wenn ich an Sigmund Freud denke.« Und zu mir: »Wie würdest du das Wort ›nebbich‹ übersetzen? Herr Zweig kennt sicherlich nicht das Wort.« – »Gewiß, ich kenne es. Aber wie könnte man es übersetzen?« – »Wahrscheinlich überhaupt nicht«, meinte ich, »man kann es übersetzen, aber nicht mit einem Wort. Das Wiener: ›armes Hascherl‹ deutet es ungefähr an.« – »Aber eben nur ungefähr«, sagte Roth, und er bat mich, Stefan Zweig hinauszubegleiten, mit einem Hinweis auf seine »geschwollenen Füße«.

Draußen sagte Zweig: »Gut, daß ihr euch versöhnt habt. Daß er geglaubt hat, mich zum Vermittler zu brauchen, zeigt, wie weit es mit ihm gekommen ist. Ihnen wird er vielleicht folgen, wenn sie ihm gut zureden. Nur eine gründliche Entwöhnungskur kann ihn noch retten. Die geschwollenen Füße sind keine Ausrede. Ich werde gern die Kosten einer Kur auslegen.« Schon im Taxi, fiel ihm noch ein, nach dem Namen des Verfassers vom Artikel über die Powidltheorie zu fragen. Er wollte Freud davon erzählen. Als ich ihm die Mitteilung machte, das sei nicht nötig, der Verfasser jenes Artikels heiße Sigmund Freud[187], gab er sich einen Ruck, als wollte er aussteigen, um zu Roth in die Bar zurückzugehn. Aber sein schwerer Bauch hielt ihn für die Weile zurück, die er gebraucht hat, um es sich anders zu überlegen. »Sagen Sie ihm nichts. Wenn wir wieder zu dritt sind, werde ich Sie noch einmal fragen. Ich will sein Gesicht sehen, wenn er es hört.«

Stefan Zweig war eigentlich zur Schlankheit geboren. Hoch gewachsen, mit langen Beinen, schmalen Schultern, länglichem Gesicht, sah er aus wie ein magerer Schauspieler, der sich einen falschen Bauch umhängen hat lassen, um sich einer Rolle zu bequemen. Obwohl ich ihn erst im Jahre 1934 kennengelernt habe, verunstaltet bereits von dem falschen Bauch, machte er mir bei jeder Begegnung den Eindruck, als habe ihn sein Bauch eben verkrüppelt.

Drinnen in der Bar sagte Roth, noch ehe ich mich recht gesetzt hatte: »Du brauchst keine Einleitung. Sag's mir gleich. Heraus damit.« – »Womit?« – »Daß ich eine Entziehungskur dringend brauche. Er wird alles zahlen!« – »Du wirst dich erinnern, daß ich dir schon vor drei Jahren in Paris zugeredet habe, obwohl ich die Kur nicht hätte zahlen können.« – »Gut. Aber du hättest die Kur gezahlt, weil ich dein

Freund bin. Aber Zweig will für mich zahlen, weil er mich für ein Genie hält. Also weil er ein Schmock ist.« – »Ich würde für dich die Kur zahlen, weil du krank bist.« – »Du brauchst nicht zu betonen, daß du mich nicht für ein Genie hältst.« – »Ich habe nichts betont. Ich halte dich natürlich nicht für ein Genie, weil ich nicht weiß, was das ist. Ich hab noch nie so etwas mit meinen eigenen Augen gesehen. Aber es hat noch einen andern Grund, und da müßte ich dir was erzählen.« – »Trink noch einen Hennessy und erzähle.« – »Ich kann erzählen ohne Hennessy.« – »Ich weiß, ich weiß. Aber ich kann Geschichten besser genießen, wenn ich trinke. Hast du was dagegen?« – »Nicht gegen das Genießen, nur gegen das maßlose Trinken. – Also im Gymnasium in Tarnopol war ein Geschichtslehrer, Dr. Feliks Czerwinski, er war, obwohl ein edler Pole, kein Antisemit, aber er haßte die deutschen Namen der Juden. Da er sie nicht ändern konnte, polonisierte er sie, indem er sie polnisch akzentuierte, was auch sehr leicht ist, weil in der polnischen Sprache der Akzent immer auf die vorletzte Silbe des Wortes fällt.« – »Wirklich«, wunderte sich Roth, »bist du sicher?« – »Ja. Also, wenn einer Auerhahn hieß, rief ihn Dr. Czerwinski mit scharfer Betonung Auérhahn, Morgenrot war bei ihm Morgénrot, Morgenstern Morgénstern. Einmal sagte er zu mir, Morgénstern wäre eigentlich ein sehr schöner Name, wenn er nicht ein deutscher Name wäre. Ich sagte ihm: »Morgenstern ist eigentlich ein dänisch-norwegischer Name, den die Deutschen übernommen, verdeutscht und dann auch den Juden gegeben haben. Ihr Polen habt uns gar keine gegönnt, und das so lange, bis die Deutschen gekommen sind und uns deutsche Namen gegeben haben, manchmal recht häßliche und lächerliche. Mein Name Morgenstern hat meinen Ururgroßvater im 18. Jahrhundert vermutlich viel Geld gekostet.« – »Du bist ein sehr kluger Junge. Du verdienst einen noch schöneren Namen als Morgénstern. Ich werde dich Oxenstierna nennen, nach einem großen Skandinavier, der auch sehr klug war.«[188] Natürlich war ich sehr neugierig, wer dieser Mann war, dessen Namen ich nun in allen Geschichtsstunden mit Dr. Czerwinski tragen sollte, und ich forschte in den Büchern der höheren Klassen des Gymnasiums nach. Zwei Dinge merkte ich mir über diesen Oxenstierna so gut, daß ich sie nie vergessen sollte. Er war es, der den Satz aufgeschrieben hat: ›Für einen Krieg braucht man drei Sachen: Geld, Geld und Geld.‹ Dieser hat mich damals nicht sehr interessiert. Umsomehr der zweite Ausspruch: ›Ich habe alle großen Männer meiner Zeit gekannt. Wenn ich sie reden hörte, glaubte ich, zwölfjährige Kinder plappern.‹ So klug wie Oxenstierna bin ich sicher nicht. Dennoch geht es mir mit den Genies unserer Zeit genauso wie ihm. Sooft ich einem leibhaftig begegne und es fängt an zu reden, muß ich in Dankbarkeit an Oxenstierna und auch an Professor Czerwinski denken.« – »Jetzt braucht man den großen Männern der Zeit gar nicht mehr leibhaftig zu begegnen, um darauf zu kommen, daß sie Trottel sind. Es genügt, sie auf dem Filmstreifen zu sehen oder vom Radio zu hören. Nenne mir so ein Genie, das du plappern gehört hast.« – »Ich war zweimal in einem kleinen Kreis einen langen Abend mit Gerhart Hauptmann. Wenn er von Literatur und Kunst weise redete, war er auf dem Niveau von einem sechzehnjährigen Gymnasiasten. Wenn er von Politik redete, plapperte er, wie Oxenstierna es von seinen Genies erzählt.«

»Mußt du nicht bald nach Hause?« fragte er. – Ich wollte erst um acht Uhr zu Hause sein, habe ihm aber vorgeschlagen, jetzt schon mit zu mir zu kommen und zum Nachtmahl zu bleiben. »Inge erwartet mich doch nicht«, sagte er. – »Meine Frau würde sich sehr freuen. Es ist jetzt sechs Uhr, ich ruf sie hier gleich an. Wir haben eine sehr gute tschechische Köchin.« – »Ich möchte lieber morgen zum Mittagessen kommen. Ich möchte Deinen Sohn sehen. Walter Landauer erzählt immer, wie schön dein Sohn ist. Gehen wir lieber jetzt in das Café, wo dein Dr. Sonne sitzt. Den möchte ich kennenlernen. Es ist ja erst sechs Uhr.« Er zahlte, nahm Abschied vom Zahlkellner wie von einem alten Freund, und wir gingen sehr langsam durch die Halle. Er hatte die Bänder an seinen Schuhen aufgeknüpft und gelockert, wegen der geschwollenen Füße. In der Halle setzte er sich nieder, und nach einigen mißlungenen Versuchen gelang es ihm, die Schuhbandl – wie er auf wienerisch sagte – einigermaßen in Ordnung zu bringen. »Dein Sohn würde lachen, wenn er mich so sieht. In der Rue de Tournon lachen schon die Kinder, wenn sie mich über die Gasse gehen sehn.« Draußen wollte er ein Taxi heranwinken. Ich sagte ihm, daß kein Taxi auf eine so kurze Entfernung sich einlassen wird. Vor der Oper stand er eine Weile still, auf seinen Stock gestützt. Plötzlich, als gäbe er mir einen Stoß vor die Brust, sagte er: »Stefan Zweig hält dich auch für ein Genie, aber eine Kur würde er für dich nicht zahlen. Für mich will er zahlen, weil er weiß, daß ich ohne Alkohol keine Zeile schreiben kann. Leonhard Frank, der Bajuware, versetzt mir immer mit seiner Schlosserfaust einen Schlag auf meinen rechten Arm. Er will mich wenigstens für ein paar Tage am Schreiben verhindern. Stefan zahlt, und Leonhard boxt!«[189] Und er lachte das laute, heisere Lachen des alten Alkoholikers. Ich bot ihm meinen Arm. Er sah mich lange forschend an, nahm meinen Arm und sagte: »Dich schreckt mein Schreiben nicht. Du hältst es mit Kafka. Ich weiß es. Ich bin kein Schriftsteller für Schriftsteller.«

Begegnung mit Doktor Skowronnek

Im Café Museum war Dr. Sonne noch nicht da. An meinem Tisch saß bereits vor einem Zeitungsstoß einsam mein lieber Dr. Löbel, mit dem ich seit 1933 fast täglich, wenn das Wetter nicht zu schlecht war, einen langen Mittagsspaziergang auf der Ringstraße zu machen pflegte. Er war ein bekannter Frauenarzt, der sich sein Leben sehr weise eingerichtet hatte: ein paar Monate wohnte und ordinierte er in Franzensbad, den Spätherbst und den Winter verbrachte er, vor der Naziherrschaft, in Berlin, wo er seine populärmedizinischen Bücher und Artikel schrieb. Er hatte viele Freunde unter Schriftstellern und Künstlern. Er war ein sehr naher Freund von Hermann Bang, dem berühmten Dänen. Dr. Löbel war es, der den faszinierenden Dichter auf das Schiff begleitet hat, auf dem er eines plötzlichen Todes gestorben ist, dessen Ursachen nie erforscht werden konnten. Dr. Löbel ist der Ansicht, daß es sich um einen Selbstmord handelt. Hermann Bang war ein schwerer Melancholiker.[190] Joseph Roth kannte Dr. Löbel seit vielen Jahren und mochte ihn sehr. Er ist das Modell zu dem weisen Doktor Skowronnek im *Radetzkymarsch*, der auch, wenn ich mich nicht irre, in mehreren Erzählungen vorkommt. Wenn Joseph Roth eine Person beschreibt, ist sie nicht schwer zu identifizieren. Wer Dr. Löbel kannte, hat es nicht schwer gehabt, ihn als Doktor Skowronnek im *Radetzkymarsch* zu erkennen. Nur Dr. Löbel fiel es nicht leicht. Obwohl er im Leben noch bei weitem weiser war als der Doktor Skowronnek im Roman, beging er die Torheit, Roth danach zu fragen. Und obwohl Roth im Leben zwar nicht so weise, aber dafür bei weitem klüger war als

Dr. Löbel und Doktor Skowronnek zusammengenommen, beging er die Dummheit, die Wahrheit zu sagen. Er hatte offenbar noch nicht die Erfahrung gemacht, daß ein Mann, der mit seinem Porträt in einem Roman konfrontiert wird, denselben Schock erleidet wie einer, der zum ersten Mal seine Stimme im Grammophon oder im Radio hört – ganz unabhängig davon, ob das Porträt oder die mechanische Wiedergabe der Stimme gut gelungen oder gar schmeichelhaft wäre. In diesem Fall kommt noch dazu, daß Joseph Roth als Schilderer ein Meister, als Gestalter dem Schilderer nicht ebenbürtig ist. Sein Doktor Skowronnek ist Dr. Löbel, wie er sich räuspert und wie er spuckt, aber Doktor Skowronnek ist ein Provinzler, wie ihn Roth in dem Roman braucht: weise, wissend, stets hilfsbereit und in seinem Verhalten zu dem Bezirkshauptmann genau wie ein jüdischer Doktor in einer Provinzstadt zu einem höheren Mann der Regierung sich verhält, indes Dr. Löbel im Leben ein Weltmann war, durchaus frei und unbefangen, was der Doktor Skowronnek nicht ist, weil ihn der Verfasser mit dem souveränen Recht des Schöpfers eher rührend, aber auch ein wenig subaltern sieht. Dr. Löbel war ein gründlicher Kenner der Romanliteratur des 19. Jahrhunderts, namentlich der französischen. Er war der einzige mir bekannte Zeitgenosse, der sämtliche Romane von Balzac und von Zola gelesen hatte. Er war auch vielleicht der letzte, der die zwei in einem Atem nannte und nicht müde wurde zu beweisen, daß Balzac überschätzt und Zola unterschätzt wird. Ich hatte es nicht schwer, Dr. Löbel zu überzeugen, daß Roth in seinem Doktor Skowronnek kein Porträt von ihm beabsichtigt hätte. Trotzdem mißfiel ihm, dem Vorbild des Doktor Skowronnek, das Nachbild durchaus. Er hatte es mir vor Jahren schon gestanden, und ich hatte es sogar – vergessen. Wie wir aber langsam in das Blickfeld des kurzsichtigen Arztes so nah eingetreten waren, daß er den unerwarteten Gast zu erkennen schien, erhob der sonst flinke Mann sich so langsam und so umständlich, daß ich mich seiner einstigen Verbitterung erinnerte und eine peinliche Szene befürchtete. Ich hatte aber kaum Zeit, mir Vorwürfe zu machen, daß ich Roth auf diese Begegnung nicht vorbereitet hatte, denn schon sah ich die zwei Entfremdeten einander beide Arme entgegenstrecken und an den Händen halten in freudiger Überraschung. Sie hatten bald Berliner Erinnerungen auszutauschen aus einer Zeit, da ich diese Stadt noch nicht kannte. Ich durfte mich hinter einer eingerahmten Zeitung für eine gute Weile absondern.

Roth hielt auch im Trinken seinen eigenen Stil ein. In der Bristol-Bar hatte er nur Cognac getrunken, seinen Hennessy. Wie unterweist der Herr Bezirkshauptmann von Trotta im *Radetzkymarsch* doch seinen Sohn? »Wir trinken nur Hennessy.« (Der Vater verwarnt so den Kellner und meint den Sohn. Wenn ich mich recht erinnere, war mein Eindruck damals, als ich den Roman zum ersten Mal gelesen habe, daß der Herr Bezirkshauptmann doch noch der Sohn eines frisch geadelten Herrn Trotta von Sipolje ist. Wer protzt schon mit Hennessy?) Im Café Museum bestellte er sofort einen Stanislauer, hernach einen doppelten Stanislauer. Diesen hochgradigen Brand trank er nicht, wie seinen Hennessy, in Schlückchen, sondern wie man ihn in unserer Heimat trinkt, in Galizien, in einem guten Zug. Sehr bald war der Trinker in seiner höchsten Laune. Sein schallendes Gelächter machte unsern Tisch zum Zentrum des nicht zu geräumigen Lokals. Dr. Löbel hatte seine Zeitungen bereits durchgesehen und erzählte nun von dem Besuch eines englischen Lords zu einer Jagdausstellung, die in Berlin unter dem Protektorat des großen Jagdmeisters Göring eröffnet werden sollte. Ein Lord namens Halifax. Keiner von uns wußte, in welcher Eigenschaft dieser Lord hinreisen mochte. Roth meinte: »Hoffentlich kein so passionierter Menschenjäger wie Göring. Vielleicht wird dein Dr. Sonne mehr wissen als wir«, und lenkte das Gespräch auf die ihn mehr interessierende Lage Österreichs. Dr. Löbel fing an, sich unbehaglich zu fühlen. Wie nicht wenige von Roths Lesern, hatte er ihm Sympathien für das katholisch-faschistische Regime zugetraut. Aber es stellte sich heraus, daß Roth, wie wir alle, nur eine Mischung von Mitleid und Hohn dafür übrig hatte. Doch im Gegensatz zu uns, die für die Zukunft von Wien nur fromme Wünsche und wenig Hoffnung hatten, glaubte Roth an ein sicheres Rettungsmittel: Habsburg. Dr. Löbel: »Ich habe immer geglaubt, daß Sie in Paris ein Monarchist geworden sind, sozusagen ein Monarchist nach französischer Art. Man schwatzt, man schreibt, man besnobt sich über Restauration, aber wehe, wenn einer damit im Ernst kommt und von einer Aktion sprechen will.« Roth lachte und nahm seinerseits seine Einwände nicht ernst: »Was? Benesch wird nach Wien marschieren, Horthy wird es nicht zulassen, Mussolini wird es nicht zulassen, alle Nachbarn werden marschieren? Da wäre ja der Krieg fertig, und mit dem Krieg auch Hitler. Wer noch glaubt, daß man ihn ohne Krieg loswird, ist wahnsinnig.« – »Das ist wahr«, sagte Dr. Löbel, »aber man braucht nichts dazu tun, Hitler wird schon selbst seinen Krieg provozieren.« – »Ich will die Ehre haben, ein Kriegshetzer zu sein. Man muß was dazu tun. Je früher der Krieg ausbricht, desto besser.« Das war ernst gemeint, laut verkündet und mehrmals wiederholt, von heiserem Lachen unterbrochen. In der Isoliertheit seines Rausches geborgen, merkte er nicht mehr, daß er nicht in seinem Pariser Bistro saß, wo man an den Nebentischen nicht verstand, was ihn so grotesk belustigte. Es gelang dem nicht wenig bestürzten Dr. Löbel, die Debatte auf ein andres Gebiet zu lenken, indem er Roth über den Pariser Verlag Flammarion auszufragen versuchte, der

Dr. Löbels Bücher publizierte. Roth kannte den Lektor des Verlags und gab auf alle Fragen sachlichen Bescheid, als wäre es ein leichtes, seinen Rausch zu verscheuchen. Und in dem lichten Moment wußte er auch schon, was ihn hierher ins Café Museum geführt hatte: »Wann kommt denn dein Dr. Sonne?« fragte er mich. »Der Herr Dr. Sonne kommt am Donnerstag nie«, antwortete der Kellner, der eben dabei war, die Wassergläser zu erfrischen. Das hatte ich vergessen, und ich entschuldigte mich. Dr. Löbel fand plötzlich, daß er schon seine Zeit abgesessen habe und verabschiedete sich von uns. »Wir werden morgen um dieselbe Zeit hier sein«, rief ihm Roth nach. Dr. Löbel tat, als hörte er die Aufforderung nicht. Kaum war er in der Drehtür, sagte Roth: »Auch er war vor Jahren mit mir böse. So wie du.« – »Nein«, sagte ich, »ich habe es ihm sogar ausgeredet. Es war nicht schwer. Dr. Löbel ist so weise, wie du den Doktor Skowronnek haben wolltest.« – »Und doch war er sehr bös mit mir. Verstehst du das?« – »Dein weiser Doktor Skowronnek ist aber auch subaltern.« – »Und Dr. Löbel ist nicht subaltern?« fragte er, schon im vollen Zug seines sarkastischen Gelächters. »Keinesfalls. Dr. Löbel war mit einem Hermann Bang befreundet. Dein Skowronnek ist nur mit einem Bezirkshauptmann befreundet und fühlt sich nicht wenig geehrt mit dieser Auszeichnung. Du hast das Recht, diesen Doktor Skowronnek so unterwürfig zu sehen, wie es dir paßt. Aber Dr. Löbel ist noch heutzutage mit höheren Würdenträgern befreundet als einem Bezirkshauptmann in einer Provinzstadt.« – »Hast du ihm das so erklärt wie mir?« wollte er wissen, und zu meiner schaudernden Überraschung küßte er mich mit seinem feuchten Schnurrbart, dem die scharfen Gerüche von Stanislauer entströmten, plötzlich mitten auf den Mund. Im Café mißfiel aber diese zärtliche Szene nicht. Wohlwollende Heiterkeit war überall an den Nachbartischen.

Ich war froh, zum Telephon gerufen zu werden. Es war Löbel. Er wollte wissen, wie lange Roth in Wien bleiben wird. Eine Woche, schätzte ich. Dr. Löbel weigerte sich entschieden, Roth wiederzusehn. »*Sie* sind sein Jugendfreund. Sie sehen in ihm noch den jungen, blitzgescheiten, charmanten, edlen Joseph Roth. Er ist aber nur noch ein alter Alkoholiker vor dem Delirium, in einem Zustand, da er sich von einem Wahnsinnigen nicht sehr unterscheidet. Gott sei dank, daß er nur eine Woche hier bleibt. Sonst würde ich Ihnen von einem Beisammensein mit ihm als Arzt abraten.« Deprimiert ging ich zu unserm Tisch zurück. Joseph Roth saß mit geschlossenen Augen, mit beiden Händen auf seinen Stock gestützt, eingeschlummert. Als er schnell erwachte, fragte er: »Wo ist denn der Zweig?« Ich schlug ihm wieder vor, zu mir zum Nachtmahl zu kommen. »Du weißt, ich hab deine reizende Inge sehr lieb, und ich freue mich sehr auf deinen Sohn. Aber just deinen Sohn möchte ich mir lieber zu Mittag ansehn. Ruf zu Hause an, grüße Inge herzlichst und sage ihr, daß ich mich auf morgen mittag sehr freue. Du wirst mich doch am ersten Abend nicht allein lassen? Wir haben viel zu reden, ohne Zeugen.« – »In der Nähe gibt es ein Tschecherl. Wir haben dort vor Jahren oft mit Karl Tschuppik und Anton Kuh gegessen.« – »Ich bin aber gar nicht hungrig, Soma. Du willst immer essen.« – »Beim Smutny kriegt man auch abends ein gutes Rindfleisch.« – »Einen Tafelspitz?« fragte er, bereits nachgiebig. »Einen Tafelspitz zum Nachtmahl? Wo denkst du hin? Ein Rindfleisch, ein gutes, einfaches, ist nicht genug?« – »Gut, gehn wir, meinetwegen. Ich erinnere mich, in Paris hast du auch jeden Tag Nachtmahl gegessen.« – »Ich kann ja mein Nachtmahl nicht trinken, Roth. Vergiß das nicht.« Wir gingen zu Smutny. Das Rindfleisch schmeckte ihm gut. Er aß ein volles Nachtmahl. Und weil das Essen ihm wohltat, trank er an diesem sehr langen Abend nur zwei Krügel Bier.

Andern Tages kam er zum Mittagessen. Meine Frau hatte eine Freundin eingeladen, eine lebhafte echte Wienerin, die ihre schwärmerische Liebe für meinen Sohn nahezu närrisch gemacht hat. Sie holte ihn auf dem Weg aus der Schule ab und hatte, wie immer, von den weisen Aussprüchen des Achtjährigen hinter seinem Rücken zu erzählen, neue und alte Blüten, die sie sammelte. Einen, ihren »Lieblingsausspruch«, wie sie sagte, rezitierte sie gleich für Roth. Wie er fünf Jahre alt war, ging sie mit ihm am Schwarzenbergplatz vorbei. Er sah ein Beet voll frisch aufgeblühter Blüten und fragte nach dem Namen. Sie sagte: Forsythien. Dan aber meinte, die Blumen sollten lieber Eierspeisblüten heißen. Roth fand diesen Einfall »reizend«, und Tante Nandi rezitierte weitere Weisheiten aus dem Kindermund. Indes fiel mir ein, daß mein Sohn eine überempfindliche Nase hat, und ich machte mir schon wieder Sorgen über den Erfolg seiner ersten Begegnung mit Roth. Ich erinnerte mich nämlich, wie ich im Februar 1934, an dem dritten Tag des Bürgerkriegs, mit meinem Sohn auf dem Weg zum Belvedere-Park bei der Prinz Eugen-Straße von einem Polizisten aufgehalten wurde, weil eine Kolonne von Heimwehrmännern auf ihrem Marsch vom Südbahnhof zur Innenstadt eben am Belvedere-Schloß vorbeizog. Die Kolonne in Achterreihen füllte die ganze Straßenbreite. Wie sie in unsere Atemnähe vordrang und ein Geruch uns traf, der in der Sprache der k. u. k. Armee »Mannschaftsgeruch« hieß, sah ich, wie mein Kind grün und gelb im Gesicht, sein Taschentuch vor der Nase, daran war, sich zu übergeben. Ich zog ihn schnell in ein Haustor und ließ ihn ein paarmal tief atmen, bis er sich von dem Geruch erholte. Als er soweit war, winkte er mein Ohr an seinen Mund herunter und sagte: »Papa, ich weiß, warum die Soldaten so stinken. Weil sie bald in den Krieg gehn.«

Roth hatte gewiß alle Anstrengung gemacht, nüchtern zu

erscheinen. Aber er ist ein Frühaufsteher, und zwischen acht und ein Uhr war ihm seine Nüchternheit zu trocken, als daß er sie nicht mit ein paar Schlückchen betauen hätte müssen.

Ich ging zu meinem Sohn in sein Zimmer, wo er sich für den Besuch zum Essen »schön machte«, um ihm zu erzählen, daß unser Gast vor dem Essen ein, zwei Gläschen Cognac zu trinken pflege, und – – »Wenn unser Gast derselbe berühmte Herr Roth ist, von dem du auf unseren Spaziergängen mit dem Karl Tschuppik immer so viel geredet hast, weiß ich doch schon, daß er ein Säufer ist; glaubst, ich bin taub?« sagte mein Sohn. Wir gingen zusammen ins Wohnzimmer. Mein Sohn machte seine tiefste Verbeugung vor dem Gast. Joseph Roth, einer der höflichsten Männer des Jahrhunderts (der wie Ernest Renan mit jedem, »sogar mit den Hunden« höflich war), erhob sich vor dem Jungen, gab ihm die Hand und erwiderte die Verbeugung. »Du bist ein sehr großer Junge für dein Alter«, sagte er. »Ja«, erwiderte mein Sohn, »ich bin in den letzten Jahren sehr schnell gewachsen.« Roth saß strahlend da, und seine rechte Hand tastete sehr behutsam zu dem Gläschen vor ihm. Er zog aber die Hand schnell zurück, denn mein Sohn war nicht der Mann, der eine Konversation gleich stocken läßt. »Ich habe Ihre Bücher nicht gelesen. Papa glaubt, ich sei noch zu dumm dazu, aber – –« – »Dan«, verwarnte ich ihn, »ich erinnere mich nicht genau, was ich gesagt habe, zu dumm hab ich bestimmt nicht gesagt.« – »Du hast gesagt: zu jung; das ist doch dasselbe.« – »Dani«, sagte meine Frau, »sei du nicht so witzig gegen deinen Vater. Du weißt sicher ganz genau, was er dir gesagt hat.« – »Er hat ungefähr gesagt: Du kannst meinetwegen alles lesen. Was du nicht verstehst, wird dir nicht schaden. Aber es kann passieren, daß du ein wichtiges Buch liest und es nicht verstehst, aber nie wieder in die Hand nimmst, weil du dich erinnerst, daß du es gelesen hast. Also wird dir das, was du nicht verstanden hast, doch schaden.« – »Sehr schön«, sagte Roth, »du hast dir das fein gemerkt. Und dein Vater hat recht.« – »Mein Pappi hat immer recht. Aber es macht mir Spaß, ihn zu frozzeln.« – »Warum?« wollte der vergnügte Roth wissen. »Weil er mich erzieht. Das ist doch auch eine Art Frozzeln.«

Die Köchin Fanny brachte die Suppe. Obwohl er die Suppe, seine und Roths Lieblingssuppe, sogleich zu erriechen vermochte, nahm Dan seinen Blick von Roth nicht weg und setzte das Gespräch fort: »Papa hat mir trotzdem einige Beschreibungen von Ihnen vorgelesen, zum Beispiel das Tanagra-Theater, und ich fand, daß Sie sehr verständlich schreiben. Ich habe alles verstanden.« – »Das freut mich sehr«, sagte Roth. »Liest dir dein Vater auch, was er schreibt?« – »Manchmal schon, wenn er glaubt, daß ich es verstehe. Zum Beispiel die Beschreibung des Kriegerdenkmals von Ecking in Bayern. Meine Tante May kugelt sich vor Lachen, sooft wir an dem Denkmal vorbeigehn.«[191] – »Es freut mich sehr, daß du das Leichtverständliche gern hast. Ich und dein Vater sind prosty Menschen.« – »Was heißt das?« wollte Dan wissen. »Das ist auf jiddisch: einfache Menschen.« – »Prosty Menschen? Was ist das für ein Wort: ›Prosty‹?« – »Prosty ist ein polnisches Wort; es heißt so viel wie einfach. Ich hab das Wort sehr gern und sag es sehr oft. Das sind so Heimatklänge für deinen Vater und für mich.« – »Ich werde es mir merken. Ich will auch ein einfacher Mensch werden, ein prosty Mensch.« – »Wenn du es ganz echt aussprechen willst, sagst du: a prosty mentsch.« – »A prosty mentsch. Prosty mentschn – wir sind alle prosty mentschn!« jubelte mein Sohn. »Sehr schön, sehr schön«, jubilierte Roth mit ihm unisono die zwei Worte. »Laßt uns drauf was trinken«, und er schob Dan sein Glas Wasser zu, »oder willst du lieber einen Cognac?« – »Cognac!« sagte mein Sohn. Er griff im Spaß nach dem halbvollen Gläschen, roch daran und schob es mit gekräuseltem Näschen dem Gast zurück. »Nein, danke, dazu bin ich wirklich noch zu dumm!«

Als Fanny, eine zarte kleine Miniatur von einer vortrefflichen Köchin, nicht ohne berechtigten Stolz mit ihrem Tafelspitz den Eßtisch veredelte, sagte Frau Nandi: »Das ist ja ein wahres *Radetzkymarsch*-Mittagessen.« Roth erhob sich mit einem Gläschen in der Hand, bedankte sich bei Inge und Fanny und sagte: »Es ist nicht das erste Mal, daß ich die Gelegenheit habe, darüber nachzudenken, ob der Erfolg meines Romans nicht dem Tafelspitz zuzuschreiben wäre.« – »Was ist ein *Radetzkymarsch*-Essen?« fragte Dan, der seit der frühesten Zeit ein gesundes Interesse für die Küche zeigte. Meine Frau erklärte es ihm leise und ermahnte ihn, jetzt die Erwachsenen zu Worte kommen zu lassen. Aus diesem Grunde, und weil es meistens um die Lage in Wien ging, hab ich das Gespräch nicht gut in Erinnerung. Den ersten Teil weiß ich so genau, weil Tante Nandi, die Sammlerin, nicht versäumte, mit immer frischem Enthusiasmus es zu wiederholen.

Es war drei Uhr, als ich den Gast zum nächsten Standplatz der Taxi begleitete. Er war, da er mit gutem Appetit gespeist hatte – was er leider selten getan hat –, völlig nüchtern. »Ich hätte nie geglaubt, daß Inge eine so gute Hausfrau sein wird.« – »Ich auch nicht. Aber das war gewiß nicht der Grund, warum du mir abgeraten hast, sie zu heiraten.« – »Hab ich? Wirklich? Abgeraten?« – »Ja, abgeraten.« – »Was hab ich gesagt?« – »Du hast gesagt: ein galizischer Jud heiratet nicht ein dänisches Fräulein von Klenau. Ich hab dich erinnert, daß Inge eine halbe Jüdin ist.« – »Das ist nicht genug Jüdin für dich«, lachte er äußerst vergnügt. »Du hast übrigens auch Inge abgeraten, mich zu heiraten.« – »Woher weißt du das?« – »Du kannst dreimal raten.« – »So? Inge hat es dir erzählt, die Verräterin.« – »Du hast ihr gesagt: ›Ein adeliges dänisches

Fräulein heiratet nicht einen galizischen Juden.‹« – »Also genau das, was ich dir gesagt habe.« – »Nicht ganz. Die Worte sind fast dieselben.« – »Na also!« – »Ja. Aber, was du mir gesagt hast, war ein schlechter Rat. Was du Inge gesagt hast, war ein guter Verrat.« – »So? Hat sie das so verstanden?« – »Wie hast denn du es verstanden?« – »Ich wollte dir deine Inge wegnehmen.« Er lachte, als wäre ihm ein netter Schabernack gelungen. »Im Wegnehmen hab ich ja Übung, wie du weißt.« – »Ich weiß, du wolltest Inge wegnehmen, wie du Sylvia dem Dr. Zappler und Friedl Hanns Margulies weggenommen hast. Aber Inge heißt eben nicht Sylvia und nicht Friedl.« – »Glaubst du, Inge hätte mich geheiratet, wenn ich sie früher kennengelernt hätte als du?« – »Ich weiß nicht. Was glaubst du?« – »Eher nicht.« – »Ich halte es für möglich. Inge ist nicht so wählerisch.« – »Nun, hören wir jetzt mit dem Blödeln auf. Du hast wohlgetan, sie zu heiraten. Du hast einen Sohn, einen wahren Schatz. Wenn ich einen solchen Sohn hätte, ich würde ihn bei der Hand nehmen und ihn halten und ihn nicht für einen Tag auslassen. Wie heißt es in der Bibel? Gott segne dein Haus. Ich habe keinen Vater gekannt, ich werde auch keinen Sohn haben.« – »Warum nicht? Du bist erst einundvierzig Jahre alt.« – »Das hab ich schon versäumt. Wie sagt der Goj auf gut deutsch: ›Es ist worden spät.‹ – Daß ich nicht vergesse: Morgen hat uns Zweig zum Abendessen eingeladen. Ihr habt euch verschworen, aus mir einen Esser zu machen. Es wird euch nicht gelingen.«

Zu Haus lag mein Sohn bäuchlings auf dem Teppich im Wohnzimmer ausgestreckt, auf die Ellbogen gestützt, Hände an den Schläfen, in sein illustriertes zoologisches Buch vertieft. Ich wagte nicht, ihn zu unterbrechen. Wie er aber Inge eintreten hörte, sprang er schnell hoch und faßte sie um die Hüfte. »Der Herr Roth ist ein lieber Mann, nicht wahr, Mutti?« – »Ja, sehr lieb ist er.« – »Schad, daß er nicht in Wien wohnt. Ich möchte gern mit ihm spazierengehen. Lieber als mit dem Dr. Löbel oder dem Dr. Sonne oder Karl Tschuppik. Die reden immer so gescheit. Der Herr Roth ist a prosty mentsch!« – »Dein Papa ist doch auch dabei, wenn du mit Dr. Löbel oder Dr. Sonne spazierengehst.« – »Mit ihnen redet Papa auch so gescheit, oder erzieherisch. Ich bin a prosty mentsch.« – »Möchtest du lieber Herrn Roth zum Papa haben?« mischte ich mich ein. »Zum Papa?« – »Warum nicht? Beinah hätte Mutti ihn geheiratet.« – »Ist das wahr, Mutti? Sag, daß es nicht wahr ist.« – »Warum? Du sagst doch selber, daß er ein lieber Mensch ist.« – »Ja, er ist ein lieber Mann, aber doch nicht für meinen Papa. Dann müßte er doch dein Mann sein, und dann wäre ich gar nicht geboren.« – »Wieso denn nicht?« – »Du könntest doch nicht einen Mann heiraten mit einem solchen Schnurrbart.« – »Ach was, einen Schnurrbart kann man abrasieren.« – »Mutti, du frozzelst mich, sag, daß du mich frozzelst, bitte. Nicht wahr, Papa, Inge frozzelt uns.« – »Warum denn?« – »Herr Roth sieht aus wie ein Marder. Ich möchte keinen Papa haben, der aussieht wie ein Marder. Schau da, in meinem Buch. Wie der Marder da.«

Dan hatte in jenem Jahr in der Sommerfrische das Wort ›frozzeln‹ aufgepickt, und er übte es bei jeder Gelegenheit kameradschaftlich an seinem Papa. Aber die Bemerkung, daß Joseph Roth wie ein Marder aussah, traf mich, als wäre ich eine Tante Nandi. Vor Jahren in Berlin bei Mampe saßen wir zu dritt, Roth, ich und Berthold Viertel, der bekannte Regisseur (und leider weniger bekannte lyrische Dichter)[192]. Als Roth zum Telephon gerufen wurde, fragte mich Viertel: »Ist es Ihnen schon aufgefallen, daß er wie ein Marder aussieht?« Aus diesem Grunde spiele ich hier ein wenig Tante Nandi.

Stefan Zweig rührt kein Schießgewehr an

Folgenden Tags hat uns Zweig zum Nachtmahl eingeladen. Wir kamen wieder in der Bristol-Bar zusammen, um vier Uhr. Roth war mißgestimmt. Er hatte einen Besuch bei den Verwandten seiner Frau nicht vermeiden können. Er mochte den Familienanhang nicht. (Das war auch der Hauptgrund, warum er sehr selten nach Wien kam, seit 1933 zum ersten Mal[193].)

Zweig fand uns schweigend in der Bar, mißdeutete die Ursache, schwieg eine Zeit mit uns, dann fragte er: »Habt ihr euch schon wieder gestritten?« – »Wir haben uns nur *einmal* gestritten, und auch das nur brieflich. Das war ein Zerwürfnis, kein Streit. Nur die Kleinbürger streiten miteinander. Wir sind keine Kleinbürger. Vor vielen Jahren haben wir beschlossen, uns durch Zeichen zu verständigen, wenn einer dem anderen was vorzuwerfen hätte. Das Zeichen war ein Brief mit der Anrede: Lieber Herr – anstatt Du. Wir haben auch davon selten Gebrauch gemacht. Wir haben noch kein Wort gewechselt heute. Ich habe meine Schwiegereltern in ihrem Hause genossen.«[194] Nach dieser Mitteilung stärkte sich Roth mit einem Hennessy und lachte das Mißvergnügen dieses Tages hinweg. Stefan Zweig schlug vor, daß wir irgendwo hinausfahren, wo man draußen sitzen könnte, und dort schon zum Abendessen bleiben. Roth machte einen Versuch, sich auf seine geschwollenen Füße auszureden. Als ich aber Zweig fragte, ob wir nicht im Prater im ›Eisvogel‹ im Garten zu Abend essen können, zeigte Roth lebhaftes Einverständnis, aufgemuntert durch das Wort ›Prater‹. »Herrlich, fahren wir gleich hin. Ich war schon ein Jahrzehnt, genau seit 1928, nicht mehr im Prater.« Während er die gelokkerten Schuhbänder zurechtzog, hielt Zweig den Moment gekommen, um mich nach dem Namen des Verfassers von dem Artikel über die Powidltheorie zu befragen. Als ich ihm mit fast ebenso schlecht gespielter Unschuld antwortete, wie Zweig gefragt hatte, sei es, daß Roth tatsächlich nicht zugehört hatte oder nur so tat, er setzte seine Beschäftigung in der gebeugten Haltung fort. »Sind Sie sicher, daß der Verfasser von dem Artikel wirklich Freud war?« fragte Zweig, als Roth sich wieder hochstreckte und gleich vom Sitz erhob. »Von welchem Artikel?« fragte er. »Von dem Powidlartikel«, antwortete Zweig, dem diese Schulbubenszene nicht wenig Spaß machte. »Ist das wahr?« fragte Roth mich. »Ja«, sagte ich, »traust du ihm so etwas nicht zu?« – »Doch«, sagte Roth, »aber es wäre mir angenehmer zu wissen, daß es jemand war, der mehr Sinn für Humor hat.«

Im Taxi führten beide ein ruhiges Gespräch über Humor und Witz. Zweig hielt Roth vor, daß es von Freud eine Studie gäbe über den Witz, die allein als eine vorzügliche Auslese von Witzen ihren Wert habe – als Beweis für seinen Humor. Roth wandte ein, daß Verständnis für den Witz nichts für den Humor beweise, und so ging es eine Weile hin und her, bis der Name Bergson genannt wurde. Der vielwissende Zweig, der auch gern große und berühmte jüdische Namen registrierte, ließ sogleich von der Debatte ab und fragte, ob es nicht trostreich wäre, daß die Juden zwei so große Denker wie Freud und Bergson als Zeitgenossen hervorgebracht haben. »Wenn das ein Trost sein kann, möchte ich noch zwei gute Namen hinzufügen: Husserl und Georg Simmel; es sind also vier, nicht zwei.« – »Ich verstehe nicht, wie ich Husserl vergessen konnte. Aber halten Sie Simmel für so bedeutend?« – »Ja«, sagte ich, »ohne Zweifel. Aber das wird erst die Zukunft entscheiden. Er ist nicht berühmt. Er schreibt keine umfangreichen Bände. Aber er ist einem wahren Weisen näher als ein Professor, der ein geschlossenes Kolleg lesen kann. Ein hebräischer Gelehrter, geboren in Rumänien, der es zum ›reader‹ an der Cambridge-Universität gebracht hat, klagte einmal über den Mangel an jüdischen Philosophen im 19. Jahrhundert: ›Nicht nur haben wir keinen Spinoza, wir haben nicht einmal einen, der einen guten Kommentar zu Spinoza verfassen könnte.‹ Als er diese traurige Tatsache feststellte, waren Freud, Bergson, Husserl und sogar Simmel schon da, aber noch nicht sichtbar geworden.« – »Wer war der Gelehrte?« fragte Zweig. »Sein Name ist Salomon Schechter[195]. Er hat den hebräischen Text des Jesus ben Sira entdeckt, der für tausend Jahre verschwunden war. Bis dahin existierte das Werk nur in griechischer Übersetzung.« – »Ja«, sagte Zweig, »das ist doch der Mann, der die sogenannte Genisa nach Cambridge gebracht hat.« – »Woher wißt ihr das alles?« fragte Roth zornig. »Wir sind halt neugierig«, sagte Zweig. »Was heißt eigentlich Genisa? Wenn Soma auch noch weiß, was Genisa heißt, steig ich aus!« schrie Roth in gespielter Entrüstung. »Wir werden hier alle aussteigen. Wir sind am Praterstern, hier nehmen wir uns einen Fiaker und fahren in der Hauptallee spazieren.« – »Fahren – gut! Nur nicht gehen!« freute sich Roth. Im Fiaker fragte Zweig: »Werden Sie jetzt auch aus dem Fiaker aussteigen, wenn Soma uns erklärt, was das Wort Genisa bedeutet?« – »Nein«, sagte Roth, »zum Fiaker paßt eine solche Erklärung doch besser als zu einem Taxi.« – »Ich habe mir erlaubt, den Dr. Sonne auch zum Nachtmahl einzuladen. Wir könnten also abwarten, bis er uns das Wort erklärt.« – »Nein«, insistierte Roth, »Soma soll zeigen, daß er weiß, was das Wort bedeutet. Dann werden wir Dr. Sonne fragen. Zur Kontrolle. Er ist ein hebräischer Dichter. Er ist uns mehr maßgebend als Soma.« – »Mir ist Soma maßgebend genug«, meinte Zweig. »Soma soll nicht so viel lesen und Wissen sammeln«, sagte Roth. »Tolstoi warnt die Schriftsteller vor dem vielen Lesen. ›Das kann einen ruinieren‹, sagt er.« – »Er, Tolstoi, hat mehr gelesen als ihr zwei zusammen«, sagte Zweig, »und es hat ihm nicht zu sehr geschadet.« Auf einmal schwiegen wir, wie auf Verabredung, alle drei still.

Der Tag war noch golden mit dem Licht der Sonne, tiefblau mit dem Licht des herbstlichen Himmels, braun und gelb mit dem Licht des herbstlichen Laubs. Wir schwiegen, bis wir, erfrischt von der milden Luft und den hellen Stimmen der spielenden Kinder, dem Fiaker entstiegen und auf Wunsch – ich möchte fast sagen: auf Befehl – von Roth uns in den Wurstlprater begaben. Auf einmal schritt er uns energisch voraus, als hätte er, von der Luft des Praters verjüngt, völlig vergessen, daß er auf seinen geschwollenen Füßen uns in das Land der Jugenderinnerungen führte. Wir folgten ihm so langsamen Schritts, daß wir ihn hin und wieder aus den Augen verloren. Auf seinen Wunsch erklärte ich Zweig das hebräische Wort Genisa: ein Versteck oder gar eine Grabstätte für abgenützte hebräische Bücher, Manuskripte, Dokumente, ja für alles, was in hebräischen Buchstaben geschrieben ist. So groß ist die Ehrfurcht der Frommen vor den hebräischen Lettern. Eine abgenützte oder beschädigte Tora wird wie ein Mensch richtig begraben. Alles andere in einer Rumpelkammer oder sonst einem Versteck untergebracht. Die Genisa von Fostat/Kairo ist ein Anbau von der uralten Synagoge, in der Professor Schechter etwa hunderttausend Fragmente vorgefunden hat, darunter auch den wichtigsten Teil des Werkes von Jesus ben Sira. »Wir wollen sehn, ob Roth sich erinnern wird, danach zu fragen«, sagte Zweig. Wir fanden ihn vor einer Schießbude, ein Gewehr in den Händen. Den Hut hatte er abgelegt. Neben dem Hut lag eine Trophäe, die er sich offenbar bereits erzielt hatte. Da er uns kommen hörte, wandte er uns ein beglücktes Gesicht mit strahlenden, obgleich blutunterlaufenen Augen zu. »Ich hab schon zwei Treffer gemacht«, prahlte er Zweig an, schoß noch einmal, diesmal knapp daneben, und übergab mir das Gewehr. »Wir wollen sehn, ob du noch schießen kannst.« – »Wer, wir?« fragte Zweig in ehrlicher Entrüstung. Ich nahm ihm das Gewehr ab, erinnerte Roth daran, daß ich nie den Ehrgeiz hatte, ein guter Schütze zu sein, feuerte zweimal weit daneben und bot das Schießgewehr Stefan Zweig an, in ahnungsloser Unschuld. »Jetzt sind Sie an der Reihe, Herr Zweig«, verkündete Roth, indes Zweig, als hätte ich ihm ein glühendes Eisen angeboten, in Abscheu schnellen Schrittes retirierte. Roth schüttelte sich in lärmendem Gelächter. »Ich wollte dir nur zeigen, daß Herr Zweig, seinem Pazifismus getreu, ein Schießgewehr nicht einmal berühren will.« – »Schauen Sie ihn nur an, wie er sich amüsiert. Schauen Sie ihn nur an. Wie ich euch vorgeschlagen habe, irgendwo draußen zu speisen, lehnte er mit Ekel ab. Aber wie Sie das Wort Prater sagten, jubelte er. Jetzt weiß ich, warum. Er hat so freudig mitgetan, um Ihnen zu demonstrieren, daß ich ein Schießgewehr nicht berühre. Er weiß das schon seit Jahren. In Frankreich, an der Riviera, haben wir zusammen eine Art Lunapark besucht, wo er mir zum ersten Mal seine Schießfertigkeit vorgeführt hat, und meine Weigerung, ein Gewehr zu berühren, hat ihm schon damals einen Heidenspaß gemacht.« – »Heidenspaß ist das richtige Wort dafür«, sagte ich. »Von einem Ostjuden wie Roth könnte man ein sympathisierendes Wort für eine solche Weigerung erwarten. Ich hatte einen Großonkel, der nie, auch nicht an Wochentagen, eine Münze berührt hat. Ein Schießgewehr zu berühren ist er gewiß nicht einmal in die Nähe einer Versuchung geraten.« – »Dein Großonkel war ein frommer Jude. Eine überspitzte Frömmigkeit ist nichts gar so Seltenes. Aber ein überspitzter Pazifismus? Das ist eine große Seltenheit. Darum wollte ich ihn dir zeigen. Aber Soma hat für alles eine jüdische Deutung. Soma trägt seine Wurzeln mit sich, in seinen Schuhen. Soma kann nichts geschehen.« – »Wenn Herr Zweig mir ein wenig hilft, werde ich beweisen, daß meine, wie du meinst ›jüdische‹ Deutung etwas für sich hat.« – »Ich werde gerne helfen, aber wie?« – »Ich werde Sie bitten, mir eine Frage zu beantworten.« – »Bitte.« – »Glauben Sie, Herr Zweig, daß Ihr Freund und Mitkämpfer im Pazifismus, Romain Rolland, sich auch weigern würde, ein Gewehr zu berühren?« – »Das weiß ich nicht«, sagte Zweig langsam und nachdenklich. »Ich habe nicht die Ehre, den berühmten Pazifisten persönlich zu kennen«, sagte ich, »aber ich glaube nicht, daß sich irgendwo in Frankreich, ja, nicht einmal in England, wo es von originellen Käuzen wimmelt, einer finden wird, der sich weigern wird, ein Schießgewehr zu berühren. Was glaubst du, kriegerischer Monarchist?« Er sah mich zornig an, und wie in früheren Zeiten, als wir noch jung waren und er noch starke Zähne hatte, bewegten sich seine Backenknochen. »Er hat schon immer eine Art zu fragen gehabt wie ein Staatsanwalt.« – »Was heißt: wie ein Staatsanwalt?« fragte Stefan Zweig, »es ist eine interessante Frage.« – »Es ist eine verfängliche Frage«, bestand Roth, »man weiß nicht, wie man antworten soll.« – »Ich habe geantwortet: ich weiß nicht.« – »Wenn ich etwas nicht weiß, sag ich das auch«, sagte Roth, »aber nicht *ihm*.« – »Warum nicht ihm?« wunderte sich Zweig. »Weil er ein Besserwisser ist! Und er hat auch diesmal recht«, sagte Roth und brach in Gelächter aus, »natürlich ist das ein jüdischer Atavismus bei Ihnen. Aber ich wollte Sie gegen ihn verteidigen.« Zweig blickte mich fragend an, und da ich lachte, lachten wir diesmal alle zusammen.

Indessen waren wir in den Garten des ›Eisvogel‹ eingetreten. Alle weißgedeckten Tische und alle weißlackierten

Stühle waren noch leer bis auf einen in entferntester Ecke, wo ein dunkelgekleideter, düsterer Mann saß: Dr. Abraham Sonne.

Obwohl Roth meinen Freund Sonne erst vor kurzem kennengelernt hatte, begrüßte er ihn herzlich wie einen alten Freund, und auf die Bemerkung von Dr. Sonne: »Die Herren sind ja in richtiger Prater-Vergnügtheit«, erzählte ihm Roth den Grund unserer Heiterkeit. Und da er offenbar schon vergessen hatte, mir recht gegeben zu haben, ernannte er Dr. Sonne zum Schiedsrichter und wollte seine Meinung haben. Dr. Sonne setzte eine rabbinische Miene auf: »Soma hat recht. Wie recht er hat, werde ich gleich mit einer kleinen Geschichte belegen: Ein Jude geht mit seiner Frau und seinen zwei Kindern zu Fuß zum Städtchen. Unterwegs fährt ein Bauernwagen langsam vorbei, ein großer Leiterwagen, nur zur Hälfte mit schönen Holzstücken beladen, leicht mit Stroh bedeckt. Der Bauer hält den Wagen an, wartet, bis die Familie in die Nähe kommt, und fordert sie mit einer Bewegung seiner Peitsche auf, mitzukommen. Der Jude bedankt sich, und die ganze Familie steigt auf. Um mit dem freundlichen Bauern ins Gespräch zu kommen, fängt der Jude an: ›Sehr schönes Holz haben Sie da. Ich hab noch selten so schöngeschnittenes Holz gesehen.‹ – ›Es ist auch kein gewöhnliches Holz‹, sagt der Bauer. ›Das hab ich mir gleich gedacht‹, sagt der Jude, ›wo heizt man mit so schönem Holz? Beim Grafen Potocki?‹ – ›Aber wo‹, sagt der Bauer, ›dieses Holz ist nicht zum Heizen. Dieses Holz führ ich in die Stadt, zur Kaserne der Kaiserlichen Kavallerie. Dort macht man Karabinerkolben draus.‹ – ›Karabiner! Schießgewehre!‹ schreit der Jude und springt aus dem Wagen, ›da darf ich nicht sitzen. Und was mit meiner Frau und den Kindern geschieht, das weiß Gott allein!‹«

So heiter der Abend begann, so traurig ging er spät zu

Ende, denn wir sprachen natürlich lauter Politik. Wir waren uns alle einig, daß das Schicksal Österreichs bald eine traurige Wendung nehmen würde. Wir überlegten zu viert, wo wir zwei, Dr. Sonne und ich, hinflüchten sollten. Stefan Zweig und Joseph Roth waren ja beide vorläufig gut aufgehoben, Roth in Paris, Zweig in London.

Wie immer und mit wem immer wir einen Abend verbracht hatten, blieben wir zu zweit noch zusammen. Wir gingen ein Stück zu Fuß auf der Praterstraße bis zur Nähe der Ferdinandsbrücke. Roth war wieder in meiner Gegenwart an diesem Abend nicht zu taktvoll zu Stefan Zweig gewesen. Ich fragte ihn, warum. »Wenn ich mit ihm allein bin, kommen wir sehr gut aus. Wir sind ja gute Freunde. Aber seine überhitzte Menschenliebe reizt mich. Das kann nicht echt sein. Der Judenhaß trifft ihn persönlich. Ich habe manchmal das Gefühl, daß er auf die Nazis nicht so bös wäre, wenn sie Unterschiede machten. Zwischen Ostjuden und Westjuden. Zwischen reichen und armen Juden. Zwischen berühmten und nicht-berühmten Juden. Die reichen deutschen Juden haben am Anfang immer geglaubt, daß Hitler nur uns meint, uns Ostjuden.« – »Wie immer das sein mag«, sagte ich ihm, »du hast keinen Grund, mit ihm gereizt zu sein. Er hat für dich nur Bewunderung. Und die ist echt.« – »Ich habe für ihn keine Bewunderung, und das ist auch echt. Ich bin unbestechlich.« – »Aber das Geld, das er dir schenkt, nimmst du!« – »Ja«, sagte er im Zorn, »ich nehme es. Ich nehme es, weil er's hat. Aber ich mache es wie Anton Kuh. Ich laß mich bestechen, aber ich liefere mich nicht. Anton Kuh hat von einem Krawattenhändler Krawatten angenommen, die er ihm geschenkt hat offenbar in der Erwartung, daß er seine Krawatten öffentlich loben wird. Kuh nahm die Krawatten und erwähnte die Firma in einem Theaterartikel. Aber er schrieb in Klammern: ›entgeltlich‹ – – wie es das Pressegesetz in Österreich für Annoncen vorschrieb.«

Zum Abschied schon vor dem Hotel Bristol, sagte er mir: »Kündige deine Wohnung und bereite langsam deine Auswanderung vor.« – »Ich habe daran schon gedacht«, sagte ich ihm, »ich glaube, es hat noch bis Mai Zeit. Da läuft grad mein Mietsvertrag ab.« – »Ja, bis Mai wird's noch dauern.« – »Du bleibst natürlich in Paris. Aber ich weiß noch nicht, wohin ich wandern soll. Ich denke an Amerika.« – »Da paßt du gerade hin!« sagte er sarkastisch. »Komm nach Paris. Du hast dich 1934 dort nicht wohl gefühlt, weil du ausnahmsweise *zu* fleißig warst.« – »Ich weiß nicht. Ich bin unschlüssig«, sagte ich, »aber ich fühle, es kommt jetzt wieder eine Zeit, da es wie im Krieg sein wird: ein falscher Schritt kann den Unterschied machen zwischen Leben und Tod.« – »Also mach keinen falschen Schritt. Sonst sehen wir uns nie wieder. Denn der Krieg kommt. Hoffentlich bald!«

In diesem Moment sah Roth so aus, wie er erst in den letzten Wochen seines Lebens aussehen sollte.

März 1938

Wir sahen uns sehr bald wieder. Ein paar Tage nachdem der
unglückselige und dennoch auch verächtliche Tiroler Dr.
Schuschnigg auf Hitlers Befehl nach Berchtesgaden gegangen war, um von ihm *en canaille* behandelt zu werden,
tauchte Roth in Wien auf.[196] Ich sage tauchte, denn es kam so:
Eines regnerischen, kalten Abends sagte mir am Telephon
eine Stimme: »Wenn du mich an meiner Stimme erkennst, sag
meinen Namen nicht. Ich bin hier incognito.« Ich hab ihn
natürlich sofort erkannt und zitierte ihm, als Zeichen dafür,
den Satz, mit dem Karl Kraus, auch in der Nacht per Telephon, den nach Wien geflüchteten Bert Brecht begrüßte: Die
Ratten betreten das sinkende Schiff. »Wir müssen uns sofort
treffen«, sagte die Stimme, »aber nicht im Café Museum. Wir
treffen uns in der Mainl-Stube. Da brauch ich nur über die
Straße zu gehn. Ich will nicht gesehen werden.« Wir trafen
uns dort. Und als er mir, zum ersten Mal in unserem Leben,
ein Ehrenwort abgenommen hatte, das Geheimnis zu bewahren, teilte er mir mit, daß er hier in einer geheimen Mission sei. Der Führer der Monarchisten, der Graf Degenfeld,
habe ihn hierherbestellt.[197] Sie wollten den Bundeskanzler
auffordern, Otto von Habsburg die Regierung zu übergeben
und zum Kaiser von Österreich auszurufen. »Sonst ist
Österreich verloren«, sagte Roth. »Wenn Schuschnigg das
tut«, sagte ich, »wollen wir beide – und ich bestehe darauf:
beide – nach Bratislava schon morgen flüchten und dort abwarten. Sonst – – –« – »Schuschnjak hat nein gesagt. Ich
fahre morgen zurück nach Paris.« – »Kannst du morgen noch
zu uns zum Frühstück kommen?« – »Danke nein. Sehr lieb

von dir, aber ich kann nicht. Ich will mich nicht sehen lassen. – Hast du schon die Wohnung gekündigt?« – »Ja«, sagte ich, »jetzt ist keine Zeit mehr bis Mai. Ich höre, daß Schuschnigg eine Volksabstimmung veranstalten will. Und wenn er damit herauskommt, fahre ich allein nach Bratislava. Denn meiner Ansicht nach wird die Volksabstimmung nicht stattfinden.« – »Warum?« fragte er. »Weil Hitler sicherlich weiß, was ich weiß: daß die Volksabstimmung mit etwa 70% gegen ihn ausfallen wird. Und da wird ihm nichts anderes übrigbleiben, als hier einzumarschieren.«

Die Wohnung war gekündigt, und wir fingen zu packen an ohne zu große Eile. Indessen erkrankte mein Sohn. Er hatte hohes Fieber, und wir riefen unsern Dr. Levy an. Er untersuchte ihn und sagte: Scharlach. Ich hatte damals noch so viel Einfluß bei der Polizei, daß man mir erlaubte, das Kind zu Hause zu behalten. Man klebte einen roten Zettel an die Tür unserer Wohnung als Warnung. Ich konnte meine Frau mit dem kranken Kind nicht allein lassen, und mit dem Plan, nach Bratislava zu flüchten, war es aus.

Ich hatte schon vor einem Monat mir einen Reisepaß für Übersee verschafft, und ich war sicher, daß die Volksabstimmung nicht stattfinden würde. Dennoch brachte ich nicht die Energie auf, sofort zu flüchten. Nicht einmal nach Bratislava. Ich riskierte es, abzuwarten, bis mein Sohn reisefähig sein würde. Und so blieb ich in Wien bis zum Einbruch der deutschen Armee in Österreich. Daß ich schon seit 1930 auf der schwarzen Liste der Nazipartei stand, hatte ich glücklicherweise vollkommen vergessen. Ich sage glücklicherweise, weil ich sonst es nicht gewagt hätte, mit meinem Paß an die Grenze zu gehn. Obwohl mir sowohl der Kinderarzt als auch meine Frau zuredeten, war ich wie gelähmt und konnte mich nicht zur Flucht entschließen. Aber ein guter Freund, den ich schon seit langer Zeit in Verdacht hatte, daß er ein geheimes Mitglied der Nazipartei war, um seine hohe Stellung nicht zu verlieren, rief mich telephonisch an und beschwor mich, unverzüglich Wien zu verlassen. Er war gut informiert, denn er war ein naher Freund von Seyß-Inquart. Er verriet mir, daß am nächsten Mittag um zwei Uhr der letzte Zug nach Paris abgehen würde, für den man keine Ausreiseerlaubnis brauchte. Ich folgte seinem Rat, packte einen kleinen Koffer. Die Frau meines Freundes, Nandi, machte sich erbötig, mich zum Zug zu begleiten. Ich nahm ihr Angebot an. Wie es schon immer meine Gewohnheit war und mein unheilbares Reisefieber mich drängte, kam ich auch diesmal zu früh zum Zug, der schon zur Abfahrt auf dem Bahnhof bereitstand und noch fast leer war. Auf dem Bahnsteig begegneten wir einem Kriegskameraden. Er war ein Kamerad vom selben Regiment, aber ich hatte ihn seit 1920 nicht gesehn. Er war ein bekannter Rechtsanwalt geworden. Er gab mir ein Zeichen, daß er mich sprechen wollte, und er flüsterte mir zu: »Steig nicht ein. Man sagte mir hier, daß die Reisenden auf jeder Station aufgehalten und genau kontrolliert werden.« Er wollte auch wegfahren, aber hatte nun beschlossen, es nicht zu tun. Ich überbrachte diese Information meiner Freundin, die ohnehin in noch größeren Ängsten stand als ich. Eine sehr tapfere Frau, beschloß sie, nicht aufzugeben und wollte ihren Mann um Bescheid anrufen. Ich ließ das nicht zu. Ich sagte ihr ungefähr: Mir ist es lieber, in St. Pölten und in allen andern Stationen kontrolliert zu werden, als in Wien. Wer weiß schon in St. Pölten, wer ich bin! Ich nahm den Zug. Er ging fast vollkommen leer ab. Aber ich riskierte es dennoch. Mein Kriegskamerad hatte recht. St. Pölten war die erste Stadt, wo wir vom Zug heruntergeholt und ausgefragt wurden. Das wiederholte sich an allen größeren Stationen mit einer Ausnahme: Linz. Dort war just an jenem Tage der österreichische Retter des deutschen Volkes in seine engere Heimat eingezogen.[198] In den fünfzehn Minuten, da der Zug sich auf der Station Linz aufhielt, hörten wir ein solches Geheul, daß ich noch viele Monate später in Paris, wenn ich nachts nicht einschlafen konnte und ein Wind blies, dieses Volksgeheul hörte.

Von dieser Reise erzähle ich an einer andern Stelle Genaueres. Hier genügt es, zu sagen, daß ich glücklich in der Schweiz angekommen bin. Mein Kriegskamerad ist leider nicht mitgekommen. Dabei hatte er eine richtige Erfahrung vermittelt: Es war zum ersten Mal, daß ich in meiner Eigenschaft als Flüchtling die Erfahrung gemacht habe, wie gefährlich es manchmal ist, gut informiert zu sein.

Es war nicht in meinem Plan, mich in der Schweiz aufzuhalten. Auf dem Bahnhof in Zürich hielt der Zug so lange, daß ich meiner Frau telegraphische Nachricht geben konnte. Ein zweites Telegramm schickte ich an Roth und bat ihn, mich in Paris am Zug abzuholen. Dieses Telegramm hätte ich mir ersparen können. Denn in der schönen Stadt Basel ließ man uns aussteigen, und ein Vertreter des französischen Konsulats verkündete uns, daß wir ein Visum nach Frankreich brauchten. Das wäre eine neue Bestimmung der französischen Regierung. Eigens für die österreichischen Flüchtlinge. Später stellte sich heraus, daß dies eine Lüge war, eine Erfindung der französischen Vertretung in der Schweiz. Ich weiß bis heute nicht, ob es der Konsul war, der sich selbständig gemacht hatte, oder der Gesandte. Man ließ uns nicht weiterfahren, bis die Sache geklärt wurde. Indessen hatte ich mir ein Visum verschafft. Aber man gab mir nur ein Transitvisum. Da ich nicht die Absicht hatte, in Frankreich zu bleiben, nahm ich es. Das war ein großer Fehler. Denn sooft ich in Frankreich mit der Préfecture de police in Berührung kam, schadete mir dieses Visum, das ich gar nicht gebraucht hätte. Denn zur Zeit meiner Einreise war ein Visum noch nicht nötig, wie mir Roth in einem Brief mitteilte. Es war offenbar eine Schikane des französischen Konsulats in der Schweiz, eine Schikane, die nicht lange gebraucht hat, um Gesetz zu werden.

Bei meiner Ankunft in Paris erwartete mich Joseph Roth nicht am Bahnhof. Er hatte mir ein Zimmer reserviert in dem Hotel, in dem er zu meinem Erstaunen damals wohnte. Es hieß Hôtel Florida. Ausgerechnet, muß ich hier sagen. Denn es paßte gar nicht zu Roth, wie ich bald herausbekommen sollte. Ich kam abends um 7 Uhr an. Im Hotel sagte mir ein unfreundlicher Manager, Roth wäre nicht anwesend. Er habe auch kein Zimmer für mich bestellt. Ich wartete eine Stunde. Dann ließ ich den Koffer im Hotel und ging in ein Restaurant in der Nähe zum Abendessen. Unterwegs kaufte ich mir eine Abendzeitung. Ich las darin die Nachricht, daß der berühmte österreichische Schriftsteller Joseph Roth seinen Rang als Leutnant der Reserve abgelegt habe, nachdem Hitler die österreichische Armee übernommen hatte.[199]

Ich beeilte mich nicht, in das düstere Hotel zurückzukehren. Ich bummelte zwei Stunden lang die hellbeleuchteten Boulevards entlang, bis ich, des immer interessanten Treibens in dieser Stadt müde geworden, mich in einem Café ausruhte und noch einmal ganz genau den Artikel las, in dem Roth Hitler was ausgewischt hatte.

Im Café schrieb ich noch einige Briefe. Mit den Gewohnheiten meines alten Freundes vertraut, rechnete ich nicht damit, daß er vor zwölf ein Verlangen nach nächtlicher Ruhe verspüren würde, und kehrte erst nach Mitternacht ins Hotel zurück. Nach einer Stunde kam er endlich, auf seinen Stock gestützt, ins Hotel. Es fiel mir auf, daß er sich Mühe gab, an dem Nachtportier möglichst schnell vorbeizuschleichen. Ich nahm an, daß er auch in diesem Hotel bereits Schulden hatte. Er sah etwas besser aus als vor einigen Wochen in Wien und begrüßte mich mit dem Satz: »Ich hab schon befürchtet, daß du den falschen Schritt gemacht hast, und daß ich dich nicht mehr wiedersehn werde.« – »Ich hab dir meine Ankunft telegraphisch angekündigt«, sagte ich ihm. »Ich war den ganzen Tag nicht zu Hause. Hast du schon ein Zimmer?« – »Ich hab damit auf dich gewartet«, sagte ich. »Ich wollte eins in deiner Nähe haben. Man sagte mir, es sei keins frei. Vielleicht wirst du deinen Einfluß ausüben.« – »Geh du allein«, sagte er, »bestell dir ein Zimmer. Auf mich sind sie bös, weil ich Geld schuldig bin.« – »Das hab ich mir schon gedacht, wie ich dich hereinkommen sah.« – »Wieso? Was hast du gesehn?« – »Ich hab gesehn, daß du Angst vor dem Nachtportier hast. Komm mit mir. Ich werde deine Rechnung bezahlen. Dann werden sie gleich ein Zimmer in deiner Nähe haben.« – »Du hast Geld?« fragte er fröhlich. »Was kann schon ein Hotel kosten«, sagte ich, »in dem du jetzt wohnen kannst.«

Das Hotel war halb leer, und ich hatte ein Zimmer Tür an Tür mit ihm. Eine Weile blieb er in meinem Zimmer sitzen, Stock in den Händen, das schwarze Überzieherchen über den Schultern. »Bist du schon schläfrig?« fragte er. »Ich habe nach schlaflosen Nächten mich in der Schweiz gut ausgeschlafen.« – »Wir müssen feiern«, sagte er. »Das werden wir morgen tun«, schlug ich vor. »Morgen werden wir nichts zu feiern haben. Du weißt, ich hab nie was in meinem Zimmer.« Wir gingen hinunter in das nächste Lokal und tranken einen Calvados. »Hast du heute schon die Zeitung gelesen?« wollte er wissen. »Ja«, sagte ich. »Hast du gelesen, daß ich meine Leutnants-Charge abgelegt habe?« – »Ja«, sagte ich »es war die erste lustige Nachricht seit Wochen.« – »Du mußt nicht wenig erstaunt gewesen sein«, sagte er herausfordernd. »Offen gestanden, ja. Ich war überrascht. Ich möchte sagen: freudig überrascht. Du hast ein Naturgesetz umgeworfen.« –

»Ein Naturgesetz?« fragte er. »Ja«, sagte ich, »mit dem *ex nihilo nihil* ist es aus.« Er strahlte. Nach einer Weile wurde er ernst. Dann hob er seinen Stock hoch und schob ihn ganz nahe vor mein Gesicht. »Du bist einer der Wenigen, der weiß, daß ich nie ein Leutnant war.« – »Ja«, sagte ich, »ich weiß. Deine höchste Charge war Feldwebel mit Einjährigen-Freiwilligen-Abzeichen. Man konnte es auch Kadett-Aspirant nennen.« – »Stimmt«, sagte er, »aber wenn du Witze drüber machst, erschlag ich dich.« – »Du kannst dich darauf verlassen, mein Lieber. Ich bin zwei Stunden lang spazieren gegangen und hab mir überlegt, wie du so was fertigbringst. Alkohol hin – Alkohol her. Aber du kannst ja noch scharf denken. Dachtest du keinen Moment daran, es könnte irgendeinem Gestapomann einfallen nachzuforschen, wie es mit deinem abgelegten Leutnant steht? Einem deutschen Gestapomann vielleicht nicht. Aber einem Wiener vielleicht schon.« – »Ah«, sagte er wegwerfend, »das hab ich schon vom Doktor Goebbels gelernt: wenn man eine ganz freche, hundertprozentige Lüge sagt, glaubt man sie. Du mit deiner *anima candida*«, beschimpfte er mich. »Es sind schlechte Zeiten ausgebrochen für *animae candidae*.« – »Wir haben beide einen Weltkrieg überlebt. Wir werden auch Dr. Goebbels überleben. Ich, ohne von Dr. Goebbels was gelernt zu haben.« – »Du wirst überleben, wenn du von mir was lernst«, sagte er. »Und jetzt werde ich noch ein ernstes Wort mit dir reden. Du wirst natürlich in Paris bleiben.« – »Ich will nach London«, sagte ich, »ich habe nur ein Durchreisevisum.« – »Wieso? Ich hab dir doch geschrieben, du brauchst kein Visum!« – »Der französische Konsul in Basel war anderer Meinung. Man hat mir ein Durchreisevisum aufgezwängt.« – »Na ja«, sagte er, »lassen wir das. Ich hab genug Einfluß, dir ein Aufenthaltsvisum zu verschaffen. Aber ich muß dir etwas Ernsteres sagen: Ich bin jetzt umgeben von Monarchisten und Katholiken. Die Emigrantenverleger haben mich im Stich gelassen. Meine Freunde, Landauer, Landshoff und das kleinbürgerliche Kestchen, der Brillanten-Hermann, haben mich im Stich gelassen. Für mich haben sie kein Geld. Ich hab jetzt einen katholischen Verlag in Holland. Moische Jossele von Brody ist jetzt ein Katholik, geboren in Schwabendorf. Du warst ja dabei, wie mein Geburtsort auf die Welt kam. Lies mal im Kürschner: Schwabendorf, Hessen²⁰⁰. Wo auch die *Frankfurter Zeitung* zur Welt kam. Und du wirst den Mund halten und wirst dich damit abfinden müssen.« – »Das werd ich mir noch überlegen«, sagte ich, »ich schau mir zuerst deine Katholiken an. Ein paar Monarchisten kenn ich ja schon. Ich hab eine katholische Volksschule, griechisch-katholisch und römisch-katholisch gemischt, eine Bauernschule, ich habe ein katholisches Gymnasium absolviert und bin zum *Doctor utriusque juris et rerum politicarum* promoviert worden. Ich bin also nolens volens Doktor des kanonischen Rechts. Verglichen mit dem, was du vom Katholizismus weißt, könnte ich ein katholischer Bischof sein.« – »Drum will ich ja, daß du hier bleibst und nicht nach London fährst, zu den Protestanten. Aber wo hast du Geld her, um sogar meine Rechnung zu bezahlen? Du hast mir doch aus Basel geschrieben, daß du kein Geld hast!« – »Ich habe zu meinem Glück nicht nur dir, sondern auch andern Freunden diesen Hilferuf mitgeteilt. Und alle haben mir was geschickt. Der erste, der mir Geld geschickt hat, war der Architekt Josef Frank, der schon seit vier Jahren in Stockholm lebt. Ich habe ihn immer für geizig gehalten, weil er im Café immer einen Schwarzen trank, der etwas billiger war als der Mokka. Das glaubte ich viele Jahre. Der zweite war unser Karol Rathaus. Und noch ein paar andere. Es hat sich zusammengeläppert.« – »Wieviel Geld durftest du mitnehmen?« – »Es war gestattet, 500 Schilling mitzunehmen. Zum Glück hatte ich nur zweihundert, denn in Feldkirch hat mir die Gestapo alles weggenommen und mir nur 50 Schilling gelassen.«[201] Diese 50 Schilling hab ich gleich in Basel vertelephoniert, aber es gelang mir, einen Freund zu erreichen, der dort eine große Bank hat. Ein Seligmann aus Frankfurt. Er holte mich gleich vom Bahnhof ab und führte mich in ein Hotel, das zu meinem Entsetzen ›Krafft am Rhein‹ hieß. Trotzdem erkundigte sich der Hotelier, wie es zum Umsturz in Österreich kam, und hörte zitternd zu. Ich war der erste Wiener Flüchtling in dem Hotel, und er war nicht der einzige Schweizer, der nach dem Einmarsch in Österreich gezittert hat. Aber nur ein paar Tage. Denn nur zu bald kam man dahinter, daß der Einmarsch nach Österreich und der Anschluß von den Großmächten gleich anerkannt worden ist.

»Ich habe kein Geld«, sagte Roth, »du siehst ja, ich habe seit zwei Wochen das Hotel nicht bezahlt. Wie wirst du hier leben?« – »Ich habe Anton Kuh diese Frage gestellt, und er hat geantwortet: ›Bettler braucht man überall.‹« – »Anton Kuh kennt Paris nicht. In Paris braucht man keine Bettler.« Auf dem Wege zum Hotel fragte er mich: »Wie geht es deinem Sohn? Scharlach ist ja jetzt keine gefährliche Krankheit mehr.« – »Wie ich weggefahren bin, war er noch sehr krank. Aber Inge schrieb mir nach Basel, daß der Arzt jetzt sehr zufrieden ist.« Die Polizei hatte mir das Versprechen abgenommen, mich vom Krankenzimmer fernzuhalten, und ich habe Wort gehalten, weil ich nie Scharlach hatte und Angst, mich unter diesen Umständen anzustecken. Trotzdem habe ich in letzter Stunde mein Versprechen gebrochen. Dan sah aus »lieblich selbst dem Mißgeschick«, wie der Dichter sagt. Mit dem Gefühl, ihn nie wiederzusehen – und nicht, weil das Kind krank war –, verließ ich heimlich die Wohnung. Denn meine nächsten Nachbarn waren eine Nazifamilie. Zwei erwachsene Söhne waren verdächtig, beim Mord an Dollfuß eine Rolle gespielt zu haben. Sie waren gleich nach der Untat nach Deutschland geflüchtet. Aber einen Tag vor meiner Flucht hörte ich die Familie die glückliche Heimkehr der Söhne feiern. Sie feierten bis spät am Morgen. Ich hörte den Jubel und habe bis zum Morgen kein Auge zugetan. Obwohl ich schon mehr als einmal in großer Gefahr war, hab ich erst diesmal die Erfahrung gemacht, daß eine solche Nacht eigentlich kurz ist, nicht lang, wie man uns in Romanen immer erzählt.

Ich blieb etwa eine Woche oder zwei in dem Hôtel Florida am Boulevard Malesherbes. Roth verbrachte die ganzen Tage mit seinen Katholiken, die ich in dieser Zeit fast alle kennengelernt habe. Ins Hotel kam er nur, um zu übernachten.[202] Ich studierte die Boulevards und las eifrig die französische Presse. In jenen Tagen habe ich die Bekanntschaft eines englischen Journalisten gemacht, der mir in den bösen Jahren, die ich in Paris verbringen sollte, ein sehr lieber und treuer Freund geworden ist. Er kam zu mir auf Empfehlung des englischen Schriftstellers James Stern und seiner Frau Tania, die ich noch aus meiner Berliner Zeit kannte. Er hieß Darsie Gillie.[203] Bei der ersten Begegnung erzählte er mir, daß er einer der Pariser Korrespondenten der *London Times* sei, und er habe eben den Auftrag bekommen, über Wien nach der deutschen Besetzung an seine Zeitung zu berichten. Er fragte mich nach einigen wichtigen Adressen, die ich ihm geben konnte. Als er zurückkam und mir von dem erstem Pogrom erzählte, der nach dem Besuch von Göring stattfand, fragte ich ihn, einen Korrespondenten einer so wichtigen englischen Zeitung: »Und England wird nichts dagegen zu sagen haben?« Darsie Gillie, um einen Kopf größer als ich, sah mich diesmal nicht nur aus physischen Gründen von oben herab an und antwortete: »Soma Morgenstern, ich kenne Sie aus der *Frankfurter Zeitung.* Nie hätte ich gedacht, daß Sie so naiv fragen könnten. Wissen Sie, was man in London in maßgebenden Kreisen dazu sagt? ›That serves the Viennese Jews right. That will teach them to be Communists.‹« Ich sagte: »Darsie Gillie, I lived in Vienna since 1912. In Vienna there were always less Communists among Jews than among Christians. Now and ever.« – »Es handelt sich nicht darum«, sagte Darsie Gillie auf deutsch – denn wir sprachen deutsch. »Seit der Revolution in Rußland gibt es sogenannte maßgebende Kreise, für die Juden Kommunisten sind.« – »Für Hitler«, sagte ich ihm, »sind Juden Kommunisten und Bankiers zugleich, oft sogar in einem Satz. In einem hysterischen Hitler-Satz. Aber die Engländer sind doch nicht als Hysteriker bekannt!« Wir sahen uns bald und dann oft wieder und haben uns gut verstanden. Nach dem Krieg ist er, wie ich schon erwähnte, Korrespondent des *Manchester Guardian* geworden, und ich hatte den Eindruck, daß er sich dort wohler fühlte als bei der *London Times*.

Roths Café war ein ›Café Sélect‹ auf den Champs-Élysées. Im Jahre 1934 war ich kaum ein Vierteljahr in Paris[204] und fühlte mich im Quartier Latin wie zu Hause. Hier auf den Boulevards fühlte sich selbst Joseph Roth wie ein Tourist. Eines Tages sagte ich ihm das und teilte ihm mit, daß ich aus dem Hôtel Florida ausziehe: »Ich kann dieses Touristenleben auf den Boulevards nicht ertragen.« – »Ich fühl mich auch hier wie ein Tourist. Aber ich muß hier bleiben, weil ich hier mit meinen Monarchisten und Katholiken zusammenkomme.« – Ich erinnerte mich, daß es vis-à-vis von seinem Hôtel Foyot ein kleines Hotel gab, wo wir Stammgäste im Bistro waren. »Dort kennt man dich«, sagte ich ihm, »man weiß, wer du bist. Dort brauchst du keine Angst zu haben vor einem Portier. Es gibt dort keinen. Ich war gestern dort, und ich ziehe morgen hin.« – »Dann ziehst du allein hin.« – »Ich fühle mich sehr gut allein. Ich ziehe hin. Ich habe genug von den Boulevards. Ich kann kein Touristenleben führen.«

Ich übersiedelte am Vormittag. Roth blieb standhaft zurück. Bis zum nächsten Nachmittag, wo er unangesagt mit seiner Holzkiste in der Rue de Tournon erschien. Da er sich nicht angesagt hatte, bekam er nur ein Zimmer, das kein Tageslicht hatte. Aber das störte ihn nicht. Folgenden Tags besetzte er einen gepolsterten Platz mit dem Ausblick auf die noch übriggebliebenen Ruinen des Hôtel Foyot, und nach einer Woche war das Bistro im Hôtel de la Poste in der Rue de Tournon das Zentrum der Monarchisten und auch zum Teil der Katholiken.

Nach einer Zeit forderte die Deutsche Gesandtschaft die österreichischen Flüchtlinge auf, ihre ungültig gewordenen österreichischen Pässe gegen deutsche auszutauschen. Roth und ich blieben standhafte Ex-Autrichiens, wie die französische Regierung uns jetzt nannte. Amis de la France. Roth ging mit mir zum Polizeiamt des VI. Arrondissements, und er diktierte meine Personalien. Meinen Geburtsort gab er an, wie ich ihm diktierte, und als Geburtsland nannte er Österreich, wie es ja war, als ich geboren wurde. So diktierte er es auch Frau Alazard, die mich so in ihr Gästebuch eintrug.

Als ich kurze Zeit hernach zur Polizeipräfektur vorgeladen wurde und mein Récépissé, das wichtige Legitimationspapier, erhielt, stand darauf: »Né Polonais«.[205] In der Präfektur saßen Kenner der europäischen Geographie nach 1918. – Als nach dem Ausbruch des Krieges der General, der Stadtkommandant von Paris war, die »ressortissants du Reich« aufforderte, sich in die Konzentrationslager zu melden, war ich, geboren in Polen, eigentlich nicht damit gemeint. Aber der Beamte, der im Hotel sich informierte, fand dort im Buch, daß ich ein Autrichien war, wie Roth mich angemeldet hatte. Ich zeigte mein Récépissé, auf dem stand: »Né Polonais«. Das nützte mir aber nichts. Und ich muß gestehn, daß ich mich nicht sehr dagegen wehrte. Ich sah sofort ein, daß man die Emigranten ins Konzentrationslager schickte, weil sie zu achtzig Prozent Juden waren. In der französischen Armee herrschte noch der Geist der Anti-Dreyfusards. Das erklärte mir mein französischer Freund Olivier de Pierre- bourg, als er zu Weihnachten 1939 zum ersten Weihnachts- urlaub nach Paris kam und mich im Bistro wieder be- suchte.[206] Ich war durch Intervention des P.E.N.-Clubs gerade aus dem Konzentrationslager entlassen worden.[207] Er erzählte mir ein sonderbares Erlebnis in den ersten Monaten seines Militärdienstes in einem vornehmen Husarenregi- ment. Eines Tages wurde er zum Rapport befohlen, zum Kommandanten des Regiments. Er war sehr überrascht, denn er war sich auch nicht des geringsten Vergehens be- wußt. Der Kommandant empfing ihn allein und stellte ihn sogleich streng zur Rede: »Ich habe Sie zum Rapport befoh- len, weil ein ungünstiges Gerücht über Sie umgeht.« – »Ich bin mir keines Vergehens bewußt, Herr Oberst.« – »Ihre Herren Kameraden glauben zu wissen, daß Sie kein Antise- mit sind.« – »Ich war so belustigt, wie Sie jetzt sind«, sagte mir Olivier, »ich hätte nie erwartet, daß so etwas in unserer Armee noch möglich ist – – vier Jahrzehnte nach der Affaire Dreyfus. Zum großen Erstaunen des Kommandanten legte ich ein Geständnis ab. Ich fügte hinzu: ›Nicht nur bin ich kein Antisemit, ich bin ein Philosemit. Ich habe viele Freunde unter Juden, die, versichere ich Ihnen, so gute fran- zösische Patrioten sind wie ich es wünschte, daß es alle meine französischen Kameraden wären.‹ Ich erzählte ihm auch, daß unter den österreichischen und deutschen Flüchtlingen in Paris viele begeisterte Freunde Frankreichs sind und es auch schon lange vor dem Krieg waren. Der Kommandant, ein Edelmann, der meine Familie gut kannte, hörte mit Interesse zu und ich glaube, daß es mir gelungen ist, ihn zu überzeu- gen, daß man ein guter französischer Soldat sein kann, ohne

ein Antisemit zu sein.« Bei dieser Gelegenheit bedankte ich
mich bei meinem Freund Olivier für den Brief, den er an den
Kommandanten des Konzentrationslagers geschrieben hatte
und die Verantwortung dafür übernommen hatte, daß ich ein
bewährter ›ami de la France‹ war. »Hat der Major Ihnen den
Brief gezeigt?« wunderte er sich. »Nicht solange ich im Konzentrationslager war. Erst als ich telegraphisch durch die Intervention von zwei berühmten Mitgliedern des P.E.N.-
Clubs, Dorothy Thompson[208] und Stefan Zweig, aus dem
Lager befreit wurde. Erst als ich mich mit meinem Gepäck
auf dem Rücken bei dem Kommandanten zur Entlassung
meldete, übergab er mir zwei Briefe: Ihren und einen von der
Baronin Alix de Rothschild[209], die liebenswürdigerweise den
Kommandanten des Lagers bat, mich von schwerer Arbeit
zu befreien, weil ich ein Schriftsteller von sehr zarter Gesundheit sei.«

Im Jahre 1950 sahen wir uns wieder. Mein Freund Olivier
de Pierrebourg war jetzt nicht mehr Sekretär von Monsieur
André Philip. Er war selber schon Député de la Chambre,
und ich war schon amerikanischer Staatsbürger mit einem
amerikanischen Paß, der keine Angst mehr vor der Préfecture de police hatte. Nicht von ihm, von einem gemeinsamen
französischen Freund erfuhr ich, daß Olivier de Pierrebourg
natürlich sich an der Maquis-Bewegung beteiligt hatte und
einmal eigens nach Marseille gereist war, um seinen Protégés
unter den Réfugiés auch hier zu helfen. Er kam eine Woche
nach meiner Abreise nach Marokko in Marseille an. Er hat
sich sogleich nach mir erkundigt. Und als er diese gute Nachricht hörte, erhob er beide Arme zum Himmel und sagte
erleichtert: »Was muß er hier für Ängste ausgestanden haben
unter diesen Umständen!«

Geld, Geld und immerzu Geld

Obwohl ich Zeit meines Lebens keine zu starke Neigung hatte, unter Menschen zu gehn, haben schon die zwei Weltkriege dafür gesorgt, daß ich es nicht vermeiden konnte, mit der »Masse Mensch«, wie Toller sich ausdrückt, zu leben. Ich war im Ersten Krieg nicht mehr so jung, um nicht bald eingezogen zu werden, und ich war vier ganze Jahre im Militärdienst. Im Zweiten Weltkrieg war ich noch nicht zu alt, um ins Konzentrationslager – und zwar in einige – in Frankreich zu geraten. Kurzum, ich habe mit vielen Menschen zusammengelebt und Menschenkenntnisse erworben, die für mehrere Leben ausreichen würden. Ich habe also gezwungenermaßen auch mit einer Art Menschen zusammen gelebt, die mir immer zuwider war: mit Geldmenschen. Eine Zeitlang während des Ersten Weltkrieges habe ich sogar ein Jahr lang mit ungarischen und rumänischen Viehhändlern im Dienste des Vaterlands zu tun gehabt. »Du machst den Irrtum, reichen Leuten aus dem Weg zu gehn«, sagte mir einmal, schon als Emigrant in New York, George Grosz, »ein Mann, der viel Geld gemacht hat, ist immer interessant.« Ich war, und bin immer noch, so sehr anderer Meinung als mein Freund George Grosz, daß ich ihm nicht einmal widersprochen habe. Aber, wie gesagt, konnte ich nicht umhin, mit einer beträchtlichen Anzahl von ihnen in engem Zusammenhang, zum Beispiel in einer Kaserne, in einer Offiziersschule, in der Etappe, zeitweise an der Front, fast zu eng zusammen zu leben. Dennoch habe ich in keiner Situation selbst einen Geldmenschen so viel von Geld reden hören wie Joseph Roth in der letzten Zeit unseres Zusammenlebens in Paris.

Zu jeder Stunde seiner Tage sprach er von Geld. Er brauchte Geld. Er erwartete einen Scheck. Ein Scheck kam verspätet. Eine Geldsendung kam nicht rechtzeitig an. Ein Verleger betrog ihn. Sein Verleger wird ihn betrügen. Das Ende wird sein: wir werden alle nach Nordafrika flüchten müssen, und dort in einem Ort, wo es nur Araber und Fremdenlegion gibt, ohne Geld umkommen. Wenn er einmal doch einen lang erwarteten Scheck kriegte, fürchtete er sich, auf die Bank zu gehn. »Wo einer hinter einem Schalter sitzt und mit einem hervorgestreckten Finger mit einem redet, kann man verhaftet werden.« – »Ich soll also zur Bank gehen und mich an deiner Stelle verhaften lassen. Und du wirst hier sitzenbleiben und dichten. « – »Dich wird man nicht verhaften«, sagte er. »Du siehst mit deinem Baskenmützchen wie ein Franzose aus.« – »Aber wenn ich drei Worte ausspreche, weiß man schon, daß ich keiner bin.«

Paris war die einzige Stadt in Europa, wo Joseph Roth bekannt war. Ich hatte damals nicht einmal eine dauernde Aufenthaltsbewilligung in Frankreich. Ich ging also auf die Bank und kam, offenbar von dem Baskenmützchen geschützt, unversehrt zurück. Eines Tages, in Erwartung einer Geldsendung, die nicht kam, sprach er aphoristisch: »Der Mensch ist schlecht eingerichtet. Er sollte so beschaffen sein, daß ihm in dem Moment, wo er den letzten Franc ausgegeben hat, das Herz stehenbleibt.«

In diesem Moment, da ich das aufschreibe, verspüre ich die Angst, mir könnte das Herz stehenbleiben und das oben Gesagte falsches Zeugnis dafür sein, wie Joseph Roth am Geld hing. Denn es gibt vermutlich wenige Schriftsteller und wahrscheinlich auch sehr wenige Menschen, die das Geld so geringschätzten wie er. Um nur *ein* Beispiel zu geben, wie er mit Geld umging: Eines heißen Sommertags, wo keiner von uns beiden Geld hatte, erinnerte er sich, vor vielen Monaten, vielleicht vor einem Jahr, einer linksgerichteten Zeitung ein Interview gegeben zu haben mit der ausdrücklichen Bedingung, daß er ein Honorar dafür bekäme. Unsere Patronin suchte ihm die Adresse der Redaktion aus, und er beschloß, das Honorar persönlich einzumahnen. Natürlich bestand er darauf, daß ich mitgehe, das heißt mitfahre, denn Roth war damals schon schlecht zu Fuß, und die Taxichauffeure in der Rue de Tournon kannten ihn so gut, daß sie ihm selbst für die kleinste Entfernung zur Verfügung standen. Ich borgte mir vorsichtshalber bei Madame Alazard das Fahrgeld für die Hin- und Rückreise für den Fall, daß die »Kommunisten«, wie er sie nannte, nicht zahlten. Unterwegs beredete er schon das Geld. Das Honorar. Er schätzte es, da er es mit »Kommunisten« zu tun hatte, nur auf 300 Francs. Der Chefredakteur der Zeitung, der Dichter Louis Aragon, empfing uns wie zwei Gesandte eines befreundeten Staates. Er verehrte Joseph Roth und kannte ihn offenbar gut genug, um gleich eine Flasche Cognac auftragen zu lassen. Wir sprachen eine Weile Politik, bis sich eine Gelegenheit ergab, daß Roth so nebenbei und im Scherz, diplomatisch, das nichtbezahlte Interview erwähnte. Aragon drückte auf einen Knopf und gab telephonisch seine Anweisung. Nach einer Weile brachte man ihm ein Couvert, das Aragon mit großem Dank Roth überreichte. Hernach redeten wir wieder Politik. Roth verfehlte nicht, auch bei dieser Gelegenheit auf der Notwendigkeit eines Krieges gegen Hitler zu bestehn, zum Entsetzen Aragons. Wir verabschiedeten uns und gingen die Treppe, würdig wie zwei Diplomaten, zur Straße hinunter.

Draußen fing einer von den Diplomaten, nachdem er das Couvert aufgerissen und den Inhalt gezählt hatte, zu tanzen an. Roth trug damals bei jedem Wetter ein leichtes schwarzes Überzieherchen, um die Schultern gehängt. Er winkte das nächste Taxi heran, und die Schöße des Überzieherchens in beiden Händen, tanzte er, soweit es die geschwollenen Füße erlaubten, zum Taxi hin. Drinnen nahm er den Inhalt des Couverts heraus und zählte ihn mir vor. Es waren tausend Francs.[210] »Die Kommunisten wollen zeigen, wie nobel sie sind«, sagte er. »Dafür werden sie zwei anderen nichts zahlen.« Tausend französische Francs waren damals nicht viel, etwa 25 Dollar. Aber für einen Flüchtling wie mich eine beträchtliche Summe. Für 30 Dollar lebte ich damals genau einen Monat. Wie Roth mit Geld umging, wird sich gleich zeigen.

Es war Nachmittag, noch nicht die Zeit zum Abendessen. Wir stiegen vor dem Café Weber aus. Ich mochte das Publikum dieses Cafés nicht. Zu oft habe ich dort das politische Leitmotiv gewisser französischer Intelligenzler gehört: »Mieux Hitler que Blum.« Aber es war das nächste auf unserem Weg, und Roth war schon zu durstig geworden, obwohl ihn ja Louis Aragon kurz vorher mit gutem Cognac traktiert hatte. Andrerseits fand ich es günstig, hier eine Zeit vor dem Nachtmahl zu bleiben, weil in der Nähe ein gutes tschechisches Gasthaus war, wo Roth ausnahmsweise mit gesundem Appetit zu Abend aß, wenn es mir hin und wieder gelang, ihn hinzuschleppen. Das tat er aber nur selten, weil ihm in Grunde, im Gegensatz zu mir, die französische Cuisine nicht schmeckte, was er aber nie zugeben wollte. Das war eine unschuldige Heuchelei, unschuldig, doch für ihn nicht harmlos. Aber er ließ sich gern von mir zwingen, in ein russisches, ein tschechisches, ein jüdisches oder ein ungarisches Gasthaus zu gehn. Aus freien Stücken ging er selten in ein Gasthaus. Er ernährte sich vom Saufen und er war stolz darauf. Oft warf er mir vor: Du mußt schon wieder essen? Hast doch gestern gegessen! – Sooft wir mit Freunden in ein französisches Gasthaus gingen, aß er eine kleine Vorspeise, die ihm auch nicht schmeckte, und dann trank er, indes wir andern aßen.

Natürlich merkte er, warum ich so lammfromm ihm ins Café Weber folgte, und um sich dafür zu rächen, daß er sich heimlich auf eine gesunde Mahlzeit freute, bestellte er sofort das mir verhaßteste, weil ihm schädlichste Getränk: einen Pernod. Bald war er so weit, daß sich ihm die ganze Umgebung in pure Heiterkeit auflöste.

Indem ging vor der Terrasse, nach einem leeren Tischchen vergeblich ausspähend, ein uns gut bekannter Emigrant vorbei. Ein Dichter. Freudig winkte ihn Roth heran. Der Dichter zierte sich. Er hasse dieses Lokal, aber er käme zu spät zu einer Verabredung. Er spähte noch eine Zeitlang umher. Dann setzte er sich mit einem Seufzer, als habe er etwas sehr Wichtiges versäumt, zu uns. »Was nimmst du?« fragte ihn Roth, der mit ihm sonst gar nicht auf »du« war. Der Dichter wollte bescheiden einen Kaffee. »Ach was, Kaffee! Garçon, une fine.« Der Dichter blieb mit uns etwa drei Cognac lang, dann nahm er Abschied. Als er sich bedankte, hielt Roth seine Hand fest, sah ihn streng an und fragte: »Brauchst du Geld?« Der Dichter zierte sich wieder. Roth steckte ihm einen Schein zu. Der erste Hundert-Francs-Schein war weg. Der zweite Schein ging an einen andern Emigranten, der ein Prinz von echtem Geblüt, ein sehr lieber Mann und ein großer Pechvogel war. Wer den dritten schnappte, weiß ich nicht, denn ich mußte ans Telephon. Als ich zurückkehrte, dämmerte bereits der Abend. Aber Roth hatte noch eine neue Bestellung gemacht, und ich mochte ihn nicht drängen, obwohl ich bereits sehr hungrig war. Indes der Kellner in der Ehrfucht vor einem so gewaltigen Trinker das Gläschen mit aller Vorsicht vor den Gast hinstellte, ging an der Terrasse, laut ausschreiend, ein Zeitungsverkäufer vorbei. Er hatte hohe Sturmtruppenstiefel an, schrie seine Ware in der französischen Sprache mit deutschem Akzent aus, und begleitete jeden Ausruf mit dem Schrei: »Mort aux juifs!« Selbst in dem schwer-heiteren Zustand bemerkte Roth die lachenden Visagen der Gäste. Er schrie mit einer Stimme, die den Zeitungsschreier übertönte: »L'addition, garçon, l'addition!« Er stürzte dabei das Gläschen um. »J'en ai assez!«

Zu meinem Erstaunen winkte er diesmal kein Taxi heran. Wir gingen zu Fuß in das nicht weit entfernte tschechische Restaurant ›Chez Louis‹. Angesichts der Madeleine blieb er stehn und sagte, ohne die Kirche anzusehn: »Erinnerst dich noch, was du dem Baron Ludwig Hatvany gesagt hast im Café ›Aux Deux Magots‹?« Ich konnte mich nicht erinnern, aber wie er hinzufügte: »Es war an dem Nachmittag, da die Zeitungen die Nachricht vom Münchener Abkommen brachten, Hatvany fragte dich, was geschehen wird«, wußte ich es: »Hier werden bald direkte Züge Paris – Dachau gehn.« Soweit ich mich erinnere, verließ Baron Hatvany schon am nächsten Tag Paris und schickte mir eine Ansichtskarte aus London. Er wollte mich mitnehmen. Aber ich hatte keinen gültigen Paß.

Bei ›Chez Louis‹, wo um diese Zeit nur wenige Gäste waren, wollte Roth gleich mit einem Gläschen beginnen, und der Wirt, der Roth sehr gut kannte, half mir, ihm das auszureden. Wir bestellten gleich eine Suppe. Und wie es seine Gewohnheit war in dem tschechischen Gasthaus, aß er mir alles nach, was ich bestellte, nicht um ein Kompott weniger. Und seine Trunkenheit wich zusehends von ihm, obwohl er einen Pernod sehr schlecht vertrug. Mit Louis hatten wir natürlich über die Lage in der Tschechoslowakei viel zu reden. Er war ein sehr schlauer Mann. Er sah nicht aus wie ein tschechischer Wirt, sondern wie ein Croupier in einer gefährlichen Spielhölle. Obwohl er rötliches Haar und blaue Augen hatte. Aber just die schlau-blauen Augen machten es, daß er wie ein Croupier aussah. Leider habe ich vergessen, wie Louis mit seinem tschechischen Familiennamen hieß. Ich würde ihn gerne mit dem vollen Namen nennen. Denn nach dem Tode Joseph Roths, als ich mit einem solventen Freund die Lokale abging, wo er vermutlich Schulden hinterlassen hatte, war Louis der einzige, der mit einem entschiedenen Nein antwortete. Als ich insistierte, weil ich sicher war, daß er just in diesem Lokal gelegentlich, wie er sagte, aufschreiben ließ, sagte mir Louis: »Er ist mir nichts schuldig geblieben. Und wenn, war es mir eine Ehre.«

Auf dem Rückweg erinnerte sich Roth an den Nazischrei vorm Café Weber und sagte: »Ich hatte vielleicht unrecht, dir zuzureden, nicht nach London zu reisen, wie du von Wien geflüchtet bist. Vielleicht wäre man dort sicherer. Wie ich dir schon immer gesagt habe, hier ist vieles faul. Aber die zwei wichtigsten Institutionen Frankreichs, die Armee und die Schulen, sind noch immer großartig. Auf die französische Armee kann man sich verlassen.« – »Es fragt sich nur«, sagte ich, »wieviel Generäle es in der glänzenden Armee gibt, die auch: ›Mieux Hitler que Blum!‹ sagen.« – »Vergiß nicht, wir sind hier nicht in Deutschland, wo die Generäle über Krieg und Frieden entscheiden.« – »Hoffentlich hast du recht«, sagte ich. »Aber du brauchst dir keine Vorwürfe zu machen. Dein Insistieren, daß ich hierbleibe und nicht nach London weiterfahre, war nicht entscheidend. Ich hatte ja die Fahrkarte nach London schon in Wien gekauft. Aber mein englischer Freund Darsie Gillie sagte mir: ›Bleiben Sie hier. Mit den 30 Dollar, die Sie hier noch im Monat haben, können Sie als Schriftsteller ein Bohèmeleben führen. In London sind sie mit 30 Dollar im Monat ein Pauper.‹ Das war für mich entscheidend. Denn wenn ich auch nie ein Bohémien war – das Leben eines Paupers war mir nicht vorbestimmt.«

Ich ließ mich an der Place de la Concorde absetzen und ging zu Fuß nach Hause. Roth hatte noch eine Verabredung mit seinen monarchistischen Freunden – ich glaube, im Café Régence. Gegen elf Uhr ließ mir Madame Alazard sagen, Monsieur Roth sei eben zurückgekommen und erwarte mich unten im Bistro. Er saß bereits an seinem Tisch, umringt von einigen österreichischen Emigranten, die auf ihn schon stundenlang gewartet hatten. Er war, wie immer am späten Abend, sternhagelvoll. Alle Österreicher waren heute seine Gäste. Gegen halb eins kam einer von den Polizisten, die den Senat bewachten, und bat Monsieur Roth, er möchte nicht so laut lachen, weil er die Nachtruhe der stillen Rue de Tournon störe. Ich hatte auch genug und ging schlafen. Als ich andern Tags zum Morgenkaffee herunterkam, war er schon auf seinem Platz, Füllfeder in der Hand, Papier und Cognac vor sich. »Warum bist du gestern so früh schlafen gegangen?« wollte er wissen. »Ich hab nicht gern, wenn Emigranten so fröhlich sind«, sagte ich. Er zog seine Brieftasche hervor und zählte, was ihm von den tausend Francs übriggeblieben war. Er hatte noch etwas über 150 Francs und tröstete sich damit, daß er morgen, übermorgen einen Scheck erwarte. So lebte er seit Jahren. Aber wie?

Per saldo ging das immer wieder auf. Das Geheimnis war, das ich seit Jahren längst wußte, er war im Nehmen ebenso groß wie im Geben. Seitdem er als Autor einen Namen hatte, lebte er nicht von seinen Einkünften, sondern von Vorschüssen. Seine Verleger klagten darüber mit Ziffern. Mir gingen diese Klagen, wie ein witziger Wiener sagte, bei einem Ohr herein und zum Hals heraus. Darum kann ich hier mit Ziffern nicht dienen. Hingegen weiß ich noch heute, wie es dazu gekommen ist, daß er die *Frankfurter Zeitung*, wo er, finanziell gesprochen, das teuerste ›enfant terrible‹ war, verlassen mußte. In den Jahren zwischen 1921–32 lebte er permanent von Vorschüssen. Das war ein dramatisches Leben in unzähligen Akten. Zwischen Akt und Akt wurde er von dem

Buchhalter eingeladen, der ihm mit Ziffern nachwies, daß es so nicht weiterginge. Aber es ging. Es ging, weil der Buchhalter immer wieder die Weisung bekam, dem völlig gebrochenen Liebling der Feuilletonredaktion die Schulden einfach zu streichen und ein neues Vorschußkonto zu eröffnen. »Ich habe das Gefühl«, sagte er mir einmal, »daß die *Frankfurter Zeitung* mich trägt.« Und ein wahreres Wort ward nie gesprochen. Nach mehr als einem Jahrzehnt des Tragens riß offenbar dem Buchhalter die Geduld. Und Joseph Roth übersiedelte zu den *Münchner Neuesten Nachrichten*.[211] Mir schilderte er seinen Abgang von der *Frankfurter Zeitung* natürlich nicht in Ziffern, sondern in einem Brief, der nicht so angefangen hat, aber ganz gut mit »J'accuse« hätte anheben können: In der *Frankfurter Zeitung* säßen schon Antisemiten und führten das große Wort, die nicht nur gegen ihn, sondern auch gegen mich intrigierten. Ich solle ihm folgen und zu den *Münchner Neuesten Nachrichten* überlaufen. Er habe schon dort ein Wort für mich eingelegt usw. Da ich damals noch nicht die Erfahrung hatte, daß Alkoholiker auch Lügner sind, habe ich ihm seine Anklagen zum Teil geglaubt. So weit, daß ich einen heftigen Brief an den Chef des Feuilletons verfaßt und abgeschickt habe, in dem ich ihm ankündigte, daß für mich auch kein rechter Platz an einer Zeitung sei, die einen Joseph Roth gehen läßt. Daraufhin bin ich vom Herausgeber der Zeitung, Heinrich Simon, und dem Chef des Feuilletons, Benno Reifenberg, aufgefordert worden, nach Frankfurt zu kommen. Dort habe ich erst den wahren Grund für Roths Übersiedlung zu den *Münchner Neuesten Nachrichten* eingesehen, wie ich ihn oben angedeutet habe. Was die Antisemiten betraf, war folgendes wahr: Als ich in die Redaktion der *Frankfurter Zeitung* aufgenommen wurde, so stand es im Brief von Joseph Roth, hat der Berliner Feuilletonkorrespondent der *Frankfurter Zeitung*, Bernard von Brentano, der große Demokrat, telephonisch Reifenberg gesagt: »Sie engagieren schon wieder einen Ostjuden?« Das hatte Roth im Jahre 1927 am Telephon abgehört. Das war der einzige Antisemit, der gegen uns intrigiert hatte. Reifenberg konnte sich an dieses Telephongespräch nicht erinnern, aber Brentano selbst leugnete es nicht. Darauf wurde er aufgefordert, sich bei mir zu entschuldigen. Reifenberg machte mir den Vorschlag, nach Berlin zu gehn und den Posten des Herrn von Brentano zu übernehmen. Ich nahm einen Tag Bedenkzeit, entschied aber schon nach einem halben Tag. Es hätte mich gefreut, dem ›Demokraten‹ Brentano diesen Streich zu spielen. Aber wie Joseph Roth in Paris, so war ich in die Stadt Wien geradezu leidenschaftlich verliebt, und mir waren eineinhalb Jahre Berlin genug.[212] Ich sagte Herrn Reifenberg, daß ich doch lieber in Wien bliebe. Das alles teilte ich Joseph Roth mit, der zur Zeit nicht in Paris, sondern in Berlin war, und äußerte die Vermutung, daß der zornige Brief gegen den Feuilletonchef der *Frankfurter Zeitung* und die Einladung, ihm zu den *Münchner Neuesten Nachrichten* zu folgen, ein nicht zu edles Motiv hatte. Ich vermute, daß er mich einfach von der *Frankfurter Zeitung* wegziehn wollte, nicht aus Liebe zu mir, sondern im Zorn auf Reifenberg. Mit der zynischen Offenheit, die ihn mir schon immer so lieb machte, bestätigte er meine Vermutung. Daß ich den Vorschlag nach Berlin zu gehn, nicht angenommen hatte, bedauerte er nicht ohne Hohn. Verglichen mit Berlin war Wien nach 1918 schon längst eine Provinzstadt geworden.

Sein Kavaliersleben mit Vorschüssen dauerte in München nicht zu lange. Ich weiß nicht mehr, ob es auch nur ein Jahr dauerte. Der Bruch mit München kam wegen eines Romans. Er hatte sich im Vertrag verpflichtet, auch einen Roman zu schreiben, der in Fortsetzungen in der Münchner Zeitung erscheinen sollte. Diesen Punkt des Vertrags hatte er völlig vergessen. Drei Wochen vor dem Lieferungsdatum erinnerte ihn die Redaktion an diesen vergessenen Punkt. Anstatt zu gestehn, daß der Roman noch eine längere Zeit ihn in Anspruch nehmen würde, stürzte er sich Hals über Kopf in die Arbeit. Da er nie unter Druck Romane geschrieben hatte, fiel ihm wenig ein. Dennoch schrieb er. In dieser Pein trank er noch mehr als sonst. Und in schweren Geburtsstunden fiel ihm ein Satz ein, den er an den Rand einer Manuskriptseite schrieb, sei es als Schmerzensschrei, sei es als antreibende Peitsche: Ich muß in drei Wochen einen Roman schreiben! Und noch einmal: Ich muß in drei Wochen einen Roman schreiben!! Von Zeit zu Zeit versagte sein Gedächtnis, und so schrieb er diesen Schmerzensschrei in Abständen von zehn oder fünfzehn Seiten immer wieder an den Rand. Und mit so verzierten Rändern lieferte er, ohne das Manuskript auch nur optisch zu kontrollieren, das so rapid geschriebene Opus pünktlich ab, vermutlich in triumphaler Hoffnung auf einen neuen Vorschuß. Ich weiß nicht mehr, wie der Roman betitelt war, und auch Roth, der mir das alles erzählte, wußte es nicht mehr.[213] Die an den Rand geschriebenen Schmerzensschreie des gar so fleißigen Autors verschärften offenbar den kritischen Sinn der Münchner Redaktion, und nach Austausch einer diesbezüglichen Korrespondenz mit dem Dichter kam es zu einem plötzlichen Bruch. So endeten Joseph Roths Flittermonate in München.

Das teilte er mir sofort mit und fragte: was nun? Es kostete mich nicht viel Überredungskunst, seinen treuen Freund Reifenberg dazu zu bewegen, Joseph Roth wieder nach Frankfurt einzuberufen. Ich brauche nicht zu betonen, daß ich nicht der einzige war, der über diese Wendung sehr erfreut war. Auch sogar Dr. Kracauer, dem Roth wegen der Ablehnung des *Radetzkymarsch* die Freundschaft längst gekündigt und nie verziehen hatte.

In diesem Zusammenhang sei noch vermerkt, daß er diese Vorschußmethode mit allen Verlagen, die seine Bücher herausgaben, praktizierte. Und wenn es beim Verlag Kiepenheuer, der in den letzten Vor-Hitlerjahren bereits von Roths Freunden und Verehrern Landshoff und Landauer, mit Hermann Kesten als Lektor, geleitet war, zu Vorschußwirren kam, schrieb er mir Anklagebriefe gegen Kesten. Nun ist mir und Roth dieses Individuum, um mit Hašek zu sprechen, so lieb gewesen wie ein Strohhalm im A... Aber Herr Kesten hatte sicherlich keine Schuld daran, daß man hin und wieder Joseph Roth einen Vorschuß verweigerte. Übrigens war Roth darauf stolz, wenn ich ihm gesagt habe, daß er geradezu ein Meister im Vorschußnehmen gerühmt werden sollte. In Wien rief er mich einmal telephonisch an und forderte mich auf, einem Rendezvous beizuwohnen, das er mit dem Besitzer des damals schon berühmten Phaidon-Verlages verabredet hatte. Mich interessierte der Phaidon-Verlag nicht, und von dem Besitzer hatte ich nie auch nur den Namen gehört. »Er ist ein ungarischer Jude, noch ein junger Mann. Er hat zwei Eigenschaften: Geld und Angst. Angst, es zu verlieren. Ich werde dir zeigen, daß ich ihm einen Vorschuß abnehme für irgendwas – ich weiß noch nicht, für was. Aber wenn er mich anruft, will er ja was von mir. Und dir werd ich das zeigen aus Erziehungsgründen.« Das interessierte mich, und ich ging ins Café Museum, wo der Phaidon-Mann schon wartete. Und warten ließ er ihn auch absichtlich. Nach einem längeren Gespräch über die politische Lage Europas stellte sich heraus, daß der Mann, der sonst meistens an Kunstbüchern interessiert war, vielleicht für Dekorationszwecke für sein Büro etwas von Roth haben wollte. Keinen Roman natürlich. Das interessierte ihn nicht. Etwas ganz Besonderes. Roth schlug ihm verschiedene Titel vor, die er nicht etwa so aus dem Ärmel schüttelte, sondern nach schwerem Nachdenken zwischen Hennessy und Hennessy. Schließlich traf er ins Schwarze. Leider vergaß ich den Titel, auf den der Herr Horovitz – so hieß der Herr – sofort einschnappte. (Vielleicht war der Titel *Orientexpreß*.) Er erhielt auf der Stelle einen Vorschuß, einen fetten, schätze ich. Und das war nicht leicht. Aber er hat es geschafft. Ich glaube nicht, daß der Phaidon-Verlag je ein Manuskript bekommen hat.[214] Nach dem Einbruch der Hitler-Finsternis machte Joseph Roth leider mitunter auch ein dunkles Vorschußgeschäft. Die Not war für uns alle groß. Bei ihm war der Durst noch größer als die Not. Und da fiel ihm zuweilen ein, ein Manuskript, für das er schon beim Verleger X einen Vorschuß genommen hatte, einem Verleger Y vorzuschlagen und diesem das Manuskript zu verkaufen. Der arme Landauer mußte in diesem Falle dem andern Verleger den leichtsinnig genommenen Vorschuß (um nicht einen mehr gesetzlichen Ausdruck zu gebrauchen) abkaufen.

Ich habe an einer anderen Stelle ein chinesisches Sprichwort zitiert: Mit einem Menschen ein Leben lang befreundet zu sein heißt, mit ihm einen Sack voll Salz aufessen. Ich war mit Joseph Roth eine sehr lange Zeit in inniger Freundschaft verbunden. Ich habe mit ihm mehrere Säcke Salz aufgegessen. Nach seinem Tode hat er mir noch einige Säckchen hinterlassen. Nach seinem Begräbnis, noch auf dem Friedhof, kamen Leute, Bekannte, Freunde von Roth, drückten mir ihr Beileid aus, und einige von ihnen, drei oder vier, fügten hinzu: »Natürlich hat sich zwischen uns nichts geändert, Herr Dr. Morgenstern.« Bei der ersten so seltsamen Kondolenz fiel mir nichts auf. Aber der dritte oder vierte, der seiner Kondolenz diesen Satz zufügte, war ein sehr feiner, sehr wohlhabender Wiener namens Stefan Heller[215]. Ich hatte ihn in Wien nicht gekannt. Ich kannte nur seinen Bruder. In

Paris habe ich Stefan Heller kennengelernt, und ich war nur einige Male mit Roth zusammen von ihm in ein sehr gutes Restaurant zum Essen eingeladen. Ein paarmal lud mich Herr Heller zusammen mit einem französischen Freund, mit Baron Olivier de Pierrebourg, zu einem Mittagessen ein. Wie mir nun Herr Stefan Heller auf dem Friedhof mit dieser seltsamen Kondolenz kam, fiel es mir selbst in dem Zustand, in dem ich mich damals befand, merkwürdig auf, und ich fragte ihn: »Warum sollte sich zwischen uns was ändern, Herr Heller?« Herr Heller wurde sehr verlegen und sagte mir: »Das sage ich Ihnen ein andres Mal.« Nach einer Woche lud er mich zu einem Essen ein, und im Laufe eines Gespräches über unsern verstorbenen Freund stellte sich heraus, daß mein lieber Freund die ganze Zeit in Paris, seit etwa April 1938 bis zu seinem Tode im Mai 1939, monatlich einen Geldbetrag erhielt, um zu helfen, »Soma Morgenstern in Paris zu erhalten«. Es war da zum ersten Mal, daß ich nach dem Tode Joseph Roths wieder gelacht habe. So unbändig gelacht habe, daß der gute Mann mitlachen mußte. Als ich mich beruhigt hatte, erzählte ich ihm: »Ich bin im März 1938, wie Sie sich erinnern, in Paris angekommen. Anfang April schlug mir Joseph Roth vor, gemeinsame Kasse zu führen. Ich sagte ihm: ›Das wäre ein gutes Geschäft für mich. Du verbrauchst manchmal an einem *Tag*, was ich in einem Monat verbrauche. Wie können wir gemeinsame Kasse machen!‹ – ›Wenn wir gemeinsame Kasse machen‹, sagte er, ›wirst du so viel verbrauchen wie ich.‹ – ›Das wird mir schwer gelingen‹, sagte ich ihm. ›Ich kann nicht so viel Kaffee trinken wie du Cognac.‹ – ›Wenn wir zusammen leben und *eine* Kasse führen, wirst du mit der Zeit so viel trinken wie ich. All meine Freunde und Freundinnen haben angefangen zu trinken.‹ – ›Mein Lieber‹, sagte ich ihm, ›wenn dir das gelingt, aus mir einen Säufer zu machen, mit diesem Aufwand an Kraft und Energie könntest du Hitler ermorden.‹ – ›Das wird dir noch leid tun‹, drohte er. ›Am Anfang meiner Journalistenkarriere habe ich meinem Freund Fingal diesen Vorschlag gemacht. Wie stehe jetzt ich, und wie steht der Fingal?‹[216] – ›Da ist ein großer Unterschied. Du warst damals noch kein Säufer, und ich bin jetzt noch kein Trottel.‹« – Herr Stefan Heller ist nach dem Tode von Joseph Roth und nach dieser Erzählung nicht viel reicher geworden. Und ich habe in Paris von meinem 1200 Francs im Monat ohne viel Cognac weitergelebt, bis ich ins Konzentrationslager kam.

Bouillabaisse souper mit Intermezzo

Eine amerikanische Dame, die damals Geld hatte und Europa bereiste, lud uns zum Nachtmahl ein und stellte uns anheim, ein paar Freunde mitzunehmen. Die geschiedene Frau Stefan Zweigs[217], die das arrangierte, stellte ein Ensemble von zwölf Eingeladenen zusammen, darunter auch einige, die noch nie eine Bouillabaisse gegessen hatten. Roth, der der führende Eingeladene war, bestimmte deswegen ein Restaurant, das den Ruhm hatte, die beste Bouillabaisse in Paris als »spécialité de la maison« zu haben, und das außerdem in so naher Nähe unseres Hotels war, daß nicht einmal Roth es gewagt hätte, selbst einem russischen Chauffeur eine so kurze Fahrt zuzumuten. Sogar für »geschwollene Füße« war es ein Fußweg von zwei Minuten. Auf dem entzückenden Platz hinter dem Theater Odéon gab es zwei berühmte Restaurants, eins nach Voltaire benannt, das andere ›Méditerranée‹. Roth hatte diesen kleinen Platz einmal so schön beschrieben, daß der in der *Frankfurter Zeitung* veröffentlichte Aufsatz hernach ins Französische übersetzt wurde. Ich weiß nicht, wer ihn übersetzt hat. Aber der bekannte französische Schulmann Bertaux, ein Freund und ein Leser der Bücher von Roth, sorgte dafür, daß das kleine Meisterwerk in die Pariser Schulbücher aufgenommen wurde.[218] In diesen zwei Restaurants war Joseph Roth seit den Jahren, wo er noch zu essen pflegte, ein berühmter Stammgast. Unsere Gesellschaft versammelte sich in unserm Bistro. Und nachdem Roth sich mit einigen Apéritifs für das Essen gestärkt hatte, gingen wir spät am Abend zum ›Méditerranée‹ hinüber. Von ihm geführt, wurde die Gesellschaft mit großen Ehren empfangen und an einen guten Tisch geführt, der vermutlich als Joseph Roths Tisch dem Wirt in Erinnerung war. Denn von hier hatte er eine angenehme Aussicht auf die Bar. Roth zu Ehren bestellte fast jeder einen Apéritif, wie es in Frankreich üblich ist, selbst die, die vielleicht keinen wollten. Das Getränk kam mit auffallender Schnelligkeit, und nach dem Beispiel von Roth genoß man es in nicht zu schnellem Tempo.

Indem kam eine noch zahlreichere Gesellschaft von Damen und Herren in das Lokal, unter Anführung eines Mannes, der nicht nur in Frankreich, sondern vermutlich in aller Welt bei weitem berühmter war als Joseph Roth: Monsieur Pierre Laval mit seiner Entourage.[219] Roth, der, in seinem schwarzen Überzieherchen über den Schultern, einen Stock vor sich, sein Getränk andächtig in winzigen Schlückchen schlürfte, bemerkte diese Invasion nicht im geringsten. Nachdem die Gesellschaft ihre Plätze eingenommen hatte, konnten wir sie gar nicht mehr sehn, denn wir saßen an dem kürzeren Stück des wie ein ›L‹ geformten Raumes, während die andere Gesellschaft tief am Ende des längeren Teils placiert war. Da ich von keinem Apéritif abgelenkt war, bemerkte ich sogleich, daß wir mitsamt unserm Ehrengast Roth nun aufgehört hatten, im Lokal zu existieren. Weder der Wirt noch irgendeiner von den Kellnern war in hörbarer Nähe. Wir kamen und kamen nicht dazu, unser Essen zu bestellen. Bis Joseph Roth von seinem Apéritif erwachte und fragte: »Was ist da los? Warum eßt ihr nicht?« – »Weil wir noch nicht dazu gekommen sind, etwas zu bestellen«, sagte ich ihm. »Warum? – – Garçon!« Da niemand hören wollte, fing er an, mit seinem Stock auf den Boden zu klopfen, in polterndem Crescendo. Ich legte meine Hand auf seinen Stock, um ihn zu beruhigen und flüsterte ihm zu: »Du hast nicht bemerkt: der Laval ist mit einer großen Suite hier angekommen.« – »Was?!« schrie er und stieß meine Hand zurück. »Patron,

patron! Où est le patron?« Der Patron und einige Kellner kamen wie aus dem Boden hervorgezaubert. Händeringend, mit der Absicht und schon im Begriff, sich zu entschuldigen, stotterte der Patron: »Monsieur Laval est arrivé!« Darauf Roth mit krachender Stimme: »On m'oublie parce qu'un Monsieur Laval est arrivé?« Im ganzen Lokal brach jetzt vollkommene Stille aus. Und in diese Stille schrie Roth, und er punktierte mit dem Stock: »Qui est ce Monsieur Laval? Monsieur Laval était un mauvais ministre, un très mauvais ministre! Moi, je suis un bon écrivain!« Jetzt stand hinter jedem von uns ein Kellner. So schnell ward noch nie eine Gesellschaft von zwölf Gästen bedient. Ich blickte mich um und sah: zumindest in unserm Teil des ›L‹ nur strahlende Gesichter an allen Tischen. Es hätte nicht viel gefehlt, und es wäre ein lauter Applaus ausgebrochen.

Wir wurden sehr schnell bedient. Aber wir speisten sehr langsam, als wären wir bei einem Bankett und als hätten wir noch viele Reden über uns ergehen zu lassen, obwohl wir sehr hungrig waren und Joseph Roth nach seinem oratorischen Erfolg noch durstiger als sonst.

Ich muß gestehen, daß mir die gute Bouillabaisse im ›Méditerranée‹, die ich sonst sehr mochte, diesmal nicht gut schmeckte. Ich habe – ich sag's im Ernst – befürchtet, man würde uns vielleicht nicht aus Frankreich, aber mindestens aus Paris ausweisen. Aber ehe wir die Stätte des bedenklichen Triumphs meines Freundes verließen, beruhigte ich mich. Folgendes spielte sich noch ab: Obwohl Laval mit seiner Suite später als wir angekommen war, verließ er mit seinen Freunden das Gasthaus früher als wir. Vielleicht weil er ja schneller bedient wurde. Aber auch aus einem andern, ich möchte sagen: französischen Grund. Denn ehe sie das Lokal verlassen haben, war Laval mit seiner ganzen Runde vor der Bar stehengeblieben und tat so, als ob er dort noch was zum

Trinken bestellen wollte. Aber offensichtlich markierte er nur – wie man das in der Theatersprache nennt. Denn ich konnte sehen, wie der Wirt neben ihm stand und, wie er glauben mochte, sehr diskret ihm Roth zeigte und ihm vermutlich den »grand écrivain autrichien« als »grand buveur« vorstellte. Worauf Laval mit einem freundlichen Blick gegen den *grand écrivain* vergnügt lächelnd das Lokal verließ.

Ein paar Tage später war ich mit meinem Freund Darsie Gillie zusammen und erzählte ihm den Vorfall mit Laval. Von den Engländern, die ich kannte, schätzte ich ihn als den besten Kenner Frankreichs und speziell von Paris. Und es beunruhigte mich wieder zu sehen, wie verblüfft mein Freund war. Wenn ich ihm nicht versicherte, dabeigewesen zu sein, würde er es gar nicht glauben, sagte er. Natürlich war auch er nicht gerade ein Anhänger von Laval, und es freute ihn, daß Roth so etwas gewagt hatte. Vielleicht um mich zu beruhigen, tröstete er mich, daß wir schließlich in Paris und in Frankreich seien, und ein Franzose, wäre er auch ein Laval, würde sich nicht lächerlich machen, die Préfecture de police mit dem Vorfall zu beschäftigen.

Nach dem Tode Roths, nach dem Ausbruch des Krieges, nach der Katastrophe Frankreichs, nach dem Triumph Hitlers, nach dem Todesurteil *in absentia* gegen de Gaulle, nach der Herrschaft von Laval in Vichy, nach dem Selbstmord Hitlers, nach dem Prozeß und der Hinrichtung Lavals, kam ich im Jahre 1950 nach Paris zurück. Darsie Gillie war wieder in Paris. Er war nicht mehr Korrespondent der *London Times*, sondern des *Manchester Guardian*. Aber er wohnte noch immer in seiner schönen Wohnung auf der Ile St-Louis, die er völlig intakt nach dem Krieg vorgefunden hatte. Nach einem Abend, zu dem er mich und mehrere englische Journalisten eingeladen hatte, erzählte er mir, nachdem alle gegangen waren, daß er den Prozeß Laval für seine Zeitung »gecovered« hatte und oft an Roth und die Szene im ›Méditerranée‹ gedacht hat. »Dein Freund Roth muß schon die Leiche gerochen haben, wie er es gewagt hat, Pierre Laval so herauszufordern«, sagte er. Er erzählte mir dabei *den* Moment im Prozeß, der für die Verdammung Lavals entscheidend war. Denn der Schurke verteidigte sich wie ein Tiger, und der Ausgang des Prozesses war keineswegs sicher. Dann kam der Moment. Ein Offizier, der Lavals Adjutant war und ihn über die Vorgänge an der Front persönlich zu informieren hatte, trat als Zeuge auf und legte folgendes Zeugnis ab: Laval lag zur Zeit des deutschen Durchbruchs 1940 krank in einem Spital. Der Offizier erzählte ihm genau über den Durchbruch der Deutschen, und Laval richtete sich hoch im Bett auf und hörte voller Spannung zu. Als der Adjutant mit seinem Bericht zu Ende war, fragte Laval ihn: »Und unsere Armee? Wie wird sie reagieren? Hat sie Reserven?« – »Es sind keine Reserven da«, sagte der Offizier, »keine Kräfte zum Widerstand.« – »Und Laval«, fragte der Richter, »wie reagierte er?« – »Er lehnte sich im Bett zurück, zog die Bettdecke hoch und atmete auf.« – »Ich sah mich um«, schloß Darsie, »ich sah die Richter. Und in diesem Moment wußte ich, daß das Schicksal Lavals entschieden war.«

Von Emile Zola wird erzählt, daß der große Kämpfer und Sieger der Dreyfus-Affaire seine flammenden Aufrufe nicht nur geschrieben und gesprochen, sondern persönlich die gedruckten Plakate an die Litfaßsäulen geklebt hat. Anatole France, kein untätiger Zeuge in der Dreyfus-Affaire, hat Zola bei dieser Tätigkeit beobachtet, und er behauptet, daß Zola das nicht gewagt hätte, wenn er nicht so kurzsichtig gewesen wäre, daß er die wütenden Gesichter der Zuschauer nicht bemerkt hat. Joseph Roth hat die Schadenfreude des Publikums im Café Weber nach dem Schrei »Mort aux juifs« sehr wohl bemerkt und richtig reagiert, obgleich er völlig betrunken war. Er hat auch die Stimmung im Restaurant ›Méditerranée‹ vor seiner Proklamation über Laval richtig eingeschätzt, obwohl er diesmal – es war ja viel später am Abend – in noch tieferem Rausch dasaß. Ich habe mich damals nicht darüber gewundert. Man weiß, wenn nicht aus einem persönlichen Verkehr mit ihm, dann aus seinem Werk, gut genug, was für ein Beobachter er war.

Aber nach fünfunddreißig Jahren fand ich eine gründlichere Erklärung. Hier in New York bin ich einmal an der 43. Straße an einem Hotel vorbeigegangen, das in der Nähe eines Konzertsaales ist. In solcher Bereitschaft, Konzertankündigungen zu lesen, daß ich schon vor dem Hotel eine Ankündigung las, die mit Musik nichts zu tun hatte. Da stand zu lesen, daß eben dort ein Kongreß der Zauberkünstler tage. Nun hab ich mir aus meiner Kindheit unter andern Schwächen auch eine sehr starke für Zauberkünstler bis ins hohe Alter gerettet. Ich ging hinein, fand den Hörsaal und fragte einen Türsteher, ob man ohne Einladung eintreten dürfte. Man durfte. Ich setzte mich hin. Es war gerade eine Frage-und-Antwort-Stunde. Ein Zauberkünstler stand auf der Bühne und beantwortete Fragen aus dem Publikum. Das ist bei uns hier, namentlich in Radio und Television, eine populäre Praxis, fast eine Plage. Schon wollte ich mich entfernen, als eine Frage aus dem Publikum laut wurde, die mich auf dem Sitz zurückhielt. Die Frage an den Zauberkünstler war: »Und welches Publikum ist das gefährlichste?« Die Antwort des Zauberkünstlers kam schnell und ohne Nachdenken, wie eben eine Auskunft, die aus langjähriger Erfahrung kommt: »Kinder und Besoffene. Kinder, wenn sie anfangen zu denken, und Besoffene, die nicht zuhören, sondern in ihrem Torpor nur schauen.«

Joseph Roths Entourage

Nachdem wir vom Hôtel Florida ins Hôtel de la Poste in der Rue de Tournon umgezogen waren, wurde das Bistro vom Hotel eine Adresse für österreichische Emigranten in erstaunlich kurzer Zeit. Zu den regelmäßigen Besuchern gehörten namentlich Roths neue katholische Freunde. Sie waren zuerst politische Freunde, Monarchisten zumeist, die im Laufe der Zeit seine persönlichen Freunde wurden. Mit einigen von ihnen habe auch ich mich angefreundet, und da sie im letzten Jahr seines Lebens eine Rolle gespielt haben, verdienen sie eine Erwähnung.

Zunächst führe ich hier die zwei Brüder Dohrn ein. Der ältere, Klaus, war Ende zwanzig, der jüngere, Serge, Anfang zwanzig. Beide waren zum Katholizismus bekehrte Protestanten und eben darum eifrige und aktive Katholiken. Klaus hatte ich schon in Wien kennengelernt, wo er, zusammen mit dem bekannten Münchener katholischen Professor von Hildebrand, eine Zeitschrift herausgab.[220] Aber in Wien habe ich ihn nicht oft gesehen. Beide, den Professor und Klaus, habe ich durch Otto Klemperer kennengelernt.[221] Klaus, der sich in jungen Jahren zum Priester berufen fühlte, war einige Jahre Zögling eines katholischen Priesterseminars, beschloß aber, Journalist zu werden, und gab sein Studium auf. Er war ein gebildeter und begabter Journalist, von gutem Geschmack, lebhaftem Temperament und gesundem Humor. Er war groß gewachsen, mit spärlichem Haar. Wie er aussah, kann ich mit seiner Hilfe leicht skizzieren. Er kam eines Tages lachend heran und erzählte uns: »Ich bin eben mit einem Bus hergekommen. Er war vollbesetzt. Als ich am Boulevard

251

St-Germain einstieg, deutete eine Frau, die einen Jungen von etwa fünf Jahren auf dem Schoß hielt, mit einem Finger auf mich und belehrte ihn laut und vernehmlich: ›Voilà un boche!‹« Da einige lachten, lachte er mit. Und da *er* lachte, lachten jetzt alle. Es war einfach eine Information für das Kind, damit es weiß, wie ein Boche aussieht. Das Gelächter der Österreicher, die grad im Bistro waren, als er die Geschichte erzählte, kam ihm sichlich weniger unschuldig vor als das Gelächter der Franzosen im Bus. Er sprach gut französisch und war eine gute Kombination von Gourmet und Gourmand. Wie ich mir anmaße, in jeder fremdem Stadt schnell das angenehmste Kaffeehaus zu finden, so fand er in jeder Stadt die guten Restaurants. Im Gegensatz zu Roth, der nur vorgab, die französische Küche vorzuziehn, war Klaus (und ist hoffentlich noch immer) ein gründlicher Kenner und Enthusiast der französischen Küche. Wie er just ein österreichischer Monarchist geworden ist, wüßte ich nicht zu sagen. Aber er hatte gute Beziehungen zu allen politischen Kreisen und war immer sehr gut informiert. Als der Kardinal Pacelli Papst geworden ist[222] und Professor von Hildebrand ein naher Freund des neugewählten Papstes war, erklärte Roth eines Tages in vollem Ernst: »Klaus Dohrn ist meine Verbindung mit dem Vatikan.« Und kein Katholik und kein Jude in der Entourage amüsierte sich darüber so beständig wie Klaus Dohrn. So gern wie diese Anekdote erzählte Klaus nur noch eine über unsern Freund Walter Mehring, der ihm eines Tages so nebenbei erwähnte: »Als ich gestern im *Corpus iuris canonici* geblättert habe…«[223]

Der jüngere Bruder Serge, ein Katholik von reinerem Weihwasser (wenn man so was sagen darf), aber von weniger Bildung, war seinem Bruder nicht im geringsten ähnlich. Er war schlank, mittelgroß, mit dunklem Haar und braunen Augen, scharfem Gesicht und schmallippigem Mund. Er liebte Roth über alles und wäre für ihn durchs Feuer gegangen. Er war es, der Roth die Geschichte vom Trinker erzählte, den Joseph Roth zum »heiligen Trinker« befördert hat, und zwar wortwörtlich. Ich war dabei, wie die Geschichte aufs Papier gebracht wurde. Roth saß wie gewöhnlich in der Vertiefung, die er selbst im Bistro auf einer Polsterbank ausgehöhlt hat. Neben ihm Serge, und vor ihm eine Stenotypistin vom *Neuen Tage-Buch*[224], die tippte, was Roth erzählte, und Roth erzählte, was Serge ihm sagte. So entstand die *Legende vom heiligen Trinker*. Ob er die Geschichte hernach noch mit seiner Hand nachgeschrieben hat, weiß ich nicht. Aber das können Biographen leicht feststellen.[225] Klaus, nachdem er die Geschichte im Manuskript gelesen hatte, belehrte Joseph Roth, daß er den Titel ändern solle und nicht vom »heiligen«, sondern vom »seligen Trinker« erzählen solle. Roth hatte diese katholische Belehrung beherzigt, aber vergessen, den Titel zu ändern. Und so ging der Trinker in die Literatur ein, heiliggesprochen von Joseph Roth.

Serge war in der Entourage der einzige, der alles glaubte, was Roth erzählte. Er glaubte auch, daß Roth getauft war, was Klaus durchaus nicht wahrhaben wollte. Ich habe Serge besser kennengelernt als irgendeinen in der Entourage, weil ich mit ihm zusammen im letzten Konzentrationslager in Frankreich war, und ich habe ihn dort erst recht liebgewonnen. Wie ich schon irgendwo erwähnte, war das das einzige Lager, wo wir von dem französischen Kommandanten so lange gehalten wurden, bis die Deutschen in ihrem Vormarsch die Bretagne erreichten und eine motorisierte Abteilung das Lager übernahm. Mit Serge zusammen flüchtete ich aus dem Lager.[226]

Der liebe Serge ist ahnungslos, weil er Roth alles glaubte, dafür verantwortlich, daß ich etwas getan habe, was ich mir abzwingen muß zu gestehn. Serge ist daran schuldig, daß ich meinem Freund Joseph Roth (spät in der Nacht) auf seinem Zimmer zwei Ohrfeigen gegeben habe. Nicht sehr kräftige, denn ich habe es nicht in Wut getan, obwohl ich guten Grund hatte es ihm anzutun, aber auch einige Stunden zu überlegen, ob ich es tun sollte. An jenem Abend kam Serge zu uns. Roth war nicht da. Er war mit Freunden in ein russisches Gasthaus gegangen, wo er immer bis sehr spät am Abend blieb und immer schwer geladen nach Hause kam. Ich ging mit Serge zum Essen. Wir sprachen natürlich auch über Roth, und diesmal hatte er mir was Besonderes zu erzählen. In berechtigtem Stolz, daß sein Idol ihm etwas Wichtiges von seinem Leben erzählt hat, was nicht einmal ich wisse, schickte er sich an, das Geheimnis zu erzählen. Ich war nicht sehr erpicht, es zu erfahren und fragte ihn zuerst, warum er annahm, daß ich das Geheimnis nicht kenne. »Er hat mir das Versprechen abgenommen, niemandem das zu erzählen, und ausdrücklich auch dir nicht.« Und dann kam es. Roth hatte ihm erzählt, daß er nicht der Sohn seines Vaters war. Er wäre nur ein Halbjude. Seine Mutter hatte ein Liebesverhältnis mit einem österreichischen Offizier. Kein Mensch weiß das. Aber gerade er, Serge, würde Verständnis dafür haben, warum er es just ihm erzähle.

Ich habe manches von Roth erlebt, das ich nicht glaubte, aber auch nicht ernst nahm. *Das* hätte ich ihm nie zugetraut. Das Ungeheuerliche dieses Geständnisses kann man nur begreifen, wenn man seine Mutter kannte. Die gute jüdische Mame! Die Fromme, von der er noch zwei Geschenke besaß: ein Gebetbuch zur Bar-mizwa und die Tefillen, die er jetzt noch in der Kiste in seinem Zimmer aufbewahrte![227] »Solange ich die Tefillen mit mir führe, kann mir nichts geschehn«, sagte er mir, sooft wir die Kiste öffneten. – Serge sah mir wohl an, wie ich diese Erzählung aufnahm. »Du glaubst es natürlich nicht?« meinte er. »Das einzige, was ich von dieser Geschichte glaube, ist, daß er sie dir erzählt hat. Keinem andern würde ich glauben, daß Roth imstand ist, so was von seiner Mutter zu behaupten. Aber ich verstehe, warum er gerade dich ausgesucht hat.« – »Und warum hat er gerade mich ausgesucht?« – »Weil er annimmt, daß du Verständnis dafür haben und es gern weitererzählen wirst.« – »Das hab ich mir gedacht«, sagte er, »und ich wollte dich um Rat fragen, ob ich es auch tun soll.« – »Ob du es weitererzählen willst, ist deine Sache«, sagte ich ihm, »aber du kannst dich drauf verlassen, daß ich heute noch ein Wort mit ihm reden werde.« – »Um Gottes willen! sagte er. »Aber Soma! Du verrätst mich ja! Er hat mir ausdrücklich verboten, dir was zu sagen.« – »Wann hat er sich vor dir zum Halbjuden ernannt?« fragte ich ihn. »Vorige Woche, wie wir mal allein waren.« – »Ich werde ihm nicht sagen, daß ich es von dir weiß. Darauf kannst du dich verlassen«, sagte ich. »Es wundert mich, daß er vor dir sich nur zu einem Offizierssohn machte. Er hätte dir ebenso gut sagen können, sein Vater wäre auch ein Fürst gewesen, so wie deiner. Ich bin doch nicht der einzige, dem du es erzählt hast?« Er schwieg. Um mich zu beruhigen, gingen wir in ein Kino. Ich kam spät nach Hause. Roth war schon in seinem Zimmer. So früh am Abend war er nur selten auf seinem Zimmer, nur wenn er in einem Zustand völliger Ermattung nach Hause kam, meistens an den Tagen, da er sich einen Pernod geleistet hatte. Pernod ist ein euphemistischer Name für ein Getränk, das den Franzosen für den gesetzlich abgeschafften Absinth trösten soll. Roth vertrug dieses Getränk nur schwer, und er riskierte nur selten einen Pernod. Ich habe ihn einmal gekostet. Mir schmeckte er so wie ein starker Schnaps mit einem Zusatz von Seife. Ich habe nur einen getrunken, um mich vor Roth brüsten zu dürfen, daß ich das Getränk überlebt habe.

Ich benutzte gar nicht den Eingang durch das Bistro, denn

ich vermutete, daß dort einige verspätete Wiener auf Roth warteten, und ging direkt zu ihm hinauf. Ich klopfte an die Tür. Keine Antwort. Ich trat ein. Im Zimmer war Licht, und er lag auf dem Bett. Er lag nicht so da wie einer, der sich niedergelegt hat, sondern als wenn er rücklings hingefallen wäre. Er war völlig angezogen, hatte nicht einmal seinen schwarzen Überzieher abgelegt, den er immer nur über die Schultern hängen hatte. Ein ausgestrecktes Bein mit be-schuhtem Fuß lag auf der Bettdecke. Ein Bein hing von der Bettseite herunter. Da er auf dem Rücken lag, schnarchte er tief und geräuschvoll. Seine Augenlider waren geschwollen, im bleichen Gesicht funkelte die rote Nase, und der buschige rote Schnurrbart bewegte sich mit dem Atem. Seit Jahren wußte ich, daß er ein Kranker war. Aber noch nie traf mich der Anblick so bestürzend. Ich bückte mich und hob das hängende Bein aufs Bett. Wie immer, wenn er ruhte oder auch nur saß, waren die Schuhbandeln gelockert. Ich zog einen Schuh nach dem andern behutsam aus. Dabei fühlte ich seine ewig geschwollenen Knöchel. Es waren nicht nur die Knöchel – der ganze Fuß war von Wasser geschwollen. Ich sah ihn noch einmal an: die schmale Stirn mit dem verklebten, spärlichen Haar, den aufgeschwemmten Unterleib. Nur die bleichen, edlen Hände waren noch die meines Jugendfreunds Joseph Roth. Ich fühlte, wie mir die Lippen zitterten. Ich knipste das Licht aus und ging den Halbstock zu meinem Zimmer hinauf. Die Ohrfeigen, die ich ihm in Gedanken den ganzen Abend wiederholt verabreichte, blieben in der Luft des Krankenzimmers hängen.

Ich blieb lange schlaflos in dieser Nacht. Ich dachte an seine Mutter. Ich führte lange Gespräche mit ihr und hoffte, ihren Rat zu haben, wie ich mich anstellen sollte, um ihre Ehre gegen ihren armen Sohn zu verteidigen. Wie schon öf-ter, wenn ich mich stundenlang wach hielt in der Hoffnung, einen Traum zu erzwingen, schlief ich endlich in quälender Erwartung, der Mutter im Traum zu begegnen. Allein der Engel, der im Himmel die Träume administriert, ist offenbar, eben weil er ein so phantasiereicher Künstler ist, kein Regisseur. Die Mutter kam nicht.

Diesmal erwachte ich am Morgen ausnahmsweise früher als er. Ohne zu bedenken, wie ich ihm eigentlich entgegentreten sollte, ging ich noch halb angezogen zu ihm. Er saß bereits mit nacktem Oberkörper auf dem Bett und frottierte recht ungeschickt seinen noch nassen Rücken mit einem erstaunlich weißen Handtuch. »Was willst du so früh am Morgen?« fragte er mich mürrisch. »Du warst ja schon in der Nacht hier.« – »Du hast mich gehört?« – »Wer sonst könnte hier auf meinem Bett deine ewige englische Grammatik vergessen!?« Damals trug ich immer ein Buch mit mir herum, das auf dem farbigen Titelblatt den Union Jack hatte und den Titel: *Brush up your English*. Er warf mir zornig das Buch zu, denn er war dagegen, daß ich nach USA auswandere. »Was wolltest du in der Nacht? Ist der Krieg ausgebrochen? Hat man Hitler erschossen?« fragte er. »Ich wollte dir Gute Nacht sagen und dir zwei Ohrfeigen geben.« Er hob seinen Kopf und sah mich an: »Ein großes Heldenstück, mir Ohrfeigen zu geben. Der einzige, der Angst hätte, es zu tun, ist Walter Mehring.« Dieser unser Freund und tägliche Besucher war für Roth das Symbol physischer Unzulänglichkeit. »Es handelt sich nicht um ein Heldenstück hier«, sagte ich, »sondern um eine Prügelstrafe.« Ich erzählte ihm die neue Version von seiner Abstammung und wartete neugierig, was für ein Manöver er ausdenken könnte, um möglichst leicht darüber hinwegzukommen. Er war, wie ich wohl wußte, ein Meister in der Abwehr. Er ließ mich lange warten. Dann erhob er sich, schneller, als ich ihm zugetraut hätte, stellte sich vor mich hin und trocknete mit dem Handtuch sein Gesicht: »Bitte, schlag zu. Zwei Ohrfeigen. Ich hab sie redlich verdient.« – »Du hast sie so schmählich verdient, daß ich nicht dein Exekutor sein will. Gib mir bitte den Schlüssel zu deiner Kiste.« – »Wozu brauchst du auf einmal den Schlüssel zu meiner Kiste?« – »Du hast mich oft ersucht, deine Kiste aufzuschließen und dort nach Manuskripten zu suchen, die du noch nicht verkauft hast. Du hast mir von deiner Geschichte erzählt, die den Titel hat: Erdbeeren.« – »Stimmt«, sagte er, »stimmt. Ich kann die Kiste nicht bewegen. Ich kann mich nicht bücken. Tu du das. Tu das.« Er suchte in der Schublade seines Nachttisches und gab mir einen kleinen Schlüssel. Ich ging um das Bett herum, wo im Winkel, von einem alten Mantel bedeckt, die Kiste stand. Es war eine gewöhnliche Kiste aus weißem, ungehobeltem Holz, eine Kiste, in der man etwa Eier oder Äpfel transportiert. Das war die Kiste, wo Joseph Roth seine Manuskripte und seine persönlichen Habseligkeiten aufbewahrte, deren er sich nicht in seinen vielen Reisen entledigen wollte. Die Kiste war mit einem Hängeschloß versperrt, das ein Kind von einem Einbrecher leicht hätte öffnen können. Ich hob den Deckel hoch, und da es nicht meine Absicht war, dort Erdbeeren zu suchen, fand ich gleich, was ich an mich nehmen wollte: seine Tefillen und das Gebetbuch, die »heiligen« Geschenke seiner Mutter. Dann sperrte ich die Kiste zu, ging zu ihm und gab ihm den Schlüssel zurück. Er hatte indessen ein Hemd angezogen und glättete es vor dem Spiegel. »Ich zieh jeden Tag ein frisches Hemd an«, sagte er, was er schon oft mit Stolz erwähnt hatte, »so erspar ich mir ein Bad.« Er drehte sich um und machte tatsächlich einen recht frischen Eindruck in seinem sauberen blauen Hemd. Indem erblickte er das samtene Säckchen mit den Tefillen und das Gebetbuch in meinen Händen. Ich wich zwei Schritt zurück, und schon hörte ich seinen Schrei: »Wie wagst du, das anzurühren. Das ist ja unerhört!« – »Du hast mir einmal erzählt, daß das deine Talismane sind. Du verdienst nicht mehr, daß sie dich schützen«, sagte ich. »Du entscheidest das? Bist du ein Raw?!«²²⁸ – »Ich bin kein Raw«, sagte ich ihm, »ein Raw würde dir sagen, daß du die Tefillen schon längst entweiht hast. Ich sag dir nur, daß du das Recht, den Talisman deiner Mutter zu tragen, verwirkt hast.« – »Gib mir bitte das zurück«, sagte er, »ich verspreche dir, ich werde am kommenden Jom Kippur fasten.« – »Das wird dir nichts nützen. Am Jom Kippur werden nur die Sünden vergeben, die man gegen Gott begangen hat, nicht die Sünden, die man gegen Menschen begangen hat, es sei denn, daß man sie um Verzeihung gebeten und Vergebung bekommen hat. Du hast dich gegen deine Mutter versündigt. Und deine Mutter ist tot. Wie willst du das gutmachen? Du kannst nicht zu ihrem Grab gehn und sie um Vergebung bitten. Denn die Russen würden dich dort erschlagen. Du Monarchist!« Er setzte sich wieder aufs Bett und brütete eine lange Zeit. Dann erhob er sich, kam an mich heran, hielt mich eine Weile am Arm, dann sagte er: »Gib mir eine Ohrfeige und gib mir die Tefillen zurück.« Ich erhob meine Rechte und berührte seine linke Backe mit einem leichten Schlag. Dann nahm er schnell die Tefillen wieder an sich und sagte: »Jetzt gib mir noch eine für das Gebetbuch.« Ich wiederholte die Prozedur, und seine Talismane waren gerettet. »Du wirst dir jetzt zur Gewohnheit machen, wenn deine Entourage beisammen ist, von deiner Mutter zu erzählen, wie fromm sie war und wie sie dich nie in den Cheder²²⁹ allein gehen ließ, als du schon ein achtjähriger Junge warst und ein Tunichtgut schon damals. Und mir wirst du gefälligst billige Dostojewski-Szenen ersparen. Es ist genug, daß du es mit der Feder machst! In deinen russischen Erzählungen!« Unserm Freunde Serge hat er keine Vorwürfe gemacht, vermutlich, weil er nicht der einzige war, dem Roth seine Mutter als Soldatenliebchen vorgestellt hatte.

Mit Serge war ich, wie gesagt, in dem letzten Konzentrationslager in Frankreich, in den Wochen während und nach der Katastrophe des französischen Imperiums. Das Lager war in einem kleinen Fischerdorf, Audierne, im Finistère in der Bretagne. Anders als die Soldaten in anderen Konzentrationslagern waren diese, die das Lager in der Bretagne bewachten. Die andern behandelten uns als Schicksalsgenossen im Unglück. »Nous sommes emmerdés, nous et vous, tous«, sagten sie oft in den andern Lagern. Diese hier waren stur und ängstlich. Serge behauptete, sie wären älterer Landsturm von der Bretagne. Landsleute von meinem Lieblingshistoriker Ernest Renan, wunderte ich mich. Aber was Wunder – *spiritus flat ubi vult*. Selbst Tirol hat einen Lyriker hervorgebracht. Und Oberösterreich hat nicht nur Hitler, sondern auch Adalbert Stifter – *horribile dictu* – hervorgebracht. Und selbst die Steiermark hatte einen Peter Rosegger. In andern Lagern konnten wir mit Hilfe unserer Wächter in Kontakt mit den Ortseinwohnern kommen. Hier war das am Anfang unmöglich. Sie glaubten, wir wären Nazispione, die aus Flugzeugen mit Fallschirmen gelandet seien.

Bis Serge den Durchbruch gemacht hat. Da lob ich mir die Katholiken. Es ist ihm gelungen, den Namen des katholischen Ortspfarrers zu ermitteln, und es gelang ihm, ein frommes Briefchen hinauszuschmuggeln. Nach einer Woche schon hatte er die Erlaubnis des Kommandanten, am Sonntag zur Messe zu gehn. Auf diese Weise wurde das Dorf informiert, daß wir keine Nazis waren, sondern ihre ersten Opfer, Flüchtlinge. Bald konnten wir mit Hilfe von kleinen Bestechungen Einkäufe im Dorf machen. Nach dem Fall von Paris, als wir schon die Tage zählen konnten, bis die deutschen Sieger unser Lager erreichen würden, gelang es Serge, den Chauffeur des Lastautos, das täglich Lebensmittel ins Lager brachte, zu überreden, daß er ihn und mich aus dem

Lager herausschmuggle. Wir haben uns vorbereitet, uns ohne sichtbares Gepäck auszurüsten. Aber dieser Rettungsversuch mißlang, weil im letzten Moment einer von den Wachsoldaten auftauchte, um dem Chauffeur einen privaten Auftrag zu geben.

Nach einigen Tagen war es für einen zweiten Versuch schon zu spät. Da waren die deutschen Sieger bereits Herren unseres Lagers. Ich habe an einer anderen Stelle meiner Erinnerungen genau geschildert, wie es uns dort gelungen ist, aus dem Lager zu entkommen.[230] Hier will ich nur von Roths ergebenstem Freund zu Ende erzählen. Ich bin aus dem Lager früher entschlüpft als Serge und versteckte mich zunächst in einem Bistro, zusammen mit einem Physiker, einem Professor Alfred Reis, der bedeutend genug war, daß ihn später Einstein nach USA hinüberretten konnte.[231] Wir merkten gleich, daß wir vor der Bevölkerung jetzt keine Angst zu haben brauchten. Jetzt hatten sie Angst vor uns, da sie doch sahen, daß die deutschen Soldaten uns nicht sofort niederschossen. Also waren wir doch Spione. In diesem Moment hat uns diese Schande genützt. Wir gingen am hellichten Tag durch das Dorf und begegneten noch anderen, die es gewagt hatten die Flucht zu ergreifen, darunter auch Serge. Er nahm mich beiseite und sagte mir, er sei bereits beim Priester gewesen, der ihm versprochen hatte, ihn in einem Fischerboot nach England zu schmuggeln. Man brauchte aber einige hundert Franken. Er habe schon einen Freund, der mittut, aber nicht die ganze Summe. Ich hatte genug, um uns allen zu helfen, da ich ja Geld für meine Schiffskarte mit ins Lager genommen hatte. Serge strahlte im Glauben an das Gelingen. Wir verabredeten eine Stelle außerhalb des Dorfes, wo er uns holen wollte, um über Nacht beim Pfarrer zu bleiben. Der Professor, der keinen Pfennig für sich hatte, war skeptisch. Aber er konnte mich eben darum nicht verlassen. Also blieben wir auf der verabredeten Stelle in einem Maisfeld versteckt. Wir warteten zwei Stunden und Serge kam nicht. Schließlich verlor auch ich den Glauben an eine so wie eigens für uns bestellte Rettung, und wir gingen aus dem Dorf hinaus. Zuerst gingen wir über Felder und stahlen uns von Akker zu Acker durch, aus Angst vor den deutschen, motorisierten Patrouillen, die man überall auf den Straßen sah. Aber es waren bereits viele Franzosen auf der Flucht mit Sack und Pack auf dem Rücken und Koffern in den Händen, wie wir zwei. Wir mischten uns also unter die Franzosen, und nach kurzer Zeit fanden wir heraus, daß die deutsche Militärpolizei auf ihren Motorrädern sich für die Flüchtlinge nicht im geringsten interessierte. Sie suchten französische Soldaten. So gelangten wir zu dem uns bereits bekannten Städtchen Quimper, wo die Bevölkerung uns ausgiebig angespuckt hatte, als wir vor einigen Wochen hier aus den Eisenbahnwagen in Autobusse aufgeladen und ins Konzentrationslager geführt wurden.

Das war der Tag, da ich meinen Freund Serge zum letzten Mal gesehen habe. Er ist, wie ihm der Priester versprochen hatte, mit einem Fischerboot nach England gebracht worden. Dort hat er die richtigen Adressen benützt, die ihm dazu verhalfen, nicht verhaftet und in ein Lager gebracht zu werden. Er bekam sogar eine Arbeit, eine Anstellung in einer Farm im Innern des Landes. Dort hatte er die Samstage frei. Eines solchen Samstages ging er in das nahe Städtchen und ins Kino. Und just an diesem Abend warfen deutsche Stukas ihre Bomben auf dieses Städtchen und auf dieses Kino. Er war auf der Stelle tot.

Das erfuhr ich erst, als wir seinen älteren Bruder Klaus aus einem Konzentrationslager in Spanien herausgeholt haben. Ihn, der mit seinen katholischen Beziehungen vielen über Spanien zur Flucht geholfen hatte, ihn, Roths Verbindung mit dem Vatikan, haben die Spanier verhaftet und ins Lager gesetzt. Er hatte Serge in Paris zum letzten Mal gesehen, als sie in verschiedene Lager gebracht wurden. Ich erzählte ihm von Serges letzten Wochen mit mir in der Bretagne hier in New York. Hier in New York erzählte er mir, daß er an dem letzten Tag in Paris, ehe sie beide in Konzentrationslager abtransportiert wurden, mit seinem Bruder einen Streit hatte. Einen Bruderzwist. Sie stritten über Joseph Roth. Serge beharrte bei seinem Glauben, Joseph Roth sei getauft und als Katholik gestorben. Klaus, ein mehr eingeweihter Katholik als sein Bruder, hat das nie geglaubt und ist auch nach der christlichen Beerdigung bei seiner Meinung geblieben, daß Joseph Roth nicht getauft war. Nach langen Jahren haben wir uns hier in New York wiedergesehn. Wir sprachen in Trauer von Serge, und Klaus hatte es noch immer nicht verschmerzt, daß er am letzten Tag ihres Beisammenseins einen Streit mit ihm über Roth hatte.

Im Bunde der Dritte war Franz von Hildebrand, der Sohn des Professors und Theologen.[232] Er war ein ungewöhnlich charmanter, hübscher junger Mann, sehr intelligent, ein Musikliebhaber und -kenner. Mit ihm hab ich mich gleich gut verstanden und wir sind gleich gute Freunde geworden. Er hat mich öfter zu verschiedenen Konsulaten begleitet, wo namentlich die amerikanischen Sekretärinnen ihm hilfsbereit entgegenhuschten. Als der Krieg ausbrach, wurden die Pariser gleich mit Gasmasken versorgt. Für Flüchtlinge waren keine zu haben. Obwohl ich an einen Gasangriff auf Paris nicht für einen Moment glaubte, lag es mir sehr daran, eine Gasmaske zu bekommen. Denn wer sich in der ersten Zeit auf der Straße ohne Gasmaske zeigte, war sogleich als Flüchtling erkennbar. Franzl von Hildebrand, der gute Beziehungen zur Schweizer Gesandtschaft hatte, erhielt dort eine auch für mich, ohne daß ich ihn darum gebeten hätte. So kam ich nach einiger Zeit, mit Gasmaske ausgerüstet, in das erste Konzentrationslager, beneidet von den Insassen, die keine Gasmasken hatten. Franzl war der einzige von unsern Freunden, der nicht ins Lager kam, denn er hatte von seinem Vater, der als Professor eine zweite Staatsbürgerschaft hatte, auch die Schweizer und ging frei in Paris herum, in der Sorge um uns alle. Als ich im Dezember vom Lager befreit wiederkam, sahen wir uns sehr oft als Vereinsamte, in der Freiheit Zurückgebliebene. Ein paar Tage war er mit mir nicht zufrieden. Aber er sagte zunächst nichts. Es dauerte aber nicht lange, bis er damit herauskam. Ich hatte mir nämlich in den drei Monaten im Lager einen Schnurrbart wachsen lassen, weil das Rasieren dort mit kaltem Wasser, namentlich an der Oberlippe, nicht gerade angenehm war. Ich behielt ihn noch eine Zeit, weil es mich neugierig machte, die verschiedenen Meinungen über diese meine Verwandlung zu sammeln. Es waren meistens ältere Bekannte, Frauen und Männer über 65, oder französische Bekannte. Fast alle waren dafür, daß ich den Schnurrbart behalte, namentlich die Frauen und getauften Juden. Nur Franzl war anderer Meinung, und zwar ausdrücklich. »Der Schnurrbart muß weg, Soma«, sagte er. »Er steht dir ja ganz gut. Aber das feine Jüdische ist weg. Du siehst bellikos aus wie ein Pole.« Ich war gerührt über diese Aufmerksamkeit. Denn im Grunde hab ich es genauso gesehen wie er. Aber wie kam er dazu?

Ich kann mich nicht erinnern, ob Franzl indessen schon geheiratet hatte oder noch das Jahr des »drôle de guerre« als Junggeselle in Paris blieb. Ich weiß nur, daß, als wir uns nach der Katastrophe Frankreichs in Marseille wiedersahen, er schon verheiratet war. Er hatte in Paris eine reizende Irländerin kennengelernt, schlank und klug, und wie nur noch der unvergeßliche Robert Kennedy, hat er es mit ihr auf elf Sprößlinge gebracht. Die Familie lebt irgendwo in einem

zentralamerikanischen Staat. Zu meiner eigenen Beschä-
mung vergaß ich, in welchem.

Unter den sporadischen und ständigen Gästen waren auch
welche, die weder Monarchisten noch Österreicher waren.
Ein fast täglicher Gast in unserm Bistro war Jakob Altmaier,
ein Frankfurter, ein Sozialdemokrat und ein Journalist.[233]
Roth kannte ihn schon von Frankfurt her und sah ihn gern,
weil er auch der Ansicht war, daß das Naziregime nur durch
einen Krieg liquidiert werden könnte. Altmaier las viele Zeitungen und war immer sehr gut informiert. Ein treuer Sozialdemokrat, stand er in Korrespondenz mit vielen deutschen
Genossen, vor allem mit dem gewesenen Reichskanzler
Scheidemann, der als Emigrant in Kopenhagen lebte. Als
Journalist war er spezialisiert auf die Balkanländer. Er verstand auch viel von den komplizierten Verhältnissen in diesem Winkel Europas, was für einen deutschen Journalisten
recht ungewöhnlich war. Natürlich war das, gemessen an den
Wiener Balkan-Spezialisten unter den Journalisten, immer
noch nicht zu viel. Unter den Emigranten war er der einzige,
der auf die Nachricht von Chamberlains Untat in München
an einem Zeitungskiosk auf der Stelle in Ohnmacht fiel.[234]
Von diesem Fall war Roth so beeindruckt, daß er gleich die
Adresse des Spitals polizeilich ermittelte und, von mir begleitet, mit einem Blumenstrauß dem Sozialdemokraten Altmaier einen Krankenbesuch abstattete. Auf dem Heimweg
im Taxi sagte er: »Weißt du, warum er umgefallen ist? Weil er
so gesund ist.« – »Du behauptest ja immer, daß ich auch
gesund bin.« – »So gesund wie Altmaier bist du nicht. Er hat
den geradesten Gang unter den Emigranten. Dabei trägt er
drei Kreuze.« – »Wieso drei?« fragte ich. »Er ist ein Jud', er ist
ein Sozialdemokrat, und er ist ein Homosexueller.« – »Also
vier Kreuze«, sagte ich, »er ist ja auch ein Emigrant.«

Ermuntert von diesem unsern Besuch im Spital, das er nach drei Tagen kerngesund verließ, kam Altmaier eines Tages mit einem Päckchen, das er hinter Roths Rücken mir überreichte: Memoiren von Jakob Altmaier. Ich las die Memoiren mit einem großen Aufwand von Willenskraft, denn sie waren unbeschreiblich banal. Da er meinen Roman gelesen und hochgeschätzt hat und das oft genug in Anwesenheit von Roth erwähnt hatte, tat ich so, als ob ich sein Manuskript interessant fände. Das hatte fürchterliche Folgen. Er insistierte, daß ich das Manuskript Roth empfehle. Ich weigerte mich. Ich wußte, daß Roth in solchen Fällen, seine ihm angeborene ungewöhnliche Höflichkeit verwerfend, geradezu grausam werden konnte. Ich hatte gerade zu meinem Erstaunen vor einigen Wochen eine solche Erfahrung gemacht. Ein älterer, magerer Gymnasiallehrer, bescheiden und mit ausgesuchten Manieren, der ein angenehmes alemannisches Deutsch sprach, beehrte Roth eines Tages mit dem Manuskript einer von ihm selbst verfaßten Novelle. Ich war leider dabei, wie der unglückliche Mann wiederkam, um sich das Manuskript und das Urteil Roths zu holen. Ich habe Roth in solcher Wut nie erlebt, es sei denn, wenn in seiner Anwesenheit der Name seines gewesenen Freundes Bernard von Brentano erwähnt wurde. »Es ist eine Zumutung, mir ein solches Geschreibsel zu lesen zu geben. Sie beleidigen mich! Sie erniedrigen sich! Sie beleidigen die Literatur und Ihren Beruf!« Ich zitiere nur diese paar Ausrufe. Der arme Professor ließ sich nie wieder sehn.

In lebhafter Erinnerung an diese Szene, die ich unserem lieben Jakob Altmaier ersparen wollte, weigerte ich mich hartnäckig, Roth das Manuskript zu geben. Aber Altmaier war hartnäckiger als ich. Er ließ das Päckchen einfach liegen und ging siegreich davon, weil es ihm gelungen war, mich also zu überlisten. Roth nahm das Manuskript, ein umfangreiches Paket, wohlwollend an sich. »Der liebe Altmaier«, sagte er, »schreiben kann er nicht. Seine Artikel sind mittelmäßig selbst für einen sozialdemokratischen Journalisten. Aber vielleicht hat er was zu erzählen. Er kannte ja alle Welt in Deutschland.«

Zwei Tage später kam ich von meinem Zimmer herunter ins Bistro, und da war ein großer Aufruhr. Unsere Patronin, Madame Alazard, die Joseph Roth bemutterte und ihn liebte, und der Patron, der ihn haßte, aber als großen Konsumenten und als Zugkraft für die Emigranten tolerierte, stritten laut in Erregung. Die Gäste amüsierten sich. Und Roth stand mit einem Stock in der Hand auf der Terrasse, erschrocken und bleich. Er winkte mich heran und sagte: »Sie haben mir gekündigt. Ich muß ausziehn. Gehn wir.« Wir gingen in das nächste Bistro um die Ecke, und er erzählte mir, was er angestellt hatte. Er hatte am Nachmittag, da er mit seinem Tagespensum zu Ende und allein war, ein Stück Altmaier-Prosa genossen und war dabei in solche Wut geraten, daß er mit dem Manuskript ins WC ging, es in Stücke zerriß und das Ganze hinunterzuspülen versuchte. Das war selbst für das Klo zuviel. Das Unternehmen mißlang. Er mußte es Madame Alazard melden. Man mußte Handwerker holen, um den Betrieb im Bistro aufrecht zu erhalten. Roth getraute sich nicht, ins Bistro zurückzukommen. Ich mußte vermitteln, und wie ich es vorausgesehen hatte, gelang es mir, den französischen Geschäftssinn wachzurütteln und die Kündigung rückgängig zu machen.

Was den Autor Jakob Altmaier betrifft, so gelang es mir nie, ihm seinen Zorn nicht etwa gegen Roth, sondern gegen mich zu beschwichtigen. Er verlangte mit marxistischer Unerbittlichkeit das Manuskript zurück. Von mir, nicht von Roth. Ich sagte ihm, daß ich das Manuskript Roth übergeben habe und riet ihm, es bei Roth zu reklamieren. Da er nichts

Gutes ahnte, weil er es Roth ansah, daß es mit der Freundschaft aus war, hielt er sich an mich. Bis zum Tode von Roth
im Mai 1939. Bis zum Ausbruch des Krieges. Bis zum Ende
der Zeit.[235] Hernach habe ich Altmaier nie wiedergesehn.
Denn ihm gelang es, dank seinen balkanischen Beziehungen,
noch vor Ausbruch des Krieges nach Jugoslawien zu flüchten. Er überlebte den Krieg. Er kehrte nach Deutschland zurück. Er kehrte zu seiner Partei zurück. Er spielte eine wichtige politische Rolle im Nachkriegsdeutschland. So wichtig,
daß sie ihn einmal nach Washington schickten in einer wichtigen Mission. So wichtig, daß ich eines Abends, als ich spät
in der Nacht mein Radio einschaltete, plötzlich das Frankfurter Englisch und die Stimme meines Freundes Jakob Altmaier mit Freuden wiedererkannte. Er war in New York. Er
hat mich nicht angerufen. Ich habe ihn nicht wiedergesehn.
Er hat offenbar, rührig wie er war, von Roths Untat an seinem Manuskript erfahren, und er hat sie *mir* nie verziehen.

Unser Bistro war aber nur die Adresse für unsere Leser. Für
harmlose österreichische Flüchtlinge gab es eine offizielle
Adresse von einem Empfangskomitee, das den schönen französischen Titel hatte: ›Accueil français aux autrichiens‹. Der
wichtigste Mann in diesem Komitee war ein Herr Martin
Fuchs.[236] Er war der Presseattaché der österreichischen Gesandtschaft in Paris gewesen. Wir, Roth und ich, kannten ihn
schon seit Jahren. Er war der Sohn von unserm Freund, dem
Ministerialrat Fuchs, von dem ich schon mehr erzählt habe.
Als Roth zum ersten Mal eine Reise nach Paris machte, sagte
ihm der Ministerialrat: »Sie werden in Paris meinen Sohn
kennenlernen. Bedenken Sie dabei, daß ein Sohn nicht nur
einen Vater, sondern auch eine Mutter hat.« Tatsächlich war
der Sohn ganz die Mama. Roth kannte ihn besser als ich. Sie
waren sozusagen Freunde. Im Jahre 1934 in Paris sagte mir

Roth eines Tages: »Martin Fuchs kehrt nachträglich die arisch-deutsche Seite der Mutter hervor. Mir kommt das so vor wie einer, der von einem Grafen und einer Köchin abstammt und lieber seine Abstammung von der Mutter wählt.« Ich weiß nicht, wieviel sie den österreichischen Flüchtlingen geholfen haben. Zur Polizeipräfektur hatten sie eine Zeitlang enge Beziehungen. Sie hatten sogar zwei, drei Mann in diesem Amt sitzen, die sich um die Österreicher kümmerten. Einer von ihnen hieß Loibuscher. Er war ein abtrünniger Nazi, der in Paris noch in seinen SS-Stiefeln herumging und auch so in der Präfektur saß. Aber Martin Fuchs hatte zu ihm offenbar großes Vertrauen, sonst hätte er ihn nicht bei der Polizei eingeführt. Wie gesagt, ich weiß nicht, wie und wieviel sie den Österreichern geholfen haben. Mir haben sie einen niederträchtigen Streich gespielt. Als Roth mit den Monarchisten sich überworfen hatte, verheimlichte er mir das eine Zeitlang. Eines Tages erlebte ich eine Überraschung. Ich mußte mich von Zeit zu Zeit bei der Präfektur melden, um meine Aufenthaltsbewilligung in Paris zu verlängern. Als Legitimation für die Polizei hatte ich ein sogenanntes Récépissé bekommen. Das war sozusagen ein *gradus ad parnassum* zu einer Carte d'identité. Als ich den üblichen Gang zur Präfektur machte, nahm mir der Herr Loibuscher das Récépissé weg, unter welchem Vorwand wußte er selbst nicht zu sagen. Als ich Roth das erzählte, ging er sofort ans Telephon und rief einen französischen Freund an. Als er sich wieder zu mir setzte, erzählte er mir zum ersten Mal von seinem Zerwürfnis mit den Monarchisten. »Mir können sie nichts antun. Jetzt rächen sie sich an dir«, sagte er, »aber ich werde es ihnen schon zeigen.« Folgenden Tags überraschte er mich mit der Mitteilung: »Heute gehe ich mit dir zur Präfektur.« Ich traute meinen Ohren nicht. Joseph Roth ging nie persönlich zur Polizei! Für solche Gänge hatte er einen, wie er ihn nannte, Polizeispitzel, der ihm alles besorgte. Auf einmal war er bereit, zur Polizei zu gehn? Ich habe es erst geglaubt, als er in ein Taxi stieg und dem Chauffeur sagte: »À la préfecture de police.« Loibuscher ließ Roth und mich warten. Wir saßen in einem Zimmer, das voll war von Flüchtlingen. Ganze Familien, Alt und Jung, Frauen und Kinder, alle in Nöten mit der Polizei. Gestützt auf seinen Stock saß Roth da, müde und trunken. Hin und wieder zupfte ich ihn am Ärmel. Loibuscher telephonierte immerzu. Schließlich rief man Roth vor. Dann rief man mich vor. Der Erfolg war: mein Récépissé blieb, wie Loibuscher sagte, bei der Préfecture.

Einen schönen Erfolg hatte dieser Gang zur Polizei. Es war ein paar Wochen vor seinem Tode. In jenen Wochen schrieb er nur wenig. Hin und wieder diktierte er Briefe. Aber nach dem Besuch auf der Préfecture bestellte er einen Armagnac und trank ein Schlückchen. Dann schrieb er seinen letzten Aufsatz. Ich saß neben ihm draußen vor dem Bistro und sah zu, wie sie drüben an der anderen Seite der Terrasse die letzten Reste des Hôtel Foyot demolierten. Als er mit dem Schreiben fertig war, las er mir den Aufsatz vor. Er schilderte die Menschen in den Zimmern der Préfecture. Es war einer der besten Aufsätze, die er je geschrieben hat. Ich sagte ihm das. »Aber es fällt mir kein Titel ein«, sagte er. »Er wird dir schon einfallen«, sagte ich.

Indessen war Roth mit dem Armagnac fertig geworden. Er bestellte einen zweiten und diesmal, ohne mich zu fragen, auch einen für mich. »Du siehst mitgenommen aus«, brummte er, »man kann auch ohne Récépissé leben. Ich werde es ihnen schon zeigen. Dem Loibuscher und dem Herrn Fuchs.« – Einen Armagnac hin und wieder trank ich gern mit Roth. Es ist ein erfrischendes Getränk. Ich ziehe es dem besten Cognac vor. Nach einem halben Gläschen fiel mir plötzlich was ein: »Ich glaube, ich hab einen Titel für dich.« Roth griff nach der Feder. Mit einem Blick auf die Ruinen des Hotels Foyot sagte ich: »Titel: Angesichts der Zerstörung.« – »Gut«, sagte er, »angesichts ist gut. Aber ich möchte uns beide im Titel haben.« Eine Weile dachte er nach. Dann schrieb er ein Wort auf und zeigte mir den Titel: *Rast angesichts der Zerstörung.*[237] – »Und jetzt nehmen wir ein Taxi und fahren zum ›Louis‹!« Dieser Vorschlag gefiel mir sehr.

Man kann sich vorstellen, wie ich wochenlang ohne Legitimationspapiere in Paris herumging, ich, der vor dem Teufel im Leben nicht solche Angst hatte wie vor der Pariser Polizei-Préfecture. Zu meinem Glück hat man mich nie nach einem Legitimationspapier gefragt. Vielleicht war es der Préfecture bekannt, daß kein geringerer ›Franzose‹ als Rainer Maria Rilke mich schon vor Jahrzehnten zum Pariser ernannt hatte.

Bei seinen Lebzeiten ist es Roth nicht gelungen, mir mein Récépissé wiederzuerobern. Nach seinem Tode sagte man mir in der amerikanischen Gesandtschaft, daß ich im Juli mein Visum nach USA bekommen würde. Ich hatte also nur einige Wochen noch zu warten. Aber ich hatte schon zu viele Enttäuschungen auf dieser Gesandtschaft erlebt, um mich beruhigt zu fühlen, ich, ein Mann ohne Récépissé in Paris. Ich faßte einen schnellen Entschluß und telegraphierte Heinrich Simon nach Jerusalem, ob er mir ein Visum nach Palästina verschaffen könne. Zu meiner Beglückung erhielt ich nach zwei Wochen ein Schriftstück, gezeichnet vom High Commissioner von Palästina persönlich, ein Visum! Jetzt hatte ich was in der Hand. Aber mutterseelenallein getraute ich mich zur Préfecture auch jetzt noch nicht. Ich bat meinen Freund Olivier de Pierrebourg, der mich schon oft dorthin begleitet hatte, zum letzten Mal mit mir zu kommen. Natürlich ging er gleich mit mir, direkt zum Sous-préfet. Zunächst kam der altchinesische Austausch der Begrüßungen. Mein Freund Olivier, der Sekretär des einflußreichen Deputierten André Philip war, begann wie immer: »Je viens de la part de Monsieur le Député André Philip qui vous aime beaucoup.« Darauf der Sous-préfet: »Oh, Monsieur. Quel homme! Je l'adore. Quel homme, Monsieur André Philip!«[238] Dann kam die Bitte. Da mein österreichischer Paß ungültig geworden war, brauchte ich zur Ausreise irgendein Reisepapier. Olivier zeigte mein Visum, vom High Commissioner unterzeichnet. »Hat er Reisegeld?« fragte der Sous-préfet. »Er hat ein Konto in England qu'il n'a pas touché.« Der Sous-préfet verlangte jetzt meine Carte d'identité. Ich hatte keine. »Was haben Sie?« fragte er mich. »Ich *hatte* ein Récépissé...« sagte ich. »Wo ist es jetzt?« – »Man hat es ihm weggenommen«, sagte Olivier. »Wer? Das ist sein Eigentum. Er hat dafür bezahlt. Das kann man nur Verbrechern abnehmen. Wo hat man es ihm abgenommen?« – »Hier«, sagte Olivier, »die Österreicher, die da sitzen.« Der Sous-préfet nahm seinen Telephonhörer ab und sprach einen kurzen Satz ins Telephon hinein. Nach einigen Minuten, die die Herren damit verbrachten, weitere Lobgesänge über Herrn André Philip auszutauschen, kam in seinen Nazistiefeln ein zitternder, bleicher Loibuscher mit meinem Récépissé in der Hand und beteuerte seine Unschuld. Der Sous-préfet winkte ihn hinaus, wie man eine Fliege verscheucht, und versprach mir das gewünschte Reisepapier. Aber noch ehe ich das Papier bekam, brach der Krieg aus. Ich verlor daraufhin mein Interesse sowohl an meinem amerikanischen wie auch an meinem Palästina-Visum und beschloß, in Paris zu bleiben, in irgendeiner Form mich an dem endlich ausgebrochenen Krieg gegen die Nazis zu beteiligen.

Zwei Jahre später, schon nach der Katastrophe, begegnete

ich in Marseille auf der Cannebière meinem alten Freund Loibuscher. Er erkannte mich sofort. Und diesmal erbleichte ich. Wie ein Blitz traf mich der Gedanke: Jetzt ist der Abtrünnige gewiß schon ein siegreicher Nazi. Allein das war nicht der Fall. Er hatte Gründe, sich zu verstecken, und ich war schon im Besitz eines Sauf-conduit nach Marokko. Er hatte es eilig. Aber er nahm sich die Zeit, mir in Zerknirschung zu melden: »In der Sache mit dem Récépissé war ich nicht der Schuldige. Sie werden schon wissen, wer es war. Ein Höherer als ich.« – »Ich weiß«, sagte ich, »sein Vater war ein Freund von mir. Und auch von Joseph Roth.«

Der Vater hatte es nur bis zum Ministerialrat gebracht, obwohl er im Presseamt des Außenministeriums ein Liebling des Bundeskanzlers Seipel war. Der Sohn hat es schließlich nach dem Krieg als Diplomat weiter gebracht. Bis zum österreichischen Gesandten in Belgien.

Die französische Polizei vermutete, wie es ihr Amt ist, auch in unserer Entourage Spione. Einen möchte ich rühmlich erwähnen. Leider hab ich seinen Namen vergessen. Hoffentlich wird er mir noch einfallen. Er war ein etwa dreißigjähriger deutscher Arbeiter. Er gab zu, ein Spion zu sein. Und obwohl er schlecht hörte, war er offenbar auch ein tüchtiger Spion. Er spionierte gegen die Nazis direkt für das französische Deuxième Bureau. Spione sind gewöhnlich nach meiner Erfahrung eine Mischung von Schlauheit und Dummheit, wie hoch auch beruflich ihr Rang sein mag. Dieser war klug und immer am rechten Ort. Hier und da erzählte er einen Trick, den er sich geleistet hatte, zu unserem Vergnügen. Zu meinem besonderen Vergnügen, und demzufolge kann ich mich daran erinnern, erzählte er mir einmal, wie er sich im Deuxième Bureau benahm. Eines Tages wollten sie von ihm die Quellen seiner Nachrichten wissen. Er weigerte sich. Sie wollten wissen, warum er sich weigerte. Und er sagte es ihnen. Ich zitiere ihn wörtlich: »Wenn ich Ihnen den Namen eines Mannes verrate, der mir Nachrichten gibt, fürchte ich, daß er sehr bald in Deutschland von den Nazis erschossen wird.« Man tat im Bureau sehr beleidigt und verzichtete auf seine weiteren Dienste. Aber nach einer Woche schon überlegten sie sich die Sache, luden ihn wieder ein und fragten nie mehr nach Namen und Adressen. Ich dachte nach der Katastrophe oft an ihn und war um ihn besorgt. Aber in Marseille erfuhr ich, daß es ihm noch vor der Katastrophe gelungen war, nach Portugal zu entkommen.

In der nächsten Nähe unseres Hotels war eine kleine Buchhandlung. Der Buchhändler hatte eine Angestellte. Es war eine junge Frau, eine Französin, die offenbar ein Fall von Kinderlähmung war und ziemlich flink im Rollstuhl zirkulierte. Der Buchhändler selber war ein schwerer, dicker Mann, der Bär hieß und den Roth nie anders als »Piefke« nannte. Wir wunderten uns am Anfang, wie diese Buchhandlung bestehen konnte. Wir sahen nie einen Käufer. Der Herr Bär hatte viel Zeit, um in unserem Bistro zu sitzen und sich auf seine Angestellte zu verlassen, die auch nichts zu tun hatte. Aber hin und wieder sah man ihn mit einem Arm voll Büchern weggehn und nach ein paar Stunden mit einem Arm voll Büchern zurückkommen. Er war ein sehr langsamer Sprecher und ein ausdauernder Erzähler. Er saß oft an Roths Tisch und erzählte dem schreibenden Roth, den er gar nicht störte. Denn er gehörte zu den phlegmatischen Schwätzern, die es nicht im geringsten interessiert, ob man ihnen zuhört oder nicht. Roth duldete ihn, weil es ihm besonderen Spaß machte, wenn der Piefke wegging, mir zuzuhören, wie ich ihm sein piefkanisches Geschwätz genau nachmachte. Wie sehr waren wir erschreckt, als der dicke Buchhändler gleich nach dem Ausbruch des Krieges verhaftet wurde. Ich bat meinen Freund Olivier, der noch nicht eingerückt war, für den armen Piefke zu intervenieren. Er kam mit der Auskunft zurück und teilte sie uns lachend mit, daß der dicke Piefke ein der Polizei bekannter Spion war, den sie absichtlich in Ruhe gelassen hatten, weil es ihnen nützlich war.

Im Frühjahr 1938 meldete sich bei Roth ein junger Mann, ein österreichischer Flüchtling, ein echter Tiroler. Er erzählte, wie sein Muatterl, eine arme, unschuldige Schullehrerin, verhaftet und schwer mißhandelt und gepeinigt wurde, weil sie gegen die Nazis war. Er erzählte eine ausführliche Familiengeschichte, und obwohl er wie ein Tiroler Schullehrer aussah und wie ein ehrlicher Provinzler, sah ich als Theaterkritiker, daß der Kerl log. Als er wegging, sagte ich Roth meine Meinung. Klaus Dohrn, der auch dabei war, wunderte sich auch, wie mir so was einfallen könnte, obendrein mit der Begründung, daß ich als Theaterkritiker spreche. Nach einiger Zeit erhielt ich von einer Wiener Freundin einen Ausschnitt aus dem Naziblatt *Der Angriff*. Es war ein Bericht aus Paris, der eine Versammlung der Monarchisten beschrieb, die in Paris stattgefunden hatte, an der folgende Monarchisten teilgenommen hatten: Joseph Roth, Soma Morgenstern... Meine Wiener Freundin, die sehr wohl wußte, daß ich alles eher als ein Monarchist war, bat mich trotzdem vorsichtig zu sein, weil ich in Wien ja noch eine Mutter und eine Schwester hatte. Unter den Monarchisten in Paris gab es sicherlich keinen einzigen, der mich für einen Monarchisten gehalten hätte. Ich vermutete, daß so etwas nur dem Tiroler Volksschullehrer einfallen konnte, weil er als Tiroler so gut informiert war in der fremden Großstadt. Ich sagte aber nichts. Denn sein gefoltertes Muatterl hatte allen so tiefen Eindruck gemacht. Dieser harmlose Tiroler wurde am selben Tag verhaftet wie der Piefke Bär. Das erzählten mir die Brüder Dohrn. Joseph Roth war leider schon nicht mehr unter uns, sonst hätte er gesehen, was für ein guter Theaterkritiker ich war.

Roths Tisch in dem Bistro war ein offenes Haus. Man kam, setzte sich hin und redete. Er legte eine Weile die Feder beiseite, öffnete seine verwunderten Augen und hörte zu. Gute und schlechte Nachrichten. Zu den guten kommentierte er: »Unerhört!«, griff nach der Feder und schrieb weiter. Die schlechten kommentierte er mit einem Satz: »Das ist ja ekelhaft!« Das war der häufigste Kommentar. Sein lieber Freund Egon Erwin Kisch kam und bewies ihm, daß Stalin den Hitler an die Wand stellen wird. Sein Freund Valeriu Marcu, der in Grasse lebte, kam ab und zu für ein paar Wochen nach Paris und bewies uns, daß die deutsche Armee unbesiegbar ist und daß sie Hitler bald davonjagen wird, und es wird ohne Krieg abgehen.[239] Einmal kam ein Mann, der grüne Wickelgamaschen hatte um die dünnen Beine und auch sonst wie ein deutscher Wandervogel gekleidet war, aber ein intelligentes jüdisches Gesicht hatte. Sein Name war Maurice Schumann, und er hatte Roth was Wichtiges zu sagen. Er war ein französischer Katholik und wollte mit ihm ohne Zeugen sprechen. Als er weggegangen war, sagte mir Roth: »Hast du ihn dir gut angesehn? Er behauptet, ein führender Katholik zu sein, ist ein getaufter elsässischer Jud' und warnte mich, nicht zum Krieg zu hetzen.« Ob man es glaubt oder nicht, er war der spätere Außenminister de Gaulles und Pompidous, der so unerbittlich für die Araber gegen Israel ist.

Andern Tags kam ein Rabbiner aus Berlin. Er versprach uns, daß der Nazispuk nicht lange dauern würde, und reiste weiter nach USA. Ich war nicht dabei. Roth erzählte mir, der Gast aus Berlin war ein Reformrabbiner namens Joachim

Prinz[240], von dem ein anderer Emigrant aus Berlin behauptete, er sei der bedeutendste Rabbiner unter den Tennisspielern und der beste Tennisspieler unter den Rabbinern.

So mancher kam, redete, und ging ohne zu zahlen. Solche Rechnungen beglich Roth mit besonderem Vergnügen, um Madame Alazard zu zeigen, wie solvent er war. All das Kommen und Gehen hinderte ihn nicht an andauerndem, wenn auch oft unterbrochenem Schreiben. So flüchtig die meisten Besucher waren, so flüchtig Roth ihnen zuhörte, so richtig beurteilte er sie später als sie weg waren. Ich habe mich darüber jahrelang gewundert, bis ich eines Tages hier in New York, wo ich dies jetzt diktiere, dieses Rätsel gelöst bekam.

In normalen Zeiten wäre Roth, selbst in Paris, eine Legende geworden. Denn wie entsteht eine Legende? Wer ist berufen dazu, eine Legende zu werden? In früheren Zeiten mußte sich einer offenbaren. In unseren Zeiten offenbart sich einer, der öffentlich lebt. Öffentlich lebt und öffentlich wirkt. Dazu gehört auch, daß er gefährlich lebt. Das hat zur Folge, daß man, weil er gefährlich und öffentlich lebt, in steter Sorge um ihn ist. Es kann ein tragisches Leben sein oder ein komisches, am besten ein tragikomisches oder drolliges. Wenn einer ein bedeutender Künstler und ein Säufer ist, sind alle diese Bedingungen vom Fleck weg erfüllt. Natürlich muß er ab und zu weise Sprüche von sich geben. Joseph Roth gab selten Sprüche von sich, die leicht zu erinnern und zum Zitieren sind. Er redete allgemeine Lebensweisheit, zum Beispiel: »Man wird nicht gebildet in fremden Schulen« – welche Weisheit, näher besehen, ein Blödsinn ist. Aber es hört sich gut an. »Man wird nicht gesund in fremden Spitälern.« Das ist wahrscheinlich wahr. In seinem Fall war es fürchterlich wahr. Denn Joseph Roth ist nicht am Delirium gestorben. Man hat ihm in dem fremden Spital, weil er als Alkoholiker eingeliefert wurde, nichts zum Trinken gegeben, nicht einmal genug Milch und Wasser. Die Folge war eine Lungenentzündung. Ich habe das damals nicht gewußt. Leider auch nicht die Ärzte, seine Freunde, die ihn im Spital besuchten. An dem letzten Tag seines Lebens hat man mich nicht mehr hereingelassen unter dem Vorwand, ich sei zu spät nach der Besuchsstunde gekommen.

Man wird mir vielleicht vorwerfen, daß ich in diesen Aufzeichnungen zu oft von seinem Trinken spreche. Man glaubt nämlich meistens, wenn einer ein Alkoholiker ist, ist er das so nebenbei. Er ist ein Vater, ein Gatte, ein Künstler, ein Freund, und nebenbei ein Säufer. Das glauben sogar manche Ärzte. Ich glaub das nicht. Ein Alkoholiker ist in erster Reihe ein Alkoholiker, und alles andere so nebenbei. Ich kenne eine Anekdote, die von einem Dichter handelt, der in Paris eine Legende geworden ist: Paul Verlaine. Die Anekdote geht so: Als er schon so berühmt geworden war, daß man schon in England seinen Ruhm zur Kenntnis genommen hat, lud ihn ein literarischer Klub zu einem Besuch nach London ein. Zur Stunde seiner Ankunft erschienen am Victoria-Bahnhof drei englische Gentlemen in grauen Schlußröcken und grauen Zylindern und warteten in einer Gruppe, um dem ankommenden Gast sichtbar zu sein. Allein der Zug leerte sich, und kein Verlaine war zu finden. Beunruhigt suchten sie ihn überall auf dem leeren Bahnsteig. Schließlich erblickte einer von ihnen einen älteren Mann, der vor einem Bahnwärterstübchen mit einigen Bahnarbeitern stand. Sie näherten sich vorsichtig. Er stand mit einer Flasche in der Hand, die offenbar in die Runde ging, und der fremde Mann sah aus wie – – – Ein Gentleman näherte sich ihm mit dem Zylinder in der Hand und fragte: »Monsieur, êtes-vous…?« Mit der Flasche in der Hand und in alkoholbespritzter Weste stellte sich der berühmte Gast vor: »Oui, Monsieur, je suis phtisique, je suis

syphilitique. Je suis pédéraste, je suis poête, je suis Verlaine!«
– In der ganzen Musikliteratur der Welt gibt es kaum ein
solches Crescendo, es sei denn das berühmt gewordene in
dem letzten Zwischenspiel von Alban Bergs *Wozzeck*: Ein
Motiv, das von Instrumentengruppe zu Instrumentengruppe
in bedrückender Langsamkeit wächst, um schließlich mit der
Wucht eines Dampfhammers den Totschlag zu konsonieren
– und das (meiner Ansicht nach) schon bei der Uraufführung
in Berlin den Triumph dieser Oper besiegelt hat.

Mit wenigen kurzen Sätzen stellt sich Paul Verlaine in seiner vollen Lebenstragik vor. Daß er ein Alkoholiker war,
braucht er nicht zu sagen. Das nimmt er mit Recht als offenkundig an.

Roth fragte mich in jener kurzen Pause, 1938, da er auf-
hörte zu trinken, weil, wie Jakob Altmaier sich äußerte, »der
Hauch des Kriegs in Paris zu spüren war«: »Kannst du einen
Juden nennen, der so ein Säufer war wie ich? Einen Ostjuden,
meine ich.« – »Mehrere«, sagte ich. Der Verfasser der jüdischen Nationalhymne, der *Hatikwa*, namens Imber, war ein
mächtiger Trinker.[241] Er saß in New York bei Tag in einem
jüdischen Literatenkaffeehaus. Aber spät am Abend schlich
er sich davon und trank wie ein Irländer mit den Irländern in
einer Bar. In späterem Alter verschwand er mit einer reichen
Irländerin nach dem Westen und lebte mit ihr, die ihn als
Propheten bewunderte, bis zu seinem Tode. Er war nicht
jung, als er starb. Der Philosoph Salomon Maimon, von dem
Kant behauptete, daß er der einzige war, der seine Philosophie begriffen hat, war auch ein schwerer Trinker und ist in
Verkommenheit gestorben. Aber um nicht in die Ferne zu
schweifen: Der von uns beiden so geliebte Wiener Jude Peter
Altenberg hat größere Quantitäten konsumiert als irgendein
Alkoholiker. Denn er trank, seltsam genug, Bier. Und er
brachte es bis auf 25 Flaschen täglich. Aber auch er ist im-

merhin etwas über sechzig geworden. Es gibt wenige jüdische Säufer. Aber wenn einer trinkt, dann gibt's was aus. Ich habe mit Roth in solchen Fällen immer didaktisch gesprochen. Und in jener Pause wollte ich abschreckende Beispiele anführen. Jetzt bedauere ich es. Ich habe mich bestrebt, ihm das Trinken auszureden, weil ich es schwer vertrug, daß er sich wie ein Schuster betrank und sein Leben zerstörte. Nach seinem Tode hab ich mir Vorwürfe gemacht, daß ich kein Mittel finden konnte, um ihn zu retten. In den letzten Monaten seines Lebens merkte er gar nicht mehr, welche Blößen er sich gab und daß er sich bereits dem Gelächter selbst der Entourage aussetzte. Er konnte zum Beispiel nur Klage darüber führen, daß er so viele, die ihm nahestanden, aushalten mußte, und nannte an erster Stelle immer seine »unglückliche, kranke Frau«. Eine kurze Zeit später erzählte er, daß die Schwester seiner Frau in Paris angekommen sei und ihm den Vorschlag gemacht hat, er möchte sie heiraten, damit sie eine Aufenthaltsbewilligung in Paris bekomme. Er merkte gar nicht, daß er sich verplapperte. Wie hätte ihm seine Schwägerin diesen Vorschlag machen können, wenn die Frau nicht schon längst tot gewesen wäre. Als ich ihn später darauf aufmerksam machte, warf er mir vor, daß ich ihn nicht verhindert hatte, es zu sagen. Eine Weile später tröstete er sich damit, daß keiner der Zuhörenden das bemerkt hätte, nur ich, und bat mich, weiter dabei zu bleiben, daß seine Frau noch lebte.[242]

Kein Kummer saß so tief bei ihm, daß der Alkohol ihn nicht gleich hätte wegschwemmen können. Also hatte er nicht recht zu trinken? fragte ich mich später. Und ich frage mich jetzt: Hat ihm sein Dämon Alkohol wirklich nur Schaden gebracht? Wenn ich jetzt, ein alter Mann, zurückdenke, bin ich nicht mehr der Ansicht. Gewiß spielt auch die große Katastrophe, die über unser Volk gekommen ist, dabei mit.

Ist er nicht zu den Weisen zu zählen, die vor der Zeit gestorben sind? Er hat so lange gelebt, als er schreiben konnte. Zum Schluß konnte er's nicht mehr. So kam es, daß kleine, banale, niedrige, auch niederträchtige Begebenheiten ihn verderben konnten.

Aber hat ihm der Alkohol nicht auch geholfen? Heute kann ich den Gedanken nicht wegweisen, daß der Alkohol im Guten und im Bösen sein Schicksal war. Auch im Guten? Ja, ich glaube jetzt, auch im Guten. Denn es gab Zeiten, wo der Alkohol ihm geholfen hat, viel Mißgeschick zu ertragen. Es gab Zeiten, wo der Alkohol um ihn eine Abdichtung geschaffen hat, hinter der er sich vereinsamen und Mut zum Fortdauern finden konnte. Und Fortdauern hieß bei ihm Fortschreiben. Joseph Roth ist nie Offizier geworden in der österreichischen Armee. Aber er war ein schreibender Soldat. Seine Waffe war die Feder, die er bis zum Tag, da ihm das Delirium das Licht des Tages überschattete, in der Hand behielt. Er war ein freiwilliger Flüchtling von Anbeginn. Vielleicht weil sein Vater einer war, war es in seinem Blut. Er flüchtete erst von seiner Familie. Der Krieg trieb ihn von seinem Studium weg, zu dem er nicht zurückkehrte. Wien verließ er, weil er hier keine Chance für sein Fortkommen sah. Wie ich es ihm später nachmachte, als ich auch nach Berlin übersiedelte. Hernach begann er mit dem Reisen. Er gehörte aber nicht zu den reisenden Schriftstellern, die es in exotische Länder trieb, von denen Karl Kraus behauptete, ihr Talent beginne ungefähr in Bukarest. Roth trieb es zum Reisen, weil ihm das Irgendwo, ja, das Nirgendwo, lieber war als das Zuhause. Als ihm die *Frankfurter Zeitung* einmal einen Korrespondenten-Posten in Warschau anbot, lehnte er vom Fleck weg ab, obwohl viele sich um den Posten rissen, vielleicht weil es einmal geschehen ist, daß ein deutscher Korrespondent der *Frankfurter Zeitung* Gesandter für Polen wurde. Als der Herausgeber der *Frankfurter Zeitung* die Idee hatte, ihn für ein Jahr nach Wien und mich nach Paris zu schicken, lehnten wir das beide ab – ich, weil ich zwar gern nach Paris für ein Jahr gegangen wäre, aber Roth mich vor Friedrich Sieburg warnte[243], er, weil er zwar gern für ein Jahr nach Wien gegangen wäre, aber nicht mit der »Mischpoche seiner Frau« in einer Stadt leben wollte. Im Grunde, weil er sich nicht vorstellen konnte, daß er ein Jahr an einem Ort sitzen könnte.

Dabei litt er schon immer an akuter Heimatlosigkeit. Folgendes erlebte ich einmal in dieser Hinsicht: Er hatte keinen Sinn für die Oper und, soweit ich mich erinnere, hörte er sich nie eine an. Aber als in Berlin die Oper unseres gemeinsamen Freundes Karol Rathaus von Kleiber aufgeführt wurde, ging er zur Uraufführung mit mir mit. Karol hatte sich ein Sujet ausgesucht, das das traurige Schicksal einer Emigrantenfamilie irgendwo in Südamerika behandelt und an dem auch Karols Oper zugrunde ging.[244] Roth beweinte das Schicksal dieser Heimatlosen drei Akte lang und verbrauchte zwei Taschentücher wie ein Dienstmädchen am Sonntagnachmittag im Kino.

Einmal wurde er sich dieser seiner paradoxen Haltung bewußt. Er war für die *Frankfurter Zeitung* nach Albanien gereist und beschrieb die Hauptstadt Tirana, damals nicht viel mehr als ein balkanisches Dorf. In einem seiner Berichte stand ein Satz, an den ich mich noch heute erinnere und den ich ungefähr aus dem Gedächtnis zitieren kann: Ich verließ das Hotel und kaufte mir eine Zeitung, um zu erfahren, was in der großen Welt vorgeht, die ich verlassen hatte, um ihr mitzuteilen, was in der Welt vorgeht.[245] Das Reisen war seine zweite Art, sich zu berauschen. So wurde ihm die Flucht zur Heimat.

Er wäre vermutlich nur ein blendender Journalist geworden, hätten seine Räusche ihn nicht zum Künstler gemacht. Denn er hatte große Hemmungen, sich an ein Buch heranzuwagen. Der Alkohol wusch ihm die Hemmungen fort. Ist er aber organisch ein Erzähler geworden? Ein Meister ist er nur als Schilderer. Robert Musil sagte mir einmal, daß Roth an einer Stelle vom *Hiob* ein Dichter war. Ich kenne noch eine Stelle. Wie er seinen geliebten Kaiser Franz Joseph darstellt, da ist er ein Dichter. Sein Franz Joseph ist die einzige dreidimensionale Gestalt in dem ganzen schönen *Radetzkymarsch*. Neben ihm war Wilhelm II. ein preußischer Plebejer. Die zwei, Schulter an Schulter in einem Bündnis, das mußte zur Katastrophe führen. Leider hat Joseph Roth nicht lange genug gelebt, um die Briefe des Kaisers an Katharina Schratt zu lesen, die erst nach dem Zweiten Weltkrieg erschienen sind. Er hätte die Genugtuung gehabt, innezuwerden, wie richtig er den Kaiser dargestellt hat. Wie er ihn sah, genauso ist er in seinen Briefen. Nicht der kalte, rigorose Bewahrer des spanischen Zeremoniells. Obwohl er im *Radetzkymarsch* nicht viel Platz einnimmt, steht er menschlich in all seiner Würde da, Joseph Roths geliebter Kaiser – Europas letzte wahre Majestät.

Mein Brief an einen Nazi und die Folgen

Mehrere Wochen nach meiner Flucht aus Wien erhielt ich einen Brief von meiner Schwester. Es war ein Hilferuf: ihr Sohn, ein zwanzigjähriger Junge, ist verhaftet worden, und sie bittet mich, für ihn was zu tun. Ich antwortete ihr zunächst, ja niemandem zu sagen, daß sie meine Schwester sei. Das könne nur schaden. Ich legte ihr auch nahe, meiner Mutter dasselbe zu sagen.[246] Ich überlegte, was ich tun könnte. Ich hatte natürlich noch nicht-jüdische Freunde in Wien, darunter welche, die Einfluß genug hatten, zu helfen. Aber wer weiß, ob sie jetzt noch den Mut oder die Anständigkeit hätten, es zu tun? Damals haben die Mörder selbst in Wien nicht einfach Juden gemordet, sie jagten vorerst nach Kommunisten und sonstigen politischen Gegnern, die gegen sie tätig waren. Nach kurzem und sicherlich nicht ruhigem Nachdenken fiel mir ein, einfach an den von den Nazis ernannten Bürgermeister der Stadt Wien zu schreiben. Er hieß Dr. Hermann Neubacher, und ich kannte ihn gut.[247] Viele Jahre stand er einem der wichtigsten Führer der sozialdemokratischen Partei nahe, obwohl er selbst kein Sozialdemokrat war. Aber wie ursprünglich die Sozialdemokraten, war er immer für den Anschluß Österreichs an Deutschland gewesen, und obwohl ich immer dagegen war, vertrugen wir uns sonst gut. Nach der Ermordung des Bundeskanzlers Dollfuß wurde er verhaftet und in ein Konzentrationslager gesetzt. Daß er am Dollfuß-Mord nicht schuldig war, haben sogar die Dollfuß-Anhänger gewußt. Vermutlich hatte er schon indessen, um den Anschluß Österreichs an Deutschland vorzubereiten, Kontakt mit den Nazis, vielleicht sogar den deutschen Nazis, gehabt. Im Konzentrationslager ist er dann erst recht ein Nazi geworden. Er hatte aber in Wien, selbst bei den christlichsozialen Politikern, Einfluß genug, um nach kurzer Zeit aus dem Konzentrationslager befreit zu werden. Eines Tages kam er eigens, wie er behauptete, ins Café Museum, um mir zu sagen (und ich zitiere ihn wörtlich): »Ihnen, Dr. Morgenstern, brauch ich nicht erst zu versichern, daß ich selbst in dem katholischen Konzentrationslager kein Nazi geworden bin. Unter uns gesagt, würde ich mich noch lieber an ein kommunistisches Deutschland anschließen. Aber ich bin unter allen Umständen für den Anschluß Österreichs an Deutschland. Weil ich Österreich allein nicht für lebensfähig halte.« Diesem Dr. Neubacher hab ich einmal einen völlig belanglosen Dienst erwiesen, den er mir aber nicht vergessen wollte. Ich nahm an, daß ein Mann, bei dem das Gefühl der Dankbarkeit so tief sitzt, in einigen Monaten sich nicht so verändern kann, daß er auf einen Brief von mir nicht irgendwie reagiert. Ich richtete also an ihn folgendes Schreiben: »Sehr geehrter Herr Bürgermeister, meine Schwester, die leider noch in Wien zurückgeblieben ist, schreibt mir, daß ihr Sohn, ein zwanzigjähriger Junge, verhaftet worden ist. Ich versichere Ihnen, daß mein Neffe, Goldschmied von Beruf, nie politisch sich betätigt hat und sich auch sonst niemals des geringsten Vergehens gegen eine Behörde oder auch nur gegen einen Menschen schuldig gemacht hat. Ich hoffe, daß dieser Brief Sie erreichen wird, und daß Sie ihn nicht unbeachtet lassen werden, obwohl ich mir schon selbst sage, daß Sie jetzt, in diesen Zeitläuften, gewiß von vielen hilflosen Menschen in Anspruch genommen werden.« Ich fügte noch den Namen und die Personalien meines Neffen bei. Damals konnte man noch in Europa auf dem Postamt einen Expreßbrief mit dem Vermerk aufgeben: persönlich dem Adressaten zuzustellen. Auf den Brief erhielt ich natürlich nie eine Antwort (die ich auch gar nicht erwartet habe). Aber nach zwei Wochen erhielt ich von meinem Neffen einen Brief aus Belgien. Er teilte mir mit, daß er aus dem Gefängnis befreit wurde und nach einigen Tagen von einem SS-Mann aufgesucht wurde, der ihn aufforderte, seine Sachen zu packen und, ohne ihm zu sagen wohin es gehe, bis an die belgische Grenze und über die Grenze gebracht und sich obendrein mit einem Glückwunsch verabschiedet hat. Aus einem ihm unverständlichen Grunde. Ich schrieb ihm, daß ich hoffte, ihm eines Tages das Mysterium aufklären zu können.

Da ich die Kunst des Maschinenschreibens nicht gelernt habe, hatte ich den Brief an den Bürgermeister einer Freundin diktiert, ohne sie um Verschwiegenheit zu bitten. Es vergingen ein paar Wochen. Mein Neffe war bereits in Belgien. Eines Tages fragte mich Roth mit angestrengtem Ernst, ob es wahr sei, daß ich mit dem Wiener Bürgermeister korrespondiere. »Woher weißt du das?« fragte ich. »Die österreichischen Emigranten erzählen, daß du an den Nazibürgermeister von Wien einen Brief geschrieben hast.« – »Das stimmt«, sagte ich. »Und hat er dir geantwortet?« fragte er. »Nein«, sagte ich, »damit hab ich gar nicht gerechnet. Ich bat ihn, etwas für mich zu tun. Und er hat es, ohne mir zu antworten, getan.« Und ich erzählte ihm, was vorgefallen war. Am Abend, als alle Österreicher in unserm Bistro mit Roth saßen, wiederholte Joseph Roth meine Erzählung und schloß mit der Bemerkung: »Um ein Menschenleben zu retten, würde ich nicht nur einem Nazibürgermeister schreiben, sondern vor Dr. Goebbels niederknien und ihm die Hand küssen.« Ich streckte ihm zum Spaß meine Hand hin, und zu meiner Bestürzung küßte er sie und entschuldigte sich, daß er nicht niederknie mit seinen »geschwollenen Füßen«.

»Mein Freund Fingal«

Ich führe ihn so ein, wie ich ihn schon oft erwähnt habe, weil Roth immer so von ihm gesprochen hat. Er sagte nie einfach Fingal, auch nicht zu mir, auch nicht, als ich Fingal schon seit Jahrzehnten kannte. Fingal war der erste Journalist, mit dem er befreundet war. Mit ihm fing er zusammen die journalistische Karriere an. Beide als Anfänger volontierende Polizeiberichterstatter für die Wiener *Arbeiter-Zeitung*. Wie ich schon an anderer Stelle erwähnt habe, war dieser Fingal der erste, dem Roth eine gemeinsame Kasse vorschlug. Was er, sein Freund Fingal, abgelehnt hat, sicherlich zu seinem Glück. Ich war vermutlich der letzte, dem er eine gemeinsame Kasse vorgeschlagen hat. Auch ich hab es abgelehnt, mit welchem Erfolg weiß man schon.

Fingal hieß natürlich nicht Fingal. Aber ich glaube, daß selbst Roth im Laufe der Zeit seinen wahren Namen vergessen hat. Er war wahrscheinlich auch nicht musikalisch genug, um zu wissen, was Mendelssohn in Fingals Höhle zu suchen hat – oder was er dort gefunden hat.[248] Er war einfach Joseph Roths Freund Fingal. Er war auch nicht musikalisch genug, um Musikkritiker zu werden. Er ist auch kein berühmter Reporter geworden. Aber er war immer dabei, wie Joseph Roth als Journalist, als Schriftsteller, als Romanschriftsteller, Karriere machte. Und Roth hat immer, in Wien, in Berlin und schließlich in Paris in der Emigration, ein Wörtchen für ihn eingelegt, wo's nötig war, um Fingal ein bißchen zu fördern. In Paris hat er ihm bei der *Pariser Tageszeitung* eine Stelle als Verfasser von Notizen verschafft. Diese Notizen haben in Joseph Roth den treuesten Leser gefunden. Mit dieser Lektüre fing er den Tag an. Und mit dieser Lektüre mußte auch ich den Tag anfangen. Kaum hatte ich, der täglich später aufstand als er, an seinem Tisch Platz genommen, so überreichte er mir die Zeitung und sagte: »Heute hat mein Freund Fingal wieder eine Reihe von Notizen, die du nicht versäumen darfst.« Tat er es nicht, war es ein Zeichen, daß an diesem Tag kein Fingal in der Zeitung stand. Aber er vergaß auch an solchen Tagen nicht, seinen Freund Fingal zu erwähnen, indem er mir gleich mitteilte: »Heute ist kein Fingal.«[249] Eines Tages gab es einen besonders guten Fingal. Denn kaum betrat ich das Bistro, wehte er mir schon mit der *Pariser Tageszeitung* entgegen, zeigte gleich mit dem Finger auf die Stelle, damit ich den Fingal ja nicht lange zu suchen brauchte, hielt mit beiden Händen seinen Mund und nahm seinen Blick nicht von mir weg, bis ich zu Ende gelesen hatte und er meinen Blick erhaschen konnte. »Was bist du so traurig?« stieß er in einem Paroxysmus von Lachen hervor, »es ist das beste, was mein Freund Fingal sich je geleistet hat!« Er lachte sich so müde, daß er vor Erschöpfung ausnahmsweise eine Eierspeise bestellte und mit gutem Appetit wie ein Gesunder sein Frühstück verzehrte. Das war aber einer von den Tagen, da Fingal nicht nur in der *Pariser Tageszeitung*, sondern auch in unserm Bistro zu erscheinen pflegte. Als ich ihn kommen sah, warnte ich Roth und wollte mich entfernen. »Bleib da«, sagte er, »bleib da! Ich werde ihm sagen, daß das das Schönste ist, was er je geschrieben hat, und du wirst es ihm auch sagen.« – »Ich nicht«, sagte ich, »was willst du von ihm?« – »Bleib da! Wenn ich ihn lobe, wenn wir ihn loben, wird er noch blöder schreiben.« Ich hatte kaum Zeit, vom Tisch davon und mich zum Büffet hinüberzuretten. Und obwohl ich ihn ja einigermaßen kannte, meinen lieben Freund Roth, hörte ich ihn wahrhaftig seinen Freund Fingal in hellem Jubel begrüßen: »Was du heute geschrieben hast ist herrlich! Herrlich! Morgenstern hat das auch gesagt! Nur weiter so, lieber Fingal!«

Sein letzter Pariser Frühling

Im Frühjahr seines letzten Jahres lebte ich mit ihm ein paar hoffnungsvolle Wochen, da ich ernstlich glauben konnte, es gäbe für ihn eine Rettung. Es kam plötzlich, nicht geplant, in einer üblen Stunde geboren. Wir hatten Besuch. Ein österreichisches Ehepaar.[250] Frisch getauft, hatten sie nichts Besseres zu tun, als ihm einerseits das Christentum, andrerseits eine psychoanalytische Behandlung zu empfehlen. Es war ein schöner Vorfrühlingstag. Wir saßen auf der Terrasse vom Bistro. Roth, übelgelaunt und von dem Rat der Frau, die, wie ich glaube, selbst eine Psychoanalytikerin war, gereizt, sagte fast im Zorn: »Ich brauche keinen Arzt, ich brauche einen Priester.« Das war seine ständige, nur zu oft geübte Phrase, die mich immer irritierte. Es kam so weit, daß ich, sooft er nach einem Priester seufzte, einfach aufstand und wegging. Diesmal ging ich nicht weg. Wir saßen nämlich so eng auf der besetzten Terrasse, daß ich nicht wegkonnte, ohne die Frau zum Aufstehn zu zwingen. Ich hatte bemerkt, als das Paar ankam, daß die Frau einen Klumpfuß hatte. Ich blieb also wütend am Tisch und hörte nicht weiter zu, bis die Unterhaltung, die auch Roth irritierte, eine ihn immer stimulierende Wendung nahm: die Dame kam auf Dr. Goebbels zu sprechen, der gerade eine seiner Kriegsdrohungen vom Stapel gelassen hatte. Das interessierte mich, denn ich wußte, was nun kommen würde. Roth konnte nie, wenn das Gespräch auf Dr. Goebbels kam, der Verlockung widerstehn, jeden Zuhörer daran zu erinnern, daß Goebbels einen Klumpfuß hatte und, wie alle Klumpfüßigen, mit dem Teufel in Verbindung stand. Natürlich kam es bald, und diesmal, da er übellaunig und gereizt war, mit besonderer Verve. Der Moment, auf den ich mich freute, ließ lange auf sich warten, aber er kam. Als das Paar sich zum Gehen anschickte, erhob sich Roth, und in seiner großen Höflichkeit, die nie versagte, küßte er der Dame zum Abschied die Hand und verbeugte sich so tief, daß er diesmal den Klumpfuß nicht übersehen konnte. Zum Glück erst in dem Moment, als er ihr nachblickte. Sein Gesicht habe ich nie vergessen. Er setzte sich langsam, meinem Blick ausweichend, streckte beide Arme über den Tisch, stütze seitwärts seinen Kopf auf den rechten Arm, sah mich jetzt an, spitzbübisch, wie ein zwölfjähriger Junge, der dem Klassenlehrer was ausgewischt hat. Als er das Paar nicht mehr in Hörweite vermutete, barst er in das Gelächter aus, das der ganzen Rue de Tournon so wohlbekannt war und von den Polizisten vor dem Senat in der Nacht oft gerügt wurde. »Hast du das vorher bemerkt?« wollte er wissen. »Natürlich hab ich das bemerkt«, sagte ich. »Und warum hast du mir nicht unterm Tisch mit dem Fuß ein Zeichen gegeben, wie ich auf den Teufel zu sprechen kam?« – »Erstens, weil ich nicht gern auf geschwollene Füße stoße. Zweitens, weil ich ihr, der psychoanalytischen Katholikin, das gönnte. Ich hab ja nur darauf gewartet, sonst wär ich längst weggegangen.« – »Du wolltest weggehn?« fragte er. »Warum?« – »Weil du wieder einmal vergessen hast, daß du nicht mit der Frau Zweig, sondern mit mir sitzt und wieder so fromm nach einem Priester geseufzt hast.«

Nachdem wir beide unsre Zeitung ausgelesen hatten, fragte er: »Wie spät ist es? Ich habe eine Verabredung.« Ich zeigte auf die Uhr beim Eingang zum Senat. Er blickte mißmutig hin und sagte: »Die Uhr kann ich schon lange nicht sehn.« – »Du kannst die Uhr nicht sehn?« wunderte ich mich. »Du mußt dir eine andre Brille verschaffen!« – »Das ist schon lange so. Es hilft da keine Brille.« Ich erinnerte mich, daß schon vor einem halben Jahr ein uns befreundeter Wiener Arzt die Befürchtung ausdrückte, daß Roth, wenn er so weitersaufe, am Ende blind werden könne. Indes ich mir überlegte, ob es einen Sinn hatte, ihm das zu sagen, fragte er mich wieder, wie spät es sei, und fügte mit gespielter Leichtigkeit hinzu: »In Berlin hat mir schon ein blöder Arzt mit Erblindung gedroht.« – »Warum glaubst du, daß er blöd war? Mir hat Dr. Adler²⁵¹ vor ein paar Wochen das hier im Bistro gesagt, und er ist durchaus nicht blöd. Und mir wirst du nicht sagen, daß du keinen Arzt brauchst, sondern einen Priester. Sag das der Frau Zweig.« – »Ich muß jetzt gehen«, sagte er, »ich habe mich bei meinem Freund Bertaux vom Innenministerium verabredet.²⁵² Wirst du am Abend hier sein?« – »Ja«, sagte ich, »und ich werde dich am Abend an Dr. Adler und den blöden Berliner Arzt erinnern. Und wenn du nicht zu einem Arzt gehst, werde ich hier ausziehn. Da können dich deine katholischen Freunde zum Priester führen.«

Er kam früh am Abend zurück, völlig wach und nüchtern und fragte: »Hast du schon gegessen?« – »Nein«, sagte ich, »so früh am Abend eß ich nie. Weißt du das nicht?« – »Das weiß ich. Aber heute will *ich* früh essen.« Das war eine große Überraschung für mich. Nicht daß er früh essen wollte, überraschte mich, sondern daß er den Vorschlag machte, essen zu gehn. Das war mir noch nie vorgekommen. Im Gegenteil. Wenn er merkte, daß ich zum Essen ging, warf er mir vorwurfsvolle Blicke zu wie ein Vater, der es nicht verhindern kann, daß sein Sohn auf Abwege geht, hoffnungslos dem Essen ergeben. Trinken, das war normal. Aber essen!...

In unserer Nähe war eine Gaststube, ein Zimmer und ein paar Tischchen in einem Delikatessengeschäft, wo Emigranten saßen, denen man vom Gesicht ablesen konnte, daß sie ausnahmsweise an diesem Tag ein paar Franken zu einer Mahlzeit ausgeben konnten. Ostmenschen meistens, Russen und Polen, die ihren Borschtsch langsam schlürften und zwischen Löffel und Löffel andächtig große Stücke Brot verzehrten. Dorthin führte mich Roth, bestellte einen Borschtsch und machte es den andern Gästen nach. Zum Trinken bestellte er einen demi-Perrier. Ich war neugierig, wie lange dieses Spiel gehn würde. Denn ihm bedeutete das Trinken soviel wie atmen. Er trank eigentlich ununterbrochen. Und wenn er nicht trank – ein alkoholisches Getränk mußte beständig vor ihm stehn. Wenn er zum Friseur über die Straße ging und dort nicht gleich drankam, schickte er den Lehrling zum Bistro hinüber, der ihm in die Frisörstube ein Getränk brachte. Wenn ich mir ausrechnete, daß er im Taxi nicht trinken konnte und eigens gekommen war, um mich in diese Gaststube zu führen, ohne sofort ein starkes Getränk zu bestellen, sah ich, daß er irgend etwas Ungewöhnliches vorhatte. Es kam vor, wenn er zum »Kaiser in Audienz« ging, daß er sich großen Zwang antat und mehr zurückhaltend trank. Aber das geschah nie am Abend. Ich fragte nicht, und er sagte nichts. Er trank eine Flasche Mineralwasser nach der andern, und als er genug gegessen hatte, verließen wir schnell die Eßstube, um andern Hungrigen Platz zu machen. Unterwegs, auf dem Heimweg zum Bistro, wo er seinen Schreibplatz hatte, sagte er: »Ich habe eingesehen, daß du recht hast. Aber einen Arzt will ich nicht haben. Ich habe schon zweimal Entwöhnungskuren durchgemacht. Es hat nichts genützt. Diesmal werde ich einfach aufhören zu trinken.« Ich schlug ihm vor, daß ich Stefan Zweig schreiben werde und ihm seinen Entschluß mitteile. »Wozu?« fragte er ärgerlich. »Er hat mir erst vor einigen Wochen geschrieben, daß er bereit ist, eine Entwöhnungskur für dich zu bezahlen.« – »Das hat er schon einmal getan«, sagte er verächtlich, »und es hat nichts genützt. Die Ärzte verstehen nichts davon. Es kommt auf den Entschluß an. Das ist die Hauptsache. Ich brauch keinen Arzt. Wenn du mir hilfst, genügt das.« – »Wie kann ich dir helfen?« fragte ich. »Ich habe heute, seitdem ich von dir weggegangen bin, nichts getrunken. Nur 3 Fläschchen Schweppes. Und jetzt am Abend hast du ja gesehen, was ich getrunken hab.« – »Ich dachte, es war dein Feuerlöschgetränk.« – »Wie nennst du das?« fragte er. »Feuerlöschgetränk«, sagte ich. »Also sag mir, wie kann ich dir helfen?« – »Wenn ich jetzt mich dahin setzte und zu schreiben anfange und eine ›fine‹ bestelle, nimmst du das Gläschen und trägst es zur Frau Alazard zurück.« – »Einverstanden«, sagte ich, »aber kann ich alle 24 Stunden neben dir sitzen? Es werden bald deine Freunde kommen und dich, wie immer, zum Trinken animieren. Denn die Wiener sind ja so höflich. Sie trinken mit dir mit, aus Höflichkeit.«

An diesem ersten Abend bestellte er kein Getränk. Er mußte fortwährend etwas zu sich nehmen, aber nichts Feuriges. Es kamen Leute. Roth war den ganzen Abend übler Laune. Er trank viel Kaffee, langsam und sparsam, und er hielt bis 11 Uhr durch. Um 11 Uhr erhob er sich und ging, ohne sich zu entschuldigen oder zu verabschieden, auf sein Zimmer. Ich folgte ihm bald. Die Patronin fing mich ab und fragte mich besorgt, was geschehen sei. Ich beruhigte sie, teilte ihr aber den wahren Grund nicht mit, denn ein abstinenter Roth wäre ein Ruin für das Geschäft gewesen. Roth saß auf dem Bett. Vorsichtshalber suchte ich das ganze Zimmer ab, fand aber nichts, was mich nicht verwunderte, denn er war ein öffentlicher Trinker. »Hast du ein Schlafmittel?« fragte er mich. »Wo soll ich eines herhaben«, sagte ich, »du weißt doch, ich benutze keins. Ich geh hinunter und hol eines von der Frau Alazard.« – »Oder von einem der Emigranten«, sagte er. »Alle Emigranten haben Schlafmittel. Bring mir auch zwei Flaschen Perrier.« Ich ging hinunter, und tatsächlich hatte einer von den Emigranten ein Schlafmittel. Ich teilte ihnen mit, daß Roth heute nicht mehr herunterkommen würde. Diese Nacht hörte man kein Gelächter in der Rue de Tournon. Gegen 2 Uhr morgens ging ich den Halbstock hinunter zu seinem Zimmer und und horchte an seiner Tür. Ich konnte hören, daß er schlief. Morgens stand ich früher als sonst auf, denn ich befürchtete, daß er gerade morgens der Versuchung, den Tag mit einem Cognac zu beginnen, nicht widerstehen würde. Zu meiner Überraschung saß er schon an seinem Tisch und trank – Kaffee. Seine Hände zitterten aber dermaßen, daß er nicht einmal mit beiden Händen die Tasse halten konnte. Er schlürfte in kleinen Schlückchen mit den Lippen aus der Tasse auf dem Tisch. Seine Hände zitterten immer heftig am frühen Morgen, ehe er den ersten Cognac getrunken hatte. Der Kaffee beruhigte natürlich nicht die Hände. Er hielt in beiden die *Pariser Tageszeitung*, die Emigrantenzeitung, und nahm den Kaffee in langen Abständen. Er war mürrisch und wortkarg. Erst als er sich mit einem Glas Perrier erfrischt hatte und nachdem wir die Morgenzeitung genau durchgelesen hatten, sprachen wir eine Zeitlang über Politik. Als wir damit fertig waren, blickte er mich prüfend an und fragte: »Hast dich beim Patron erkundigt, was ich bis jetzt getrunken hab?« – »Nein«, sagte ich, »erstens kann ich den Kerl nicht ausstehn, diesen Auvergnard, und zweitens brauchte ich nicht zu fragen. Ich sah es an deinen Händen, daß du nichts getrunken hast.« – »Heute«, sagte er mit Stolz, »werde ich nicht trinken. Aber was machen wir den ganzen Tag?« – »Tu, was du immer tust: schreib!« sagte ich, »ich werde Frl. Freund anrufen. Da kannst du ihr diktieren.« – »Was soll ich ihr diktieren? Wenn ich nicht trinke, kann ich nicht diktieren.« – »Vielleicht machen wir heute Ferien. Fahren wir irgendwohin, wo's schön ist.« – »Ja«, sagte er, »das ist eine Idee. Frühstücken wir im Café Aux Deux Magots.« – »Gut«, sagte ich, »dahin können wir ja gehen, da brauchen wir nicht zu fahren.« – »Du kannst gehen«, sagte er, »ich fahre.«

Im Café waren nicht viele Gäste. Wir saßen draußen, und nach längerem Zureden entschloß er sich wirklich zu frühstücken: Zwei Eier im Glas, Butter, Weißbrot, Marmelade und einen Café crème. Nach dem Frühstück war er für einen Moment so guter Laune, daß er, um mich zu ermuntern, mir angesichts der Kirche St-Germain-des-Près erzählte: »Anatole France hat Kirchen und Kathedralen nicht gern gesehen. Die einzige Kirche, die er gern hatte, so pflegte er zu sagen, ist diese Kirche, weil sie vis-à-vis vom Café Aux Deux Magots steht.« – »Mir geht es mit den Kirchen und Kathedralen genauso«, sagte ich, »aber ich trau mich das nicht zu sagen.« – »Ich trau mich«, sagte er, »aber nur, wenn keine Katholiken dabei sind.« – »Kunststück«, sagte ich, »sag du das deinen Katholiken.« – »Wenn ich ein Katholik wäre wie der Anatole France, würde ich mich auch trauen.« Gegen Mittag erinnerte er mich, daß ich eine Verabredung hatte. Aber ich hatte Bedenken, ihn allein zu lassen und sagte ihm, daß ich diese Verabredung bereits abgesagt hätte. Am Nachmittag kamen mehrere Freunde, Österreicher, Réfugiés, die ihre Sorgen hatten, weil sie noch keine Aufenthaltsbewilligung für Paris hatten, und bei Roth Hilfe suchten. Wir hatten uns mit einem jungen Franzosen angefreundet, der Sekretär eines Deputierten war. Seine Eltern wohnten in der Rue de Tournon, und sooft er sie besuchte, besuchte er auch uns im Bistro. Er hieß Olivier de Pierrebourg. Sein Großvater war Minister des Äußeren. Er hatte Einfluß und hat uns viel geholfen. Obwohl er Mitglied der Radikal-Sozialen Partei war, war er ein großer Verehrer von Léon Blum. Er ließ mich nie allein in die Präfektur gehn. Er war der einzige Franzose, der volles Verständnis dafür hatte, daß man kein Feigling sein mußte, um Angst vor der Pariser Präfektur zu haben. Er ist einmal eigens nach Frankfurt am Main gefahren, weil der französische Konsul in Frankfurt die größten Schwierigkeiten machte, wenn es sich um ein ständiges Visum nach Frankreich handelte. Er war der erste, dem ich die freudige Mitteilung machte, daß Joseph Roth ab heute das Trinken aufgab. Er war sehr skeptisch, und da er selbst dabei sein wollte, wie Roth nicht trinkt, blieb er ein paar Stunden mit uns. Als er am Abend wegging, war er nicht mehr so sicher, daß Roth es nicht schaffen würde, und das bestärkte mich in meiner Zuversicht.

An diesem Abend hatte ich keine Bedenken, Roth mitzuteilen, daß ich einen wütenden Hunger hatte. Er wußte, daß ich nur einmal am Tage, und zwar zu Abend aß. Und heute war ich sicher, daß er Toleranz für einen Esser leicht aufbringen würde. Um die Ecke war ein nicht gerade berühmtes Gasthaus, und es war selbst für Roth zu Fuß zu erreichen. Aber er weigerte sich und schlug vor, daß wir im ›Chez Louis‹ bei dem Tschechen zu Abend äßen. Das war mir ein Beweis, daß er wirklich essen wollte. Er aß auch reichlich und mit gutem Appetit und ließ es sich gar nicht anmerken, wie ihm die feurigen Getränke fehlten. Er trank mit mir eine Flasche Vichy aus. Wie wir zu unserm Hotel zurückkamen, waren auf der Terrasse in unserem Bistro schon zahlreiche Österreicher da. Ich getraute mich nicht wegzubleiben, was ich sonst öfter tat, um auch ausnahmsweise ein bißchen französisch zu sprechen. Eine Zeitlang merkten die Besucher gar nicht, daß Roth diesmal nicht trank. Dann ging ihnen an seiner Düsterkeit ein Licht auf. Und sie wunderten sich. Auch die Patronin war sehr besorgt. An diesem Abend hörte man wieder kein Gelächter in der Rue de Tournon. Es war schon der zweite stille Abend.

Es folgten einige schlechte Tage. Er litt an Schüttelfrost. Ich mobilisierte die Ärzte unter seinen Freunden, die in seiner ständigen Umgebung waren. Aber er folgte ihren Anweisungen nicht, behauptete, daß sie nichts davon verständen, nahm nur hin und wieder ein Sedativ und blieb gegen seine sonstige Gewohnheit bis spät am Mittag im Bett. Zum Essen mußte ich ihn zwingen. Madame Alazard brachte ihm, sooft ich sie darum bat, etwas aufs Zimmer.

Er hatte eine Verabredung im Café Aux Deux Magots und erklärte sich bereit, dorthin zu Fuß zu gehen. Er hatte, obwohl er regulär seine Mahlzeiten nahm, sichtlich an Gewicht verloren. Nur seine Laune verschlechterte sich von Tag zu Tag. Es kostete ihn sichtliche Überwindung, eine Frage zu beantworten, und was mich besonders beunruhigte: die ganze Woche schrieb er nicht eine Zeile. Wenn ich ihn für eine Stunde allein ließ, fand ich ihn wieder wohl mit einer Füllfeder in der Hand, besser gesagt: in seinen Händen. Seine Finger spielten ein krankes Spiel mit der Feder, das mir unheimlich vorkam. Die Ellbogen auf den Tisch gestützt, schob er mit zitternden Fingern die Feder von einer Hand zur andern, und auf seinem Tisch war eine große Leere. Keine Papiere, keine Gläschen, keine Tassen – nichts. Das einzige, was ich für ihn tun konnte, war, ihn regelmäßig zum Essen zu zwingen.

Nach drei Wochen hatte er sich physisch verändert. Er hatte viel an Gewicht verloren. Das Blutwasser in seinen Augen verzog sich, ja, er war sogar jetzt imstande, seine Schuhe fest zuzuschnüren. Er sprach nicht mehr von seinen »geschwollenen Füßen«, weil die Schwellung um seine Knöchel verschwand. Sein Gang war wieder leicht wie in früheren guten Jahren. Daß ein in so vielen Jahren geplagter und verwüsteter Körper sich so schnell erholen konnte – eine wahre Gnade der Natur. Nach drei Wochen sah er nicht mehr aus wie ein sechzigjähriger Säufer, sondern wie ein Mann Mitte vierzig, was er ja bald war. In der vierten Woche war er schon soweit, daß er mich an die Essenszeit erinnerte und zum Essen drängte. In diesen Tagen speisten wir meistens im Chez Louis, beim Tschechen.

Ende dieser Woche befahl ich ihm, ein Bad zu nehmen. In dem kleinen Hotel, das zwölf Zimmer hatte, gab es ein einziges, aber ganz modern eingerichtetes, behagliches Badezimmer. Es genügte völlig, denn obwohl das Hotel immer vollbesetzt war, benützten das schöne Badezimmer nur zwei Gäste: ich und ein Roth benachbartes kleines Hürchen. Sooft ich ihn im Laufe unseres Pariser Zusammenlebens zu einem Bad aufforderte, brach er immer in Zorn aus: »Warum? Stinke ich, oder was? Stinke ich?« – »Nein«, sagte ich, »du stinkst nicht. Aber es ist doch angenehm, ein Bad zu nehmen. Wie sagt der große Dichter: ›So angenehm, bis in die Zehen frisch nach dem Bad zu sein.‹« – »Du hast recht, der war ein großer Dichter. Er hat für uns das Hôtel Foyot entdeckt.« – »Ihm zu Ehren nimm heut ein Bad!« – »Ich fürcht mich. Ich hab seit dem Hôtel Foyot kein Bad mehr genommen. Ich fürchte, ich könnte ausrutschen und mir ein Bein brechen. Ich hab schon vergessen, wie man ein Bad nimmt.« – »Ich komm mit dir mit. Ich werde auf das Kind aufpassen.« – »Ich zieh jeden Tag ein frisches Hemd an. Das ist so gut wie ein Bad. Sag mir die Wahrheit.« – »Ich würde dir mit Vergnügen sagen, daß du stinkst. Aber ich wundere mich schon die ganze Zeit. Es ist rätselhaft, aber du stinkst wirklich nicht. Vielleicht macht das der Alkohol.« – »Siehst du, siehst du. Man stinkt nicht körperlich. Der Mensch stinkt wie ein Fisch vom Kopf. Wie unser lieber Freund K. Der stinkt.« – »Ja«, sagte ich, »jeden Tag.«

Er ließ sich erst nach langem Zureden bewegen, ein Bad zu nehmen. Vor der Tür des Badezimmers zögerte er ein wenig und ließ mich vorangehn. Dann bewunderte er meine geschickte Hantierung einer ihm so fremden modernen Einrichtung.

Nach dem Bad, unten im Bistro, bestellte er eine heiße Milch. Er trank, zu meinem Entsetzen, das ganze Glas aus und sagte im ersten Anfall guter Laune: »Wie sagt der Goj? Bis in die Zehenspitzen frisch nach dem Bad zu sein? Er hat recht.« An diesem Nachmittag hielt ich ihn für gerettet.

Meine Freude war leider verfrüht. Am Anfang der fünften Woche ließ ich ihn einen Abend allein mit seinen ständigen Besuchern. Als ich spät nach Haus zurückkehrte, hörte ich schon von der Ferne sein Gelächter. Es war nicht der vielstimmige Bistro-Jubel. Es waren nur drei von unsern Freunden: der jüngere Dohrn, Franzl von Hildebrand und Dr. Friedrich Adler. Roth grüßte mich ironisch: »Da ist er, der Tugendbold! Du hast verloren!« Ich hatte keine Lust, mich der Gesellschaft anzuschließen. Ich ging unter einem Vorwand auf mein Zimmer. Als ich nach Mitternacht wieder herunterkam, war nur noch der Dr. Adler da. Seinetwegen bin ich heruntergekommen. Ich wollte ihm genau berichten und seinen Rat hören. Als er sich zum Abschied erhob, wollte ich ihn ein Stück begleiten. Aber Roth ließ das nicht zu. »Brauchst dir keine Vorwürfe zu machen, daß du mich allein gelassen hast. Es wäre auch geschehn, wenn du hier gewesen wärst. Die Qual war zu groß. Du hast's ja gesehn: In vier Wochen hab ich keine Zeile geschrieben. Ich hab ja gewußt, daß es so kommen wird... Schreiben muß ich. Das wirst du doch zugeben!« – »Nein«, sagte ich, »das gebe ich nicht zu. *Vivere necesse est, navigare non est necesse.*« – »Der Römer war ein Feigling«, sagte er, »ich sage: *Vivere non est necesse.*« – »Ich weiß schon«, sagte ich, »du brauchst keinen Arzt, du brauchst einen Priester. Das kannst du der Frau Zweig erzählen. Ich hab dir übrigens nicht gesagt, daß du leben mußt, ich habe dir gesagt, daß du sehen mußt.« Dr. Adler, der eine düstere Physiognomie hatte, aber ein sehr gütiger Mann war, kam mir sanft zu Hilfe und redete ihm zu, natürlich ohne Erfolg. Erst als Dr. Adler weggegangen war, sagte Roth: »Ärzte glauben an die Gesundheit. Aber du bist doch kein Arzt. Du weißt doch, warum ich trinke.« – »Erzähl mir keine Tragödie«, sagte ich. »Mit tragischen Geschichten geh zu einem Psychoanalytiker. Ich hab dir lange genug zugesehn, um zu wissen, warum Säufer trinken.« – »Warum?« fragte er. »Weil es ihnen schmeckt. Und weil es ihnen schmeckt, trinken sie so oft, daß der Körper sich daran gewöhnt. So wird man Alkoholiker und erfindet tragische Geschichten.« So endete mein Rettungsversuch.

Ein paar Tage später, als die tschechoslowakische Affaire die Welt in Kriegsgefahr brachte und es so aussah, als ob die Tschechen zum Widerstand bereit wären[253], geriet er in einen solchen freudigen Rausch, daß er den Alkohol vergaß. Denn Roth erwartete den Krieg, wie die akut Glaubenden auf den Messias warten. Er war ein richtiger Kriegshetzer, und er schrieb und sprach es aus. Er war nicht vom Alkohol berauscht, als er eines Tages ein Telegramm nach Prag an Benesch schickte mit dem Kriegsruf: »Geben Sie nicht nach! Kämpft!« und zeichnete: Joseph Roth, Soma Morgenstern. Natürlich ohne mich zu fragen. Ich sagte ihm: »Wenn man Benesch das Telegramm vorlegt, was ich nicht glaube, wird er vielleicht Masaryk fragen, und Jan wird vielleicht wissen, wer Joseph Roth ist. Aber wer Soma Morgenstern ist, wird er schon beim *Prager Tagblatt* erfragen müssen. Und das wird schon unser einziger Erfolg sein.« – »Hast du was dagegen, daß ich dich nicht erst gefragt habe?« – »Da kann ich dir mit Bismarck in so leichtem Latein sagen, daß selbst du es verstehen wirst: *Nescio quid mihi magis farcimentum sit.*« (Ich weiß nicht, was mir mehr wurscht wäre.)

Dieser freudige Rausch war, Gott zu Leide, bald zu Ende. Umso nachhaltiger war nachher der Giftrausch.

Die Gedenkrede

Joseph Roth sprach von dem Kron-Prätendenten als dem Kaiser – offenbar, um seine Zweifel an den Chancen der historischen Verwirklichung zu stillen. Denn sein Monarchismus war eigentlich nur auf der Verehrung basiert, die er für Kaiser Franz Joseph von Kindesbeinen an hegte. Das sah ich ihm in Paris erst recht an, als der Sommermonat August begann, der Monat, in dem die Monarchisten die Vorbereitungen zur Geburtstagsfeier des Kaisers begannen. Natürlich sollte er, der literarische Stolz der Monarchisten, die Gedenkrede halten. Natürlich dachte er nicht daran, sie aufzuschreiben. Dem Autor des Romans *Radetzkymarsch* konnte man schon zutrauen, daß er mehr als eine Rede auf den Kaiser Franz Joseph zu improvisieren vermochte.

Schon am frühen Vormittage begab er sich zu dem Friseur gegenüber dem Bistro, um sich ganz glatt für den Kaiser rasieren zu lassen. Da er eine Kundschaft abzuwarten hatte, kam bald der Lehrling vom Friseurladen, um Roths Armagnac-Gläschen vom Bistrotisch herüberzuholen. Denn warten ohne zu trinken war ihm zu schwer erträglich. Als er rasiert zurückkam, sah er bereits feierlich und ernst aus. Aber den Ernst hat er sich in den Stunden, die uns noch von der Feier trennten, bald weggetrunken. Fröhlichen Blicks stieg er in das Taxi, begleitet von einem durchaus unmonarchistischen Adjutanten, von mir persönlich. Obwohl der Monat August der heißeste in Paris ist und der achtzehnte Tag diesmal besonders heiß und feucht war, hatte er, wie immer, seinen schwarzen leichten Überzieher über die Schultern gehängt. Als ich ihm beim Aussteigen aus dem Taxi half, sah ich plötzlich, wie schwer geladen er diesmal war. Mir wurde recht bange um das feierliche Ereignis.

Der Saal war vollgepackt. Ich hätte nicht gedacht, daß die Monarchisten eine so große Zahl aufbringen würden. Viele Damen waren da, elegant gekleidet, gar nicht wie Flüchtlinge, in sommerlichen Farben, offenbar Joseph Roths Leserinnen. Man empfing ihn mit Jubel. Von dieser Ehrung erschreckt, faßte er mich am Ärmel und brummte mir ins Ohr: »Bleib bei mir!« Ehe ich mich entscheiden konnte, ob das statthaft war, fing er seine Rede an. Zu meinem Entsetzen begann er mit der Entschuldigung, daß er nicht stehen bleiben könne. Ich überlegte mir, wie man einem sitzenden Festredner beistehen könne. Geistesgegenwärtig ignorierte ich seine Forderung und zog mich ein paar Schritte zurück.

Die Sache ging fast glatt ab, obwohl das meistens aus Wienern bestehende Publikum nicht lange brauchte, um den Zustand der Trunkenheit des Festredners zu bemerken. Nur gleich am Anfang gab es einen Moment der Gefahr. Als der Redner ehrfurchtsvoll die bekanntlich sehr lange Reihe der Titel Seiner Majestät aufzählte und nach altehrwürdigem, geradezu historischem Brauch nach dem letztzunennenden Titel vom »Gefürsteten Grafen von Tirol« die Worte: »usw., usw., usw.« aussprach und diese drei Worte mit drei so leichten Handbewegungen untermalte, daß es aussah, als ob er dreimal eine lästige Fliege scheuchte, fand sich im Saal eine ganz junge Dame, die diese Bewegung offenbar genauso empfand wie ich und mit lautem »Ha!« quittierte. Zu unserm Glück schlug sich die Wohlerzogene sogleich mit beiden Händen auf den Mund und stoppte auf der Stelle die schon sichtbare, aber noch zu unterdrückende Heiterkeit des Publikums. So ging alles noch gut aus. Und zum Schluß löste sich alles in Jubel auf.

Am Abend versammelten sich die nächsten Freunde zu

einem Abendessen in einem benachbarten Gasthaus. Einige, die nicht dabeigewesen waren, wollten wissen, wie es zugegangen war. Ich riet ihnen, Roth zu fragen. Aber er forderte mich auf, einen genauen Bericht zu erstatten, da er von mir bereits unterrichtet war von dem Vorfall mit dem »Ha!«. Roth hatte großes Vergnügen daran gehabt. Denn er hatte das nicht bemerkt. Er hatte überhaupt nichts bemerkt und konnte sich an seine improvisierte Festrede gar nicht erinnern. Um ihm entgegenzukommen und da wir in engem Kreis waren, stand ich auf und sagte: »Ich werde deine Rede teilweise wiederholen, aber auch hinzufügen, was du wahrscheinlich von Herzen gern gesagt hättest, aber nicht den Mut hattest, in einer Festrede zu sagen«:

Meine Herren und Damen! Ich muß Sie zunächst um Entschuldigung bitten, daß ich nicht stehen bleibe. Ich kann nämlich – im Gegensatz zu dem großen deutschen Theologen Martin Luther, der nicht anders konnte als stehen – längere Zeit auf meinen Füßen nicht stehn. Ich habe nämlich geschwollene Füße. Meine Füße sind geschwollen, weil ich mich in der letzten Zeit dauernd auf den Weg machen muß, um den armen Flüchtlingen zu helfen. Ich sage das hier öffentlich, damit Sie, meine Damen und Herren, privat nicht viel Aufhebens davon machen... Ich werde mich also gleich setzen... Ich bin dabei, mich zu setzen... Ich sitze schon!

Meine Damen und Herren! Franz Joseph I., Kaiser von Österreich, Apostolischer König von Ungarn, König von Böhmen, König von Galizien und Lodomerien, König von Jerusalem, Erzherzog von Oberösterreich, Erzherzog von Unterösterreich, Gefürsteter Graf von Tirol usw., usw., usw. – ist in Galizien, dem schönen Kronland, in der Stadt Tarnopol geboren, wo er mit dem unserer erhabenen Dynastie eigenen Fleiß seinen kriegsstrategischen, aber auch seinen talmudischen Studien obgelegen hat... Oder ist?... Hat? Ist? Hat? Ist!... Verzeihen Sie, meine Damen und Herren, diesen Ausbruch. Aber seit es Hitler gibt und Goebbels, hab ich mich in alle Deutschen verhaßt. Und jetzt hasse ich auch die teutonische, die alldeutsche, die preußische Grrrammatik!...

Roth, der sich offenbar zu Ehren des Kaisers ausnahmsweise das Nachtmahl gut schmecken ließ, war etwas ernüchtert und nicht so lachbereit, wie er sonst in seiner Trunkenheit war. Er hörte in vollem Ernst der parodierten Rede zu und unterbrach mich erst mit schallendem Gelächter, als er der Öffentlichkeit seine geschwollenen Füße vorstellte und die Gründe für sein Fußleiden offenbarte. Natürlich lachte der Anhang nun entschlossen mit. Die Freunde waren nicht sicher gewesen, wie er die Verspottung der Festrede aufnehmen würde. Die zweite Salve kam von ihm, als ich den Geburtsort des Kaisers nach Tarnopol verlegte. Und danach hatte ich Schwierigkeiten, in der wachsenden Heiterkeit meine Rede zu Ende zu bringen.

Als ich fertig war, bestellte mir Roth zur Belohnung einen Armagnac und forderte mich sogleich auf, die Rede zu wiederholen, noch ehe das bestellte Getränk auf den Tisch kam. Als einer von den Freunden meine Nachahmung seiner Stimme überaus lobte, winkte ihm Roth mit denselben Gebärden ab, mit denen er in seiner Rede die Worte »usw., usw.« untermalt hatte: »Der Text ist es! Das ist ja großartig! Das ist ein Daumier!« Und als im Laufe des Abends neue Freunde hinzukamen, mußte ich die Rede wiederholen, bis ich mich entschieden weigerte und Müdigkeit vorschützte.

Wenn man aber annimmt, daß die Vorstellung damit zu Ende war, irrt man sich. Roth forderte mich am nächsten Abend, kaum daß die Runde wieder da war, zur Wiederholung der Rede auf, die er so gut fand und nicht müde war zu loben. Nach einer Woche kündigte ich ein für allemal Schluß an. – Aber es hat nichts genützt. Als ein paar Tage ohne die Rede vergangen waren, bestach er mich mit einer Einladung in das Restaurant ›Méditerranée‹, wo die beste Bouillabaisse in Paris serviert wurde. Diesmal genügte es, daß ich ihm allein die Rede vorsprach. Wie immer in einem guten französischen Restaurant hat er auch diesmal wenig gegessen. Da kam mir ein guter Gedanke. Es fiel mir ein, daß er besonders guten Appetit in einem tschechischen Restaurant, ›Chez Louis‹, hatte, wo der tschechische Wirt ein Leser und Bewunderer von Roth war. Ich machte mit ihm ein Gentlemen's Agreement, daß ich ihm nur in dem tschechischen Gasthaus nach Verlangen die Rede wiederholen würde, und daß er mich dazu nicht einmal einladen brauche, da ich es dort gratis tun würde, solange sein Vergnügen daran andauerte. Es dauerte länger als ich gewärtigte. Denn offen gesagt verstand ich nie sein immer frisches Vergnügen an der Parodie. Es dauerte bis zum Frühjahr 1939, da die politischen Ereignisse nicht aufhörten, uns die Tage zu vergiften. Da erlosch in ihm das Bedürfnis nach der Erlabung im Gasthaus ›Chez Louis‹ gleichzeitig mit dem Verlangen nach dem wohlgemeinten Scherz. Und bald darauf erlosch auch sein Leben.

Noch heute denke ich mit Genugtuung an diesen Scherz, der meinem leidbeladenen Freund in der traurigsten Zeit seines Lebens hin und wieder eine sorglose Stunde verschaffte.

Der erste Anfall von Delirium

Am 15. Mai weckte mich in dem sonst stillen Hotel ein Ge-
polter und das Gelächter einer männlichen Stimme. Ich
machte die Tür meines Dachzimmers auf und horchte hinunter. Es hörte sich an, wie wenn zwei eine schwere Last
trügen und alle paar Sekunden innehielten, wobei einer die
Prozedur komisch fand. Es war die Stimme des Patron, der
am Vormittag immer allein im Geschäft war. Ich ging schnell
hinunter, um vielleicht behilflich zu sein. Eine Treppe näher
sah ich zwei Männer, den Patron und den Kellner, einen in
einem gepolsterten Stuhl sitzenden Mann die Treppe herauf-
tragen. Jetzt ahnte ich Schlimmes. Und als ich den Mann im
Stuhl erkannte, glitt ich auf der Treppe aus und rutschte einige Stufen hinunter. Der Mann im Stuhl war Roth. Ein unverständlich lallender Idiot. Er lallte was in deutscher Sprache. Und über ihn lachte mir der Patron zu, als ginge hier was
Lustiges vor. Ich erhob mich und verstand jetzt das Lallen:
»Der Cafetier… der Cafetier… hat mich gestoßen… der Cafetier… hat mich gestoßen… der Cafetier.« Der Kellner, ein
ruhiger, feinfühliger Mann, ein Elsässer, der etwas deutsch
verstand, winkte mir mit den Augen zu, daß es nicht so war.
   Ich löste den Patron ab, der weiterhin belustigt lachte, sich
bedankte und zu seinem Geschäft zurückging. Der Kellner
und ich trugen den Kranken die Treppen hinauf in sein Zimmer. Der Roth immer sehr ergebene Kellner half mir, den
Kranken auszuziehn und ins Bett zu bringen. Im Bett schloß
er bald die Augen und hörte mit dem Lallen auf. Im Weggehn
flüsterte mir der Kellner zu, es sei leider der Anfang eines
Deliriums.

Er lag jetzt im Bett mit offenen Augen und sprach nicht. Ich nahm seinen Puls, und da es mir vorkam, daß er Temperatur hatte, lief ich auf mein Zimmer und brachte ihm Aspirin. Als ich ihm vorschlug, ein Aspirin zu nehmen, nahm er es apathisch an und trank ein Glas Wasser gierig herunter. Er lag ruhig auf dem Rücken. Nur seine Hände tanzten hin und her über der Decke, als suchten sie etwas. Ich steckte ihm seine Füllfeder in eine Hand, worauf die Hände sich beruhigten. Dann saß ich eine lange Zeit still neben ihm, bis ich zu meiner großen Erleichterung bemerkte, daß er eingeschlafen war. Es war jetzt erst acht Uhr morgens. Ich ging auf mein Zimmer, kleidete mich an und ging zu ihm zurück. Ich wartete dann noch, bis es Zeit war, einige seiner Freunde zu verständigen, mit einem Arzt herzukommen. Ich erreichte nur Frau Zweig.[254] Sie versprach, mit einem befreundeten Arzt, sobald sie ihn erreicht hätte, herzukommen.

Beim Lunch war schon die Patronin da, die sehr bekümmert meinte, es sei offenbar der Anfang eines Deliriums, und sie war sehr besorgt, weil sie glaubte, man würde ihn wohl in ein Spital zur Behandlung überführen müssen. Denn in dem Zustand konnte man ihn im Hotel nicht behalten.

Im Lauf des Nachmittags ging ich öfter an seine Tür, um herauszufinden, ob er etwas brauchte. Aber er schlief bis tief in den Nachmittag hinein. Gegen vier Uhr kamen Frau Zweig und Roths Übersetzerin, Madame Gidon[255].

Ich erzählte ihnen genau, was vorgefallen war, und Frau Zweig beruhigte mich, daß der Arzt versprochen hatte, um fünf Uhr zu kommen. Als ich ihr erzählte, daß Madame Alazard meinte, man müsse Roth ins Spital zur Behandlung bringen, tröstete mich Frau Zweig damit, daß sie Rothi, wie sie ihn zärtlich nannte, zu sich nehmen und nicht zulassen werde, daß er in ein Hospital gebracht würde. Sie wollte nur noch die Meinung des Arztes abwarten.

Aber während wir über die Zukunft unseres Freundes berieten – ich war der Meinung, daß er sich jetzt vielleicht überreden lassen würde, sich einer Entwöhnungskur zu unterziehen –, öffnete sich die Tür, die vom Hotel zum Bistro führte, und völlig angezogen, und, wie gewöhnlich, mit seinem Zimmerschlüssel in der Hand, trat er ein, hängte den Schlüssel auf, wo er hingehörte, begrüßte Madame Alazard, machte eine Bestellung und trat an unsern Tisch, als wäre gar nichts geschehn.

Die Damen hätten gern gewußt, ob er sich an das erinnerte, was vorgefallen war. Aber ich gab ihnen ein Zeichen, ihn nicht auszufragen. Ich hatte den Eindruck, daß er sich nicht erinnerte. Ich legte Frau Zweig nahe, daß sie vor allem Madame Alazard beruhige, und ihr sagen sollte, daß sie ihn zu sich nehmen würde, wenn er pflegebedürftig würde. Ich kann mich nicht mehr erinnern, welcher von unsern Ärzten es war, der ihn als erster auf seinem Zimmer untersuchte und befand, es sei offenbar ein Ohnmachtsanfall gewesen. Nach einem Anfall von Delirium könnte er sich nicht so schnell erholt haben, und seine Hände würden sich in dem Fall nicht so schnell beruhigt haben. (Seine Hände zitterten ja schon seit langem.)

Nachdem die Damen beruhigt gegangen waren, fragte er mich, ob ich schon hungrig sei. Das war mir ein Zeichen, daß er ausnahmsweise selber zu essen wünschte. Ich schlug ihm ›Chez Louis‹ vor, und wir fuhren hin.

Auf dem Heimweg im Taxi fragte er mich plötzlich: »Warum hat mich der Doktor … plötzlich untersucht? Wer hat ihn geholt?« – »Er ist einfach vorbeigekommen. Vielleicht hat er eine Verabredung mit Frau Zweig gehabt«, log ich. »Mir fehlt gar nichts«, sagte er, »du hast ja gesehen, wie ich gegessen hab.« – »Das tust du ja immer«, sagte ich, »einmal in zwei, drei Wochen – wenn du überhaupt in ein Gasthaus gehst.«

An diesem Abend blieb er nicht im Bistro und machte eine Verabredung mit den Monarchisten. Ich hatte Bedenken, ihn allein gehen zu lassen, aber ich ging zu seinen monarchistischen Beratungen nie mit und wollte ihn nicht beunruhigen. Ich blieb den ganzen Abend zu Hause. Er kam sehr spät zurück, zornig, aber froh, daß ich noch da saß vor dem Bistro, so spät am Abend. »Na, wie war es? Habt ihr wieder Streit gehabt?« fragte ich. »Ich glaube, ich werde deinem Rat folgen«, sagte er, »ich werde aus der monarchistischen Partei austreten.« – »Das hast du mir schon einmal versprochen«, erinnerte ich ihn. »Ich weiß, ich weiß. Aber jetzt werde ich es tun. Aber wie machen wir das? Du hast mir geraten, meinen Freund Bornstein zu veranlassen, mich in seinem Blatte wegen meiner monarchistischen Tätigkeit anzugreifen.²⁵⁶ Daraufhin soll ich ihm antworten, daß er fast zu spät damit komme, da ich ohnehin entschlossen wäre, aus der Partei auszutreten.« – »Schön«, sagte ich, »macht das so.« – »Ich hab's mir überlegt. Du weißt, ich habe Bornstein sehr gern. Aber er war einmal ein Kommunist, und ich möchte nicht auf den Angriff eines Kommunisten reagieren.« – »Such dir einen andern Angreifer aus«, sagte ich. »Ich hab schon gesucht«, sagte er, »ich hab sogar schon gefunden.« – »Wann?« fragte ich. »Jetzt, wie ich hergefahren bin. Du wirst mein Angreifer sein!« – »Ich kann dir gar nicht sagen, wie gern ich das täte«, sagte ich, »aber wer wird das schon glauben, daß ich dich angreife? Man weiß ja, daß ich seit Jahren darüber lache. Aber daß ich dich angreife, plötzlich, aus heiterem Himmel, das ist ziemlich unwahrscheinlich.« – »Du wirst mich sanft angreifen«, sagte er. »Das kann ich nicht«, sagte ich. »Wenn schon angreifen, dann scharf! In meinem Stil.« – »Einverstanden, einverstanden«, sagte er, »Frau Zweig wird das glauben.« – »Wieso gerade Frau Zweig?« fragte ich. »Sie hält dich für einen sehr bösen Mann. Alle miesen Weiber halten dich für böse, hast du das noch nicht bemerkt?« – »Alle miesen, alten Weiber. Weil ich vor ihnen Angst habe.« – »Ist das dein Ernst? Warum?« – »Ich weiß nicht«, sagte ich, »aber es ist so. Weininger sagt, die Angst vor alten Weibern ist die Angst vor dem Tode.«[257] – »Ach was, Weininger, Schmeininger. Was wußte er, der Rotzbub.« – »Er wußte mehr, als wir beide zusammen«, sagte ich, »aber ein frecher Rotzbub war er trotzdem, der Unglückliche.«

Hätte ich den verabredeten Angriff gleich zu Papier gebracht, hätten seine monarchistischen Freunde, die gegen ihn intrigiert haben, die verdiente Abfuhr noch bekommen. Aber ich hatte damals viel mit dem amerikanischen Visum zu tun, und ich werde vermutlich die Affaire nicht für dringend gehalten haben. Und so blieb es dabei, daß Roth bis zum Ende seines Lebens ein getreuer Monarchist gewesen ist. Denn bald kam der zweite Anfall. Der zweite, der letzte.

Das Ende

Einer seiner Bewunderer, der mehr Herz als Kopf hatte und ein Abstinenzler war, brachte Roth ein Geschenk, das er von einem Verwandten aus Jugoslawien bekommen hatte: eine Flasche Sliwowitz, ganz echt. Das geschah am 22. Mai am Nachmittag. Roth war kein heimlicher Trinker. Er trank selten auf seinem Zimmer. Er trank, wie er schrieb, in aller Öffentlichkeit. Diesmal nahm er leider die Flasche mit auf sein Zimmer. Ich vermute, daß er das ausnahmsweise tat, um den schweren Kummer zu verscheuchen, den ihm seine Monarchisten bereiteten. Der Sliwowitz war zu hochgradig für Roths Zustand. Die Trinker, je mehr sie trinken und je älter sie werden, desto weniger vertragen sie. Er muß das gewußt haben, gab es aber nicht zu. In dieser Nacht wollte er sich offenbar selbst auf die Probe stellen, wie mancher Autofahrer die Leistungsfähigkeit seines Motors ausprobieren will, wenn er unerwartetermaßen eine Straße erreicht, wo die Geschwindigkeit nicht kontrolliert wird. Das hatte zur Folge, daß Roth am andern Tag gegen seine sonstige Gewohnheit erst gegen zehn Uhr zum Frühstück erschien und, ebenso gegen seine Gewohnheit, nicht ausgeschlafen und nicht nüchtern.

Er hat schon am Morgen eine schwere Erschütterung durchgemacht. Beim Frühstück saßen wir zusammen, als ihm plötzlich die Zeitung aus den Händen fiel: »Hast du schon gelesen!« Und er lehnte sich zurück und schloß die Augen. Ich erfaßte seine Hand, weil ich fürchtete, er könne zu Fall kommen. »Lies nur«, flüsterte er. »Das ist schrecklich.« Ich nahm die Zeitung und las die Nachricht, daß Ernst

Toller in New York im Hotel Mayflower sich erhängt hatte. »Hast du ihn gekannt?« fragte mich Roth. »Freilich«, sagte ich, »er war ja erst vor kurzem hier bei uns. Er war ja der erste, der schon aus Amerika mit den ›first papers‹ zurückkam. Der zweite war Anton Kuh, der auch schon mit einem amerikanischen Reisepapier hierherkam.« Er wollte sich mit einem Armagnac stärken, konnte aber das Gläschen nicht in der Hand halten. Ich half ihm, sein erstes Gläschen des Tages zu trinken. »Daß er's nicht mehr ausgehalten hat, verstehe ich«, sagte er, wie wenn er es sich selbst klarmachen wollte. »Aber aufhängen! Kannst du das begreifen?« – »Wenn einer schon mal soweit ist, hängt die Wahl wahrscheinlich von ganz nebensächlichen Umständen ab. Aber vielleicht wollte er noch mit der letzten Tat dieser unsrer Welt die Zunge rausstrecken. Erinnerst du dich an das amerikanische Abenteuer, das er uns hier erzählt hat?« – »Nein«, sagte er, »du hast ein besseres Gedächtnis.« – »Er hat in irgendeiner Stadt in Kalifornien einen Vortrag gehalten. Er war ja für eine ganze Vortragstournee engagiert. Wie du weißt, war er ein glänzender Redner. Nach einem erfolgreichen Abend kam ein Mann zu ihm, ein sehr würdig aussehender, älterer Herr, und machte ihm einen Vorschlag. ›Sie sind ein faszinierender Redner‹, sagte er ihm, ›ich werde in Sie eine große Summe investieren und Sie über ganz Amerika führen. Aber nicht mit solchen Vorträgen. Sie machen das ja sehr gut. Aber das führt ja zu nichts. Sie verschwenden Ihr Talent. Sie sind ein Prediger. Gründen wir zusammen was Neues. Ich gebe Ihnen die Idee, und Sie werden sie predigen: eine neue Religion! Wir fangen hier in Kalifornien an, in Los Angeles. Das ist die beste Stadt, eine neue Religion einzuführen. Haben Sie Amy McPherson gehört?²⁵⁸ Sie sind stärker als Amy McPherson.‹ – Toller war gar nicht lustig bei dieser Erzählung. Wir haben gelacht, aber Toller war es nicht zum Lachen. Er hat mitgelächelt, aber er machte dabei einen sehr unglücklichen Eindruck. Stell dir das vor! Der Toller soll eine neue Religion gründen! Der Verfasser von *Masse Mensch* predigt eine neue Religion. Wer weiß, was er noch alles erlebt hat. Du hast ihn länger gekannt als ich. Ich will mich nicht versündigen, aber eines kann ich dir sagen: solange Hitler und Goebbels leben, werde ich das nicht tun, was sie von uns erwarten. Armer Ernst Toller! Er war ein lieber Mensch. Aber ein Kommunist hat nicht das Recht, sich aufzuhängen.« – Roth schüttelte den Kopf, und dann sagte er: »Es ist grausam. Aber du hast recht. Wir haben nicht das Recht, uns selbst zu vertilgen.« – »Der General, der ihn in München besiegt hat, lobte ihn als tapferen Soldaten, aber auch als Kommandanten. Und ein sehr mutiger Mann war er. Ich weiß nicht, vielleicht kann man zu mutig sein.« – »Selbstmord«, sagte Roth, »würde ich nur begehen, wenn ich vor der Gefahr stünde, den Bestien in die Hände zu fallen. Aber vielleicht hat er private Gründe gehabt.« – »Das habe ich auch angenommen. Wenn ein Mann wie Toller sich umbringt, muß das einen privaten Grund haben. Als Fünfundzwanzigjähriger war er ein großer Kämpfer. Warum sollte ein Mann wie er plötzlich ein Defaitist geworden sein? Auch die Art des Todes spricht dafür. Wenn einer sich umbringt, um den Bestien nicht in die Hände zu fallen, so ist das keine Selbstvernichtung. Das ist das letzte Tor zur Freiheit, das einem übriggeblieben ist. Es ist eigentlich der richtige *Frei*tod.«

Diese traurige Nachricht hat Roth so erschüttert, als hätte er physisch einen Stoß bekommen. Er sah jetzt so aus wie an jenem späten Abend, da er mich weckte, um mir mitzuteilen, daß man ihn aus dem Restaurant hinausgeworfen hatte. Er saß mit geschlossenen Augen und flüsterte vor sich hin: »Das ist ekelhaft. Das ist ekelhaft«, ein Satz, den er schon immer in den letzten Jahren nur zu oft aussprach, aber so, als spräche er mit sich selbst. Ich saß eine lange Zeit schweigend und hoffte, daß bald Besuch kommen würde, der ihn ablenke. Es kam aber niemand. Als er wieder die Augen öffnete, griff er nach der Zeitung, warf sie aber gleich wieder hin und schlug mir vor, woanders hinzugehn. »Bald wird jemand kommen, und ich bin zu erschöpft, um mir irgendein Geschwätz anzuhören«, sagte er, »gehen wir irgendwohin, wo wir keine Bekannten treffen.« – »Das wird schwer sein«, sagte ich, »da müßten wir sehr weit fahren, und das würde ich dir nicht raten. Du siehst müde aus. Weißt du was, hier in der Nähe gibt es ein Pathéphone. Gehen wir hin. Dort treffen wir bestimmt keine Bekannten. Du brauchst dir nichts anzuhören. Aber dort wird es jetzt leer sein und du wirst dich geschützt fühlen.«

Wir konnten das Pathéphone selbst mit Roth zu Fuß erreichen. »Einen Nachteil hat es«, sagte ich ihm unterwegs. »Dort gibts nichts zu trinken.« – »Ich hab gar kein Bedürfnis danach«, sagte er. »Das hab ich von dir noch nie gehört«, sagte ich. »Wirklich nicht?« fragte er und sah mich ganz stolz an. Er war plötzlich ganz munter geworden. »Wir wollen uns den Tag merken«, sagte er.

Im Pathéphone saßen wir eine Zeit ruhig, und ich erzählte ihm, was es dort alles zu hören gab. Ich erinnerte ihn daran, daß in einem seiner Romane eine Grammophonplatte keine geringe Rolle spielt. »Du wirst dich gewiß erinnern, denn ich glaube, du hast es nur einmal getan.« Statt zu antworten, fragte er mich, ob man in diesem Pathéphone jüdische Musik hören könne. »Ja«, sagte ich, »das gibt es auch.« – »Volksmusik?« fragte er. »Ja, auch Volksmusik.« – »Gute?« – »Ja, auch ein paar gute.« – »Zum Beispiel?« fragte er. »Zum Beispiel zwei Lieder vom Rabbi Jizchak von Berditschew.«[259] – »Was du nicht sagst! Der Berditschewer singt?« – »Nein«, sagte ich, »der singt schon längst im Paradies. Aber er ist der

Verfasser von zwei Liedern.« – »Musik oder Text? War er ein Dichter?« fragte er. »Er war kein Dichter und er war kein Musiker. Er war ein sehr bedeutender Wunderrabbi und liebte die Juden. Alle Juden. Selbst die Diebe und die Kartenspieler. Aber obwohl er kein Dichter und kein Musiker war, hinterließ er zwei Lieder, Text und Musik von ihm. Aber du mußt nicht glauben, daß er den Text und die Noten aufgeschrieben hat. So was hat ein Rebbe damals noch nicht getan. Aber er hat sie gesungen, und man hat sie aufgeschrieben, und sie sind da, selbst in diesem Pathéphone in Paris.« – »Das hättest du mir längst erzählen können. Das möchte ich hören!« sagte er, »weißt du, wie man das macht?« – »Ja«, sagte ich, »du wirst es auch wissen. Setz dich hin. Zuerst laß ich dich hören eins, das heißt *A dudele far got.*« – »Was heißt *dudele*?« – »Du mußt das wissen.« – »Ich muß«, sagte er, »aber ich weiß es nicht.« – »Du kennst das ukrainische Wort *dudka.*« – »Freilich«, sagte er, »das ist eine Pfeife, die die Bauernjungen sich selbst schnitzen und drauf spielen. Ein Flötchen sozusagen.« – »Richtig«, sagte ich. »Der Berditschewer hat das auch gewußt. Aber er hat im Wort *dudka* das Wort ›du‹ gehört. Und wer ist ›du‹ für den Rebbe von Berditschew? Du ist Gott. Also fiel ihm eines Tages ein, für Gott ein *dudele* zu singen. Es fängt an mit den Worten: *Ich wil far dir a dudele schpiln.*« – »Übersetz mir das Ganze«, bat er, »wenn der Rebbe singt, kommen wahrscheinlich viele hebräische Worte vor.« – »Freilich«, sagte ich, »aber es sind lauter solche Worte, die du vom Jiddischen her kennst.« – »Die werd ich schon vergessen haben«, meinte er. »Zum Beispiel: Weißt du was *misrach* heißt?« – »Oh ja, das weiß doch jedes Kind!« – »Weißt du was *ma'ariw* heißt?«[260] – »Geh, sei doch nicht so blöd. Solche Worte kennt ein jedes jüdisches Kind.« – »Du hast ganz recht. Ich hab es dir doch gesagt. Nur ein Wort kommt drin vor, was du wahrscheinlich nicht kennst. Das Wort *rak*.« – »Das kenn ich tatsächlich nicht«, sagte er. »Das hab ich mir gedacht. Aber wenn du's hörst, wirst du es erkennen. Außerdem übersetzt es der Rebbe im Text, für solche Ungebildete wie dich. Also *rak* heißt *nur*. Ich warne dich aber, der Rebbe wird sagen *nor*, nicht *nur*. Also, jetzt los!« Das Stühlchen war nicht zu bequem für Roth, aber ich hielt ihn sicher.

Er hörte sich das Lied zweimal an, dann ruhten wir auf bequemeren Stühlen. »Ein schönes Lied«, sagte er. »Es ist teilweise wie ein Volkslied und teilweise wie ein Gebet. Ich habe fast alles verstanden, nur das Wort *emzo*– –« – »Ach du meinst *emzoecho*«, sagte ich, »das wundert mich. Der Text ist ja so verfaßt, daß die hebräischen Phrasen gleich auf jiddisch wiederholt werden. *Ejfo emzoecho?* heißt: Wo kann man dich finden? Auf jiddisch lautet es: *Wu kenn me dich gefinen?*« – »Ach«, sagte Roth, »jetzt versteh ich's.« Und dann fragte er gleich: »*Un wu ken me dich nit gefinen?* Sehr schön. Kauf noch ein Jeton. Ich hör mir das noch einmal an. Es hat mich gestört, daß ich nicht alles versteh.« Ich kaufte ihm noch zwei Jetons, und er hörte sich das Lied noch zweimal an. Er sah ganz erfrischt aus. Trotzdem sah man ihm noch immer die elende Nacht an. »Du hast wenig geschlafen?« fragte ich ihn. »Nein«, sagte er, »im Gegenteil. Ich hab zuviel gesoffen und zuviel geschlafen. Dieser Trottel mit seinem Sliwowitz. Aber jetzt fühl ich mich schon besser. – Ist das ein Kantor, der das singt?« – »Nein, Gott sei Dank, es gibt sehr wenige Kantoren, die Volkslieder singen können. Es ist dasselbe mit Opernsängern, die auch keine Lieder, und schon gar keine Volkslieder, singen können.« – »So«, sagte er ironisch, »was du alles weißt!« – »Ja, ich versteh davon ungefähr so viel wie du von französischem Cognac und anderen Getränken.« – »Warum hast du mich nicht schon viel früher hierhergeführt? Wann hast du das Pathéphone entdeckt?«

fragte er mich. »Seit Jahren schon. Hier erhol ich mich immer, wenn mich deine Entourage zum Sterben gelangweilt hat. Es freut mich, daß du dich heute auch erholt hast.« – »Ja«, sagte er, »ich hab mich richtig erholt. Ich bin jetzt sogar, was du oft und ich selten bin, ich bin hungrig.«

Wir waren in der Nähe vom Boulevard St-Michel. »Ich werde dir ein galizisches Déjeuner machen. Ich kenne da ein kleines Restaurant aus der Zeit, wo ich noch täglich gegessen habe. Dort werde ich uns selbst ein Gericht aus der Heimat komponieren.« Unterwegs kaufte er beim Gemüsehändler ein Bündel junger Zwiebelchen, und wir gingen ins Gasthaus. Dort bestellte er drei kernweiche Eier, gekochte Kartoffeln und Topfen. Als alles serviert war, ließ er zwei Suppenteller kommen, zerdrückte mit Löffel und Gabel die Kartoffeln, mischte sie mit den weichen Eiern und dem Käse, schnitt dann die grünen Zwiebelchen hinein, gab Salz dazu, und wir hatten zwei zureichende Portionen. Er war fast heiter dabei geworden. Er bestellte für uns beide Bier und Weißbrot, und es war ihm sichtlich wohl am Mittag. »Es war die Lieblingsspeise meines Vaters«, sagte ich ihm. »Er aß es immer zu Mittag, aber nur im Sommer.« – »Mir schmeckt richtig gut eigentlich nur, was ich als junger Mensch gegessen habe«, sagte er. »Wahrscheinlich geht es jedem so«, sagte ich. »Unser Magen ist kein Revolutionär. Aber warum hast du mir nicht schon öfter so ein Frühstück gemacht? Mir wäre es nie eingefallen, daß man in einem französischen Restaurant Zwiebeln schneiden kann.« – »Ich hab das diesem Restaurant beigebracht«, sagte er, »ich war da früher Stammgast. Wir müssen diesen Vormittag wiederholen. Du führst mich ins Pathéphone, und ich führ dich in dieses Gasthaus.« Es sollte aber nie mehr dazu kommen.

Auf dem Weg nach Hause – das Restaurant war kaum fünf Minuten entfernt – erzählte er mir, daß er am Nachmittag

Frau Zweig erwartete. »Sie will mich zu sich nehmen«, sagte er. »Hoffentlich kommt es nicht dazu. Ich fühl mich jetzt besser. Zu dumm, daß der Kerl mit dem Sliwowitz just gestern angerückt kam. Ekelhaft. – Was machst du jetzt? Gehst auf dein Zimmer?« – »Nein, ich muß gleich aufs amerikanische Konsulat. Vielleicht ist schon meine Nummer da.« – »Du mit deiner Nummer«, sagte er unwillig.

Als ich gegen vier Uhr zurückkam, saß er schon mit Frau Zweig auf der Terrasse vor dem Bistro. Ich setzte mich zu ihnen. Später kam auch ein Gast, Graf von Riccabona, einer von den Monarchisten.[261] Er war ein netter junger Mann. Er war erst seit ein paar Wochen in Paris. Roth mochte ihn gern, teils weil er wirklich ein sehr netter Junge war, größeren Teils noch, weil er ein Graf war. Ach, wie gern wäre Roth so ein Graf gewesen! Wäre er als Graf zur Welt gekommen, er wäre kaum ein Säufer geworden, den der Oberkellner in der Bristol-Bar in Wien mit dem berühmten Trinker, dem Grafen Adalbert Sternberg, verglichen hat. Der Grafentitel allein hätte Roth genug berauscht.

Wie ich ihn etwa um halb eins verlassen hatte, war er nüchtern. Er hatte im Bistro fast nichts getrunken. Das Gläschen, das er bestellt hatte, haben wir fast voll zurückgelassen. Er hatte mit Appetit gegessen, und der Besuch im Pathéphone hatte ihm sehr wohlgetan. Er hatte mich ermahnt, ja rechtzeitig zurückzukommen und ihn nicht mit Besuch allein zu lassen. »Sie wird mich immer wieder Rothi nennen und mich wieder erinnern, daß sie mich bald zu sich in Pflege nehmen will. Mir graut vor dieser Pflege. Stefan Zweig ist ein echter Menschenfreund. Er übertreibt auch. Aber das ist sein Wesen. Sie hat ihm seine sanfte Art zu sprechen, seine Hilfsbereitschaft und seinen Optimismus abgeguckt. Aber im Grunde ist sie nur eine wichtigtuerische G'schaftelhuberin.

Sie allein ein Seminar der Heuchelei. Komm bald zurück. Vielleicht reden wir ihr die Pflege aus.«

Jetzt begrüßte er mich zornig: »Wo hast du dich so lange herumgetrieben?« Auf dem Tisch vor ihm stand schon ein beträchtliches Häufchen von Untertassen, die die Zahl der Getränke verrieten. Er war bereits völlig betrunken, nicht in dem Grad, der ihn auf die Dauer heiter und lachen machte, sondern zornig und aggressiv. Frau Zweig versuchte ihn zu besänftigen und damit zu trösten, daß er schon morgen zu ihr übersiedeln würde, und sie ahnte gar nicht, wie ihn das auf-brachte. Denn höflich wie er von Natur aus war, begleitete er seine Invektiven mit höflichen Verbeugungen und allgemei-nen Sentenzen. »Man wird nicht gesund auf Einladung«, sagte er zum Beispiel. So ging es etwa eine Stunde. Dann wurde er zum Telephon gerufen. Wie immer erhob er sich schwer, und gestützt auf seinen Stock meldete er der Patro-nin, die ihn gerufen hatte: »J'y cours, Madame.« Auf dem Rückweg wechselte er noch ein paar freundliche Worte mit Madame Alazard und ließ sich vorsichtig, wie ein hilfloser Greis, wieder auf seinen Platz nieder. Plötzlich streckte er beide Arme über den Tisch, blickte sich mit blinden Augen um und fiel über den Tisch und wäre gleich zu Boden gefal-len, wenn ich ihn nicht rechtzeitig aufgefangen hätte.

Mit Hilfe des Grafen Riccabona trugen wir den Ohnmäch-tigen ins Bistro mit der Absicht, dort den Schlüssel zu holen, um ihn auf sein Zimmer zu bringen. Aber das Ehepaar Ala-zard entschied, daß man eine Ambulanz bestellen und ihn in ein Spital bringen müsse. Wäre Madame allein im Geschäft gewesen, hätte ich sie wohl überreden und ihn auf sein Zim-mer bringen können. Zu meinem großen Erstaunen stimmte Frau Zweig dem Ehepaar zu, und mir erklärte sie: »Er ist ja auf den Tod krank. Ich kann ihn nicht zu mir nehmen!« In-dessen brachte Madame Alazard ein Kopfpolster und schob es dem auf dem Boden Liegenden unter den Kopf. Er lag mit geschlossenen Augen und atmete stoßweise. Aber das dauerte nicht lange. Bald fingen seine Hände an sich zu bewegen und, wie beim ersten Anfall, zitternd etwas zu suchen. Ich ging ans Telephon, um einen von seinen Ärztefreunden zu erreichen. Ich kannte seine Angst vor Spitälern. »Man wird nicht geheilt in fremden Spitälern«, das war einer seiner ständigen Aussprüche. Vielleicht könnte ein Arzt die Frau Zweig beruhigen und ihm das Spital ersparen. Ich teilte und teile noch immer seine Angst vor Hospitälern, aber im Gegensatz zu ihm nicht nur vor fremden Spitälern. Leider war keiner von unsern Freunden zu erreichen. Unsere Ärzte hatten in Paris keine Arbeitserlaubnis, und so hatten sie keinen Grund, immer erreichbar zu sein. Als ich vom Telephon zurückkam, war Roth nicht mehr ohnmächtig, und Riccabona sagte mir: »Er wiederholt immer was. Ich glaube, er sagt: ›Ich bin nicht getauft.‹« Ich beugte mich zu ihm und hörte ihn immer wieder flüstern, ohne daß er die Augen öffnete: »Ich bin nicht getauft.« Es dauerte noch etwa eine Viertelstunde, ehe er die Augen öffnete und mit den Händen herumtastete, und noch viel länger, bis er gewahr wurde, daß er nicht in einem Bett lag, und den Versuch machte, seine Lage zu verändern. Als die Ambulanz endlich kam und ich mit Hilfe von Riccabona ihn aufzurichten versuchte, schien er mich zu erkennen und fragte: »Warum lieg ich denn hier? Bring mich auf mein Zimmer.« Frau Zweig brachte ihm bei, daß er hier nicht bleiben könnte, und daß ein Auto gekommen sei, um ihn ins Spital zu bringen.

Indessen brachte Frau Alazard sein Pyjama, die Hausschuhe und seinen Schlafrock. Jetzt begriff er offensichtlich, was ihm geschah, und als sei er einverstanden, daß man ihn ins Spital überführe, erhob er sich und ließ sich von mir und von Frau Zweig zur Ambulanz geleiten. Vor der offenen Tür hielt er still, wandte sich um, und lud alle ein, vor ihm einzusteigen. Seine unter allen Umständen wache Höflichkeit verließ ihn auch jetzt nicht. Ich war der letzte, und er ließ sich von mir helfen, in die Ambulanz einzusteigen. Drinnen fiel ihm ein, daß er seine Brille vergessen hatte. Ich ging schnell zurück, um sie zu suchen. Aber obwohl mir der Kellner und die Frau Alazard dabei halfen, fanden wir sie im Bistro nicht. Dem Patron fiel ein, daß Roth gegen seine sonstige Gewohnheit heute am frühen Nachmittag auf sein Zimmer gegangen war und nicht durch Telephonanrufe gestört werden wollte. Ich lief zu seinem Zimmer hinauf und fand das Hängeschloß an seiner »Schatzkiste« offen. Auf der Bettdecke lag die leere Sliwowitzflasche, die er offenbar fallen gelassen hatte, denn die halbe Decke war noch vom Sliwowitz befeuchtet. Aber die Brille war auch hier nicht zu finden.

Ich lief ans Fenster, um hinunterzurufen, daß ich noch immer suche, sah aber die Ambulanz nicht mehr. Ich ging zum Bistro hinunter. Da kam mir der Kellner mit der Brille entgegen, die er draußen unterm Tisch, wo Roth ohnmächtig wurde, gefunden hatte. Frau Alazard teilte mir mit, daß er in der Ambulanz ohnmächtig wurde und daß sie auf mich nicht mehr warten konnten. Ich nahm ein Taxi und fuhr mit der Brille zum Spital. Der russische Chauffeur, der uns kannte, fragte: »Ihr Freund ist wohl im Spital?« – »Er ist heute plötzlich erkrankt«, sagte ich. »Das mußte so kommen«, sagte er, »wie lange kann ein Mensch das aushalten! Länger als 60 macht es so einer selten.« – »Er ist noch nicht 45«, sagte ich. »Oh, so jung noch! Da kann er noch herauskommen. Mein Vater…« – und er erzählte mir eine Geschichte von seinem Vater, der auch ein starker Trinker war, eine lange Geschichte, und ich war ihm dankbar, daß sie lang war und ich nicht zuhören mußte.

Im Spital fand ich nur noch Frau Zweig. Sie erzählte mir,

er wollte nicht im Spital bleiben. »Er weigerte sich, sich ins Bett zu legen. Man gab ihm eine Injektion, und er schlief bald ein.«

Am nächsten Tag hielt er mich zurück, bis alle Besucher fort waren. »Glaubst du, daß ich noch herauskomme aus diesem Spital? Warum hast du zugelassen, daß man mich hierherbringt?« fragte er mich. Ich antwortete nur auf die erste Frage: »Das hängt von dir ab. Du mußt dich einer Entwöhnungskur unterziehn.« – »Zu einer Entwöhnungskur braucht man kein Spital«, sagte er. »Warum hast du zugelassen, daß man mich hierhergebracht hat?« fragte er noch einmal. »Man hat mich nicht gefragt«, sagte ich, »das haben die Weiber entschieden. Madame Alazard behauptete, du könntest nicht im Hotel bleiben, und Frau Zweig hat vergessen, daß sie dich in Pflege nehmen wollte.« – »Frau Zweig wollte mich in Pflege nehmen?« fragte er. »Hast du vergessen? Sie hat es dir doch jeden Tag gesagt.« – »So?« wunderte er sich. »Sie hat es dir heute noch mehrere Male wiederholt.« Er konnte sich nicht erinnern, und seine Gedanken verwirrten sich. »Wie lange bleibst du bei mir?« fragte er nach einer Weile. »Solange du willst«, sagte ich. »Bleib solange sie's dir erlauben.« Es dauerte nicht lange, bis eine Schwester kam und mir einen Wink gab, ihn allein zu lassen.

Am nächsten Tag fand ich ihn unverändert. Nur an den unruhigen Händen konnte man eine Verschlimmerung merken. Er hatte seine Füllfeder auf der Decke liegen und versuchte immer, mit ihr zu spielen. Er konnte sie nicht recht halten, und es war, als ob sie ihr eigenes Leben hätte und nicht seine Hände mit ihr, sondern sie mit den Händen ein Spiel triebe. Er bat mich, dem Kaplan, Dr. Johannes Oesterreicher, zu sagen, er solle ihn hier nicht mehr besuchen.[262] »Mit dieser Mission mußt du Frau Zweig betrauen«, sagte ich ihm, »du weißt, daß Dr. Oesterreicher mich für einen Feind hält, und er wird glauben, daß ich mir das ausgedacht habe.« – »Er regt mich auf. Wenn er kommt, fühl ich mich wirklich krank. Er will mich taufen. Und wenn ich ihm ganz deutlich nein sage, tut er so, als hörte er es nicht. Herr Kaplan Oesterreicher will mich taufen! Wenn ich bereit wäre, mich taufen zu lassen, würde ich mich vom Kardinal Verdier[263] taufen lassen, nicht von einem Brünner Jud, der in seiner Jugend ein Zionist war, wie er mir selbst erzählt hat. Warst du nicht dabei, wie er erzählt hat, daß seine jüdische Mame ihn noch auf dem Sterbebett verflucht hat? Das erzählt er doch jedem, der es hören will, und er lacht dabei. Eine lustige Anekdote aus Brünn!«

Ich wartete diesmal, bis Frau Zweig mit ihrem Schwiegersohn Dr. Störk kam. Er war ein junger Doktor der Medizin, ein Wissenschaftler, der nicht praktizierte. Er war der Ansicht, daß Roth keinen Anfall von Delirium habe. Ich wollte mit beiden überlegen, ob man ihn nicht aus dem Spital in ein Sanatorium überführen sollte und erinnerte daran, daß Stefan Zweig mir in einem Brief angeboten hatte, noch einmal die Kosten einer Entwöhnungskur für Roth zu bezahlen. Frau Zweig versprach mir, mit dem behandelnden Spitalsarzt sich zu beraten.

Beim dritten Besuch war er bei vollem Bewußtsein. Er winkte mich heran, zog mich ganz nahe zu sich herunter und flüsterte mir ins Ohr, ich möchte ihm einen Anzug und Schuhe bringen und ihn aus dem Spital hinausführen. »Sie geben mir nichts zu trinken, nicht einmal Milch. Ich verdurste. Ich fang schon an zu fiebern.« Natürlich konnte ich das nicht tun. Ich nahm an, daß seine Ärztefreunde wußten, wie er behandelt wurde und die Behandlung für richtig hielten. – Am nächsten Tag ließ man mich nicht mehr zu ihm.

Am frühen Morgen des folgenden Tags weckte mich eine Stimme mit der Botschaft, daß er tot sei. Es war die Stimme von »Freund Fingal«. Da er nicht genau wußte, in welchem Zimmer ich wohnte, und das Hotel so früh noch geschlossen war, rief er einfach zu den offenen Fenstern von der Straße hinauf: »Morgenstern, stehen Sie auf, Roth ist gestorben! Stehen Sie auf!« Ich stand auf und ging hinunter, wo er auf mich wartete. »Haben Sie ihn gesehen?« fragte ich ihn. »Nein«, sagte er, »er war nicht mehr in seinem Zimmer und man sagte mir nicht, wo er sich befindet.«[264] – Es war zu früh am Morgen, um Einlaß ins Spital zu gewärtigen. Ich schlug ihm vor, in der Richtung hinzugehn. Obwohl ich in jeder Stadt, wo ich gelebt habe, gewohnt war, alle meine Wege zu Fuß zu machen, wenn sie nicht mehr als zwei Stunden dauerten, mußte ich diesmal eine Ruhepause machen, und wir setzten uns vor ein Café, das gerade geöffnet wurde, um zu frühstücken und auszuruhn. Ich hatte schon die ganze Zeit zwischen den zwei Anfällen keinen ruhigen Schlaf, obwohl ich nicht sagen könnte, daß ich das Schlimmste befürchtete. Ein Trinker kann auch nicht sterben, ohne sterbenskrank gewesen zu sein, es wäre denn, daß er das Opfer eines Unfalls geworden ist. Er war noch keine fünfundvierzig Jahre alt. Er hatte nur zu oft geäußert, er brauche keinen Arzt, sondern einen Priester. Aber das war immer nur, wenn devote Weiber und andere Zuhörer dabei waren, die solche Äußerungen von ihm rührselig aufnahmen. Was er erhoffte und erwartete, war ein Krieg gegen Nazideutschland. Darauf hin war sein ganzer Lebenswille gerichtet, der bis zum letzten Tag, da ich bei ihm war, nicht schwächer geworden ist. Auch Freund Fingal war wie betäubt von dieser Wendung. Wir hatten nicht viel miteinander zu reden.

Im Spital dauerte es lange, bis wir nach vielem Herumfragen herausfinden konnten, wo die Totenkammer sich befand. Aber auch diesmal gelang es uns nicht, ihn zu sehen, wie es mir schon an seinem letzten Lebtag nicht gelungen war. Nach dem Begräbnis erfuhr ich, daß nur zwei Männer den Toten sehen durften: der Kaplan Oesterreicher und der Kanonikus Brenningmeyer, und nicht nur einmal. Denn wie ich am Tag des Begräbnisses aufgefordert wurde, den Sarg mit dem toten Freund auf dem Leichenwagen zum Friedhof zu begleiten, sah ich die zwei Priester wieder aus der Leichenkammer herauskommen.

In den Tagen vor dem Begräbnis – ich weiß nicht mehr, wie viele es waren, ich glaube zwei – spielte sich ein grotesker Streit um die Form des Begräbnisses ab. Die getauften Juden, geführt vom Kaplan Oesterreicher und der Frau Zweig, setzten ihre ganze Energie für ein christliches Begräbnis ein. Ich erinnerte sie daran, daß Roth, auf dem Boden im Bistro liegend, vor Zeugen wiederholt beteuert hatte, nicht getauft zu sein. Der Kaplan Oesterreicher – ich weiß nicht, ob noch mit einem atavistisch-jüdischen oder schon mit einem missionarisch-katholischen Dreh – kommentierte Roths Worte als seinen letzten Wunsch, getauft zu werden. Da ich es dem Kaplan Oesterreicher erspart habe, ihm mitzuteilen, daß Roth seine Besuche im Spital sich verbeten hatte, wußte ich nicht, ob er noch weitere Versuche gemacht hat, ihn zu bekehren. Aber er benahm sich so. Ich blieb bei meiner Überzeugung, daß Joseph Roth zwar öfter mit seinen katholischen Freunden in die Kirche ging und namentlich vor dem jüngeren der Brüder Dohrn den Katholiken spielte, aber das in den meisten Fällen mehr aus alkoholischen als aus katholischen Motiven. Das sagte ich und fügte hinzu, daß ich einfach zur Polizei gehen werde, um dort zu melden: Da ist ein Jugendfreund von mir gestorben, ein ostgalizischer Jude wie ich, und getaufte Juden von seiner Entourage wollen ihn christlich begraben. Das hat man dem Baron Olivier de Pierrebourg, einem guten Freund von Roth und mir, mitgeteilt, und der liebe Mann kam zu mir und warnte mich. »Sie haben recht«, sagte er mir, »Monsieur Roth war nicht getauft. Aber lassen Sie sich auf keinen Kampf ein. Die sind alles imstande. Sie werden mit einem gefälschten Taufzeugnis kommen, und Sie werden verlieren. Das wird damit enden, daß man Sie aus Frankreich ausweisen wird.« Ich sah ein, daß dieser Kampf nicht zu gewinnen war. Die zwei Priester, Oesterreicher und Brenningmeyer, gestatteten mir gnädigst, daß nach Verrichtung ihrer Zeremonie Kaddisch gesagt werden könne, das jüdische Gebet nach den Toten. Dabei blieb es. Für wissende Christen war es ein verschämtes Begräbnis. Roth wurde begraben wie einer, von dem man nicht weiß, ob er getauft war oder nicht, das heißt das Kreuz, das bei einem Christen vorangetragen wird, wurde in diesem Fall hinter dem Sarg getragen, wie es in zweifelhaften Fällen geschieht. Diese Belehrung verdanke ich meinem Freund Klaus Dohrn, der, im Gegensatz zu seinem jüngeren Bruder Serge, wie ich nicht daran glaubte, daß die Bekehrung Joseph Roths gelungen wäre. Ich nehme an, daß man nach Joseph Roth keine Messe gelesen hat. Dennoch ist es ihm anders gegangen als Heinrich Heine, der ein berühmtes Gedicht beginnt: »Keine Messe wird man singen, keinen Kadosch wird man sagen«[265]. Zwar versagte sein Freund, der am Grabe Kaddisch nach ihm sagen sollte. Der fromme Litwak[266], der – um mit Joseph Roth zu sprechen – seine Verbindung mit dem Talmud war, erschrak vor dem christlichen Zeremoniell dermaßen, daß er mir zuflüsterte: »Ich kann's nicht tun.« Und ich habe zwar nicht an seinem Grabe, weil es mir in diesem Moment zu demonstrativ vorkam, Kaddisch gesagt, aber ich tat es in einer Synagoge in Paris, und ich halte es auch jetzt noch immer so, wenn der Tag seines Sterbens sich nach dem jüdischen Kalender jährt.

Im Spital behaupteten sie damals, daß Roth an einer Lungenentzündung gestorben wäre, was bei Alkoholikern, wie mir Ärzte gesagt haben, nicht selten vorkommt, wenn man ihnen nicht genug Flüssigkeiten zuführt. Andrerseits hörte ich Gerüchte, daß er vor dem Ende in Schreikrämpfe verfiel und man ihm eine Zwangsjacke anlegen mußte. Ich habe das nicht verifizieren können.

Beim Begräbnis war auch Frau Manga Bell, mit der Roth ein paar glückliche, wenn auch turbulente Jahre gelebt hat. Sie hielt sich auf dem Friedhof im Hintergrund. Ich erblickte sie aber noch rechtzeitig, ehe der Leichenzug sich in Bewegung setzte. Ich ging hin und holte sie heran und hielt die laut Weinende an meiner Seite, bis alles vorbei war. Ich hatte ihr gegenüber in den letzten Monaten ein schlechtes Gewissen. Ich war oft, wenn sie Roth besuchte, recht unfreundlich mit ihr, weil er in ihrer Anwesenheit noch mehr trank als sonst. Sie trank nämlich gern mit, und das nahm ich ihr übel. Es war unrecht von mir. Wie konnte sie, die viel Jüngere, ihm überlegen sein und ihn vom exzessiven Trinken abhalten, wenn er ja doch alle, die an seinen Tisch kamen, zum Trinken animierte! Und wie Gourmands sich freuen, wenn man in ihrer Gegenwart guten Appetit zeigt, ließ er keinen Tag aus, um selbst mir ein Gläschen zuzuschieben, was ich manchmal sogar nicht zurückwies.

Es ist mir jetzt eine Genugtuung, daran zu denken, daß ich die Kraft hatte, ihr Trost zuzusprechen. Ich versicherte ihr, daß sie von allen seinen Frauen diejenige war, die er am meisten geliebt hat. Das hatte die Wirkung, daß sie, ein sehr echtes Weibswesen, mit ihrem herzzerreißenden Weinen das erzielte, was man im amerikanischen Theaterjargon mit den Worten beschreibt: *She stole the show*. Und ich habe es ihr gegönnt.

Kein gutes Wort werde ich hier für den Kaplan Oesterreicher aufbringen. Er und Kanonikus Brenningmeyer sahen nach dem Begräbnis nicht gerade siegreich aus, vielleicht weil sie nicht in der Lage waren, Nachrufe zu halten. Ich habe Grabreden im Namen meines toten Freundes einfach verboten.

Die Kiste mit seinen Manuskripten und andern Habseligkeiten habe ich beschlossen, den Verleger Walter Landauer auf den Inhalt untersuchen zu lassen. Er war aus Holland gekommen, wo er den Verlag Allert de Lange leitete. Er war ein ergebener Freund Roths. Ich gab ihm den Schlüssel zur Kiste, und er kam ins Hotel mit seinem Famulus, Hermann Kesten. Ich glaubte, daß sie alles mit nach Holland genommen haben, denn ich war außerstande, den Inhalt der Kiste genau vorher oder nachher nachzuprüfen. Ich glaubte auch, daß die Manuskripte im Falle eines Krieges sicherer in Holland wären als in Paris. Das war ein Irrtum. Ich glaubte, daß die Nazis, wie die Deutschen schon im Ersten Krieg, auch diesmal zwar Belgien besetzen, aber Holland verschonen würden. Die Kiste, und was darin noch war, überließ ich Frau Zweig, der einzigen von uns, die in Paris eine eigene Wohnung hatte. Seine Manuskripte sind alle gerettet worden, auch die Korrespondenzen und verschiedene Photos. Ich wäre neugierig zu wissen, was mit den Tefillen geschehen ist und dem Gebetbuch, das ihm seine Mutter zur Bar-mizwa geschenkt hatte und von dem Roth sich niemals getrennt hat und es überall mit sich führte. Sowohl aus Pietät wie auch aus Aberglauben, wie er mir einmal sagte, als ich diese Geräte zum ersten Mal in seiner Anwesenheit in der Kiste entdeckte.

– – –

Stefan Zweig konnte zum Begräbnis nicht kommen. Er hatte noch keinen englischen Paß, und unsere österreichischen

Pässe waren ja nicht mehr gültig. Nachdem er englischer Staatsbürger geworden war, kam er gleich herüber. Bei der ersten Begegnung machte er mir gleich einen bitteren Vorwurf: »Wie konnten Sie zulassen, daß ein so jüdischer Mensch wie unser Freund vom Kaplan Oesterreicher begraben wurde!« Ich sagte ihm: »Fragen Sie Ihre gewesene Frau. Sie hat dem Kaplan geradezu devote Hilfe geleistet. Sie war die Anführerin aller getauften Juden. Schließlich wurde ich von einem französischen Freund, der auch ein Freund von Roth war, gewarnt, daß ich den Kampf aufgeben solle, weil die imstande wären, einen ad hoc produzierten Taufschein aufzuweisen.«

Letzte Tage

In den letzten paar Wochen haben sich mißliche Begebenheiten, triviale Intrigen, Mißgunst, eine Missetat und eine tragische Nachricht so zusammengedrängt, als ob der tölpelhafte Dämon, Alkohol, es eigens so angeordnet hätte, um die letzten Flämmchen seiner Tage auszublasen.

Ich habe schon erwähnt, daß Roth einen Freund hatte, der im französischen Innenministerium eine hohe Stellung einnahm. Er war der Sohn seines Freundes B. und schätzte Joseph Roth wie sein Vater. Er lud ihn oft zu sich aufs Amt. Roth war sehr stolz darauf. Wie er unsern Freund Klaus Dohrn als seine Verbindung zum Vatikan ausgab, so hielt er diesen jungen Mann im Innenministerium für seine Verbindung zur französischen Regierung. Eines Tages kam er von so einem Besuch in großer Aufregung zurück. Er setzte sich gar nicht erst auf seinen Platz im Bistro, sondern nahm mich bei der Hand, sagte mir, daß er mir was mitteilen müsse, und wir gingen die paar Schritte zum Jardin du Luxembourg. Dort setzten wir uns auf die nächste Bank. »Du mußt dich auf etwas gefaßtmachen«, sagte er. »Weißt du, was der Monsieur B. heute vorgeschlagen hat? Er möchte, daß ich für ihn spioniere. Denk dir, das hat er mir zugetraut! Ein Mann, ein Franzose, der meine Bücher kennt, dessen Vater schon mein Freund und Gönner war. Der mutet mir im Ernst zu, daß ich für ihn spioniere!« – »Was bist du so entsetzt? Es haben schon andre bedeutende Schriftsteller so was getan, und es hat ihrem Ruhm nicht geschadet – ja, ihn noch etwas gewürzt. Warum solltest du nicht gegen die Deutschen spionieren. Es ist nur dumm von ihm, zu glauben, daß du dafür taugst.« –

»Er hat mir nicht vorgeschlagen, gegen die Deutschen zu spionieren. Er hat mir zugemutet, ihn über die österreichischen und deutschen Immigranten zu informieren. Das heißt einfach: spionieren. Hast du schon so was gehört?« – »Du hast ihn immer so gelobt«, sagte ich, »aber er ist nicht nur dumm. Er ist offenbar, um es französisch zu sagen, ein Filou.« – »Er ist nicht dumm«, sagte Roth in so großer Verzweiflung, daß ich nicht wußte, wie ihn zu trösten, »und er ist auch kein Filou. Es ist ihm nur eingefallen, weil er weiß, daß ich trinke. Einem Säufer traut man alles zu.« – »Man traut es auch Nüchternen zu«, sagte ich, »und solchen erst recht. Denn Trinker, die ein Geheimnis halten, sind sehr selten. Man hat mir auch schon so was zugetraut.« – »Das hast du dir jetzt ausgedacht, um mich zu trösten. Ich sehe es dir an.« – »Mein Lieber, ich verstehe deine Entrüstung. Aber ich wünschte, das wäre der größte Schaden, den dir dein Dämon zufügt.« – »Du hast recht«, sagte er, »mein Dämon, wie du das nennst, hat mir gewiß geschadet, aber Schande hat er mir nur bei kleinbürgerlichen Spießern gemacht. Aber ein Franzose in so hoher Stellung, ein Freund...«

An diesem und an einigen folgenden Abenden fand man ihn am Abend nicht im Bistro. Er sagte nicht einmal mir, wo er sich herumtrieb. Am Vormittag schrieb er und trank ein paar Stunden. Am frühen Nachmittag verschwand er, und wir sahen ihn erst am nächsten Morgen wieder. Die Patronin erzählte mir, daß er Nacht auf Nacht schwerbetrunken sehr spät nach Hause kam, was sie sehr betrübte, erstens weil er schwerbetrunken war, aber auch, weil er nicht bei ihr getrunken hatte. Denn Madame Alazard liebte Roth sehr. Wie sage ich das, wie sie ihn liebte? Ungefähr so, wie die Brieftasche einen Tausend-Francs-Schein lieben mag.

Nach etwa zehn solchen Tagen und Nächten klopfte es einmal um drei Uhr morgens an meine Tür, und als ich öff-

nete, war es Roth. Das hatte er noch nie getan. Er respek-
tierte, wie schon Peter Altenberg, den Schlaf eines Menschen
als eine heilige Sache. Das tu ich auch. Nicht in dem Grade
wie Altenberg, der irgendwo sagt: »Ein Mensch, der fähig ist,
einen aus dem Schlaf zu wecken, ist auch fähig, ihn zu ermorden.«

Obwohl er sternhagelvoll war und, von der geröteten
Nase abgesehn, leichenblaß, entschuldigte er sich, wie er
sagte, für die Untat, mich geweckt zu haben. Er lachte und
setzte sich. »Heute ist es endlich passiert«, sagte er. »Was ist
dir geschehen?« fragte ich. »Heute bin ich zum ersten Mal
aus einem Lokal herausgeworfen worden.« Ich bin darauf so
erschrocken, daß er es mir anmerkte. »Ich war im ›Domi-
nique‹. Ich hab dort getrunken, dann verspürte ich Hunger
und bestellte einen Borschtsch. Ich wollte was Warmes. Sie
weigerten sich. Sie waren schon im Begriff, das Lokal zu
schließen, sagten sie. Ich war noch nicht der letzte Gast, und
ich protestierte.« – »Wie hast du protestiert?« wollte ich wissen. Er stand auf vom Sitz, erhob seinen Arm und zeigte, wie
er protestiert hatte. »Ihr seid da nach Paris gekommen, spielt
Balalaika und singt und tanzt. Aber ich weiß, wer ihr seid.
Mörder seid ihr, Pogromhelden seid ihr! Ich kenne euch! –
So hab ich protestiert.« Und er lachte sein alkoholisches Gelächter. Und er ging und lachte noch die paar Treppen zu
seinem Halbstock herunter. Dann hörte er zu lachen auf,
kam wieder, auf seinen Stock gestützt, und sagte: »Sei mir
nicht bös, Soma. Ich hab dich geweckt. Du weißt, ich tu das
sonst nicht. Aber sie haben mich aufgeregt, die Mörder mit
ihrer Balalaika. Schlaf nur weiter, Soma. Ich werde auch das
überstehn. Mach dir nichts draus.«

In jenen Wochen spielte sich eine Intrige in den Reihen der
Monarchisten ab, die sich gegen Roth entwickelte. Ich habe

sie nur stückweise erfahren, zuerst eine Andeutung von Roth selber. Er kam gerade von einer Audienz beim Kaiser – so nannte er allen Ernstes die Besuche, die er von Zeit zu Zeit, selten genug, bei dem jungen Mann abstattete, der sich für den Prätendenten zur Kaiserkrone von Österreich ausgab. An solchen Tagen rasierte er sich nicht selber, weil er sich ja sonst mit seinen unruhigen Händen mehr zerkratzte als rasierte. An den Audienztagen ging er zum Friseur und war sehr streng mit ihm, wenn er ihn nicht glatt genug rasierte. An solchen Tagen trank er nur wenig, gerade genug, um einen nüchternen Mann darzustellen, der in seiner Haltung alle Formalitäten, die man einer Kaiserlichen Hoheit schuldet, zu wahren versteht. Er kam immer in feierlicher Stimmung zurück, noch diskret genug, um mir die großen Geheimnisse, die er hohen Ortes erfuhr, gerade anzudeuten.

Diesmal fing er erstaunlicherweise mit einer Frage an: »Wie hast du gesagt, daß der Kaiser aussieht, wie du zum ersten Mal in unserer Versammlung warst?« Ich wunderte mich: »Was ist denn los? Du warst doch sehr bös, wie ich das sagte und warntest mich, es ja nicht zu wiederholen. Ich habe damals auf eine Frage geantwortet. Dohrn fragte mich, wie der Kaiser mir gefällt. Ich antwortete: ›Euer Kaiser sieht aus wie der frühverfettete Sohn eines sehr reichen jüdischen Wiener Bankiers, der in Döbling eine Prachtvilla hat und auf seinen Sohn sehr stolz ist, weil er gar nicht jüdisch aussieht.‹« Diesmal wurde Roth nicht böse – im Gegenteil: »Du hast recht gehabt«, sagte er, »ich kann mit diesem Kaiser nicht reden. Er ist ja kein Legitimist. Er spricht wie ein liberaler Jud'!«

Es war Roths letzte Audienz; ich vermute, weil er nie mehr aufgefordert wurde. Ich halte es für möglich, daß einer von den Monarchisten, der Roth nicht mochte, Seiner Kaiserlichen Hoheit vermeldet hat, daß er für Joseph Roth nicht Legitimist genug sei.

»Sieht er so aus wie sein Vater?« wollte Roth wissen, »ich habe ihn nie gesehen.« – »Ich habe ihn ganz von der Nähe zweimal gesehen«, sagte ich, »kurz vor dem Tode Franz Josephs I. besuchte er einmal Ungarn. Es war im Frühjahr 1916 in der Stadt Nagyvárad. Natürlich mußte die ganze Garnison antreten, und der Thronfolger nahm die Parade ab. Alle Offiziere der Garnison standen in einer langen Reihe, vom General bis zum Fähnrich abwärts. Ich war damals Fähnrich. Ich war einer der letzten. Ich werde das nie vergessen. Die Erregung war so groß, daß sie alle angesteckt hat. Man konnte selbst den hohen Generälen das Lampenfieber deutlich ansehen. Ich, der ich schon damals kein Monarchist war und keinen Grund zur Aufregung hatte – ich war in diesem Fall zu unbedeutend, um auch nur in Verlegenheit zu geraten –, konnte fühlen, wie mir in Erwartung der Hoheit die Knie zitterten. Kaum war er aber so nahe, daß ich ihn von Kopf bis Fuß sehen konnte, beruhigten sich meine Beine, und in Habacht-Stellung, das gehorsamste Auge links auf ihn gerichtet, vermochte ich ganz klar zu denken: Unser zukünftiger Kaiser, der Erbe Franz Josephs I., sieht aus wie ein kleiner, tschechischer Korporal, der bei den Dragonern dient. – So hat Karl der Letzte ausgesehn.«[267]

Am 3. Mai stand ich früher auf als Roth und erwartete ihn unten zum Frühstück. Mit meiner Post hatte ich auch einen Brief aus Hollywood von meinem Freund Karol Rathaus bekommen. Ihm gefiel es nicht in Hollywood, und Roth war froh darüber. Er gratulierte mir zu meinem Geburtstag, der einzige von meinen Freunden, der dieses Datum nie vergaß und oft der erste war, der mich an mein Geburtsdatum erinnerte. Es war nicht das einzige Mal, daß ich, wie auch diesmal, ohne seinen Gruß meinen Geburtstag völlig vergessen hätte. Ich hatte auch einen Brief von unserm Freund Dr. Löbel aus Prag, um den wir uns beide Sorgen machten, weil wir Schwierigkeiten hatten, ihm ein Visum nach Frankreich zu verschaffen. Ich ließ beides offen auf dem Tisch und ging, die Morgenzeitungen zu besorgen. Als ich zurückkam, war Roth schon da und hatte schon meine Post gelesen. »Wie kommt es, daß dein Freund Rathaus weiß, wann du Geburtstag hast, und ich nicht?« wollte er wissen. Er hatte offenbar noch keinen Tropfen getrunken, obwohl sein Gläschen schon vor ihm stand. Ich erklärte ihm, daß mein Freund Rathaus, obwohl er aus Tarnopol stammte, Geburtstage so heilighielt, als wäre er ein Deutscher. Indessen hatte er schon das Gläschen halb geleert, und er sagte, halb im Ernst, halb jokos: »Wahrscheinlich, weil er dich auch mehr liebt als ich. Trotzdem werde ich dich zur Feier deines Geburtstages in ein gutes Gasthaus führen.« – »Ich halte nichts von Geburtstagen. Aber wenn wir schon ausnahmsweise meinen feiern wollen, habe ich nach der Regel dich einzuladen, und ich führe dich heute zu Frau Flammbaum zur Feier des Tages.« Das war ein jüdisches Gasthaus, wo er gern und gut aß, wenn man ihn dazu bewegte. Indessen war es noch früh am Tag, und er zwang mich, schon zum Frühstück einige Gläschen mit ihm zu leeren, alle auf mein Wohl.

Diesen Mittag war er schon so gut gelaunt, daß er den Kellner auf mein Zimmer schickte, um mich herunterzuholen. »Was hältst du von einem Spaziergang im Luxembourg?« fragte er mich mit der Miene, als überreichte er mir ein Geburtstagsgeschenk. Und ich empfand es auch so, denn es war mir immer eine große Freude, wenn er sich zu einem Spaziergang bereit erklärte, denn ich bildete mir ein, daß es ihm so gut tat wie mir.

Wir gingen bald in den Park hinein. Das Gehen strengte ihn sichtlich an, und ich wollte ihn gleich bei der ersten Bank zu einer kurzen Rast überreden. Es gelang mir aber erst, als wir die große schattige Allee erreichten, wo wir uns niederließen. Dabei erzählte er mir ausführlich von dem Brief, den er an den Senat geschrieben hatte, als er im *Paris soir* die erste Nachricht las von dem Beschluß des Senats, das Hôtel Foyot niederzureißen, weil es zu nahe dem Senat stand, die Rue de Vaugirard zu sehr verengte und den Verkehr gefährdete. Er war so empört darüber, daß er sich auf der Stelle entschlossen hatte, einen Brief an den Senat zu richten, in dem er den hohen Herren des Senats den Vorschlag machte, einen Teil von dem Senat niederzureißen und das Hotel stehenzulassen. Er begründete seine Aufforderung so: erstens mit dem Hinweis auf die historische Tatsache, daß in diesem ehrwürdigen Hotel Ende des 18. Jahrhunderts kein Geringerer gewohnt hatte, als der damalige Kronprinz und nachmalige Kaiser Joseph II. von Österreich; zweitens mit der Mitteilung, daß hier der berühmte österreichische Dichter Rainer Maria Rilke, damals Sekretär des französischen Bildhauers Auguste Rodin, jahrelang gewohnt hat; drittens mit der bescheidenen Bemerkung, daß seit vielen Jahren ein in Frankreich nicht ganz unbekannter österreichischer Schriftsteller namens Joseph Roth hier wohne und nicht ohne Protest aus dem von ihm geliebten und geschichtlich ehrwürdigen Hotel ausziehn würde.

Man solle das Hotel unter Denkmalschutz stellen.

Ich weiß nicht, ob ich den Brief genau zitiere. Ich weiß nicht mal, ob er den Brief tatsächlich so kühn formuliert hat. Aber wie ich meinen Freund Roth kannte, traute ich ihm jedes Wort von diesem Brief schon zu.

Zu meinem Erstaunen wollte er noch nicht zurückgehen. Diesmal führte er mich in eine abseitige Allee, wo es zu dieser Tageszeit menschenleer war. Als wir dort im Schatten saßen, sagte er mir: »Weißt du, warum ich dich hierhergeschleppt habe? Ich wollte dich bitten, daß du mir meine zwei Lieblingslieder singst. In unserm Zimmer im Hotel ist vermutlich niemand zum Singen und auch nicht zum Hören aufgelegt.« Ich sang ihm also zuerst das jüdische Lied *Es war einmal eine Geschichte*, und auf sein weiteres Drängen auch das ukrainische *Hyla, hyla*. Mit beiden Händen auf seinen Stock gestützt, gesenkten Kopfes, hörte er zu, dann schwieg er eine lange Zeit, und ich sah, wie seine Tränen auf seine bleichen Finger fielen. Mir stockte der Atem. Ich hatte Roth in nüchternem Zustand noch nie offen weinen sehn.

Der Rückweg fiel uns beiden schwer. Wäre es nicht im Park gewesen, hätte ich ihn diesmal gezwungen, ein Taxi zu nehmen, obwohl der Weg nicht weit war. Er fiel ihm sehr schwer. Hin und wieder setzte er sich und schnürte seine Schuhe auf.

Es war das letzte Mal, daß ich ihm ein Lied gesungen habe. Es war sein letzter Spaziergang.

Epilog

27. Juli 1950 in Paris.[268]

Heute bei Darsie Gillie zu Mittag gespeist. Es war noch ein englisches Ehepaar eingeladen. Beide, der Mann und die Frau, Journalisten. Beide letztens im Nahen Osten gewesen. Die Frau kannte Ostgalizien und – liebte das Land! Eine Engländerin! Darsie erzählte ihnen von meinem ersten Roman und der ostgalizischen Landschaft in dem Buch. Dann kam die Rede auf Joseph Roth, den ich mit Darsie Gillie bekannt gemacht hatte. Dabei fiel Darsie folgende Geschichte ein, die zwischen mir und Roth spielte. Als ich ungefähr die Hälfte meines ersten Romans zu Ende geschrieben hatte, schickte ich zwei Abschriften an zwei meiner Freunde, eine an Robert Musil, eine an Joseph Roth. Ich war meiner Sache nicht sicher und wollte ihr Urteil hören. Von Joseph Roth erhoffte ich eine Zustimmung. Von Musils Antwort hatte ich skeptische Kritik erwartet. Zu meiner freudigen Überraschung schrieb mir Musil von Berlin kurz und bündig: Ich beglückwünsche Sie zu Ihrem Buch. Sollte Ihnen jetzt was zustoßen, ehe Sie den Roman zu Ende geschrieben haben, gehört schon das, was Sie mir geschickt haben, zur Weltliteratur. – Joseph Roth schickte mir einen telegraphischen Glückwunsch, warnte mich aber vor der Beschreibung des Feldes mit dem weißen Klee. Ich sollte das Kapitel umschreiben. Es gäbe keinen weißen Klee. Man wird den Roman, so gut und glänzend er auch sonst sein mag, deswegen auslachen. Ein Ostjud' hat weißen Klee erfunden!

Das spielte sich im Jahre 1932 ab. Darsie Gillie lernte ich

im Jahre 1938 kennen und erzählte ihm einmal diese Geschichte. Guter, lieber Darsie. Ich hatte Joseph Roths Telegramm längst vergessen und auch sein Gelächter über meinen erfundenen weißen Klee. Mein Gott! Was mag ich noch sonst vergessen haben, Hübsches, vielleicht auch Wichtiges...

Nachwort

Hermann Cohen, der Philosoph, der den Deutschen, zumindest den deutschen Philosophen, ihren Kant erneuert hat, hat auch für die Juden etwas getan. Was er für die Philosophen geschrieben hat, war seine Kopf-Arbeit. Sein Buch *Religion der Vernunft* war sein Liebesvermächtnis für die Juden. Die mochte er alle – ausgenommen die Zionisten. Als man ihn fragte, warum er diese verschmähe, antwortete er: »Die Lumpen wollen glücklich sein.« Joseph Roth war ein solcher Lump. Er wollte glücklich sein, und darum gehörte er schon in jungen Jahren der zionistischen Jugendbewegung an.

Aber das Schicksal wollte es anders. Er war schon als Kind dem Mißgeschick ausgeliefert. Seinen Vater hat er nie gesehen. Seine Mutter mußte schon das Kind, als es zum ersten Mal einen Vater vermißte, daran gewöhnen, daß sein Vater verschollen war. Wann er erfahren hat, daß sein Vater am Hofe eines Wunderrabbis gestorben sei, mochte er nie erzählen. Vielleicht wußte er es nicht genau.

Seine Mutter, eine tüchtige und gute Mutter, gab ihm die Erziehung, die eine einfache jüdische Mutter geben kann. Aber sie behütete ihn als ihr Einziges, was sie im Leben hatte. Noch als Gymnasiast, erzählte er mir, führte sie ihn an der Hand in die Schule und holte ihn von der Schule ab. Er war im Gymnasium ein guter Schüler. Aber sein Wissen um das Judentum war das, was man von einer Mutter haben kann – also jüdische Folklore mehr als jüdisches Wissen. Er war kein gelehrter, aber ein frommer Junge.

In der Stadt Brody, wo er geboren war, gab es ein Gymnasium mit deutscher Vortragssprache. Das war sein Vorteil, als er sich entschloß, deutsch zu schreiben. Aber es war auch ein Nachteil, weil es ihn von den zwei Landessprachen ferngehalten hat. Er hat weder die polnische noch die ukrainische Sprache beherrscht. Davon verstand er so viel wie seine Mutter, also nicht viel. Wäre ihm sein Vater erhalten geblieben, wäre er wahrscheinlich organisch in die jiddische Literatur hineingewachsen, denn es war ja für ihn die einzige Umgangssprache. Denn deutsch konnte er nur mit seinen Mitschülern sprechen. Da er die Sprachen des Landes nicht kannte, schloß er sich selbst in ein Sprachghetto ein und war also seinem Heimatland entfremdet, wie einer von den frommen orthodoxen Gelehrten, die es fertiggebracht haben, nie die Sprache des Landes zu lernen.

Er erzählte mir einmal, daß er sich immer freute, wenn er Gelegenheit hatte, in seinen Ferien zu seinen Verwandten in Mähren zu reisen, wo er sich mehr zu Hause fühlte als in seiner Geburtsstadt. Aber diese Reisen waren sehr selten. Nebenbei gesagt, diese mährischen Verwandten waren auch die Wohltäter, die sich seiner und seiner Mutter annahmen und sie finanziell unterstützten. Darüber weiß ich nicht viel auszusagen, denn Roth erzählte später verschiedene Versionen über seine Vergangenheit. Er protzte sozusagen mit seiner Armut. Stefan Zweig und seiner verschmockten Frau erzählte er, er wäre in seiner Jugend ein Gänsehirt gewesen und hätte immer nur geschenkte, abgelegte Kleider getragen. Den ersten Anzug, so erzählte er ihnen (in meiner Gegenwart), konnte er sich mit den Einnahmen von seinem ersten Roman anschaffen. Ich habe zufällig eine Photographie von ihm gerettet, die ich diesem Buche beilegen werde, um den Lesern zu ihrem Vergnügen zu zeigen, wie wohl-, ja geradezu elegant der Student der Germanistik in Wien gekleidet war. Dieses Photo stammt aus einer Zeit – etwa 1913/14 –, da er mit seinem blonden, in der Mitte gescheitelten Haar, mit sei-

nem Monokel, mit deutschnationalen Studenten fraterni-
sierte.[269] In jener Zeit war er kein Zionist mehr und sah ein,
daß das nicht der Weg zum Glück war. Da versuchte er es mit
der vollständigen Assimilation. Ich habe das schon erwähnt.
Aber ich möchte hervorheben, daß ich in dieser Zeit oft mit
ihm zusammen war, und daß es kein Jude und kein jiddisches
Buch war, das ihn vor der Assimilation gerettet hat, sondern
das Werk über die Geschichte des jüdischen Volks von Ernest
Renan[270], das ich ihm eigens zu diesem Zweck aufdrängte.

Ich wiederhole das kurz, weil ich zeigen will, daß die Probleme, die Joseph Roth in seiner Jugend hatte, nicht viel anders waren, als die von andern jungen Ostjuden. Mit Ausnahme des einen traurigen Umstands, daß er vaterlos
aufgewachsen ist. Mit diesem Mißgeschick ist er nie fertig
geworden. Zum Beispiel: In Paris, vielleicht ein Jahr vor seinem Tode, erinnerte er mich, wie wir uns zum ersten Mal
getroffen hatten. Das war in Lemberg anläßlich einer Konferenz der zionistischen Jugend, wie ich schon erzählt habe.
Wir erinnerten uns beide genau an diese Begegnung. Aber in
Paris fiel es mir ein, ihn zu fragen, warum er auf der Suche
nach einem ›Roth‹, mit dem er verwandt sein sollte, mich
anredete, obwohl ich damals mit vier Freunden zusammen
war. Seine Antwort war: »Du hast an deiner Kappe einen
Trauerflor getragen. Und da dachte ich: ›Der ist auch ein
Waisenknabe. Der hat auch keinen Vater. Vielleicht ist der
mein Verwandter.‹« Er war damals fünfzehn oder sechzehn
Jahre alt und fühlte sich noch immer als Waisenkind.

Dem Dämon Alkohol verfiel er aber nicht, weil er dieses
Mißgeschick nicht überwinden konnte. Als ich ihn im Jahre
1927, da er von seiner Rußlandreise zurückkehrte, in Berlin
wiedersah, war er bereits ein berühmter Journalist. Er sah
energisch und zielbewußt aus, und er hatte keine Geldsor-
gen. Und just damals fing er an, sich zu betrinken. Ich fragte

mich, warum. Und ich fühlte mich berechtigt, ihn zu fragen. Anstatt einer Antwort schob er seinen Hut in den Nacken und zeigte die Stelle, wo ihm das Haar ausgefallen war. Und was davon geblieben war, war nicht mehr blond, sondern farblos und schütter. Er klagte auch über seine schadhaften Zähne. Und es waren die Vorderzähne, die ihm Sorgen machten. Um diese zu verscheuchen, hatte er angefangen, sich zu betrinken. Und er machte bald die Erfahrung, daß ihn das Trinken beim Schreiben stimulierte. Dann kamen die Sorgen um die kranke Frau, und es wurde immer schlimmer. Durch das häufige Zusammensein gewöhnte ich mich daran. Aber schon ein Jahr oder zwei später, als wir zu dritt mit seinem Freund, dem polnischen Schriftsteller Józef Wittlin, zusammentrafen, sagte mir Wittlin in Bestürzung, da Roth zum Telephon gerufen wurde: »Unser Freund Roth sieht ja aus, wie ein sechzigjähriger Säufer!«

✻

✻   ✻

Jedes Menschenleben, erzählt, ist ein Rührstück. So sagte ein Schreiber und setzte sich hin und schrieb eins. Ich bin kein Biograph, und nicht einmal ein richtiger Autobiograph. Eigentlich sollte das, was ich seit Jahren schreibe, den Titel haben: Ein Leben mit Freunden. Aber leider kann ich diesen Titel nicht verwenden, weil ich zu der unglücklichen Generation gehöre, die in einer Flut von Weltgeschichte verunglückte, aus der nur einige ihr Leben gerettet haben, aber keinesfalls ohne Schaden davongekommen sind.

✻

Was mich betrifft, war ich nicht jung genug, um vom Ersten Krieg verschont zu bleiben. Ich war vier Jahre Soldat. Im Zweiten Krieg war ich nicht alt genug, um von einem Aufenthalt in Konzentrationslagern in Frankreich verschont zu werden. Dennoch beklage ich weder das erste noch das zweite Mißgeschick. Denn meine Erfahrungen haben mich gelehrt, daß die, die im Ersten Krieg keine Soldaten waren, die Nachkriegszeit nicht verstanden haben, und die, die im Zweiten Krieg vom Konzentrationslager verschont geblieben sind, die Zeit, die noch die heutige ist, erst recht nicht verstehn.

*

Joseph Roth hat zur selben Generation gehört. Als ein Weiser starb er vor der Zeit, um noch die Bekanntschaft mit einem Konzentrationslager zu machen. Aber ich habe vielleicht vergessen, ihm den Ruhm nachzurufen, daß er der einzige Jude war, der in Frankreich für den Krieg gegen Nazideutschland eintrat. Mit Hilfe von einigen aus Österreich emigrierten Katholiken und namentlich Monarchisten, die auch der Ansicht waren, daß man ohne Krieg Europa von der Mörderbande nicht wird reinigen können. Ich habe versucht, ihn von diesen seinen vergeblichen Bemühungen abzuhalten, nicht etwa, weil ich anderer Ansicht war, sondern weil ich vermeiden wollte, daß man den Juden auch nur den Schein von Kriegshetze anhänge, wie man es ja verlogenerweise schon nach dem Ersten Krieg erlebt hat.

*

In jener Zeit war Joseph Roth eine von den österreichischen Adressen. Täglich kamen neue Flüchtlinge, die von ihm Schutz vor der *Préfecture de police* suchten. Hin und wieder konnten wir einem helfen. Roth hätte vielleicht etwas mehr tun können in dieser Hinsicht, wenn nicht der Alkohol gewesen wäre. Das war nicht das stärkste Motiv, das mich täglich dazu trieb, ihn vor dem Dämon Alkohol zu warnen. Wie

344

Stefan Zweig, sein Freund und Gönner, hielt auch ich es noch
für möglich, ihn zu retten. Die nur zum geringen Teil wirksamen Versuche vergifteten mir dieses Jahr des Zusammenlebens mit ihm. Ich dachte oft an die Warnung von Dr. Löbel,
dem weisen Doktor Skowronnek in einigen Erzählungen
von Roth, daß ein Alkoholiker in dem Zustand, in dem Roth
sich schon 1937 befand, von einem Geisteskranken sich wenig unterscheidet. Aber ich brachte es nicht zuwege, ihn allein zu lassen. Ich habe bald eingesehen, daß nur eine liebende Frau ihn von seinem Dämon hätte retten können.
Denn ich erinnerte mich an unser Zusammenleben im Jahre
1934 im Foyot, wo er mit Frau Manga Bell und ihren Kindern hauste. Damals trank er nicht so viel, weil er regelmä-
ßige Mahlzeiten einhielt, wenn auch nicht täglich, und die
Belastung, die die zwei Kinder von Frau Manga Bell bedeu-
teten, ertrug er mit Stolz. Es war schon immer seine Gewohnheit, mit der Zahl der Individuen zu protzen, für die er
sorgen mußte. Wie ich schon erwähnte, sorgte er, wenigstens
seinen Verlegern gegenüber, auch für seine kranke Frau, die
längst in einer Anstalt verstorben war.[271] Aus diesem Grunde
wollte er mich am Anfang unseres Zusammenlebens seit
März 1938 immer überreden, mit ihm gemeinsame Kasse zu
machen. Ich fand es erst rührend von einem so guten Freund,
aber auch grotesk, daß er, der an einem Tag bei weitem mehr
ausgab, als ich in einer Woche, mich auf seinem Niveau erhalten wollte. Ich fand bald heraus, warum. Es war meine
Gewohnheit seit meinem fünfzehnten Lebensjahr, in welcher Situation immer ich war, zuerst zu Beginn des Monats
pünktlich meine Wohnung zu bezahlen. Das fiel ihm auf. Das
tat ich auch im ersten Monat meines Aufenthalts, als ich noch
in großer Geldverlegenheit war und mir selbst bei ihm etwas
ausborgen mußte. Er verdächtigte mich also, weil ich meine
Miete pünktlich zahlte, daß ich ein gesichertes Leben hatte,

und beschloß – wie ich schon erzählt habe –, auf eine ganz andere Weise mit mir eine Kasse zu machen, indem er einigen solventen Gönnern in Diskretion mitteilte, daß er mich, einen wertvollen Schriftsteller, aushalte. Das erfuhr ich aber erst nach seinem Tode, wie ich schon an anderer Stelle erzählt habe.

*

Nach seinem Tode hatte ich nicht die Nervenkraft, ihm einen Nachruf zu schreiben. Ich überließ das seinem Anhang, der schon zeit seines Lebens und nach seinem Tode auf der Sonnenseite seines Ruhms sich herumtrieb, und es mit gutem Gewinn auch heute noch tut. Als ich in Sicherheit war, bereits in den Vereinigten Staaten, beschloß ich, ihm einen guten Teil meiner Lebenserinnerungen einzuräumen. Meine Absicht war, an seinem Beispiel genau zu beschreiben, wie der Alkohol einen Künstler von dem Wert von Joseph Roth physisch, moralisch, gesellschaftlich und leider auch geistig völlig zerstört. Denn am Ende konnte Joseph Roth, der noch auf seinem Sterbebett die Feder nicht aus der Hand ließ, sein Buch *Die Kapuzinergruft* nicht mehr zu Ende schreiben ohne Rat und Hilfe eines Freundes.

*

Bis zu einem gewissen Punkt in meinen Erinnerungen versuchte ich, diese Linie zu verfolgen. Bis mich eines Tages ein Zufall von der Idee, ein erschütterndes und abschreckendes Beispiel an dem Schicksal Joseph Roths zu demonstrieren, abgebracht hat. Eine Freundin machte mich auf ein Buch aufmerksam, das gerade hier viel besprochen wurde. Es war eine neue Ausgabe von dem Buch *Under the Volcano* von Malcolm Lowry.[272] Ich begann mit dem Lesen und brachte es in der Lektüre nicht weit. Es erinnerte mich zu sehr an die

Pein, an die Widerwärtigkeiten, die rein physischen Widerwärtigkeiten eines Zusammenlebens mit einem Alkoholiker. Noch einmal die Cognacs, die Armagnacs, die Calvados zählen. Noch einmal die ewigen Geldnöte, die Demütigungen erleiden, die Gerüche ertragen – – das war mehr, als ich mir zugetraut hätte. Aber wie zu Roth selber, den ich alle paar Monate verlassen wollte und es doch nicht getan habe, so kehrte ich ein-, zweimal zu dem Buch zurück, bis ich es in einem entschlossenen Zug mit Bewunderung, mit Dankbarkeit und Erleichterung zu Ende gelesen habe. Was ich zu tun beabsichtigt hatte, hat dieser Verfasser, besser als ich es je hätte können, an seinem eigenen Leib und mit großem Talent aufs genaueste demonstriert.

※

Ein Stein fiel mir vom Herzen. Ich brauchte kein Lehrstück zu schreiben, das mir nicht liegt, das man nicht braucht. Das Ganze war meine Pein, meine Qual – und dennoch nicht meine Sache. Ich bin an Pathologie nicht interessiert. Ich hasse Literatur-Kliniken, von wem immer sie kommen mögen. Lowry hat von sich selbst erzählt – das ist jedem erlaubt. Und er hat ein gutes Werk getan. Sein Buch wird keinen Alkoholiker abschrecken. Aber dem Verfasser hat es Ruhm eingetragen, und er hat es verdient. Ihm ward gegeben, zu sagen, was er litt. Und er hat kein Lehrstück geschrieben. Ein Jahr der Tätigkeit von ›Alcoholics Anonymous‹ hat mehr Alkoholiker gerettet als die ganze Literatur, die sich mit ihnen befaßt und sich mit ihnen leider auch verziert. Ein Jahr ›Alcoholics Anonymous‹ hat auch mehr gerettet als ein Dutzend Psychoanalytiker. Ich habe sie nicht gezählt, und ich habe auch die Erfolge der ›Alcoholics Anonymous‹ nicht gezählt. Aber ich weiß, daß es so ist. Und diese Erkenntnis hat wenigstens mir genützt. Nicht nur habe ich mir die Arbeit erspart, zu der ich nicht tauge. Ich bin zu einer ganz anderen Erkenntnis gekommen, die mir meinen Freund Joseph Roth, wenigstens in der Erinnerung an die alten Tage, in einem neuen Licht erscheinen läßt.

*

Nach dem Tode Roths erzählte mir sein Freund Fingal von einem Nachruf in einer französischen Zeitung und zitierte einen Satz: »Selbst der getreueste seiner nahen Freunde, Soma Morgenstern, war nicht in seiner letzten Stunde bei ihm.«[273] Das stimmt. Man ließ mich schon am vorletzten Tag im Spital nicht zu ihm. Man ließ auch weder mich noch Fingal zu ihm in die Totenkammer ein. Wir standen draußen vor der Tür und sahen die zwei katholischen Priester, die für sein christliches Begräbnis sorgten, aus der Totenkammer kommen.

Als Doctor utriusque juris, promoviert an der Wiener Universität, bin ich auch Doktor des kanonischen Rechts. Und als solcher kann ich mit Bestimmtheit sagen, daß man Tote nicht taufen darf. Ich fragte, was die zwei Priester, zu denen man uns nicht hineinließ, mit dem Toten zu tun hatten. Da kam auch schon der Totenwagen – ein schwarzes Auto. Ich weiß nicht mehr, wer mich beim Chauffeur als den nächsten Freund des Toten rekommendierte und mir die Ehre erwies, Joseph Roth auf seinem letzten Weg im Leichenwagen zu begleiten.

Unterwegs dachte ich an Roth, aber auch an Heinrich Heine, in dessen Nähe auf dem Friedhof von Père Lachaise ein Plätzchen Joseph Roth gebührte. Ich überlegte mir auch, was Heinrich Heine sagen würde, wenn er die zwei Priester aus der Leichenkammer hätte kommen sehn. Und vielleicht, weil ich neben dem Chauffeur saß, fiel es mir ein: was immer sie dort zu tun hatten, wird auf den Nachruhm des Toten so

348

viel Wirkung haben, »wie ein Leichenkutscher auf die Unsterblichkeit der Seele«.

✳

Ich hatte die Erfahrung schon nach dem Tode Alban Bergs gemacht, daß man nach dem Verlust eines geliebten Freundes nicht so bald von ihm träumt, als man wünscht. Es vergingen Wochen, bis ich zum ersten Mal von Roth träumte. Ich ging durch einen Park. Es war Herbst und heller Tag. Da sah ich ihn. Er saß auf einer Bank und winkte mich heran. Als ich näher kam, stand er auf und ging schnell an eine fernere Bank, wo er Platz nahm und mir wieder zuwinkte. Das wiederholte sich einige Male. Schließlich, als keine Bank mehr in der Nähe war, blieb er sitzen, hielt aber beide Hände vor sein Gesicht. Ich fragte ihn, warum er das tue. »Sie haben mir mein Gesicht zerschnitten...« sagte er. Und schon war er verschwunden.

Dieser Traum wiederholt sich im Lauf der Jahre, fast immer in derselben Weise.

✳

Im Konzentrationslager in Audierne schlief ich eine Nacht an der Seite von Serge Dohrn. In dieser Nacht träumte ich auch diesen Traum, und diesmal erinnerte ich mich am Morgen an den Traum. Ich erzählte ihn meinem Freund. Darauf Serge: »Es gingen Gerüchte um, daß man Roth am letzten Tag eine Zwangsjacke anlegen mußte. Vielleicht hat man ihn verletzt...«

✳

Je mehr Jahre und Jahrzehnte vergingen, desto mehr verstärkte sich in mir die Einsicht, daß alle seine guten Freunde, die ihn in seinen letzten Jahren von seinem Dämon retten

349

wollten, gar so recht nicht hatten. Nicht der weltkluge Stefan Zweig, nicht die gute Madame Gidon, nicht die Wohltätigkeitshyäne, die geschiedene Frau Friderike Zweig, und – Roth sei es geklagt – auch nicht ich. Was wäre aus Roth geworden ohne Alkohol?, so fragte ich mich. Er hätte länger gelebt, das gewiß. Aber wäre er das geworden, was er wollte? Ich glaube es nicht.

*

Zunächst rein praktisch bedacht. Er hatte sich daran gewöhnt, in öffentlichen Lokalen zu schreiben, in welchem Lande, in welcher Stadt, in welchem Hause immer er wohnte. Wie hätte er ohne einen Trunk die Ruhe gefunden, sich auf seine Arbeit zu konzentrieren? Damit hat ja das Verhängnis begonnen. Daß ihn schon seine Physis dazu getrieben hat, wie es bei allen Alkoholikern der Fall sein dürfte (und nach meiner Ansicht ist es so), muß vorausgesetzt werden. Aber selbst die geborenen Trinker werden es nicht, wenn sie nicht aus irgendeinem Grunde sich darauf einlassen.

*

Das Schreiben in Lokalen hat er sich natürlich angewöhnt, wie er als Journalist zu schreiben begann. Aber wie schreibt man einen Roman in einem Lokal? Wenn man sich immer mehr in einem Lokal vereinsamen kann. Und das verschaffte ihm der Alkohol. Und langsam. Er fing mit kurzen Erzählungen an. Denn was man jetzt seine russischen Romane nennt, sie sind weder russisch noch Romane. Es sind mehr oder weniger mit seiner bild-schönen Sprache ausgestattete Rhapsodien – und leider manchmal auch Schnapsodien – *à la russe*.

*

Joseph Roth ist kein geborener Erzähler. Er ist ein geborener Schilderer. Und einer von der bedeutendsten Art. Seine wahren Kunstwerke sind die Feuilletons, die er für die *Frankfurter Zeitung* geschrieben hat. Hoffentlich hat man alles gesammelt und veröffentlicht, was in der *Frankfurter Zeitung* zu finden ist. Dort gibt es viele große kleine Kunstwerke, die turmhoch über allem stehn, was man dem Kleinkunst-Künstler Alfred Polgar nachrühmt.

※

»Den ersten Übermut, mich an einen Roman heranzuwagen, verschaffte mir ein guter Schnaps«, gestand er mir einmal. Diesmal in vollem Ernst, aber nicht ohne Nebengedanken, mich zum Trinken zu verführen. Denn das war sein wahrer Ehrgeiz. Wie alle Addikte (und Verheiratete) drängte es ihn dazu, andere zu verführen. Mit Nüchternen fühlte er sich gar nicht wohl. Weil er mich schon immer gern mochte, verzieh er mir sogar das Essen. Aber das Nichttrinken hat er mir nie verziehen. Auch die Gesundheit nicht. »Gesundheit! Fä!«

※

In einem nostalgischen Buch eines Emigranten las ich die Frage: »Was wäre Joseph Roth ohne Wien?« Auf diese rhetorische Frage gibt es ausnahmsweise eine Antwort. Er wäre wahrscheinlich derselbe, der er geworden ist: ein galizischer Österreicher. Denn Galizien war ein sehr österreichisches Land. Und Joseph Roth ist ein sehr österreichischer Schriftsteller. Es gibt sehr wenige, denen man das nachrühmen kann. Denn die meisten österreichischen Schriftsteller, selbst ein so wahrhaft Großer wie Peter Rosegger, sind regionale Schriftsteller. Zu den österreichischen würde ich nur wenige zählen: Franz Grillparzer, Adalbert Stifter, Hugo von Hof-

mannsthal, Robert Musil und Arthur Schnitzler, der ein zu
großer Wiener ist, um ihn nur wienerisch zu nennen.

*

Joseph Roth ist kaum 45 Jahre alt geworden. Von diesen hat
er etwa 20 Jahre in Galizien verbracht, wenn auch zwei Vor-
kriegsjahre, wie ich, als Student in Wien. Von den übrigen
lebte er vielleicht noch vier, fünf Jahre in Wien, nicht mehr.
Dann wanderte er nach Berlin aus und sein Reiseleben begann. Seßhaft war er eigentlich nur in Paris. Er hat keine
Wiener Straße mit so viel Liebe beschrieben wie eine Straße
in Paris. Sein Deutsch lernte er von Heinrich Heine. Das
Schreiben, wie er mir gestand, hat er von Proust erlernt, den
er je nach Laune einmal hoch in den Himmel lobte, um ihn
am nächsten Tag mit Gide zu vergleichen und auf beide zu
schimpfen.

*

Wäre er ein Franzose gewesen und hätte er noch ein paar
Jahre gelebt, er wäre in Paris eine Legende geworden. Er
hatte alles, was dazugehört, um die Atmosphäre zu verbreiten, in der Legenden entstehn. Dazu gehört: ein öffentliches
Leben. Ein öffentliches Tun. Ein gefahrvolles Leben zu führen. Ikonoklastische Ansichten auszustreuen, oder mindestens mit großem Pathos Drolerien zum besten zu geben.
Zum Beispiel: Einen befreundeten Schriftsteller, den er
hochschätzte, schrie er einmal an: »Was verehrst du den Tolstoi so! Deine Hand ist so kräftig wie seine Hand. Dein Herz
ist so groß wie seins. Dein Kopf ist so gut wie sein Kopf. Aber
du hast kein Sitzfleisch! Er hat einen breiten A… gehabt. Sein
A… war breiter als sein Bart. Und auf diesem seinem A… saß
er auf einer breiten Bank vor einem breiten Schreibtisch im
breiten Jasnaja Poljana, hinter ihm das breite, große Rußland

und das große, breite russische Volk. Wir aber, wir haben kein Sitzfleisch. Niemand hinter uns. Nur die Hunde, die hinter uns her sind. Wir sind ein gehetztes Wild. Alles, was wir tun, hat keinen Bestand.«

Abgesehen von alledem: ein öffentlicher Trinker hat es noch leichter als ein Heiliger, eine Legende zu werden.

*

Sein Dämon hat ihm das Leben verkürzt. Aber was hätte er noch erlebt? Er hätte noch leicht den Krieg erleben können, wenn er in bessere Spitalbehandlung gekommen wäre. Der Kriegsausbruch wäre für ihn ein Triumph gewesen. Aber bald wäre er, wie wir Österreicher alle, ins Konzentrationslager gekommen. Er hätte das keine acht Tage überlebt. Schon die Tatsache, daß sein geliebtes Frankreich uns Emigranten in ein Lager steckte, hätte seinem Leben ein Ende gemacht. In Paris.

Ingolf Schulte
Soma Morgenstern – der Autor als Überlebender

> Ist er nicht zu den Weisen zu
> zählen, die vor der Zeit
> gestorben sind? Er hat so lange
> gelebt, als er schreiben konnte.
> *Soma Morgenstern*
> *Joseph Roths Flucht und Ende*

I

Als in New York 1976 Soma Morgenstern im 86. Lebensjahr gestorben war, wurde beiderseits des Atlantiks sein Tod gerade noch gemeldet, Nachrufe gab es so gut wie keine.[274] Er war ein nahezu vergessener Autor und ist es auch heute, fast zwei Jahrzehnte danach. Soma Morgenstern, der zeitlebens in deutscher Sprache schrieb, blieb von der zuständigen Wissenschaft unentdeckt.[275] Nachzuholen also ist die Entdeckung eines schriftstellerischen Lebenswerks, das ohne Zweifel ein wesentliches Stück deutsch-jüdischer Literatur bietet, wie es andererseits ein unersetzliches Zeitdokument ist, aus dem eine sehr persönliche Stimme spricht, ein umgetriebener Zeuge dieses unglücklichen Jahrhunderts. Von seinem Œuvre ist in der Originalsprache nur weniges an die Öffentlichkeit gelangt, und dies wenige unter fatalen Umständen. Sein erster Roman war gerade bekanntgeworden, da liquidierte Goebbels den Verlag; bald nach Erscheinen eines zweiten Buchs, dreißig Jahre später, starb der deutsche Verleger;

und als ein drittes Buch auf den Markt kam, ging der Verlag in Wien zugrunde. Es kann also kaum verwundern, daß dieser Autor in Vergessenheit geriet. Die Gründe dafür sind komplex wie das Bedingungsgeflecht literarischer Wirkung heute. Sie liegen in den literarischen Optionen der Zeit nicht minder als in den ökonomischen Aspekten der Branche, in der allgemeinen Verfassung des politischen Bewußtseins nicht minder als in der Beschaffenheit der literarischen Produkte selbst. Doch letztlich entscheidend war im Falle Morgensterns wohl ein doppeltes Desinteresse, worin die kollektive Gleichgültigkeit gegen das Schicksal der Juden und der nicht-konformen Einzelnen sich in die postfaschistische Ära verlängerte: generelles Desinteresse am Los der Exilierten zum einen, an jüdischer Literatur als solcher zum andern. Das macht den Fall Morgensterns zum exemplarischen Fall. Die Indolenz gegen sein Werk entsprang der zwanghaften Geschichtsvergessenheit einer Gesellschaft, die an einen Zeitgenossen nicht erinnert werden wollte, dessen Schicksalslinie allzu offenkundig der Fieberkurve des Jahrhunderts entsprach.

2

In einem Dorf der ostgalizischen Ortsgemeinde Budzanów bei Tarnopol am Fluße Sereth kam Salomo Morgenstern am 3. Mai 1890 zur Welt. Zusammen mit zwei Brüdern und zwei Schwestern wuchs er in verschiedenen Dörfern des Strypatals auf. Die vorherrschenden Umgangssprachen im ›Königreich Galizien und Lodomerien‹, einem Kronland der österreichisch-ungarischen Doppelmonarchie, waren Polnisch und Ukrainisch. In der tiefgläubigen Familie Morgenstern sprach man jiddisch und lebte nach orthodox-jüdischer Tradition. In den tradierten Bahnen verlief auch Morgensterns frühe Erziehung: vom vollendeten dritten Lebensjahr an Unterweisung durch Hauslehrer, dann Cheder, die jüdische Elementarschule, mit Bibel- und Talmudstudium. Doch der Vater, ein gelehrter Chassid, von Beruf nacheinander Kaufmann, Gutspächter und Gutsverwalter, hatte eine besondere Leidenschaft: die deutsche Sprache. Oft, so erzählt Morgenstern, hörte er seinen Vater sagen: »Du kannst lernen was immer – wenn du Deutsch nicht kannst, bist du kein gebildeter Mensch.« Und so sorgte der Vater dafür, daß alle seine Kinder schon vor der Schulzeit Hauslehrer hatten, die auch die deutsche Sprache lehren konnten. Dann besuchte Morgenstern einige polnische und ukrainische Volksschulen. Beim Eintritt ins Tarnopoler Gymnasium sprach er Jiddisch, Hebräisch, Deutsch, Polnisch und Ukrainisch; hinzu kamen Griechisch und Latein, etwas später noch Englisch und Französisch. Den säkularen Bildungsgang allerdings: Besuch des Gymnasiums und ein Universitätsstudium, mußte Morgenstern gegen den väterlichen Widerstand erst durchsetzen. Schließlich erreichte er die Einwilligung in ein Jurastudium, und zwar mit dem Gelöbnis, wohl Richter, niemals aber Advokat zu werden. Morgenstern selbst hätte am liebsten Literaturgeschichte und Philosophie studiert, doch er hielt sein Versprechen. Als er 1912 das Jurastudium an der Wiener Universität aufnahm, war der Vater bereits tot. In den folgenden Jahren entwickelte sich die Freundschaft mit Joseph Roth, der gleichfalls nach Wien übersiedelte. Nach der Unterbrechung durch Kriegsdienst in der österreichischen Infanterie an der Ost- und Südostfront beschloß Morgenstern sein Studium in Wien 1921 mit der Promotion zum Doctor iuris et rerum politicarum, die er nie beruflich genutzt hat.

Er ging nun langgehegten literarischen Neigungen nach, legte sich den Vornamen Soma zu und schrieb zwei Theaterstücke, für die sich jedoch keine Bühne fand. In der Hoffnung, wenigstens als Theaterkritiker sein Leben verdienen zu können, siedelte er Mitte der zwanziger Jahre in die Theater- und Zeitungsstadt Berlin über, wo er zunächst Buchkritiken vor allem für Ernst Heilborns Zeitschrift *Die Literatur* und die *Vossische Zeitung* schrieb. Das trug ihm Ende 1927 eine Stelle in der Feuilletonredaktion der renommierten *Frankfurter Zeitung* ein; als einer ihrer Kulturkorrespondenten konnte er im folgenden Jahr ins geliebte Wien zurückkehren. Er erlangte die österreichische Staatsbürgerschaft. Bald darauf heiratete er Ingeborg von Klenau, eine Tochter des dänischen Komponisten Paul von Klenau und seiner Frau Annemarie, Schwester Heinrich Simons, des Herausgebers der *Fankfurter Zeitung*. Ein Sohn wurde geboren. Schon einige Jahre zuvor hatte Morgenstern in Wien Alban Berg und dessen Frau persönlich kennengelernt; die Freundschaft mit Berg sollte eine der beglückendsten Erfahrungen seines Lebens werden. Um eine Vorstellung von Morgensterns Umgang der Wiener Jahre zu geben, seien einige weitere Namen genannt. Zu seinem ältesten Freundeskreis gehörten der Komponist Karol Rathaus und einige andere Galizianer. Befreundet war Morgenstern auch mit den Dirigenten Otto Klemperer und Jascha Horenstein, dem Wiener Architekten Josef Frank, dem damals bekannten Rezitator Ludwig Hardt und mit Abraham Sonne, dem am Wiener Jüdischen Pädagogium lehrenden hebräischen Lyriker. Gut bekannt war er mit Robert Musil und dem Journalisten Karl Tschuppik, ebenso mit Eduard Steuermann, Rudolf Kolisch, Hanns Eisler und Anton Webern. Den jungen Theodor Wiesengrund-Adorno lernte er kennen, nachdem dieser 1925 nach Wien gekommen war, um bei Berg Komposition zu studieren. Und schließlich verkehrte Morgenstern in einem Freundeskreis, der sich im Wohnatelier Anna Mahlers, der

Tochter Gustav Mahlers, vis-à-vis der Wiener Staatsoper traf; zu ihm zählten der Bildhauer Fritz Wotruba, dessen Schülerin Anna Mahler war, Hermann Broch, Ernst Kfienek, Elias Canetti, während seines kurzen Wiener Exils auch Ernst Bloch, den Morgenstern seit längerem kannte, und Karola Piotrkowska. Die beiden heirateten in Wien, Morgenstern war Trauzeuge.

Im Jahre 1930, als sein Interesse am Journalismus schwand, begann er mit der Arbeit an seiner Romantrilogie, die später den Titel *Funken im Abgrund* erhalten sollte. Die Idee zu diesem Roman war beim Besuch des Wiener Kongresses der ›Agudas Jisroel‹, des Weltverbandes orthodoxer Juden, entstanden. Im Zentrum steht das Vermächtnis des »verlorenen Sohnes«, eines vom Glauben abgefallenen, aus dem ersten Weltkrieg nicht zurückgekehrten Juden, sowie die Geschichte seines Sohnes, der, in assimilierter Umgebung in Wien aufgewachsen, unter dem Eindruck eines Weltkongresses gesetzestreuer Juden sich entschließt, der Einladung seines Onkels auf dessen Gut in Ostgalizien zu folgen. Hier entdeckt er für sich den Sinn jüdischer Existenz und findet zum Glauben seines Volkes zurück: im »Abgrund« des zwiefachen Exils, des irdischen Daseins und der jüdischen Diaspora mit ihren Bedrohungen, wird er der göttlichen »Funken« gewahr. Und so widmet er schließlich das ihm vererbte Gut als landwirtschaftliche Ausbildungsstätte der Vorbereitung auf Palästina, das künftige Israel. Die Handlung spielt in ihren Hauptteilen auf einem ostgalizischen Gut, in jener ländlichen Welt Podoliens, in der Morgenstern selbst aufgewachsen ist. Über Joseph Roth sagte Morgenstern, sein Deutsch komme vom Jiddisch[276]; gilt dasselbe für Morgensterns Sprache, dann am reinsten wohl in seiner Trilogie. Dieses in Europa unbekannte Romanwerk, ein unersetzliches Stück deutsch-jüdischer Epik, durchtränkt mit der Erinnerung an die verlorene Heimat, ist ein authentisches Zeugnis der zerstörten Welt osteuropäischen Judentums. Den ersten Teil, *Der Sohn des verlorenen Sohnes*, hatte Morgenstern im Frühjahr 1934 im wesentlichen beendet, und zwar in Paris, wohin er aus Ekel und Entsetzen über die schäbigen Praktiken des Dollfuß-Regimes gegenüber den aufständischen österreichischen Sozialisten für einige Monate geflüchtet war. Dieser erste Roman konnte, durch Vermittlung Stefan Zweigs und Robert Musils, Ende 1935 noch im Berliner Verlag von Erich Reiss erscheinen, durfte aber in Nazideutschland nur an Juden verkauft werden. Bei den Lesern im deutschsprachigen Bereich, jüdischen wie nichtjüdischen, fand das Buch damals starke Resonanz und wurde als ein herausragendes Zeugnis einer neuen Blüte jüdischer Belletristik gewertet. Jedoch die politische Entwicklung, Judenverfolgung, Exil, Krieg, schnitt alle literarische Wirkung ab, ehe sie noch recht begonnen hatte. Nur wenige Tage nach diesem für Morgenstern wichtigen Datum starb sein engster Freund, Alban Berg, erst fünfzig Jahre alt. Inzwischen war Morgensterns wirtschaftliche Lage sehr schwierig geworden, da er durch die Arier-Bestimmung des NS-Schriftleitergesetzes seine Mitarbeiterstelle bei der *Frankfurter Zeitung* verloren hatte und die Tantiemen für seinen Roman nicht nach Österreich ausgeführt werden durften. Am Tage des »Anschlusses« Österreichs an Nazideutschland flüchtete Morgenstern – da sein Sohn erkrankt war, allein – ein weiteres Mal nach Paris. Der zweite Roman der Trilogie – sein endgültiger Titel ist *Idyll im Exil* – war im Manuskript so gut wie abgeschlossen.

Im Pariser Exil zog Morgenstern bald in das kleine Hôtel de la Poste im 6. Arrondissement, Rue de Tournon Nr. 18, wenige Schritte vom Jardin du Luxembourg entfernt. Hier lebte er bis zu seiner zweiten Internierung, zunächst ein gutes Jahr lang gemeinsam mit Joseph Roth, dessen Tisch im zugehörigen Café Tournon sofort ein Treffpunkt namentlich für österreichische Emigranten wurde. Morgenstern begann nun die Arbeit am dritten Roman der Trilogie, *Das Vermächtnis des verlorenen Sohnes*. Auf Drängen Thomas Manns zahlte ihm die ›American Guild for German Cultural Freedom‹, eine amerikanische Hilfsorganisation für Schriftsteller, Künstler und Wissenschaftler im Exil, eine Zeitlang ein Arbeitsstipendium von 30 Dollar im Monat, damals etwa 1200 Francs. Zugleich bemühte er sich mit Hilfe von Freunden um die nötigen Papiere für eine Emigration in die USA. Endlich wurde das Einreise-Visum bewilligt, aber da Morgenstern der Quota-Regelung für polnische Einwanderer unterlag, kündigte man ihm eine Wartezeit von »mindestens einem Jahr« an, und die verlängerte sich ständig. Seine Frau flüchtete unterdes mit dem fast neunjährigen Sohn aus Wien nach Dänemark. Im Mai 1939 starb Joseph Roth. Der Kriegsbeginn machte auch die inzwischen eingeleitete Emigration nach Israel unmöglich. Als »feindlicher Ausländer« wurde Morgenstern für einige Zeit im Lager von Montargis (Loiret) interniert. Anfang 1940 nahm der Exil-P.E.N. ihn als Mitglied auf, Roth hatte noch dafür gesprochen, auch Stefan Zweig und Hermann Kesten. Als wenig später die deutsche Invasion einsetzte, wurde er verhaftet und ins Internierungslager von Audierne (Finistère) gebracht. Im folgenden Monat gelang ihm die Flucht aus dem bereits durch deutsche Truppen übernommenen Lager, bevor die Gestapo eintraf; auf einer wochenlangen Fußwanderung schlug er sich ins unbesetzte Südfrankreich durch. Alle seine in Paris zurückgelassenen Manuskripte, Aufzeichnungen und Briefe waren bei einer Haussuchung in die Hände der Gestapo gefallen. Die verlorenen Teile des Romans rekonstruierte er in Marseille, wo er sieben Monate zubrachte, und in Casablanca, der nächsten Station auf seiner Flucht. In Marseille betrieb das von Varian Fry geleitete ›Centre Américain de Secours‹, im Auftrag des amerikanischen ›Emergency Rescue Committee‹, auch für Morgenstern die Ausreiseformalitäten, und Freunde, die inzwischen in die USA gelangt waren, unter ihnen der Wiener Architekt Laszlo Gabor, Karol Rathaus, Jascha Horenstein und Hermann Kesten, bemühten sich, seine Rettung zu beschleunigen. In Lissabon gelang es ihm schließlich, einen Platz auf dem Dampfschiff »Guiné« zu buchen, das am 1. April 1941 den Hafen verließ. Unter den Passagieren: Henry William Katz, Hans Sahl und Valeriu Marcu. Mitte April erreichte das Schiff New York.

Für mehr als fünfundzwanzig Jahre bewohnte Morgenstern nun ein Zimmer in dem unter Emigranten damals nur zu bekannten Hotel Park Plaza in New Yorks Upper West Side, in unmittelbarer Nähe des Central Park. Von Herbst 1941 bis Frühjahr 1943 lebte er in Hollywood, nach einer Autotour durch Kalifornien mit seinem Freund Conrad H. Lester, entschloß sich aber dann, nach New York zurückzukehren. In dieser Zeit beendete er die Romantrilogie, deren Teile in amerikanischer Übersetzung unter dem Gesamttitel *Sparks in the Abyss* zwischen 1946 und 1950 erschienen und ihm allgemeine Anerkennung sowie den ›Samuel H. Daroff Fiction Award‹ des Jewish Book Council of America eintrugen. Im Jahre 1946 erhielt er die amerikanische Staatsbürgerschaft, bald darauf konnte auch seine Frau mit dem Sohn in die USA übersiedeln.

Doch die Nachrichten über das ganze Ausmaß der Naziverbrechen und das traurige Ende auch der eigenen Mutter und zweier Geschwister hatten Morgenstern in eine tiefe Lebenskrise gestürzt. »Wie oft in den letzten Jahren«, so notierte er 1949 in seinem Tagebuch, »dachte ich an Selbstmord. Seit 1945 verging kaum ein Tag ohne solche Gedanken. Es ist kein Vorsatz dahinter, kein Entschluß, kein Vorhaben. Nur kann ich kein anderes Ende für mich sehen. [...] Im Grunde war es schon so in Paris. So lange also ist es schon!« Eine aus der Krise resultierende Schreibblockade überwand er erst nach Jahren, und niemals völlig. Noch 1957, in – vermutlich nicht erhaltenen – Briefen an die Schauspielerin Lotte Andor, eine langjährige Freundin und Mitarbeiterin in Amerika, klagte er über innere Widerstände gegen die deutsche Sprache: über seine »Sprachlosigkeit«. Und 1959 heißt es im Exposé eines – nicht ausgeführten – deutlich autobiographischen Romans über einen jüdischen Dramatiker aus Wien, der das KZ Dachau als Gefolterter übersteht: »By disgust with anything German even with the German language he becomes unarticulate and plans to end his frustrated life by poison. To see his brother for the last time he goes to Israel.« Morgenstern selbst konnte angesichts seiner ökonomischen Lage seinen damaligen Wunsch, nach Israel zu gehen, nicht wahrmachen. Er hatte das Land im Jahre 1950 besucht, während seines ersten, ausgedehnten Aufenthalts im Nachkriegseuropa, von dessen Provinzialität enttäuscht er nach New York zurückgekehrt war.

Seit 1948 entstand Morgensterns Nekrolog auf die Opfer der Shoah, das Buch, das er später den Epilog zu seiner Romantrilogie genannt hat, *Die Blutsäule. Zeichen und Wunder am Sereth*. Mit ihm wird der wahrlich schwierige Versuch unternommen, den SS-Mord an den jüdischen Einwohnern eines Ortes am ostgalizischen Fluß Sereth literarisch zu verarbeiten. Keiner der Prosagattungen ganz zugehörig, setzt das Buch Elemente der realen Ereignisse in Spannung zu Motiven und Stilcharakteren aus Legende und Parabel. Von Sarkasmen und satirischen Verfremdungen durchsetzt, redet der Text in einer Art ›heiliger Sprache‹, die von den Stößen der geschichtlichen Katastrophe untergründig erschüttert wird. Das Buch erschien 1955 in amerikanischer Übersetzung, fast ein Jahrzehnt danach auch in einer deutschsprachigen Ausgabe, die bald vergriffen war, und 1976 schließlich in hebräischer Übersetzung in Israel. Der bedeutende Gelehrte Abraham J. Heschel nannte es den »einzigen Midrasch über den Holocaust«. Einige Passagen daraus wurden in ein jüdisches Gebetbuch für die Hohen Feiertage aufgenommen – für Morgenstern die größte Auszeichnung.

Von nun an konzentrierte sich Morgensterns Interesse aufs Autobiographische. In diesen letzten beiden Jahrzehnten seines Lebens scheint er durchweg mehrspurig gearbeitet zu haben. Es entstand der umfangreiche Romanbericht über die Zeit des Exils nach Joseph Roths Tod, *Flucht in Frankreich.* (Dies sein Titel innerhalb der Werkedition; das abgeschlossene Typoskript ist lediglich mit dem handschriftlichen Vermerk »Frankreich« versehen.) Das facettenreiche Buch gibt sich als Roman, hat aber wenig Fiktives. Sein Erzähl-Ich, der »arische« Exilant Petrykowsky, berichtet detailliert von den Erfahrungen in verschiedenen französischen Internierungslagern, vor allem dem Lager von Audierne, einem Fischerdorf im bretonischen Finistère, und von der riskanten Flucht vor der nahenden Gestapo ins unbesetzte Südfrankreich des Vichy-Regimes. – Während dieses Buch entstand, begann Morgenstern die Kapitel über seine Freundschaft mit Alban Berg teils zu schreiben, teils zu diktieren. Später entstanden die Kapitel über die Zeit mit Joseph Roth. Am Beginn der siebziger Jahre stellte er sie schließlich zu zwei separaten Konvoluten zusammen, die er für eine eventuelle Veröffentlichung vorbereitete. Das eine, *Alban Berg und seine Idole*, soll als ein Rahmen die glücklicherweise fast vollständig erhaltene Korrespondenz der beiden Freunde umschließen, deren Veröffentlichung noch das Einverständnis der Witwe Bergs gefunden hat. Morgensterns

Erinnerungen, gruppiert um die Beziehung des Freundes zu seinen fünf »Hausgöttern«: Peter Altenberg, Gustav Mahler, Arnold Schoenberg, Adolf Loos und Karl Kraus, zeichnen ein sehr persönliches Bild dieses ungewöhnlichen Menschen, und, wie sich wohl versteht, kein Heiligenbild. Das zweite Konvolut ist *Joseph Roths Flucht und Ende.* – Im gleichen Zeitraum begann Morgenstern eine lange Reihe von Prosastücken über seine Anfänge in Ostgalizien zu diktieren, nicht selten kurze, bisweilen vignettenartige Texte, welche die Bilder seiner Kindheit und der Schulzeit auf eindringliche Weise bewahren. In ihnen haben wir – Pendant zur Romantrilogie – eines der seltenen Dokumente jüdischen Lebens in der ländlichen Welt Podoliens, von dem nichts blieb als solche Erinnerung. Die Reihe dieser Stücke bricht im Jahre 1914 ab und blieb ohne Titel. Innerhalb der geplanten Werkedition wird sie unter dem Namen *In einer anderen Zeit. Jugendjahre in Ostgalizien* erscheinen. Bis zuletzt war Morgenstern mit seinen Lebenserinnerungen befaßt, hat sie aber nicht mehr vollenden können.

Nahezu dreißig Jahre nach seiner Flucht aus Wien, 1967, bezog Morgenstern mit seiner Frau in New York wieder eine eigene Wohnung, wenige Straßen von seiner bisherigen Unterkunft entfernt. Hier entstand noch ein Roman, dem er den lapidaren Titel *Der Tod ist ein Flop* gab, eine Reaktion wohl auch auf eine Herzattacke, die der Neunundsiebzigjährige erlitten hatte. Dieser Roman über den ungarischen Emigranten Aladar Csanda in New York oszilliert eigentümlich zwischen Traum und Wachsein, zwischen dem Reich der Mythen und Phantasien und der harten Realität des zwanzigsten Jahrhunderts. Es ist ein Buch der Rechenschaft eines Überlebenden, darin alles um das Faktum des Todes kreist, um den realen Tod persönlicher wie kollektiver Art. Der alternde Schriftsteller Csanda arbeitet an einem neuen Werk, seinem

»Totenbuch«, doch eine Kette mysteriöser Ereignisse verhindert die Vollendung. Dann gelangt Csanda auf die geheimnisumwobene Insel Edenia, deren Bewohnern es darum zu tun ist, die todesbesessene und todeswütige Menschheit von ihrem Todeskult zu befreien. Auf dieser sonderbaren »Insel der Glückseligen« kommt die fragmentarische Handlung in der Betrachtung der mörderischen Aspekte des Jahrhunderts zusehends zum Stillstand, eine Entwicklung, die dem Buch Züge eines ironisch experimentierenden Essay-Romans verleiht.

Von den Werken Morgensterns, der zeitlebens in deutscher Sprache schrieb, ist nach der Befreiung vom NS-Regime im deutschen Sprachbereich außer der *Blutsäule*, von der auch eine Hörspielfassung gesendet wurde, lediglich der dritte Roman der Trilogie erschienen, zudem in einer nicht authentischen Version, nämlich gekürzt und bearbeitet, unter dem mißverständlichen Titel *Der verlorene Sohn* (1963). Die Zusage einer Gesamtausgabe der Trilogie wurde nach dem Tode des Verlegers zurückgezogen. Seit Mitte der siebziger Jahre erschienen verstreut noch ein paar kleine Arbeiten. Von der literarischen Öffentlichkeit kaum bemerkt, ist Soma Morgenstern am 17. April 1976 in New York gestorben.

3

»Du warst niemals wirklich ein Teil der Wiener literarischen Clique« – dies schrieb ihm anerkennend sein alter Freund Jascha Horenstein.[277] Die Feststellung weist auf einen bestimmenden Zug in Morgensterns Leben: von Beginn an war er exterritorial. Er war ein tiefgläubiger Mensch, ohne orthodox zu leben, er kam zum Journalismus, ohne Journalist zu werden, zur Literatur, ohne je ein ›Literat‹ zu sein. Er hat nie ›dazugehört‹. Er kannte Gott und die Welt, doch ist es, als hätten nur wenige auch ihn gekannt. Dabei war er keineswegs in sich verschlossen – die Freunde beschrieben ihn als lebhaft, einfallsreich und ungewöhnlich witzig. Und doch scheint etwas in ihm gewesen zu sein, das ihn von den Menschen abzog. Auf einsamen Bergwanderungen verbrachte er während seiner Wiener Jahre oft die Ferien. Von früh auf muß seine Naturerfahrung intensiv gewesen sein; die Romantrilogie zeugt davon. Er gehörte weder ins Dorf noch in die Stadt. Eine Tagebuch-Aufzeichnung spricht es aus: »Ich haßte die großen Städte und ich sehnte mich immer nach dem Dorf. Ich habe falsch gelebt mein Leben lang – welch ein Verhängnis! […] Ich sehnte mich nach dem Dorf – nach was sehnte ich mich im Dorf? Nach allem, was Dorf ist mit Ausnahme der Dorfmenschen. Denn ich kannte sie zu gut, die Dorfmenschen, um zu glauben, daß ich ständig mit ihnen hätte leben können. Ich haßte die Großstädte mein Leben lang? Was haßte ich an den Großstädten mein Leben lang? Den Lärm, hauptsächlich den Lärm. Aber auch das zusammengedrängte Hausen, das übertriebene Getue um die Geschäfte, die Karrieren. Aber auch das sogenannte ›kultivierte‹ Geschmuse und Gehabe des städtischen Pöbels. Also alles Städtische? Nein. Nicht alles. Nicht die Stadtmenschen, die – sind sie es wert so genannt zu werden – sogar viel wesentlicher, ja viel *natürlicher* sind als die Dörfler.«[278] Ihm fehlte in der Stadt das Dorf, im Dorf fehlten ihm die Stadtmenschen. »Ein tragischer Konflikt also«, kommentiert er seinen Fall, »und als solcher nicht lösbar.« Von den großen Städten sagte ihm weder Berlin noch Frankfurt zu, allein in Wien fühlte er sich wohl, bei allen Vorbehalten im einzelnen. Paris war ihm, in böser Zeit, kaum mehr als Zuflucht. Und an New York, die »Monsterstadt«[279], mußte er sich über Jahre hin erst gewöhnen, den Central Park nannte er ein »Gefängnis für Bäume«[280]. Immer hat ihn die Sehnsucht nach einem Leben auf dem Lande begleitet. »In Heiligen Schriften«, so bemerkte er in einem Gespräch mit Benjamin und Adorno, »spürt man immer Dorfluft.«[281]

Er suchte das unverstellte Verhältnis zu den Dingen, als dessen reinster Ausdruck ihm wohl die Musik galt; er suchte, wie in der Natur und im Glauben, so auch unter den Menschen, das Authentische. Was dagegen verstieß: leeres Gerede, Fälschung, Betrug, das quittierte er nicht selten mit sarkastischer Ironie und mit Verachtung. In sein Tagebuch schrieb er 1949 über seinen Abscheu vor dem Betrug, der mit »Glauben« und »Religion« getrieben wird: »Dieser Abscheu ist so stark, daß ich, ein Gläubiger durch und durch, auch das Wort: Religion verabscheue. Gottseidank: in der Sprache der Hebräer gibt es dieses Wort gar nicht. Bei uns heißt es: Emunah = Glauben. Das ist von höchster Wichtigkeit! Das Religionsvolk par excellence hat das Wort Religion gar nicht in seiner Sprache! Ich bin sicher: hätten wir dieses Wort gehabt, wir wären so ungläubig geworden wie die Heiden und so hypokritisch wie die Christen [...].«[282] Diese Bemerkung, wenige Jahre nach der Shoah notiert, steht in innerem Zusammenhang mit jener anderen, daß die vorgebliche Judenfrage nichts anderes sei als die Frage, ob es je gelingen werde, die Christen zum Christentum zu bekehren[283]. In Sätzen wie diesen zeigt sich die verhängnisvolle Bedeutung, die Morgenstern der Entstellung der menschlichen Dinge beimaß. So war er in den ihm wesentlichen Fragen zu keinem Kompromiß fähig. In seiner Aversion gegen manche Kollegen mag dies mitgespielt haben. Fehlte die Möglichkeit der Verständigung, ein elementares Einverständnis, so schwieg er. Dies offenbart eine Erinnerung an zwei von ihm hochgeachtete Zeitgenossen, Abraham Sonne, den er in den dreißiger Jahren in Wien fast täglich sah, und Walter Benjamin, mit dem er sich im Jahre 1940 in Paris und Marseille des öfteren traf: »Diese zwei von meinen Freunden waren es auch, mit denen ich über Literatur sprechen konnte ohne hernach Reue oder gar Scham zu empfinden. Einzig und allein diese zwei Männer verstanden von Literatur was zu verstehen ist. Seitdem ich diese Freunde nicht mehr habe, spreche ich mit keinem Menschen mehr über meine Arbeit.«[284]

Offenbar hat es in Morgensterns Leben immer wieder Phasen gegeben, da er sich abrupt von der Mitwelt zurückzog, selbst von engen Freunden, und über Wochen und Monate kein Wort von sich hören ließ. Als Alban Berg sich bei ihm darüber eines Tages beklagte und ihm besorgt dieses »Versagen« vor den Dingen des Lebens vorhielt, antwortete Morgenstern ihm aus Berlin mit einer denkwürdigen Erklärung. »Es ist bloß so, daß ich mich – schon immer – bei all der Lebensfreude, geistiger Interessiertheit, Wissensdrang, Erlebnishunger und asiatisch-jüdischer Andacht vor des Lebens Fülle, Schönheit und Zauber etc. – kurzum bei all diesen Eigenschaften, die mich meiner Umgebung noch als quietschvergnügten Draufgänger erscheinen lassen, daß ich mich im Grunde schon immer als einen recht überflüssigen Menschen empfunden habe. Das ist, verstehe mich wohl, keine Sentimentalität, nicht einmal Werturteil oder sonst ein geistiges Manko, es ist sozusagen ein Weltgefühl, wenn man schon zu großen Worten greifen soll.«[285] Und in einem Gespräch, von welchem Morgenstern im Rahmen seiner Erinnerungen an Alban Berg berichtet, erläuterte er dem Freund: »Ich weiß nicht, wie es kommt. Aber es ist so, daß ich schon seit jungen Jahren hin und wieder von der Einsicht überkommen werde, daß alles menschliche Streben nicht den Aufwand wert ist. Das ist nicht etwa ein Gefühl, und kein pessimistisches: Alles ist eitel. Es ist eine Art Kurzschluß. […]

Jeder Drang, etwas zu tun, ist ausgeschaltet. In diesem Zustand befinde ich mich immer, wenn ich im Sommer allein in den Bergen wandere. Wie du siehst, ist es also kein Zustand der Depression. Ich möchte fast sagen: im Gegenteil. Das überfällt mich auch mittendrin im Wirbel des Stadtlebens. Es ist mir einfach unmöglich, dann auch nur das geringste zu tun – das Geringste so wenig wie das Wichtigste. [...] Wenn es eine Krankheit wäre, gäbe es eine Kur. Ich bilde mir aber ein, daß jener Zustand [...] meine Gesundheit ist. Eine Gesundheit, die mich vor vielen Krankheiten bewahrt.«[286] Solch ein Zustand, solches »Weltgefühl«, kontrastiert merkwürdig zu der resoluten Entschiedenheit, mit der Morgenstern sonst den Dingen des Lebens entgegenzutreten pflegte. Seltsam zu widersprechen scheint solche – offensichtlich als Befreiung und Konzentration aufs Wesentliche erlebte – Vereinsamung auch seinem durchaus geselligen Wesen, namentlich der exzeptionellen Bedeutung, die für ihn Freundschaft besaß. Auffallend ist jedenfalls, in welch hohem Maße reserviert Morgenstern dem geschäftigen und geschäftlichen ›Betrieb‹ zeitlebens gegenüberstand. Berg redete ihm damals zu, doch etwas mehr für seine Bühnenstücke zu tun, und fragte ihn, warum er denn schreibe, wenn er das Geschriebene nicht veröffentlichen wolle. Darauf Morgenstern: »Schreiben tu ich aus demselben Grunde, aus dem du komponierst. Grob gesprochen, ich will das bißchen Leben, das mir zugemessen ist, soweit ich es schaffen kann, in anderen Dimensionen erleben, das heißt es erweitern und bereichern. Was damit in Wirklichkeit geschieht, ist mir, offen gestanden, nicht von dringender Wichtigkeit.«[287] Alle Betriebsamkeit war Morgenstern fremd. Bar jeglichen Erfolgswillens, nicht fähig noch bereit, sich in Szene zu setzen und seine Meriten ins Licht zu rücken – ein solcher Mann war kaum fürs zeitgemäße Literaturgeschäft gemacht. Auch dies ein Grund, weshalb er in Vergessenheit geriet.

4

Morgensterns Freundschaft mit Joseph Roth erstreckte sich über drei Jahrzehnte. Was hat die beiden verbunden? Anfangs, neben ihrer Neigung zur Literatur, ohne Zweifel auch die Naturnähe ihrer ostgalizischen Erinnerungen. Die Liebe der beiden Galizianer zum Wien ihrer Tage, trotz aller kritischen Aspekte, hatte damit zu tun. Bei Roth war das versteckter, doch er war es immerhin, der in einer kleinen Eloge auf das alte Wien den »ewigen Zusammenhang der Stadt mit der Natur« pries und von ihrem Steinpflaster, im Kontrast zum Asphalt, schrieb: »Es war wie ein sehr eindeutiges, sehr einfaches Symbol. Die Steine waren die Geschenke der Natur an die Stadt. [...] Niemals hörte Wien auf, Land zu sein.«[288] Morgenstern zumal fand in Wien für zwei Jahrzehnte Anklänge einer Einheit zwischen ländlich-dörflicher Welt und zivilisierter Gesellschaft – man muß wohl sagen: der Gesellschaft seiner Freunde –, jener Verbindung, nach der er sich zeitlebens sehnte.

Beide waren sie intime Kenner des intellektuellen Wien der Zwischenkriegszeit, und doch zwei ausgemachte Einzelgänger. Eine innere Verwandtschaft verband sie, bei aller Verschiedenheit in Begabung und Temperament: zum einen ihr niemals beschwichtigter Einspruch gegen das schlechte Bestehende, ein ironisches bis sarkastisches Verhältnis zu ihrer Zeit, zum andern ein emphatisches Gedenken ihrer ostgalizischen Jahre. Der erste Weltkrieg samt seinen Folgen förderte bei beiden Sympathien für die österreichische Sozialdemokratie, doch ihre Distanz wuchs angesichts der innenpolitischen Entwicklung. Bei beiden blieb es ein weithin untheoretischer Sozialismus der Erfahrung, mit merklich anarchistischen Akzenten. Die steigende Aggressivität antisemitischer Kreise, besonders im akademischen Bereich, konfrontierte die beiden Studenten der Wiener Universität schon 1913 handfest mit der sogenannten »Judenfrage« und weckte vor allem bei Roth das Bedürfnis nach Selbstklärung. Morgenstern, der als Gymnasiast in Tarnopol einer verbotenen zionistischen Gruppe angehört hatte, war weit entschiedener als der gut vier Jahre jüngere, verspielt-manirierte, Monokel tragende Roth. Ungeachtet seiner inzwischen differenzierten Auffassung des Zionismus hatte Morgenstern, wie Gershom Scholem in einem Vergleich mit Roth bekräftigt, »eine viel stärkere jüdische Bindung als dieser oder als die meisten der Schriftsteller, in deren Kreisen er in der Zeit vor Hitler verkehrte«[289]. Diese Bindung sollte zum erstenmal seit den Jugendjahren wieder sichtbaren Ausdruck finden in dem Romanwerk *Funken im Abgrund*, das am Anfang der dreißiger Jahre zu entstehen begann.

Eine gewisse Rolle in ihrer beider Beziehung hat sicherlich auch die Anstellung bei der *Frankfurter Zeitung* gespielt. Aus den Anfängen Morgensterns als Kulturkorrespondent dieses Blattes stammt jedenfalls Roths Rat an den damaligen Feuilletonleiter Benno Reifenberg, er möge seine Absicht, Roth mit Morgenstern arbeiten zu lassen, besser für sich behalten: »Sie züchten nur unnötigen Haß«[290]. Über diese Zusammenarbeit ist weiter nichts bekannt. Fast die gesamte Korrespondenz der Vorkriegszeit aus Morgensterns Besitz ist in den Wirren des Exils untergegangen, kostbare Briefe, zahlreiche von Roth darunter und die wenigen von Robert Musil, Walter Benjamin und anderen. Und auch die Briefe, die Roth von Morgenstern empfing, sind nicht erhalten – Roth war nicht eben ein ›Sammler‹. Soweit ersichtlich, scheinen die Beziehungen zwischen Morgenstern und der Feuilletonredaktion, kaum weniger als im Falle Roths, von notorischen Differenzen bestimmt gewesen zu sein, die sein journalistisches Interesse binnen wenigen Jahren merklich abkühlen ließen. Als er mit der Arbeit an seinem Roman begann, zog er es denn auch vor, seinen Korrespondentenvertrag in ein Verhältnis freier Mitarbeit umzuwandeln. Die Spannungen aber dauerten fort. Heinrich Simon, der Herausgeber, sah seinerseits die Probleme folgendermaßen begründet: »Die Schwierigkeit liegt darin, daß Sie in Ihrer Arbeit nicht Korrespondent der Frankfurter Zeitung sind, sondern der Schriftsteller Morgenstern, der in Wien lebt, er könnte ebenso gut woanders leben, und hie und da einen Beitrag liefert. Da die Beiträge sozusagen aus dem Bezirk des literarisch Produktiven stammen und sich nicht dem Dasein eines schlichten Berichterstatterbedürfnisses verdanken, gelingt ein Beitrag und der andere nicht.«[291] Der Zeitungsmann also attestierte, wohl nicht ganz grundlos, dem »Schriftsteller Morgenstern« einen Mangel an journalistischem »Bedürfnis«, der die Verwertbarkeit seiner Produkte einschränke. Drei Jahre später freilich gratulierte er Morgenstern zu seinem Roman. Später erinnert sich Morgenstern: »Ich habe, weiß Gott, die Frankfurter Zeitung nie überschätzt, auch nicht zu jener noch demokratischen Zeit in Europa, da sogar mein Freund Joseph Roth stolz darauf war, die Frankfurter Zeitung in der Welt zu repräsentieren und meine Ironie gegen diese seine Naivetät mit dem Schimpfwort: Krausianer quittierte. Und ich habe einmal dem Herausgeber der Frankfurter Zeitung Heinrich Simon meine Meinung über die ›Frankfurter Feigheit‹ (z. B. in der Judenfrage) mit einer Deutlichkeit gesagt, die er mir nie verziehen hat.«[292] Nach alledem beschloß Morgenstern zu Beginn des Exils, sich nie mehr journalistisch zu betätigen, und ein Jahrzehnt später notierte er: »Das Zeitungslesen ist im Grunde nichts als ein Laster, ein Gewohnheitslaster, wie Tabak, Alkohol, u. andere Volksseuchen.«[293]

»Ich begreife nicht, wie ein so sensibler Mensch, wie Du,

glauben kann, mein Wohlergehn hinge von einem fertigen Buch ab. Du weißt gut, von wieviel es abhängt, wichtigerem, und daß ich – überdies – von Geld abhänge.«[294] Diese gereizte Vorhaltung machte Roth dem Freund, nachdem er eine seit Jahren wiederholte Einladung auf das Gut von Morgensterns Schwiegermutter in Bayern abgesagt hatte. Roth war sicherlich der ›schwierigere‹ Mensch. Ein polemisches Naturell aber war beiden eigen, also hat es zwischen ihnen nicht an Verstimmungen und Gekränktheiten gefehlt, wie es scheint, zumeist auf seiten Morgensterns. Spuren davon finden sich in Roths Briefen an andere. Auf einem Mißverständnis Morgensterns beruhte das große Zerwürfnis des Jahres 1934 nach der vermeintlichen Entwendung des Namens »Christjampoler« für den *Tarabas*. Im Laufe der Jahre wurde der Umgang mit Roth durch seinen wachsenden Alkoholkonsum immer belastender. Auch andere haben das schmerzlich erfahren müssen, Stefan Zweig etwa, der ergebene Freund und Helfer. Hinzu kamen die Nöte des Exils, auf die Roth seit Mitte der dreißiger Jahre zusehends gereizter und mit einer Umformulierung seines Selbstbilds reagierte.[295] Die von Roth zur Schau getragene k. u. k. Offizierskonduite wie auch seine sich versteifende monarchistische Option, das goldene Bild vom Habsburger Vielvölkerreich, worin die sozialistischen Regungen von einst sich bis zur Unkenntlichkeit verkapselt hatten, dürfte Morgenstern noch eher amüsiert betrachtet haben. Sein durch und durch ziviles Wesen spricht dafür ebenso wie seine Parodie der Rothschen Gedenkrede zu des Kaisers Geburtstag 1938[296]. Etwas anders dachte er schon über Roths Affäre mit dem Katholizismus, und ganz gewiß über seine Ansicht, das liberale Judentum habe den Sozialismus und die Katastrophe für die europäische Kultur gebracht[297]. Doch spätestens im Pariser Exil, in der täglichen Gesellschaft Roths, war Morgenstern auch klar, daß unter dem Druck der politischen Entwicklung und der persönlichen Lebensumstände Roths lebenslange Selbstmystifizierung zu einem »bizarren Doppelleben« geworden war. Diese Formulierung benutzte später der litauische Talmudist Joseph Gottfarstein, dem sich Roth in seinen letzten Lebensjahren anvertraute. Roth beschwor ihn eines Tages: »Glaubst du, daß ich wirklich ein Abtrünniger bin? Glaubst du, daß ich wirklich den Kopf verloren habe? […] Verstehst du nicht, daß man die reine Wahrheit weder sprechen noch spielen kann? Man kann sie nur schweigen.« Und Gottfarstein erinnert sich: »Mir war klar, daß Roth nicht vom Judentum loskam. […] In der Gesellschaft von Ostjuden wurde sein Ton familiärer, lockerte sich, er wurde ruhiger, es war, als ob er seine eigene Heimat wiedergefunden habe.«[298] So kannte ihn auch Morgenstern und wußte sehr wohl, was von Roths katholisch-monarchistischen Ambitionen zu halten war. Mit Geduld und Trauer trug er, »der Getreueste der Getreuen«[299], die quälende Verdüsterung des sich langsam zu Tode trinkenden Freundes.

5

Wohl schon in seiner Wiener Zeit faßte Soma Morgenstern den Plan, eines Tages seine Lebensgeschichte zu schreiben. Gewiß haben auch frühe Verluste diesen Gedanken geweckt. Der jähe Tod des verehrten und geliebten Vaters durch einen Unfall. Der Tod des Lieblingsbruders in den ersten Tagen des Krieges. Die Trauer um die so plötzlich verlorene Welt seiner Kindheit, das östliche Grenzland des Habsburgerreiches, im ersten Weltkrieg mit Verwüstung überzogen, beim Friedensschluß dem wiedererstandenen Polen zugesprochen. Und die Kette setzte sich fort. Völlig unerwartet der Tod Alban

Bergs, des ihm zeitlebens nächsten Freundes. Wenig später die Flucht vor den Nazihorden, Trennung von Frau und Sohn, der Verlust seiner Stadt Wien. Dann der Tod Joseph Roths im Pariser Exil. Zwei Jahre später – wieder ist Krieg – die Flucht aus Europa, ein tristes Exilantendasein in New York. Nun die Nachrichten von dem furchtbaren Ende der Juden Europas, unter ihnen auch seine Mutter, sein Bruder, eine der beiden Schwestern, ein Neffe. – So gewiß solche Untergangserfahrungen den Gedanken geweckt und bestärkt haben werden, im erinnernden Wort das Verlorene zurückzurufen und zu bewahren, so gravierend waren die Schwierigkeiten, die sich einer Realisierung des autobiographischen Plans in den Weg stellten. Immer wieder machte Morgenstern die Erfahrung, wie unzuverlässig das Gedächtnis arbeitete: »Es versagt bei Daten und Vornamen. Aber das war schon immer meine Schwäche.«[300] Und alle seine Aufzeichnungen und Korrespondenzen hatte er verloren, zweimal auch seine Bibliothek, bei der Flucht aus Galizien im ersten Weltkrieg und 1938 bei der Flucht aus Österreich. Doch was schwerer wog: der schmerzlichen Erinnerung an all das unwiederbringlich Verlorene seines Lebens sich auszusetzen, kostete ihn große Überwindung. Aus einem Fazit, mit dem der alte Morgenstern ein Grund- und Leitmotiv seines Lebens bezeichnete, scheint glückhafte Erfüllung zu leuchten: »Was Freundschaft betrifft, habe ich in meinem Leben besonderes Glück gehabt. Ich kann ohne Übertreibung sagen, daß es der Segen meines Lebens war.«[301] Wie es aber um diese Erfüllung wirklich stand, spricht unmißverständlich eine andere Äußerung derselben Zeit aus. »Eigentlich sollte das, was ich seit Jahren schreibe, den Titel haben: Ein Leben mit Freunden. Aber leider kann ich diesen Titel nicht verwenden, weil ich zu der unglücklichen Generation gehöre, die in einer Flut von Weltgeschichte verunglückte, aus der nur einige ihr Leben gerettet haben, aber keinesfalls ohne Schaden davongekommen sind.«[302] Dieser bittere Kommentar einer Unmöglichkeit begreift das Leben Morgensterns und seiner Generation als eine Geschichte, die sich nicht erfüllt hat. Von solcher Versagung blieb auch das autobiographische Verfahren nicht unberührt. Wohl wuchs mit den Jahren die Masse des Geschriebenen – zu einer ›Lebensgeschichte‹ jedoch, zur Biographie, ließ das Erinnerte sich nicht mehr verschmelzen. »Ich mache immer wieder die Erfahrung, daß auf die Erinnerung kein sicherer Verlaß ist«, schreibt Morgenstern und fährt dann fort: »es sei denn: man unterwirft sich dem unkontrollierten Assoziationsprozeß der Gedanken. Die beste Kontrolle des Gedächtnisses ist: gar keine. Man kann die Erinnerung nicht melken. Man überlasse sie ihrem freien Fluß. Eine spätere Erinnerung wird schon dartun, daß ihr scheinbar verworrener, scheinbar zufälliger Drang einen fast immer richtig assoziierten Zusammenhang hatte.«[303] Es sollte sich jedoch zeigen, daß die Erinnerung des Überlebenden die Brüche seiner Zeit auch selber in sich trug, und kein Assoziationsfluß, ob durch Freud inspiriert oder durch Proust, konnte diese Brüche überwinden. Allzu disparat war das Erfahrene, zu sehr war dieses Leben Spielball der Gewalten, zu deutlich dieser Lebende, wie so viele seinesgleichen, nur mehr Überlebender. Daß aber sein Erzählen – entgegen dem ursprünglichen Vorsatz – sich weigert, das durch die Gewalt des Jahrhunderts Fragmentierte zur geschlossenen ›Lebensgeschichte‹ gewaltsam zu stilisieren, darin vor allem erweist sich seine Wahrheit. Fragmentarisch in doppeltem Sinne sind Morgensterns Lebenserinnerungen: sie blieben unabgeschlossen, und was von ihnen vorliegt, zeigt ein beschädigtes Leben.

Schon die Vorgeschichte des Buches über die Zeit mit Joseph Roth ist von Brüchen bestimmt. Den Anfang machte ein Manuskript, das in Paris bald nach dem Tode Roths entstanden war. Ende der vierziger Jahre, als Morgenstern sich intensiver seinen Erinnerungen zuwandte, ohne schon mit der Niederschrift zu beginnen, notierte er in sein Tagebuch: »Es ist ein Jammer, daß meine Aufzeichnungen aus der Pariser Zeit verloren gegangen sind. Ich schrieb eine Erinnerung an zwei verstorbene Freunde: Joseph Roth und Alban Berg. Es war da mehr von Alban als von Roth die Rede, aber mein Zusammenleben mit Roth in Paris war genau geschildert. Diesen Verlust, den Verlust dieser zwei Freunde, werde ich zeitlebens nicht verschmerzen. Aber auch dem Verlust meiner ›Erinnerungen an zwei Freunde‹ werde ich immer nachtrauern.«[304] Im Jahr darauf unternimmt Morgenstern seine erste Europareise nach dem Kriege. Er fährt nach Paris und wohnt in seinem alten Zimmer in demselben Hotel, das ihn zusammen mit Roth gut ein Jahrzehnt zuvor beherbergt hatte. Im Leben wohl jedes Exilanten gibt es den berühmten Koffer. Morgenstern findet einen Koffer wieder, den er im Mai 1940 bei seiner plötzlichen Verhaftung zurücklassen mußte, »wertloses Zeug meistens, alte Anzüge, einen Smoking und Frack, verdorrte Schuhe – aber dennoch welch ein Wiedersehen!!«[305] Und er findet ein Manuskript von Joseph Roth wieder, das dieser über den ersten und zweiten Roman des Freundes geschrieben hatte. Morgenstern hatte es zufällig in seine hebräisch-deutsche Bibel gelegt, und so war es der Beschlagnahme entgangen: »Bibelforscher waren sie keine, die Gestapomänner.«[306] Der Augenblick dieser Entdeckung ist im Tagebuch festgehalten. »Als ich mitten in der Nacht den Koffer auspackte, die Bücher abstaubte und in der Bibel plötzlich das Manuskript fand, das ich völlig vergessen hatte – der Aufsatz ist nie so viel ich weiß veröffentlicht worden [–], las ich mit Herzklopfen die Blätter durch und wie ich zu Ende war und mein Blick auf die eigenhändige Unterschrift fiel, hörte ich mich laut rufen ›Mein Guter…‹ Dann weinte ich eine lange Zeit in dem elenden Zimmerchen, das nur 5 Stufen trennten von dem womöglich noch mehr elenden Zimmerchen wo ich J. Roth, den todkranken schon oft zu Bett halb getragen und den armen Schwerbetrunkenen entkleidet habe. Hätte ich die Tür geöffnet und wäre J. R. der Tote eingetreten, ich hätte mich keinen Augenblick gewundert, so nah fühlte ich seine Nähe in dieser Nacht – mehr als elf Jahre nach seinem Tode.«[307] Morgenstern erwähnt dieses Manuskript noch in einem Brief von 1959, jedoch fand es sich im Nachlaß nicht. Möglicherweise ist es nach einer Überschwemmung in den Kellerräumen seines New Yorker Hotels verlorengegangen, als man einen Koffer beseitigte, ohne Morgenstern zu verständigen. Das Roth-Buch schweigt sich darüber aus.

Wenige Tage später notiert Morgenstern: »Ich habe – gestern Nachts – beschlossen den Tod J. Roths zu beschreiben – seine letzten Jahre und das Ende. Ich habe schon [seit] Jahren daran gedacht, aber ich hatte gegen einen starken Widerwillen zu kämpfen, den ich, scheint es, erst gestern Nachts überwunden habe. Ich wollte an die schmerzliche Geschichte nicht rühren. Wozu alte Wunden aufbrechen – ich hab so viel neue. Dennoch werde ich es tun. Aber wann? Und wo? Am besten hier in Paris. Am besten nach meiner Rückkehr aus Israel. Der Tod in Paris. Das wird der Titel sein.«[308] Doch Jahre sollten vergehen, ehe die Arbeit wirklich begann. Der ursprüngliche Plan erweiterte sich und umfaßte schließlich die gesamte Zeit mit Roth. Dem entsprach auch ein neuer Titel, Joseph Roths Flucht und Ende, der ersichtlich auf Roths 1927 erschienenes Buch *Flucht ohne Ende* anspielt. Dieses Buch hatte Morgenstern damals in einer Kritik zweier anderer Autoren gewissermaßen als politisch-literarische Norm postuliert: »ein Bericht, der durchaus keine Flucht aus der Zeit gibt, sondern einen klaren Vorsprung macht in die Richtung, die von der Zeit selbst einzuschlagen wäre.«[309] Später erkennt Morgenstern die Flucht als ein zentrales Motiv im Leben des Freundes. »Er war ein freiwilliger Flüchtling von Anbeginn. Vielleicht weil sein Vater einer war, war es in seinem Blut. Er flüchtete erst von seiner Familie. Der Krieg trieb ihn von seinem Studium weg, zu dem er nicht zurückkehrte. Wien verließ er, weil er hier keine Chance für sein Fortkommen sah.«[310] Roths Biograph David Bronsen hat Morgenstern um seinen Buchtitel beneidet: auch Bronsen stellt das Fluchtmotiv ins Zentrum; er nennt den Alkohol und Roths Mythomanie und meint schließlich, Roth habe »sich in die Flucht der Produktivität gestürzt« und durch sein Schreiben nach »seelischer Deckung« gesucht.[311] Ebenso zählt er das Reisen zu Roths Fluchtmitteln, und der sah den Ursprung auch dieser Obsession in seiner Kriegserfahrung, wie seine Antwort auf eine Umfrage bekundet. »Ich meldete mich freiwillig zur Reise an die Front. […] Dann kehrte ich heim und erkannte, daß ich inzwischen ein neues Heimatrecht erworben hatte: zu Hause war ich ›draußen‹, in dem großen Reich des Todes. Die Heimat war eng und arm, verworren und verwirrend – – und das Glück, nicht gefallen zu sein, das ich noch auf dem ganzen langen Rückweg empfunden hatte, verwandelte sich mit einem Schlag in das Unglück, zu Hause fremd geworden zu sein. Also begann ich wieder zu reisen […]«[312] Tatsächlich hat Roth Österreich nicht eben häufig besucht, und als wollte er diese Tatsache verständlich machen, fährt er fort: »Manchmal habe ich Heimweh. Warum soll man's nicht sagen? Ich beginne die Heimat zu lieben, weil ich sie nicht sehe. Ich fürchte mich davor, fremd in ihr zu sein, wenn ich in sie zurückkehre. Man kann nicht mehr für sie sterben – und in ihr zu leben ist schwer. Deshalb reise ich.« Nicht von ungefähr kürzt Roth die Frage der Redaktion in diesem Schlußsatz um ein wesentliches Wort. Für ihn ist Reisen ein Zwang, eben der Zwang zu flüchten. Morgenstern findet dafür die paradoxe Formulierung: »Roth trieb es zum Reisen, weil ihm das Irgendwo, ja, das Nirgendwo, lieber war als das Zuhause. [...] Dabei litt er schon immer an akuter Heimatlosigkeit. [...] Das Reisen war seine zweite Art, sich zu berauschen. So wurde ihm die Flucht zur Heimat.«[313]

Roths erste Art, sich zu berauschen, konstante Alkoholzufuhr, sollte mit ihren quälenden Folgen das bestimmende Thema des Roth-Buchs werden. Lange verfolgte Morgenstern die Absicht, »ein erschütterndes und abschreckendes Beispiel an dem Schicksal Joseph Roths zu demonstrieren«[314]. Spät erst kam er von diesem Plan ab. »Ich bin zu einer ganz anderen Erkenntnis gekommen, die mir meinen Freund Joseph Roth, wenigstens in der Erinnerung an die alten Tage, in einem neuen Licht erscheinen läßt.«[315] Die zitierte Stelle führt das nicht aus. Welche Erkenntnis war gemeint? Wahrscheinlich doch diese: »Er wäre vermutlich nur ein blendender Journalist geworden, hätten seine Räusche ihn nicht zum Künstler gemacht.«[316] In diesen Worten deutet sich ein anderes Verständnis des Fluchtmotivs an. Weil Morgenstern das literarische Schaffen selbst nicht zur Flucht aus der Wirklichkeit deklariert, vermag er den Zusammenhang von Produktivität und Flucht bei Roth zu erspüren. Soweit nicht, wie zuletzt beim Alkohol, allein physische Abhängigkeit diktierte, war für dieses schwierige Leben der Rausch in seinen diversen Formen unzweifelhaft ein Vehikel der Flucht. Roths Schreiben aber, der Grad sprachlicher Durcharbeitung, die literarische Qualität – und sie ist keineswegs auf das erzählerische Œuvre beschränkt, erreicht nicht selten in feuilletonistischen Texten eine noch höhere Reinheit, wie Morgenstern sah –, dieses Schreiben, als Fluchtphänomen aufgefaßt, bliebe schlechterdings unverständlich, mögen einzelne Selbstzeugnisse des Autors solche Sicht auch nahelegen. Über den produktiven Prozeß vermag psychologische Betrachtung kaum Wesentliches zu sagen, im Unterschied zu dessen subjektiven Voraussetzungen. Auf sie ist bezogen, was der alte Morgenstern zur Bedeutung des Alkohols für Roth schreibt: »Heute kann ich den Gedanken nicht wegweisen, daß der Alkohol im Guten und im Bösen sein Schicksal war. Auch im Guten? Ja, ich glaube jetzt, auch im Guten. Denn es gab Zeiten, wo der Alkohol ihm geholfen hat, viel Mißgeschick zu ertragen. Es gab Zeiten, wo der Alkohol um ihn eine Abdichtung geschaffen hat, hinter der er sich vereinsamen und Mut zum Fortdauern finden konnte. Und Fortdauern hieß bei ihm Fortschreiben.«[317] Nicht als ein Mittel zur Flucht, nicht als Rausch, vielmehr als ein präzises Zeugnis menschlichen Standhaltens inmitten einer mörderischen Wirklichkeit – so begreift Morgenstern das Lebenswerk Joseph Roths.

An Morgensterns Erinnerungstexten springt die Geradlinigkeit ins Auge. So verschlungen auch zuweilen die Pfade sein mögen, die die Erinnerung geht, die Darstellung schweift doch kaum jemals ab. Ihre Sprache kennt keine lauten Effekte, keine Manierismen, keinerlei Schnörkel. Weder schmückt noch ziert sie sich. Sie besitzt nicht, was irgend Eleganz genannt werden könnte. Sie hat, ganz im Gegenteil, etwas resolut Kantiges, Sprödes, ist rhythmisch mehr denn melodisch bestimmt. Diese Charakteristika hängen ohne Zweifel auch damit zusammen, daß Morgenstern seine Erinnerungstexte nicht schrieb, sondern zu diktieren pflegte; nur von wenigen Stücken finden sich in Arbeitsheften handschriftliche Entwürfe oder Vorstufen. Soweit es sich also verfolgen läßt, ist anscheinend der überwiegende Teil seiner autobiographischen Texte im Diktat entstanden, teils nach vorbereitetem Konzept, teils frei. Dies ist ihrer Sprachgestalt nicht selten anzumerken; unverkennbar sind gewisse fürs Diktieren typische Eigenheiten, etwa zuweilen sich häufende Wortwiederholungen, ungewöhnliche Wortstellungen und dergleichen, die im Typoskript des Roth-Buchs zumeist stehenblieben, obwohl Morgenstern, entweder eigenhändig oder wiederum per Diktat, den Text durchkorrigiert hat. Sein Verfahren begründete er einer Feuilletonredakteurin mit den Worten: »Ich tue das, um nicht der gefährlichen Verlockung ausgesetzt zu sein, mit Kunst ans Werk zu gehn. Mir kommt es auf Wahrheit an. Sonst hat eine Autobiographie, meiner Meinung nach, gar keinen Sinn. Es gibt vielleicht Autoren, die auch dichten, wenn sie nur diktieren. Bei mir ist das nicht der Fall.«[318] Morgensterns Formprinzip ist der unumwundene Ausdruck der Sache. Eine seiner seltenen Äußerungen über eigene ästhetische Vorstellungen vermerkt: »Ich liebe ein kräftiges und auch ein obszönes Wort, wenn es als Ausdruck natürlicherweise zum Ziel führt: ohne Zimperlichkeiten eine Sache beim Namen zu nennen, zu formulieren, zu beschreiben. Merke ich aber, daß die natürliche Ausdrucksweise ›genossen wird‹, wird sie mir zuwider. Weil sie in diesem Falle eben ordinär, gemein wird.«[319] »Natürliche Ausdrucksweise«: ob hier der alte Gedanke von der sprachlichen Natur aller Dinge – worin ja ihre natürliche Korrespondenz, und damit eine mögliche Angemessenheit menschlicher Worte, allein begründet sein kann – mitgedacht war, ist ungewiß. Doch meint jene Wendung andererseits auch nicht die plane Gleichsetzung von Schrift- mit Umgangssprache. Denn daß Morgenstern, inhaltlich wie sprachlich, die Konzentration aufs Wesentliche suchte, belegt eine andere Tagebuch-Notiz: »Ich war 36 Jahre alt, wie ich mir eines Tages darüber klar geworden bin, daß die meisten Schriftsteller, Maler, Musiker – die meisten Künstler kurzum mehr oder weniger geschmackvolles oder geschmackloses Luxus-Gebäck produzieren, Torten, Windbäckereien, Delikatessen. Und ich fand das würdelos. Ich sagte mir: entweder kannst du Brot liefern oder nicht. Kannst du kein Brot liefern, gutes, gesundes Brot, das das Herz und den Magen des Menschen erfreut, dann gib's auf. Es war das keine soziale Einsicht, wohlgemerkt. Soziale Probleme beschäftigten mich seit meinen jüngsten Jahren. Es war eine – sit venia verbo – rein aesthetische Einsicht.«[320] In dem schlichten Bild vom »guten Brot« verbirgt sich nichts Geringeres als die Forderung nach uneingeschränkter schriftstellerischer Wahrheit. Über die Entstehung seines Berg-Buchs sagt Morgenstern in einer Vorrede: »Nach dem ersten Entwurf, der mich eine lange Zeit und nicht wenig Überwindung kostete, gab ich den Plan auf, als ich mit Bestürzung sah, daß ich zwar die Wahrheit, aber nicht die ganze Wahrheit aufgeschrieben hatte. Nach längerem Nachdenken kam ich dieser Verfehlung auf den Grund: Ich hatte, ohne es mir gesagt zu haben, an eine Veröffentlichung gedacht.«[321] Doch sowenig er bei Kommentaren über ungeliebte Zeitgenossen ein Blatt vor den Mund nahm, sowenig war er bereit, einen ihm nahestehenden Menschen zu verletzen. Jahre später sah er die Kapitel über Alban Berg nochmals durch: »Wie angenehm berührt war ich da, als ich merkte, daß alles, was ich über ihn aufgeschrieben hatte, weder mich noch ihn in Verlegenheit bringen würde, wenn ich ihm auf einem andern Planeten begegnete, und wir noch beide in der Laune wären, es zu lesen. Daraufhin beschloß ich, diese Kapitel […] zu veröffentlichen.«[322] Solch humane, von der freundschaftlichen Bindung an den andern durchdrungene Auffassung des Wahrheitsgebotes spricht gleichermaßen aus den Erinnerungen an Alban Berg wie an Joseph Roth.

Es liegt nahe, daß die so motivierte Erinnerung ihr eigentliches Medium in dem hat, worin die Beziehung der Freunde am reinsten zutage trat, im Gespräch. Breiten Raum nimmt freilich die Erzählung ein, und sie verschmäht auch Anekdotisches nicht. »Das Vergnügen am Erzählen«, notierte Morgenstern, »ist ein Zeichen von verfeinertem Geschmack.«[323] Aber es scheint, daß vieles von dem, was erzählt wird, aus der Erinnerung an Gespräche emporkam, wie denn deren Wiedergabe in der Unmittelbarkeit direkter Rede zumeist intensiver als die erzählenden Teile das Vergangene vergegenwärtigen. In diesen Gesprächen ist die Erinnerung deutlicher als sonst mimetisch bestimmt, will aus der Tiefe der Zeit den Klang dessen heraufholen, was einst gedacht und gesprochen ward. Doch ist nicht zu leugnen, daß solche Mimesis ans einmal gesprochene Wort letztlich mißlingen muß: was sie zurückrufen kann, ist bestenfalls der Gegenstand eines Gesprächs, die Situation, die atmosphärische Tönung, vielleicht noch seinen ungefähren Verlauf, aber nur ausnahmsweise den Wortlaut einer Bemerkung. Und Morgenstern konnte sich, wie gesagt, auf keinerlei Aufzeichnungen stützen. So sind wohl diese Teile nicht so sehr als Protokolle der Erinnerung zu lesen, sondern vielmehr als Zwiegespräche eines Überlebenden mit einem unvergessenen Toten.

Innerhalb der Roth betreffenden Memoirenliteratur findet sich kaum etwas, das den Erinnerungen Morgensterns an die Seite zu stellen wäre. Aus der Fülle dessen, was sie über den Menschen Joseph Roth zutage fördern, treten die Kapitel über die letzte Lebenszeit des Freundes besonders hervor, darunter das Schlußkapitel über Roths letzten Spaziergang in seiner »Republik Tournon« wie auch die Erzählung des Tages, da Roth am Nachmittag zusammenbrach, nachdem ihn morgens die Nachricht vom Selbstmord Ernst Tollers erreicht hatte. Einiges in Morgensterns Darstellung weicht vom bislang Bekannten ab, so etwa sein Bericht über die Rettung von Roths literarischem Nachlaß.[324] Und nur zu verständlich ist auch, daß ihm, einem der nächsten Freunde, das Taktieren der katholischen Kreise um Roth im Zusammenhang mit dem Begräbnis mehr als zuwider sein mußte. Doch vielleicht hätte ein lebender Roth nur die verschmitzte Prophezeiung wiederholt, die er dem Freunde schon einmal gemacht hatte: »Du nimmst alles zu ernst. Darum wirst du nicht lang mehr leben. Siehst du, ich bin ein Scherben und doch bin ich dieser Zeit besser gewachsen als du. Ich bin ein Scherben und doch werde ich dich überleben.«[325]

Editorische Notiz

Dem vorliegenden Band der Soma Morgenstern-Edition liegt
das Typoskript *Joseph Roths Flucht und Ende* zugrunde, welches sich im Nachlaß des Autors in New York befindet. Das
nicht datierte Typoskript umfaßt 321 einseitig maschinen-
beschriebene Blätter und ist, ganz überwiegend handschriftlich,
durchpaginiert; dazu ein Titelblatt und ein Blatt mit einem
Verzeichnis der Kapitelfolge. Das Kapitel *März 1938* trägt die
handschriftliche Seitenzählung 230A–230N und wurde dem
Konvolut vom Autor offenkundig nachträglich eingefügt. Das
gesamte Typoskript ist handschriftlich durchkorrigiert, teils von
der Hand Morgensterns, teils von fremder Hand, wenn der
Autor seine Korrekturen diktierte (siehe dazu unten S. 427,
Anm. 318). Dem Haupttitel wurde zur Charakterisierung der
Textart vom Herausgeber der Untertitel »Erinnerungen« bei-
gestellt.

Im Nachlaß fanden sich ferner zwei abgeschlossene Typoskripte aus dem Umkreis des Roth-Buchs: *Eine Stimme aus dem
achtzehnten Jahrhundert* (7 Seiten) und *Die Gedenkrede* (5 Seiten; diese Überschrift wurde dem titellosen Stück vom Herausgeber beigefügt). Möglicherweise sind beide Stücke zu einem
sehr späten Zeitpunkt entstanden und daher von Morgenstern
nicht mehr ins Roth-Konvolut aufgenommen worden. Sie wurden vom Herausgeber dem Buch an der chronologisch ihnen
jeweils zukommenden Stelle eingefügt. – Desweiteren fand sich
im Nachlaß ein Typoskript mit dem Titel *Nachwort* (4 Seiten)
sowie ein weiteres, *Bemerkungen* überschriebenes Typoskript
(11 Seiten). Beide Stücke wurden, in der hier genannten Reihenfolge und voneinander durch drei Sterne getrennt, als *Nachwort*
dem eigentlichen Roth-Typoskript angefügt, wobei auf die ohnehin wohl provisorische Kennzeichnung »Bemerkungen« ver-

zichtet wurde. – Alle diese Typoskripte sind, wie das Roth-Konvolut selbst, undatiert und handschriftlich durchkorrigiert. Das Konvolut weist gegen Ende eine Reihe von Unstimmigkeiten und Inkonsequenzen in der Kapitelfolge und Titelgebung auf. Der Herausgeber glaubte sich berechtigt, diese offenkundigen Irrtümer zu beseitigen. Im folgenden seien diese Eingriffe dokumentiert. Um die von Morgenstern intendierte, im wesentlichen chronologische Kapitelfolge zu wahren, hat der Herausgeber das Kapitel *März 1938* etwas nach vorn gerückt; im Typoskript steht es hinter dem Kapitel *Bouillabaisse souper mit Intermezzo.* – Bei zwei Kapiteln des Typoskripts kam es zu einer irrtümlichen Vertauschung, die Morgenstern, wie die Ersetzung der Titel zeigt, nachträglich vorgenommen hat. Es handelt sich um die Kapitel *Sein letzter Pariser Frühling* (im Typoskript im Nachhinein fälschlich »Das Ende« genannt) und *Letzte Tage* (im Typoskript in »Sein letzter Pariser Frühling« umbenannt). Ihre Vertauschung wurde vom Herausgeber rückgängig gemacht und ihre ursprünglichen, im Typoskript aber gestrichenen und wie beschrieben ersetzten Titel wurden wiederhergestellt. – Und schließlich wurde, aus Erwägungen inhaltlicher Art und mit Blick auf den Haupttitel des Buches, das im Typoskript umfangreiche Kapitel *Der erste Anfall von Delirium* vom Herausgeber geteilt und die zweite Hälfte als ein selbständiges Kapitel mit dem Titel *Das Ende* versehen.

Einige Textpassagen treten im Roth-Konvolut doppelt auf, was sich zum Teil mit der Publikation einiger Kapitel erklärt, für die Morgenstern offenbar eine Textfassung eigens zusammengestellt hat. Sie wurde unter dem Titel »Joseph Roth im Gespräch« in dem von David Bronsen herausgegebenen Sammelband »Joseph Roth und die Tradion« (Darmstadt 1975, S. 39–73) veröffentlicht. Dieser – damals übrigens gekürzt abgedruckte – Beitrag umfaßt die Kapitelfolge *Herbst 1937* bis *Stefan Zweig rührt kein Schießgewehr an*, enthält aber auch – in leicht modifizierter Form – Teile aus den Kapiteln *Assimilitis* und *1928*. Die so entstandene Textfassung wurde dann vermutlich dem Roth-Konvolut einverleibt – daher die Verdoppelung bestimmter Textpassagen. In der vorliegenden Edition sind diese und einige weitere Verdoppelungen getilgt, wobei von Fall zu Fall zu entscheiden war, in welchem der betreffenden Kapitel die jeweilige Passage den ihr sachlich zukommenden Platz habe.

Auch aus dem Abschnitt *Mit Robert Musil* wurden Teile bereits veröffentlicht, und zwar unter dem Titel »Dichten, denken, berichten. Gespräche zwischen Roth und Musil. Aufgezeichnet von Soma Morgenstern« (Frankfurter Allgemeine Zeitung, 5. April 1975, Beilage ›Bilder und Zeiten‹). Mit freundlicher Genehmigung der ›Frankfurter Allgemeinen‹ wurde dieser Abdruck zugrunde gelegt, durchgesehen und mit dem Typoskript verglichen; Kürzungen wurden aufgehoben.

Eigenarten der Schreibweise und Interpunktion im Typoskript werden nach Möglichkeit gewahrt, auch wo sie gegen geltende Regeln verstoßen. Die Lektüre störende Abweichungen wurden jedoch behutsam korrigiert. Vereinzelte Anglizismen der Orthographie wurden beseitigt. Die Schreibung von Eigennamen wurde den im Deutschen heute geltenden Formen angepaßt und vereinheitlicht. Sachliche Fehler und Verschreibungen wurden in der Regel stillschweigend getilgt. Nur in einigen wenigen Fällen mußte eine leichte Korrektur in der Wortstellung vorgenommen werden, einmal die Umstellung eines Satzes, um den Sinn der betreffenden Textstellen zu wahren.

Die Anmerkungen zu Morgensterns Text stammen vom Herausgeber.

Nachweise

Spezielle Literatur, die für die Anmerkungen benutzt, dort aber in der Regel nicht angegeben wurde:

Biographisches Handbuch der deutschsprachigen Emigration nach 1933 / International biographical dictionary of central European émigrés 1933–1945, hg. vom Institut für Zeitgeschichte München und von der Research Foundation for Jewish Immigration, New York, unter der Gesamtleitung v. W. Röder und H. A. Strauss, Bd. I-III, München, New York, London, Paris 1980–1983.

Bronsen, David, *Joseph Roth. Eine Biographie*, Köln 1974.

Dahm, Volker, *Das jüdische Buch im Dritten Reich*, Bd. 1–2, Frankfurt/M. 1979–1982; 2., überarb. Aufl. 1993.

Deutschsprachige Exilliteratur seit 1933, Bd. 2: *New York*, hg. von J. M. Spalek u. J. Strelka, Bern 1989.

Ein Jahrhundert »Frankfurter Zeitung«, begründet von Leopold Sonnemann, 1856–1956. (Die Gegenwart, Sonderheft.) Frankfurt/M. 1956.

Encyclopaedia Judaica, ed. by C. Roth and G. Wigoder, Bd. 1–16, Jerusalem; New York 1971–72.

Encyclopaedia Judaica Year Book, Jerusalem.

Halbey, Hans Adolf, *Der Erich Reiss Verlag 1908–1936. Versuch eines Porträts*, in: Archiv für Geschichte des Buchwesens, Bd 21, Frankfurt/M. 1980, Sp. 1127–1256.

Joseph Roth. 1894–1939. Eine Ausstellung der Deutschen Bibliothek Frankfurt am Main. (Katalog: Brita Eckert u. Werner Berthold.) 2., verb. Aufl., Frankfurt/M. 1979.

Joseph Roth 1894–1939. Katalog einer Ausstellung, gemeinsam veranstaltet vom Bundesministerium für Auswärtige Angele-

genheiten und von der Dokumentationsstelle für neuere österreichische Literatur in Wien, zusammengestellt von Heinz Lunzer u. Victoria Lunzer-Talos. (Zirkular; Sondernummer 17.)
Wien 1989.

Jüdisches Lexikon, hg. von G. Herlitz u. B. Kirschner, Bd. 1–4,
Berlin 1927–1930.

Die Musik in Geschichte und Gegenwart, hg. von Fr. Blume, Bd.
1–17, Kassel, Basel, London, New York 1949–1986.

The New Grove Dictionary of Music and Musicians, ed. by Stan-
ley Sadie, Bd. 1–20, London 1980.

*Österreicher der Gegenwart. Lexikon schöpferischer und schaf-
fender Zeitgenossen*, Wien 1951.

Österreichisches biographisches Lexikon 1815–1950, hg. von der
Österreichischen Akademie der Wissenschaften unter der Lei-
tung von L. Santifaller, bearb. von E. Overmayer-Marnach,
Bd. 1 ff., Graz, Köln, Wien 1957 ff.

Paupié, Kurt, *Handbuch der österreichischen Pressegeschichte
1848–1959*, Bd. 1–2, Wien, Stuttgart 1960–1966.

Sternfeld, Wilhelm u. Eva Tiedemann, *Deutsche Exil-Literatur
1933–1945. Eine Bio-Bibliographie*, 2., verb. u. stark erw. Auflage, Heidelberg 1970.

Walter, Hans-Albert, *Deutsche Exilliteratur 1933–1950*, Bd. 4:
Exilpresse, Stuttgart 1978.

Danksagung

Verlag und Herausgeber danken Prof. Dan Michael Morgenstern, New York, für die großzügige Übertragung der Publikationsrechte an den Werken Soma Morgensterns und für freundschaftliche Hilfe und Rat bei der Hebung und Erschließung des literarischen Nachlasses seines Vaters.

Ihr Dank gilt auch der ›Hamburger Stiftung zur Förderung von Wissenschaft und Kultur‹ für freundliche Unterstützung der notwendigen Reisen nach New York.

Der Herausgeber dankt Ernst Wittmann, Gesine Palmer und Claus-Michael Palmer, Berlin, für anteilnehmend sachkundige Beratung in judaistischen Fragen sowie für Übersetzungen aus dem Jiddischen.

Für entgegenkommende Auskünfte, in einigen Fällen auch für vertrauensvolle Überlassung privater Korrespondenzen, dankt der Herausgeber den folgenden Personen:

Dr. Jan Robert Bloch, Kiel

Karola Bloch, Tübingen

Dr. Peter Horenstein, New York
Frida Kahn, New York

Friedel Katz, Deerfield Beach, Florida

Lotte Klemperer, Zollikon

Rainer-Joachim Siegel, Leipzig

Hans-Albert Walter, Hofheim am Taunus

Stefan Weidle, Bonn

Für freundliche Auskünfte, Hinweise oder Überlassung von Materialien geht der Dank des Herausgebers ferner an:

Dr. Peter Eppel, Dokumentationsarchiv des österreichischen Widerstandes, Wien

Dr. Eckart Früh, Arbeiterkammer Wien, Dokumentation

Dr. Heinz Lunzer, Dokumentationsstelle für neuere österr. Literatur, Wien

Österreichische Nationalbibliothek, Wien, Musiksammlung

Wiener Stadt- und Landesbibliothek, Musiksammlung

Universitätsbibliothek Wien

Archiv der Universität Wien

Verein zur Geschichte der Volkshochschulen, Wien

Wiener Stadt- und Landesarchiv

Österreichisches Staatsarchiv – Kriegsarchiv, Wien

Deutsche Schillergesellschaft/Deutsches Literaturarchiv, Marbach am Neckar

Deutsche Bibliothek/Deutsches Exilarchiv 1933–1945, Frankfurt am Main

Staatsbibliothek Preußischer Kulturbesitz, Berlin

Stadtbibliothek München, Handschriften-Abteilung

Frankfurter Allgemeine Zeitung, Frankfurt am Main

Südwestfunk, Baden-Baden

Dr. Rätus Luck, Schweizerische Landesbibliothek, Bern

Archiv des Europa Verlags, Zürich

Leo Baeck Institute, New York

State University of New York, College at Fredonia, Zweig Collection

Und nicht zuletzt gilt der Dank des Herausgebers den Damen und Herren der Universitätsbibliothek Lüneburg für die jahrelange freundliche Bemühung um teilweise schwer zu erreichende Literatur.

Anmerkungen

[1] Gymnasiasten hießen Mittelschüler, in Absetzung von Volks- und Hochschülern.

[2] Joseph Roth war im Herbst 1913 nach Wien gekommen.

[3] Dr. Emil Hofmannsthal, ursprünglich Emilio Edler von Hofmannsthal, Wiener Jurist und Publizist, hatte als zwanzigjähriger Student 1905 in Wien die ›Akademische Anti-Duell-Liga‹ gegründet, und drei Jahre darauf, nach seiner Promotion, den ›Akademischen Verständigungsverein der österreichischen Nationen‹. Während einer Versammlung der ›Anti-Duell-Liga‹ im Frühjahr 1913 geriet Hofmannsthal in scharfen Konflikt mit deutschnationalen Studenten, die sich massiv antisemitisch geäußert hatten (vgl. Harald Seewann, *Zirkel und Zionsstern. Bilder und Dokumente aus der versunkenen Welt des jüdisch-nationalen Korporationswesens*, Bd. I, Graz 1990, S. 93 f.).

[4] Im Typoskript: Paragraph um Paragraph.

[5] Der Journalist und Schriftsteller Theodor Herzl (1860–1904) wurde mit seiner Schrift *Der Judenstaat* (1896) und dem Roman *Altneuland* (1902), vor allem aber durch eine unermüdliche Vortrags- und Organisationstätigkeit zum eigentlichen Initiator der zionistischen Bewegung. Der ältere Max Nordau (1849–1923), Kulturkritiker, Journalist und Mediziner, wirkte, außerhalb seines zionistischen Engagements, durch die damals bekannten Publikationen *Die konventionellen Lügen der Kulturmenschheit* (1883) und *Paradoxe* (1885) sowie die décadence-kritische Schrift *Entartung* (1892/93).

[6] Der italienische Mediziner und Anthropologe Cesare Lombroso (1836–1909).

[7] Georg Brandes, *Die Hauptströmungen der Literatur des neunzehnten Jahrhunderts*, Jubiläums-Ausgabe, 5 Bde., Leipzig 1897.

[8] Hugo von Hofmannsthal (1874–1929) hatte seine ersten Gedichte 1890 als Gymnasiast unter dem Pseudonym Loris veröffentlicht; 1903 erschien ein Band *Ausgewählte Gedichte* unter seinem Namen.

[9] In der Tat hegte der Gymnasiast den Wunsch, Lyriker zu werden, und schon vor dem Krieg begann Roth, eine große Zahl von Gedichten zu schreiben, deren einige ab Herbst 1915 in Wiener und Prager Blättern erschienen – bis ins Jahr 1919 hinein. Später distanzierte sich Roth von diesen Anfängen. (Vgl. J. Roth, *Werke*, hg. von Klaus Westermann u. Fritz Hackert, Köln 1989 ff., Bd. I, S. 1100 ff.; im folgenden: Werke, Band- u. Seitenziffer)

[10] Brody, die Geburtsstadt Roths, war ein osteuropäisches Zentrum der Haskala, der jüdischen Aufklärung im 18. und 19. Jahrhundert.

[11] So die Aussprache des jiddischen Wortes ›wund‹.

[12] Rabbi Nachman ben Simcha aus Brazlaw (1771–1810) war unter den Zaddikim seiner Zeit ein schwärmerisch extremer Außenseiter; von aufklärerischer Weltoffenheit, theologischer Spekulation und leerer Religionsausübung gleichermaßen abgestoßen, setzte er es sich zum Ziel, den Chassidismus zu seiner ursprünglichen Schlichtheit, zum »Glauben ohne Klügelei« zurückzuführen (vgl. dazu Simon Dubnow, *Geschichte des Chassidismus*, Berlin 1931, Bd. II, S. 189 ff.).

[13] Die Zeichnung machte Mies Blomsma im November 1938.

[14] Das Exemplar befindet sich in Morgensterns Nachlaß; es handelt sich um den Roman *Zipper und sein Vater*, im Kurt Wolff Verlag 1928 erschienen und nicht Roths erste Buchveröffentlichung. Die von Morgenstern offensichtlich aus der Erinnerung zitierte Widmung von Roths Hand lautet: »Für Soma Morgenstern – im Fall einer gut placierten Besprechung mit herzlichen Grüßen. Joseph Roth.«

[15] Im Typoskript steht: Leopold Gomperz. Morgenstern dürfte aber wohl den berühmten Gräzisten und Philosophen Theodor Gomperz, von dem das genannte Werk stammt, im Sinn gehabt haben. Der jedoch war bereits Ende August 1912 gestorben. Roth kam erst im Herbst 1913 nach Wien. So war es wohl Theodor Gomperz' Sohn, der Philosoph Heinrich Gomperz (1873–1942); er lehrte seit 1904 als Privatdozent an der Wiener Universität und im selben Jahr begonnen, sein dreibändiges Werk *Die Lebensauffassung der griechischen Philosophen* zu veröffentlichen. Bei ihm hatte Morgenstern schon in seinem ersten Semester, im Winter 1912/13, philosophische Prolektionen zur Ästhetik belegt, wie seine erste ›Nationale‹ (Stammrolle) für ordentliche Hörer der juristischen Fakultät ausweist.

[16] Laut Meldezettel vom 17. September 1914 »aus Galizien zugereist«, nahm Morgenstern mit Mutter und Schwester Wohnung im II. Wiener Gemeindebezirk.

[17] Nach einem ersten Semester 1913 in Lemberg schrieb Roth sich zum Sommersemester 1914 an der Wiener Universität ein.

[18] Der 11. Zionistische Kongreß tagte vom 2. bis 9. September 1913 in Wien. Zu dieser Zeit war Roth noch nicht an der Wiener Universität eingeschrieben.

[19] Der jiddische Erzähler Scholem Alejchem (1859–1916).

[20] Unter den kommunistischen Journalisten war Egon Erwin Kisch (1885–1948) einer der unbeirrbarsten.

[21] Dr. med. Josef Löbel (1882–1940), Wiener Kurarzt, verfaßte populärwissenschaftliche Bücher und Aufsätze sowie Feuilletons. Nach dem »Anschluß« Österreichs an Nazideutschland flüchtete er mit seiner Frau 1938 nach Prag. Kurz vor der möglichen Rettung durch Freunde nahmen die beiden sich das Leben.

[22] Roth war am 28. August 1916 zur Einjährigen-Schule des 21. Feldjäger-Bataillons eingerückt.

[23] Im Typoskript: 1921. Gestrichen hat Morgenstern den Satzanfang: »Ich weiß nicht mehr genau, in welchem Jahr das war – im Jahre 1921 oder 1922 –, aber«, und setzt neu an: »Ich erinnere mich an die letzte Zusammenkunft, da wir über dieses Problem debattierten.« Tatsächlich war es aber, wie aus der folgenden Nennung seiner damaligen Wohnung erhellt, das Jahr 1920. Entsprechend wurde die Jahreszahl auch in der Kapitelüberschrift vom Herausgeber geändert.

[24] Hier wohnte Morgenstern von April 1919 bis August 1920. Roth siedelte am 1. Juni 1920 nach Berlin um.

[25] Ernest Renan, *Geschichte des Volkes Israel*, Deutsche autorisierte Ausgabe, übersetzt von E. Schaelsky, Berlin 1894, Bd. I, S. 2 f.

[26] Die Schriftstellerin und Übersetzerin Friderike Maria Zweig, geb. Burger (1882–1971), die erste Frau Stefan Zweigs (1881–1942), war ebenso wie dieser mit Roth befreundet und lebte später auch im Pariser Exil.

[27] Der aus dem ostgalizischen Tarnopol stammende Komponist Karol Rathaus (1895–1954) war einer der ältesten Freunde Morgensterns.

[28] Dies ist die – nicht ganz adäquate – Paraphrase eines Renan-Zitats, das Morgenstern in seinem Typoskript wieder gestrichen hat: »Die Geschichte des jüdischen Volkes ist eine der schönsten, und ich bedauere es nicht, mein Leben ihrem Studium geweiht zu haben […]. Könnte ich über ein zweites Leben verfügen, so würde ich es sicherlich der griechischen Geschichte widmen, die in gewissen Beziehungen noch schöner als die jüdische ist; ja, man könnte die beiden als Beherrscherinnen der Welt betrachten.« (Renan, a.a.O., Bd. I, S. 11)

[29] Renan, a.a.O., Bd. III, S. 2 f.

[30] Der Neukantianer Hermann Cohen (1842–1918) wirkte in seinen letzten Lebensjahren an der Berliner Lehranstalt für die Wissenschaft des Judentums. Eines seiner Hauptwerke ist *Die Religion der Vernunft aus den Quellen des Judentums* (postum 1919).

[31] Joseph Roth und Friederike Reichler wurden am 5. März 1922 im Pazmanitentempel von Rabbiner Dr. Funk nach orthodoxem Ritus getraut. (David Bronsen, *Joseph Roth. Eine Biographie*, Köln 1974, S. 221; im folgenden: Bronsen, *Joseph Roth*.)

[32] Schon seit Juni 1920, nachdem die Wiener Zeitung *Der Neue Tag* ihr Erscheinen eingestellt hatte, lebte Roth in Berlin. Anfang März 1922 kam er nach Wien, um zu heiraten, im September kehrte er mit seiner Frau nach Berlin zurück.

[33] Nach Berlin war Morgenstern, den Wiener Meldezetteln und erhaltenen Korrespondenzen zufolge, wohl im Herbst 1926 übergesiedelt, in der Absicht, hier bessere Möglichkeiten der Mitarbeit an Zeitungen zu finden, vor-

nehmlich als Theaterkritiker. In der *Vossischen Zeitung* erschien ab Juni 1927 eine Reihe seiner Buchrezensionen.

[34] Roth hatte im Auftrag der *Frankfurter Zeitung* die Sowjetunion von Ende August bis Dezember 1926 bereist und in einer Artikelfolge *Reise in Rußland* darüber berichtet.

[35] Nicht identifiziert.

[36] Morgenstern erreichte Casablanca am 18. Februar 1941 und verließ die Stadt gegen Ende des folgenden Monats, um sich von Lissabon aus endlich in die USA retten zu können, worum er sich seit 1938 bemüht hatte. Schließlich glückte es ihm, in Lissabon für den 1. April eine Schiffspassage nach New York zu erlangen. Doch zuvor saß er in Casablanca und wartete, wie schon in Marseille, auf das spanische Transitvisum – eine Wartezeit, die ihm in der Erinnerung doppelt lang erschien.

[37] Lasar Moissejewitsch Kaganowitsch (1893–1991), in der Revolutions- und Bürgerkriegszeit politischer Kommissar in Südrußland und in Turkestan, war später ein enger Mitarbeiter Stalins und als Mitglied des Politbüros, ZK-Sekretär und Organisator der Parteiarbeit maßgebend an der Zwangskollektivierung und den »Säuberungen« der dreißiger Jahre beteiligt. Nach Stalins Tod war er Erster stellvertretender Ministerpräsident der UdSSR und Mitglied des Parteipräsidiums, bis er, zusammen mit anderen Altstalinisten, von Chruschtschow 1957 als »Parteifeind« aller seiner Ämter enthoben und 1961 schließlich aus der Partei ausgeschlossen wurde.

[38] Der sowjetische Politiker Grigorij Sinowjew (eigentlich Hirsch Apfelbaum, 1883–1936), Mitglied des Politbüros 1923–1926 und führend in der Komintern tätig, wurde 1936 als »Trotzkist« hingerichtet.

[39] Josef Wilhelm Freiherr von Schenk (1858–1944) stammte aus Tarnopol und war 1916/17 Justizminister der Habsburger Monarchie. Sein Vater hatte im Laufe der sechziger und siebziger Jahre Gerichtspräsidentenämter in Tarnopol, Stanislau, Czernowitz und Lemberg inne.

[40] Victor Adler (1852–1918), Führer der österreichischen Sozialdemokratie.

[41] Siehe oben S. 395, Anm. 24.

[42] Alexandr Fjodorowitsch Kerenski (1881–1970) setzte als patriotischer Kriegs- und Marineminister der provisorischen bürgerlichen Regierung im Juli 1917 gegen den Willen des Volkes die nach ihm benannte letzte russische Westoffensive durch, die bald zusammenbrach.

[43] Der britische General Sir John Monash (1865–1931), als Sohn jüdischer Kolonisten in Australien geboren, war in Nordfrankreich während der letzten Kriegsmonate als Kommandeur des australischen Armeekorps erfolgreich. Er hatte die höchste militärische Stellung inne, die im Ersten Weltkrieg ein Jude erreicht hat.

[44] *Tschinownik*: historische Bezeichnung für den russischen Beamten.

[45] Fedor Mamroth (1851–1907).

[46] Roth war im Sommer 1928 in Wien; jedoch sein Text über Edmund v. Hellmers seit 1900 am Opernring stehendes Goethe-Denkmal schrieb er fast vier Jahre später und wohl nicht in Wien (vgl. J. Roth, *Briefe 1911–1939*, hg. von Hermann Kesten, Köln, Berlin 1970, S. 219; im folgenden: Briefe und Seitenangabe). Roths Feuilleton erschien am 22. März 1932 auf der ersten Seite der *Frankfurter Zeitung*, an Goethes 100. Todestag also, der zumal in Deutschland mit dem Aufwand eines ›Goethe-Jahres‹ begangen wurde. Unter mancherlei Meldungen von den diversen Feierlichkeiten druckte das Blatt zwei Tage später auch Morgensterns ironischen Kurzbericht aus Wien, in dem es heißt: »Das Goethe-Denkmal wurde zum Beginn der Feierlichkeiten sorgfältig gereinigt und geputzt, und ein Photo, darstellend diese vorfeierliche Handlung, ging durch die Blätter. Zweihundert Kinder haben im Prater Veilchen gepflückt, marschierten, Veilchensträuße in den Händen, in geschlossenem Zug über den Ring zum Denkmal und legten die Blumen auf dem Sockel des Denkmals nieder. Diesen hübschen Einfall hatten die Hüttenbesitzer des Praters.« – Ebensowenig wie der im folgenden wiedergegebene Leserbrief stand Roths Text Morgenstern in New York zur Verfügung, beides mußte er nach dem Gedächtnis wiedergeben. So ist mehrfach im Typoskript irrtümlich von dem »marmornen Goethe« die Rede, wo Roth ihn »steinern« nennt; denn das Feuilleton schildert – ein deutlicher Wink an die ihren Olympier zelebrierende Kulturnation – den Augenblick, in dem Goethe aufgehört hatte, für den jungen Roth ein lebloses Standbild zu sein, und alles darin ist auf die Schlußworte bezogen: »Ich bin kein Stein! – sagte das Genie. Ich begann zu begreifen, daß es ein Mensch war.«

[47] Den zweiten seiner *Briefe aus Deutschland* beginnt Roth, aus Frankreich kommend, mit einer Schilderung seiner Ankunft im Saarland: »Am Nachmittag fuhr ich nach Saarbrücken. Man kommt eine Stunde später an, als man sollte. Die Uhr ist vorgeschoben. Mitteleuropa hat angefangen. Es scheint auch, daß es dunkler geworden ist, mehr Abend. Vielleicht ist es keine Täuschung, und die Zeiger so vieler Uhren, Milliarden Zeiger, können die Dämmerung verdichten.« (*Bahnhof von Saarbrücken*, FZ 867, 22. Nov. 1927, Werke II, 779)

[48] Diese Leserzuschrift erschien zusammen mit Roths kurzangebundenem Kommentar in der *Frankfurter Zeitung* Nr. 903 am 5. Dez. 1927.

[49] Roths Auskunft im Wortlaut: »Sehr verehrte Redaktion, ich habe mich verrechnet, indem ich die Anzahl der Zeiger mit den überflüssigen Sorgen multiplizierte, die sich der Verfasser der Zuschrift macht. Ihr ergebener Cuneus.«

[50] Ein solcher Artikel von Roth existiert nicht. Daher ist anzunehmen, daß Erik G. Wickenburg, damals Redakteur der *Frankfurter Zeitung*, dem fraglichen Sachverhalt näherkommt, wenn er berichtet: »Joseph Roth kostete die Zeitung fast eine halbe Million Mark, weil er – aushilfsweise in der

Redaktion des Reiseblattes tätig – eine Leserzuschrift gegen das beklagenswert miserable Hotelfrühstück aufgenommen hatte, was die Hoteliers ganz Deutschlands mit einer Inseratensperre beantworteten.« (*Joseph Roth – der Barde der sterbenden Monarchie*, Die Welt, Hamburg, 4. März 1977; Hinweis des Roth-Bibliographen Rainer-Joachim Siegel.)

[51] Rudolf Geck (1868–1936) war seit 1898 Redakteur der *Frankfurter Zeitung* und leitete von 1907 bis 1924 das Feuilleton.

[52] Heinrich Simon (1880–1941), Enkel des Gründers der *Frankfurter Zeitung* Leopold Sonnemann, war seit 1919 ihr Mitinhaber und Herausgeber, seit 1914 bereits Redakteur und Leiter der täglichen Redaktionskonferenz. Er machte 1922 den damaligen Feuilletonleiter Rudolf Geck auf Roth aufmerksam, und Geck gewann Roth für die Zeitung. Nach seinem durch die Nazis erzwungenen Rücktritt 1934 emigrierte Simon nach Palästina und später in die USA, wo er Opfer eines nicht aufgeklärten Mordes wurde.

[53] Morgensterns Schwiegermutter war Annemarie von Klenau (1878–1977), die Schwester Heinrich Simons, des Herausgebers der *Frankfurter Zeitung*. Bis zur Scheidung 1926 war sie mit dem dänischen Komponisten und Kapellmeister Paul August von Klenau (1883–1946) verheiratet. Ihre Tochter Ingeborg und Morgenstern hatten im September 1928 in Wien geheiratet. Auf dem Klenauschen Gut Keilhof in Beuerberg am Simssee verbrachten die beiden bis 1933 oft ihre Ferien.

[54] *Der Goldsucher im Kuhstall*, FZ 665, 6. Sept. 1929 (nachgedruckt in: Der Wiener Tag, 11. Nov. 1931).

[55] Das Grand Hotel Dolder in Zürich.

[56] Morgenstern trat im November 1927 in die Frankfurter Feuilletonredaktion des Blattes ein, die seit 1924 von Benno Reifenberg (1892–1970) geleitet wurde.

[57] Der christlichsoziale Prälat Ignaz Seipel (1876–1932) hatte von 1926 bis 1929 zum zweitenmal das Kanzleramt inne. Damals war Ministerialrat Dr. Martin Fuchs sen. im Presseamt tätig.

[58] Zeitweise wohnte Roth mit seiner Frau auch im Hotel Imperial, wie aus Briefen dieser Zeit hervorgeht.

[59] *Hiob. Roman eines einfachen Mannes*, 1930 bei Gustav Kiepenheuer in Berlin erschienen.

[60] Über das 10. Deutsche Sängerbundfest in Wien brachte die *Frankfurter Zeitung* im Juli 1928 vier Berichte von Morgenstern, der seit Februar des Jahres Wiener Kulturkorrespondent des Blattes war, Berichte, in denen kühle Distanziertheit mit ironischer Belustigung wechselt.

[61] Anders als Morgenstern erinnert, findet sich in seinen gedruckten Berichten weder der zitierte Satz noch das erwähnte Lied. An einer Stelle heißt es von einer Darbietung der Introduktion zur Schubertschen *Hymne*: »40 000 Männer tragen eine Kantilene. Starker Bläserchor unterstützt die Sänger.

Trotzdem verhaucht das Pianissimo des Schlusses…« (*Das 10. Deutsche Sängerfest. Epilog*, FZ 560, 28. Juli. 1928)

[62] Ein elfseitiges Manuskript mit dem Titel *Der Zaungast der Pressetribüne* ist im Nachlaß erhalten.

[63] Kurt S. Lachmann, 1899 in Berlin geboren, war nach 1922 politischer Auslandskorrespondent der *Frankfurter Zeitung* in Brüssel, Wien, auf dem Balkan, schließlich für einige Monate in London, bis er Ende 1933 aus politischen Gründen beschloß, seine Stellung aufzugeben und im Exil zu bleiben.

[64] Morgensterns dritter Bericht schließt mit den Worten: »Auch die Zuhörer sind nur zum geringen Teil Wiener. Es sind Festgäste. Die Begrüßung gestaltet sich zur Anschlußkundgebung. […] Die Begrüßungen – es sprachen viele Herren – machten ausnahmslos den Anschlußgedanken zum kernigen Punkt ihrer Ansprachen. Alle Redner wurden mit Heil-Rufen empfangen, mit Heil-Rufen bedankt. […] Wie sich nach einer Ansprache alle Festgäste erhoben und fast 50 000 Menschen das ›Deutschlandlied‹ sangen, wurde die Phrase: Erhebende Kundgebung in verblüffender Weise zur schlichten Wahrheit.« (FZ 545, 23. Juli. 1928)

[65] Emil Ludwig (1881–1948), Autor biographischer Schriften.

[66] Schon Anfang des Jahrhunderts war der österreichische Journalist Hugo Schulz (1870–1933) Redakteur der sozialdemokratischen *Arbeiter-Zeitung* in Wien. Im ersten Weltkrieg betätigte er sich als Kriegsberichterstatter dieses Blattes und der gesamten sozialdemokratischen Presse Deutschlands. 1918–1923 war er Presseattaché der Österreichischen Gesandtschaft in Berlin (vgl. Hermann Clemens Kosel (Hg.), *Deutsch-österreichisches Künstler- und Schriftsteller-Lexikon*, Bd. I, Wien 1902, S. 457; Kurt Paupié, *Handbuch der österreichischen Pressegeschichte*, Bd. II, Wien, Stuttgart 1966, S. 171 u. 135).

[67] Die Rede ist von den *Vies de Haydn, de Mozart et de Métastase*, die Stendhal 1815 in Paris unter dem Pseudonym Louis-Alexandre-César Bombet veröffentlicht hat. Darin hatte er eine Reihe von Texten zeitgenössischer Autoren ohne Namensnennung übernommen, so aus Giuseppe Carpanis Buch *Le Haydine, ovvero Lettere sulla vita e le opere del celebre maestro Giuseppe Haydn* (Mailand 1812) – fragwürdiges Verfahren einer Textmontage, auf das Carpani denn auch mit Empörung reagierte. (Vgl. Michael Nerlich, *Stendhal*, Reinbek 1993, S. 58 f.) Diese erste Buchveröffentlichung Stendhals hat Romain Rolland 1913 in seiner Studie *Stendhal et la musique* untersucht.

[68] Irma Simon, Tochter des Barons Josef von Schey (1853–1938), Professor der Rechtswissenschaft an der Wiener Universität.

[69] *Pejes*, die Schläfenlocken der orthodoxen Juden.

[70] Nach der etwa hundert Jahre später gedruckten Legende wurde der Graf

Valentin Potocki um 1746 auf dem Wilnaer Marktplatz als Ketzer auf dem Scheiterhaufen verbrannt, nachdem er trotz Folter dem Judentum treu geblieben war.

[71] Kürschners Deutscher Literatur-Kalender folgt der Mystifizierung, die Roth, nicht nur mit seinem Geburtsort, betrieben hat. Alle Einträge – der erste 1925 – nennen bis zuletzt Schwabendorf, wenn auch ohne Angabe eines Landes; noch der 1973 erschienene Nekrolog-Band macht nur den Zusatz: »b. Brody/Wolhynien«.

[72] Der österreichische Schauspieler Max Pallenberg (1877–1934).

[73] Morgensterns Trilogie *Funken im Abgrund.*

[74] Roths Roman *Hiob* war 1930 erschienen.

[75] Adele Sandrock (1864–1937) war am Wiener Burgtheater in den Jahren 1896–1898; zu dieser Zeit war allerdings Hugo Thimig (1854–1944) dort noch nicht Direktor.

[76] Die oratorische Oper *Oedipus Rex*, zwischen 1925 und 1927 entstanden, basiert auf einem von Jean Cocteau nach der sophokleischen Tragödie verfaßten Libretto, das gemäß den musikalischen Intentionen Strawinskys zu großen Teilen in ein klassisches Latein übertragen wurde (von dem mit Cocteau befreundeten katholischen Geistlichen J. Daniélou).

[77] S. Morgenstern, *Igor Strawinskijs Opernlatein. Zur Uraufführung des* »Oedipus rex« *in der Wiener Staatsoper,* FZ 206, 16. März 1928.

[78] Hermann Springer urteilte über das in Berlin von Otto Klemperer aufgeführte Werk: »Strengste Objektivität ist das einzige Gestaltungsprinzip: letzter Schritt zu einem konsequenten Archaismus. [...] Das stoffliche Spannungsmoment ist künstlich ausgeschaltet. Daß sich trotz allem, trotz der Kühle verstandesmäßiger Konstruktion die Spannung von innen heraus, durch die strenge Kraft des Kunstwerks einstellt, ist mehr als eine Merkwürdigkeit: ist das Wunder eines wider Willen wirkenden, unbewußten Zeugens und Bildens. Sparsamkeit, Konzentration ist bis zum letzten durchgeführt. Die Musik empfängt Rhythmus und Tonfall aus dem Metrum der Worte: fremdartig, scharf, schneidend. Aus dem Äußeren der Diktion wächst der Affekt heraus. [...] aus dem tragischen Geschehen, das mit allersparsamsten Mitteln bühnenmäßig sichtbar gemacht wird, steigt ein künstlerischer Inhalt von starker, geschlossener und oft erschütternder Ausdruckskraft. Unheimliches, Ungeheures tritt greifbar nahe [...] Stoff und künstlerische Formung wird eins.« (FZ 159, 28. Februar 1928) – Morgenstern hingegen stellt nüchtern fest, daß für Strawinsky »der antike Stoff, die lateinische Sprache und die festen Formen der alten Musik offenbar die jedem Sentiment feindliche Sachlichkeit seines altneuen Stils garantieren« sollen. Er gewahrt an dieser Musik »den zwingenden Ausdruck eines mit allen Stilessenzen entnaturalisierten Formwillens«: »Blendende Askese, die den Eindruck nicht verfehlt. Auf die Substanz hin abgehorcht, ergibt freilich

auch das schöne Tongebilde so etwas wie ein irritierendes Gespenst einer
alten Form in einer neuen Sackgasse.« Und er scheut sich nicht, die »strenge
Heuchelei dieser raffinierten Primitivität« anzumerken. »Von Strawinskij
selbst hört man stellenweise, wenn er sein Stilmausoleum sprengt, einen
großen echten russischen Ton [...] ein russisch-rhythmisches Erbeben vor
der eigenen, ausgemachten Frostigkeit [...].« Und so sieht Morgenstern in
der »geistigen Wüste, die hier Musik von Text, Text von Leben, dieses von
Stil, das Ganze von Zeit und Gegenwart trennt«, wenig mehr als eine Sache
für den Snob, der davon sich eine »neue Gotik« verspreche.

[79] Die Wiener Musikschriftstellerin Elsa Bienenfeld, 1877 geboren, hatte bei
Guido Adler Musikwissenschaft, bei Arnold Schoenberg Musiktheorie studiert und war als Kritikerin vor allem für das *Neue Wiener Journal* tätig.
Außerdem hat sie aus verschiedenen Sprachen Bühnenstücke übersetzt. Sie
endete in einem deutschen Konzentrationslager, vermutlich 1942.

[80] Gedruckt wurde unter dem Obertitel *Die Mailänder Scala* eine Kritik der
Berliner *Falstaff*-Aufführung Toscaninis von Karl Holl zusammen mit einem *Bericht vom vorangegangenen Gastspiel in Wien* von Morgenstern.
Darin beschreibt dieser den Empfang Toscaninis am Wiener Südbahnhof
und eine Verständigungsprobe zur Wiener *Falstaff*-Aufführung (FZ 380, 24.
Mai 1929). Hingegen ein *Don Giovanni*-Artikel von Morgenstern findet
sich in der *Frankfurter Zeitung* nicht, ist auch im Nachlaß nicht erhalten,
ebensowenig eine Besprechung der erwähnten Donizetti-Aufführung.
Wohl aber existiert eine *Falstaff*-Kritik, ein vierseitiges Manuskript mit dem
Datum des 20. Mai. Aus diesem nicht gedruckten Manuskript übernahm
Morgenstern ein Jahr später eine Passage in sein Feuilleton *Toscanini kon-
zertiert* (FZ 385, 24. Mai 1930).

[81] Von Holl erschienen damals nicht weniger als neun Beiträge zum Berliner
Gastspiel der Mailänder Scala. Karl Holl (1892–1975) war seit 1918 Mitarbeiter, ab 1922 Musikredakteur der *Frankfurter Zeitung* bis zu ihrem Ende
1943.

[82] Der Essayist und Romancier Bernard von Brentano (1901–1964) war,
dank Joseph Roths Vermittlung, von 1925 bis 1930 Berliner Feuilletonkorrespondent der *Frankfurter Zeitung*.

[83] Roth schrieb ab August 1929, ein knappes Jahr lang, für das rechtsste-
hende bayerische Blatt, von dem er noch 1925 gesagt hatte: »In einem Land,
in dem Zeitungen von der Qualität und der Gesinnung der ›Münchner
Neuesten Nachrichten‹ erscheinen, kann es Schriftstellern von Qualität und
Gesinnung nicht gut ergehn« (Werke II, 320). Benno Reifenberg, der als
Nachfolger Rudolf Gecks seit 1924 die Feuilletonredaktion der *Frankfurter
Zeitung* leitete, war es nicht gelungen, Roth von diesem damals aufsehener-
regenden Wechsel abzuhalten.

[84] Morgenstern hatte Theodor Wiesengrund-Adorno im Frühjahr 1925

kennengelernt, als dieser nach Wien gekommen war, um bei Alban Berg Komposition zu studieren.

[85] Ernst Bloch lebte von Herbst 1934 bis Sommer 1935 im Wiener Exil.

[86] In ähnlichem Sinne hat sich Musil in einem Brief vom 24. März 1931 an den Verleger Gustav Kiepenheuer geäußert: »Daß ich Roths Hiob mit Interesse lesen werde, war voraus zu sehen; ich habe Roths Begabungen von den ersten Erscheinungen an geschätzt und bin in seinem neuen Buch [...] überdies von der Bereicherung seiner Skala um warme Töne geradezu überrascht worden, so z. B. in der außerordentlichen Szene, wo Hiob im Kornfeld seine Tochter belauscht.« (R. Musil, *Briefe 1901–1942*, hg. von Adolf Frisé, Reinbek 1981, S. 507)

[87] Gemeint ist *Der Neue Tag*, die aus der pazifistischen Zeitschrift *Der Friede* hervorgegangene Wiener Tageszeitung. Alfred Polgar leitete 1919/20 deren Literaturteil, Roth war einer der Mitarbeiter. Musil aber – im ersten Weltkrieg Landessturmhauptmann (daher Roths Anrede) und Herausgeber einer Tiroler Soldatenzeitung – war zu dieser Zeit noch im Pressedienst des österreichischen Ministeriums für Äußeres in Wien tätig; im *Neuen Tag* hat er nur einmal veröffentlicht. Theaterkritiker wurde er bei der *Prager Presse*, und zwar 1921.

[88] Im Exil gedachte Roth dieser Zeit in einem Dankeswort an Polgar: »Die sprachliche Behutsamkeit habe ich von ihm gelernt. Ich gestehe, daß ich versucht habe, sie ihm abzulauschen; daß ich versucht habe, den Geheimnissen der deutschen Sprache nachzuspüren, so, wie er unter wenigen es kann, dank seiner Gnade, zu hören und zu fühlen. Dankbar war ich ihm noch *vor* dieser Zeit, damals also, als man noch hätte hoffen können, daß das zarte und starke Instrument der deutschen Sprache nicht degradiert werden könnte zum reichsdeutschen Lautsprecher: Heute aber, da dem so ist, wird meine Dankbarkeit gegen Alfred Polgar noch größer. Seine Zartheit ist siegreich gegen den Lautsprecher. [...] Ich danke ihm von Herzen: für alles, was er für die deutsche Sprache getan – für alles, was er mich gelehrt hat.« (*Dank an Alfred Polgar*, in: National-Zeitung, Basel, 17. Okt. 1935, Werke III, 684)

[89] Wiederum täuscht die Erinnerung Morgenstern: Polgar wurde 1922 Theaterkritiker der Wiener Zeitung *Der Tag*, erst im Jahr darauf aber begann auch Musil hier zu veröffentlichen.

[90] Im Wortlaut: »Es handelt sich nicht mehr darum zu ›dichten‹. Das Wichtigste ist das Beobachtete.« (J. Roth, *Die Flucht ohne Ende. Ein Bericht*, München 1927, Werke IV, 391)

[91] Der erste Band von Musils Roman *Der Mann ohne Eigenschaften* erschien 1930.

[92] Tatsächlich hatte Roth 1929/30, zur Zeit dieses Gesprächs, schon begonnen, von seiner früheren, freilich niemals im eindeutigen Sinne etwa einer »Neuen Sachlichkeit« vertretenen Auffassung abzurücken, was auch seine

Betonung des literarischen »Wie« anzeigt. Ende 1929 schreibt er: »Innerhalb der Literatur ist ein ›Stück Leben‹ nur dann etwas wert, wenn es eine gültige Form gefunden hat. Ein ungeformtes ›Stück Leben‹ ist nicht mehr als ein Roman, sondern weniger, es ist gar nichts, es *kommt überhaupt nicht in Betracht*.« (*Das Privatleben*, in: Die Literarische Welt, 6. Dez. 1929, Werke III, 143, Hervorhebung von Roth; vgl. auch: *Es lebe der Dichter!*, FZ 240, 31. März 1929, und: *Schluß mit der »Neuen Sachlichkeit«!*, in: Die Literarische Welt, 17. u. 24. Jan. 1930, Werke III, 44 ff. u. 153 ff.)

[93] Georg Lukács, *Die Theorie des Romans. Ein geschichtsphilosophischer Versuch über die Formen der großen Epik*, Berlin 1920.

[94] Roths Roman kam 1932 heraus.

[95] Aus finanziellen Gründen war Musil mit seiner Frau im Spätsommer 1931 nach Berlin übergesiedelt. Nach dem Machtantritt der Hitlerpartei zogen sie es aber vor, das Land zu verlassen, zuletzt, so Musil in einem Brief, »einfach festgehalten von dem Zustand Deutschlands, der sich jeden Tag neu überschlug, während ich immer mehr erstarrte« (An Ziebolz, 11. Juni 1933, *Briefe 1901–1942*, a.a.O., S. 573). In Wien trafen Musils, nach einem Zwischenaufenthalt in Böhmen, Anfang Juli 1933 ein.

[96] Victor Hugo, *Histoire d'un crime*. Œuvres complètes, Bd. 37 u. 38, Paris: Ollendorf, 1907.

[97] J. Roth, *Das Denkmal*, FZ 855, 15. November 1930 (Werke III, 255 ff.).

[98] *Briefe Kaiser Franz Josephs an Frau Katharina Schratt*. Hg. von Jean de Bourgoing. Wien 1949. Katharina Schratt (1855–1940), Schauspielerin am Wiener Burgtheater, war die Geliebte des Kaisers.

[99] Die beiden befreundeten Architekten August Siccard von Siccardsburg (1813–1868) und Eduard van der Nüll (1812–1868) führten von 1861 an den Bau der Wiener Hofoper aus. Spott und Kritik, von vielen Seiten gegen ihren romantisch-historisierenden Monumentalstil vorgebracht, trieben schließlich van der Nüll zum Selbstmord, Siccardsburg in den Wahnsinn. Erst nach dem Tod der beiden Architekten wurde ihr Opernhaus 1869 eröffnet.

[100] Die Korrespondenz Stefan Zweigs mit Richard Strauss ist nicht lückenlos erhalten. In den veröffentlichten Briefen von Strauss findet sich ein Satz des genannten Inhalts nicht. Dieses Komponisten Geistesart macht aber die von Morgenstern erinnerte Bemerkung nicht eben unwahrscheinlich. Sein Glaube an die hohe Bedeutung des schaffenden Künstlers und seines Werks war so bedingungslos wie das Lavieren des vom Propagandaminister Goebbels zum Präsidenten der Reichsmusikkammer Gemachten politisch naiv. Nachdem ein Strauss-Brief an Zweig von der Gestapo abgefangen worden war, notierte der Minister über Strauss am 5. Juli 1935 in sein Tagebuch: »Diese Künstler sind doch politisch charakterlos. Von Goethe bis Strauß. Weg damit!« (*Die Tagebücher von Joseph Goebbels*, hg. von Elke Fröhlich, München, New York, London, Paris 1987, Bd. 2, S. 490) Strauss seinerseits

hatte noch am 26. Februar 1935 seinem Librettisten Zweig versichert: »Ich gebe Sie nicht auf, weil wir jetzt gerade eine antisemitische Regierung haben [...] Fragen, die sich in 2 bis 3 Jahren selbst erledigt haben [...].« Und in einer Aufzeichnung vom Juli 1935 schrieb er: »Aber es ist eine traurige Zeit, in der ein Künstler meines Ranges ein Bübchen von Minister um Erlaubnis fragen muß, was er componieren und aufführen lassen darf. Ich gehöre halt auch zur Nation der ›Bedienten und Kellner‹ und beneide beinahe meinen rasseverfolgten Stefan Zweig, der sich nun definitiv weigert, offen und geheim für mich zu arbeiten, da er im dritten Reich keine ›Spezialduldung‹ beansprucht. Ich verstehe zwar dieses jüdische Solidaritätsgefühl nicht und bedauere, daß der ›Künstler‹ Zweig sich nicht über ›politische Moden‹ erheben kann. Wenn wir selbst die Freiheit des Künstlers nicht in uns wahren, kann man sie auch nicht von Wirtshausrednern verlangen.« (R. Strauss/St. Zweig, *Briefwechsel*, hg. von Willi Schuh, Frankfurt/M. 1957, S. 158 f.)

[101] »Herrenreiter Binding, ein Papen der Literatur«, so Klaus Mann in seiner Antwort auf ein »Gelöbnis treuester Gefolgschaft«, das 88 deutsche Autoren für Hitler am 26. Oktober 1933 in der Presse des Reiches veröffentlicht hatten (*88 am Pranger*, in: Das Neue Tage-Buch, Jg. 1, Nr. 19, 4. November 1933, S. 437). Binding (1867–1938) war damals Zweiter Vorsitzender der Sektion für Dichtkunst der Preußischen Akademie der Künste. Seine Mitunterzeichnung des »Gelöbnisses« jedoch leugnete er und verlangte, daß seine Entgegnung in der von Klaus Mann herausgegebenen Exilzeitschrift *Die Sammlung* veröffentlicht werde (vgl. *In einem anderen Land*, in: Die Sammlung, Jg. 1, Nr. 4, Dezember 1933, S. 216 f.).

[102] Heinrich Hauser (1901–1955) fuhr zur See, war dann Journalist und veröffentlichte seit den späten zwanziger Jahren realistische Seeromane sowie Reise- und Erlebnisberichte. 1926 war er zur *Frankfurter Zeitung* gekommen.

[103] Siegfried Kracauer (1889–1966) hatte 1920 erstmals in der *Frankfurter Zeitung* publiziert und gehörte seit August 1921 der Frankfurter Redaktion an.

[104] J. Roth, »*Das zweite Schatzkästlein*«, FZ 876, 24. Nov. 1930 (Werke III, 265 ff.).

[105] Ernst Rüdiger Fürst Starhemberg (1899–1956), eine Hauptfigur der österreichischen Heimwehrbewegung wie etwas später der austrofaschistischen Diktatur, war im Jahre 1930 Innenminister. Zu dieser Zeit mokierte sich Morgenstern mit seinem Feuilletonbeitrag *Wenn die Polizei die Wahrheit holt* (FZ 824, 4. Nov. 1930) über die Politik der notorischen Zeitungsbeschlagnahmen in den Kaffeehäusern der »›diktaturähnlichen‹ Kulturstadt« Wien. Gegen Ende heißt es in diesem Artikel: »Beispielsweise hatte ich mein eigen Herz immer im Verdacht, es schlüge eigentlich nicht für die Polizei. [...] seitdem der Starhemberg täglich die Polizei besteigt – hab ich ein gesundes Herz für die Wiener Polizei!«

[106] Die 1926 in Wien erschienene Sammlung von Schriften Schoenbergs.

[107] Morgenstern wohnte mit Frau und Sohn seit November 1932 bis zur Flucht in der Belvederegasse im IV. Wiener Bezirk.

[108] Monty Jacobs (1875–1945), der Philologie, Literatur- und Kunstgeschichte studiert hatte, kam 1914 als Theaterkritiker zur *Vossischen Zeitung* und leitete dort von 1921 bis 1933 das Feuilleton.

[109] *Der Mythos vom Maulhelden Schwejk*, Vossische Zeitung, 15. Juli 1927, Unterhaltungsblatt. Morgensterns erste Veröffentlichung in der *Vossischen Zeitung* erschien am 5. Juni 1927 und war eine Besprechung des Romans *Der Engel vom westlichen Fenster*, den Gustav Meyrinks im selben Jahr veröffentlicht hatte.

[110] *Franz Kafka zum Gedächtnis. Vortragsabend Ludwig Hardts in Wien*, Berliner Tageblatt, 1. Juli 1924. Es war Morgensterns erste Veröffentlichung überhaupt. Mit dem damals sehr bekannten Rezitator Ludwig Hardt (1886–1947) war er befreundet.

[111] Der Wiener Feuilletonist, Essayist und Satiriker Anton Kuh (1891–1941). Es erschienen mehr als drei Nachrufe; gezählt wurden 21 Nachrufe und Würdigungen, die fast ausschließlich aus Kafkas Freundeskreis kamen (vgl. *Franz Kafka. Kritik und Rezeption 1924–1938*, hg. von Jürgen Born. Frankfurt/ Main 1983, S. 15).

[112] Zwar findet sich bei der Todesmeldung, auf der Titelseite der *Vossischen Zeitung* vom 22. Oktober 1931, kein solcher Hinweis, und der Nachruf auf Schnitzler, verfaßt von Monty Jacobs, erschien auf der zweiten und dritten Seite. Doch tags darauf stand der Wiener Bericht *Die Beisetzung* tatsächlich im Unterhaltungsblatt. Und nicht selten waren im Unterhaltungsblatt auch Todesmeldungen und Nachrufe zu lesen.

[113] Im Typoskript ist an dieser Stelle und im folgenden nochmals von vier Monaten die Rede; jedoch in einem erhaltenen Brief an Alban und Helene Berg kündigt Morgenstern an, daß er um den 12. Mai nach Wien zurückkehren werde. Demnach hat er damals etwa drei Monate in Paris verbracht.

[114] Der aus Mělník bei Prag stammende Karl Tschuppik (1876–1937) war mit Roth und Morgenstern befreundet. Nach dem Studium der technischen Wissenschaften in Prag und Zürich war er seit 1899 politischer Redakteur, ab 1910 Chefredakteur am *Prager Tagblatt*. Er ging 1918 nach Wien und arbeitete als Redakteur bei verschiedenen Blättern, darunter *Der Friede*, *Der Neue Tag*, *Neues Wiener Tagblatt* und *Die Stunde*, ehe er 1927 in Berlin zum *Tage-Buch* kam. Er verfaßte auch mehrere historische Biographien, die das Naziregime mit Verbot belegte. Nach Hitlers Machtübernahme lebte er wieder in Wien, wo er im Juli 1937 starb.

[115] In jenem »andern Teil« seiner Erinnerungen zitiert Morgenstern die Worte Tschuppiks: »Jetzt wird Hitler hier bald einmarschieren und seine SS wird in den Stephansdom einziehen und auf dem Altar sich…« (*Alban Berg und seine Idole*, Typoskript, S. 217)

[116] Ernst Ely war, als Nachfolger des mit ihm befreundeten Karl Tschuppik, Chefredakteur der Wiener Zeitung *Die Stunde*.

[117] Nicht lange danach starb Johann Fürst von Schwarzenberg im Alter von 78 Jahren.

[118] Jacques de Menasce (1905–1960) hatte Klavier bei Emil Friedberger und Emil Sauer studiert, Komposition bei Joseph Marx, Paul A. Pisk und Alban Berg. Er debütierte als Pianist im Jahre 1932.

[119] Josef Bornstein (1899–1952), österreichischer Journalist und politischer Publizist, veröffentlichte zahlreiche kritische Schriften zur Justiz der Weimarer Republik. Er war Mitarbeiter vor allem am Berliner *Tage-Buch*, im Pariser Exil seit 1933 Chefredakteur des *Neuen Tage-Buch*.

[120] Fritz H. Landshoff (1901–1988) hatte in dem Amsterdamer Verlag Querido 1933 eine deutsche Abteilung gegründet, deren Direktor er war. Im selben Jahr wurde Walter Landauer (1902–1945) in dem Amsterdamer Verlag Allert de Lange geschäftlicher Leiter der deutschen Exilabteilung, Hermann Kesten, damals 33 Jahre alt und bekannter Autor, ihr literarischer Leiter. Zugleich wirkte Kesten als literarischer Berater des Querido-Verlags. In Berlin hatte er seit 1929 bereits als Cheflektor des Gustav-Kiepenheuer-Verlags gearbeitet, dessen Mitinhaber und Leiter Landshoff gewesen war und dem ebenfalls Landauer angehört hatte. Alle diese Verlage brachten auch Bücher von Roth heraus.

[121] Der ungarische Erzähler und Bühnenautor Franz Molnár (1878–1952).

[122] Im Typoskript: Anfang Juni. Doch zu diesem Zeitpunkt hatte Morgenstern Paris bereits verlassen (siehe oben S. 405, Anm. 113), und Roth war Ende Mai schon nach Südfrankreich abgereist.

[123] Joseph Constantinowsky, ein aus Odessa stammender russisch-jüdischer Bildhauer, Maler und Schriftsteller, verkehrte seit 1934 freundschaftlich mit dem etwas jüngeren Roth. Er lebte in Paris und hatte dort 1935 seine erste Ausstellung. Er schrieb in jiddischer Sprache und veröffentlichte unter dem Autornamen Michel Matvéev bei Gallimard in Paris 1934 in französischer Übersetzung den Roman *Les Traqués*, der von den Judenpogromen in Rußland und Rumänien handelt. Bald danach erschien eine amerikanische Ausgabe. In späterer Zeit benutzte Constantinowsky den Autornamen Joseph Constant (vgl. Bronsen, *Joseph Roth*, S. 540 f., 662, 672).

[124] Dobropolje heißt in Morgensterns Romantrilogie das ostgalizische Dorf, in dem der Hauptteil der Handlung spielt.

[125] Roths Roman *Radetzkymarsch* war 1932 erschienen.

[126] Dieser Weltkongreß der orthodoxen Juden fand vom 10. bis 17. September 1929 in den Wiener Sophiensälen statt. An ihm nahmen 603 Delegierte aus 42 Staaten teil. Die Eröffnungsveranstaltung besuchten mehrere tausend Gäste; Gesandtschaften, die österreichische Regierung und die Stadt Wien schickten ihre Vertreter. Die ›Agudas Jisroel‹ war im Mai 1912 in Kattowitz

gegründet worden, im Gegenzug zu dem Assimilationsprozeß, der seit der rechtlichen Gleichstellung der Juden im 19. Jahrhundert eingesetzt hatte. Ihr großes Ziel war von Beginn an, dem jüdischen Volk im Laufe der Zeit die ihm wesensgemäße organisatorische Einheit zu schaffen. Jacob Rosenheim (1870–1965), einer ihrer Gründer und langjähriger Präsident, nannte es in seinem Kattowitzer Referat »die Wiederbelebung uralten jüdischen Besitzes: der überlieferte Begriff des *Kelal Jisroel* ist's – Israels Gesamtkörper, erfüllt und getragen von seiner *Tora* als organisierender Seele – den wir […] realisieren wollen« (*Was will »Agudas Jisroel«?*, in: J. Rosenheim, *Agudistische Schriften*, hg. von der deutschen Landesorganisation der Agudas Jisroel, Hamburg 5691/1931, S. 7). Und 1929, auf dem Wiener Weltkongreß, formulierte er zusammenfassend: »Agudas Jisroel ist nichts weiter als der zur Bewußtheit emporgestiegene Sinn der jüdischen Geschichte« (*Der agudistische Einheitsgedanke*, in: a.a.O., S. 159).

[127] Offenbar eine Verwechslung Morgensterns: Seipel hatte bereits im April 1929 sein Regierungsamt niedergelegt.

[128] Rudolf Mertha und Engelbert Dollfuß, *Die Sozialversicherung in der Landwirtschaft Österreichs*, Wien 1929.

[129] Der Erzähler über die Romanfigur Joseph Sedley: »[…] and certainly (for novelists have the privilege of knowing everything), he thought a great deal about the girl upstairs.« (W. M. Thackeray, *Vanity Fair. A Novel without a Hero*, Leipzig 1848, Chapter III)

[130] Der österreichisch-schwedische Architekt Josef Frank (1885–1967), mit dem Morgenstern bis zuletzt befreundet war.

[131] In Roths Roman *Tarabas. Ein Gast auf dieser Erde* trägt die Figur des jüdischen Gastwirts den Namen Kristianpoller. Roths Roman erschien in der Tat als Vorabdruck in Fortsetzungen 1934 im *Pariser Tageblatt*, jedoch vom 26. Januar bis 16. März, in einem Zeitraum also, mit dem Morgensterns Darstellung unvereinbar ist. Denkbar wäre, daß er auf den fraglichen Namen nicht im Vorabdruck des Romans gestoßen ist, sondern in einem Exemplar der gerade erschienenen Buchausgabe, das Roth ihm zum Abschied geschenkt haben könnte.

[132] Roths Romanfigur heißt Nathan Kristianpoller. Auf eine frühe Quelle des *Tarabas* weist ein dreiseitiges Manuskript von Roth aus dem Jahre 1924, das Morgenstern nicht gekannt haben dürfte: *Das Haus des Herrn Kristianpoller* (Werke V, 877–879). Roth war der Name Kristianpoller in der Tat aus seiner Jugendzeit vertraut, wie ein Brief von 1911 zeigt, worin er leicht verändert »Kristiampoller« geschrieben ist (Briefe, S. 23; vgl. Bronsen, *Joseph Roth*, S. 71 u. 569 f.).

[133] S. Morgenstern, *Worte fallen in den Herbst der Wahlen*, FZ 798, 25. Okt. 1930. Der Artikel versammelt Beobachtungen von verschiedenen politischen Ereignissen in Wien, unter dem Zwischentitel »Nationalsozialisten

werden betrachtet« auch von einer Wahlveranstaltung der Nazis (nicht einem Pogromversuch). »In der Inneren Stadt sah man vor ein paar Tagen die erste Hilfe der Nazis, die ja dem österreichischen Bruder eine ausgiebige Propagandahilfe bei den Wahlen versprochen hatten. [...] Vielleicht ist es aber bloß Selbsthilfe. Wir haben auch ein Häuflein Nazis. Zwei junge Burschen standen Propaganda und wandten ihre Adjustierung dem Korso zu. [...] Dem hübschen, noch jüngeren Jungen saß das Braunhemd wie eine Haut am Leibe. (Gibt es Braunhemden nach Maß?) Das große Hakenkreuz blühte ihm wie die Blume einer exotischen Krankheit am Arm. Als sei er für die Politik schwer geimpft worden, ein Pockenträger des Hitlerheils.«

[134] Die Politiker Rudolf Breitscheid (1874–1944) und Rudolf Hilferding (1877–1941) waren vor den einmarschierenden deutschen Truppen gemeinsam aus dem Pariser Exil nach Südfrankreich geflüchtet. Hier wurden sie am 11. Dezember 1940 – nach Artikel 19 des deutsch-französischen Waffenstillstandsabkommens – von den Behörden des Vichy-Regimes an die Gestapo ausgeliefert, was einem Todesurteil gleichkam.

[135] Der polnische Lyriker, Romancier, Essayist und Übersetzer Józef Wittlin (1896–1976) war seit dem Studium in Wien mit Roth befreundet und übersetzte von diesem u. a. *Die Kapuzinergruft*. Roth schrieb für die erste deutsche Ausgabe von Wittlins Roman *Das Salz der Erde*, die 1937 bei Allert de Lange in Amsterdam erschien, ein Vorwort. Seit 1939 lebte Wittlin im Pariser Exil, von 1941 an in New York.

[136] An dieser Stelle des Typoskripts kommt die Schreibweise dem Namen in Roths *Tarabas* ein wenig näher (siehe oben S. 407, Anm. 131).

[137] In einem Brief an Stefan Zweig vom Februar 1936 klagt Roth: »alle sind bös mit mir, von Heinrich Mann angefangen bis zu Soma Morgenstern« (Briefe, S. 449).

[138] Bei einem Putschversuch der österreichischen Nazis wurde Bundeskanzler Engelbert Dollfuß am 25. Juli 1934 ermordet. Italien zog an der Grenze Truppen zusammen und konnte so verhindern, daß das Deutsche Reich zugunsten der Putschisten militärisch eingriff. Aufstände in Kärnten und der Steiermark wurden niedergeschlagen.

[139] Conrad H. Lester (1907 geboren, bis 1941 Kurt Heinz Lichtenstern), Inhaber einer österreichischen Porzellan- und Keramikfabrik, war seit dem Pariser Exil ein treuer Freund, der Morgenstern später in Amerika half. In Paris gründete Lester Ende 1938 gemeinsam mit der Germanistin Elisabeth Freundlich und einigen anderen die ›Liga für das geistige Österreich/Ligue de l'Autriche vivante‹ (er hat darüber 1972 in seinem Wiener Vortrag *Probleme der österreichischen Literatur in der Emigration* berichtet). Kurz vor dem deutschen Einmarsch konnte das erste und einzige Heft seiner neugegründeten Zeitschrift *Freies Österreich/La Libre Autriche* erscheinen, für das Morgenstern den einen seiner beiden im Exil geschriebenen Texte bei-

steuerte: *Alt-Hietzing (In memoriam Katharina Schratt).* Über Algier und Brasilien gelangte Lester 1941 in die USA, wo er in Los Angeles ein Germanistik-Studium begann und nach seiner Promotion Hochschullehrer wurde. 1968 ist er nach Österreich zurückgekehrt.

[140] Nach der Ermordung des österreichischen Bundeskanzlers Dollfuß trat der Christlichsoziale Kurt von Schuschnigg (1897–1977), zuvor Justiz- und Unterrichtsminister, an seine Stelle. Er setzte im wesentlichen die Politik seines Vorgängers fort und war bestrebt, das ständisch-autoritäre Regime wie die staatliche Unabhängigkeit Österreichs zu erhalten.

[141] Karl Seitz (1869–1950), einer der Führer der österreichischen Sozialdemokratie, war von 1923 bis 1934 Bürgermeister und Landeshauptmann von Wien. In dieser Zeit förderte er besonders den Arbeiterwohnungsbau seiner Stadt und die Verbesserung der öffentlichen Fürsorge.

[142] In der *Wiener Weltbühne* hat Morgenstern zwischen Dezember 1932 und März 1933 sechs Artikel veröffentlicht.

[143] Nachdem sich die unterm NS-Regime verbotene Berliner *Weltbühne* und ihr österreichisches Pendant, die *Wiener Weltbühne*, in Prag vereinigt hatten, erschien Morgensterns Polemik gegen Hans Pfitzner in der *Neuen Weltbühne*, Nr. 28 vom 13. Juli 1933, S. 872–875, und zwar unter dem Pseudonym Konrad Pfeiffer.

[144] In einem – im New Yorker Exil englisch geschriebenen – Bericht über seine letzten Tage in Österreich erzählt Anton Kuh von einem Gespräch, das er in einer Augustnacht wohl des Jahres 1937 in Salzburg bei einem überraschenden Zusammentreffen mit Fürst Starhemberg über die allgegenwärtige Nazibedrohung geführt hatte. Damals sagte er zu Starhemberg: »Hunters have always the same type of face – incurable hard, malicious, ill-favored by nature – as we say nowadays, alas, a German face. In your place, Highness, I should have formed a special ›physiognomic‹ police corps for rooting all such faces out of Austria.« (*Escape from the Mousetrap*, in: The Nation, New York, Juni 1938, jetzt in: Anton Kuh, *Zeitgeist im Literatur-Café. Feuilletons, Essays und Publizistik. Neue Sammlung*, hg. von Ulrike Lehner, Wien 1985, S. 230)

[145] Auf den vollzogenen Machtantritt der Nazis in Deutschland antwortete Karl Kraus, wie schon auf den Beginn des ersten Weltkriegs, mit öffentlichem Schweigen. Das vorerst letzte Heft der *Fackel* war Ende Dezember 1932 erschienen. Erst im Oktober 1933 kam ein neues Heft heraus; seine vier Seiten enthalten neben Kraus' Grabrede für Adolf Loos das Gedicht *Man frage nicht*, welches mit dem berühmten Vers schließt: »Das Wort entschlief, als jene Welt erwachte«. Das allgemeine Rätselraten über sein Schweigen ging in die ebenso allgemeine Verurteilung des Schweigenden über. Darauf reagierte Kraus zunächst am 23. Juli 1934 mit einem Heft der *Fackel*, das die »Nachrufe auf Karl Kraus« versammelt und lakonisch kommentiert. Die

Dritte Walpurgisnacht, im Sommer 1933 verfaßt, lag bereits in Fahnenabzügen vor, doch nach langem Erwägen und Beratungen mit seinen Freunden entschloß sich Kraus, den Text vorerst nicht zu veröffentlichen. Ende Juli 1934 erschien dann ein 315 Seiten starkes Heft mit dem Titel *Warum die Fackel nicht erscheint.*

[146] Wohl eine Verwechslung: eine solche Äußerung aus Karl Kraus' Mund ist mehr als unwahrscheinlich.

[147] Gemeint ist das schon erwähnte Heft Nr. 890–905 *Warum die Fackel nicht erscheint*, das nur Passagen aus der *Walpurgisnacht* zitiert und Ende Juli 1934 herauskam, also noch zu Bergs Lebzeiten. Im ganzen wurde die *Dritte Walpurgisnacht* erst postum, als erster Band der Werkausgabe, im Jahre 1952 von Heinrich Fischer publiziert.

[148] Karl Kraus, *Die Dritte Walpurgisnacht*, hg. von Heinrich Fischer, München 1952, S. 165.

[149] Vielleicht lag Morgenstern hier der berühmtgewordene Satz des »Nörglers« in *Die letzten Tage der Menschheit* im Sinn: »Daß dieser Krieg von heute nichts ist als ein Ausbruch des Friedens, und daß er nicht durch Frieden zu beenden wäre, sondern durch den Krieg des Kosmos gegen diesen hundstollen Planeten!« (I. Akt, 12. Szene)

[150] *Idyll im Exil*, der zweite Teil der Romantrilogie, erschien, übersetzt von Ludwig Lewisohn, unter dem Titel *In My Father's Pastures* 1947 in den USA; das deutschsprachige Original ist unveröffentlicht.

[151] Siehe oben S. 406, Anm. 120.

[152] Diesen Satz aus Stefan Zweigs eingehendem, teils enthusiastisch lobendem, teils kritisch beratendem Brief vom 22. August 1935 aus Marienbad benutzte der Verlag, etwas verändert, zur Werbung für Morgensterns Roman (vgl. Jüdische Rundschau, Berlin, 6. Dezember 1935). Morgensterns Roman *Der Sohn des verlorenen Sohnes* erschien Anfang Dezember 1935 bei Erich Reiss in Berlin in einer Auflage von viertausend Exemplaren.

[153] Karl Tschuppik, *Ludendorff. Die Tragödie eines Fachmannes*, Wien 1931.

[154] Graf Adalbert Sternberg (1868–1930), Graf Monczi, österreichischer Offizier und Schriftsteller.

[155] Der Naturwissenschaftler Chaim Weizmann (1874–1952), einer der führenden Zionisten seiner Zeit und maßgeblich beteiligt an der politischen Vorbereitung sowie am Aufbau des Staates Israel, dessen erster Staatspräsident er wurde.

[156] Arthur Neville Chamberlain wurde im Mai 1937 britischer Premierminister und betrieb gegenüber Deutschland und Italien lange seine verhängnisvolle »appeasement«-Politik.

[157] Abraham Sonne (1883–1950), aus Przemyśl in Ostgalizien stammend, veröffentlichte unter dem Namen Avraham Ben Yitzhak früh Gedichte in

hebräischer Sprache, die starke Wirkung auf die moderne hebräische Lyrik übten. Nach dem ersten Weltkrieg arbeitete Sonne in London eine Zeitlang für die World Zionist Organization. Danach war er Dozent und Rektor des ›Jüdischen Pädagogiums‹ in Wien. Nach dem »Anschluß« emigrierte er nach Israel.

[158] Es war ein unentgeltlicher Platz in der Landespflegeanstalt Mauer-Öhling bei Amstetten, wohin Friederike Roth im Juni 1935 gebracht wurde. Der lange Leidensweg führte die Kranke durch viele Anstalten: 1929 in die Berliner Nervenheilanstalt Westend, 1930 ins Sanatorium Rekawinkel bei Wien, im Dezember 1933 in die staatliche Landes-Heil- und Pflegeanstalt für Geistes- und Nervenkranke »am Steinhof« in Wien, von dort im Juni 1935 schließlich in die Landespflegeanstalt Mauer-Öhling bei Amstetten. Hier blieb die Kranke, bis sie 1940 im Zuge des nationalsozialistischen »Euthanasie-Programms« in die Heil- und Pflegeanstalt für Geisteskranke in Niedernhart bei Linz verlegt wurde, wo sie im Juli 1940 getötet worden ist. (Vgl. Bronsen, *Joseph Roth*, S. 329 ff.; *Joseph Roth 1894–1939*, Zirkular, Sondernummer 17, Wien 1989, S. 22 f.)

[159] Die Krankheit begann im Februar 1928 sichtbar zu werden (vgl. Bronsen, *Joseph Roth*, S. 335). Ende März fuhr Roth mit seiner Frau nach Wien und brach von hier Mitte Mai allein zu einer Reportage-Reise nach Polen auf, von der er um den 20. Juli nach Wien zurückkehrte. Gut einen Monat blieben die beiden noch in Wien und wohnten nun im Hotel Imperial, wie Roths Korrespondenz dieser Zeit zeigt.

[160] Mit Hanns Eisler (1898–1962), der dem Kreis um Schoenberg angehörte, war Morgenstern seit den frühen zwanziger Jahren in Wien bekannt.

[161] Roths Roman *Das falsche Gewicht. Die Geschichte eines Eichmeisters*, Amsterdam: Querido, 1937.

[162] Marcell Zappler spielte eine führende Rolle in den Standesverbänden der Journalisten, der ›Organisation der Wiener Presse‹ und der ›Concordia‹. Seine Frau, Dr. Sylvia Zappler, war Initiatorin und Präsidentin einer Wiener Journalistenküche, welche im Oktober 1918, angesichts der elenden wirtschaftlichen Lage, im IX. Wiener Bezirk eingerichtet worden war (vgl. Peter Eppel, »*Concordia soll ihr Name sein…«. 125 Jahre Journalisten- und Schriftstellerverein »Concordia«*, Wien, Köln, Graz 1984).

[163] Hanns Margulies (1889–1960) begann mit Beiträgen für die Berliner *Jüdische Rundschau* und und wurde 1912 Dramaturg an der Wiener Volksbühne. Dann war er im Kriegs-Presse-Quartier tätig. Nach dem Kriege arbeitete er als freier Journalist für das Feuilleton führender Wiener und Budapester Zeitungen. 1922–1938 war er Redakteur beim *Wiener Tag*. Nach dem »Anschluß« flüchtete er über die Tschechoslowakei nach London. Bekannt war er vor allem durch seine sozialkritischen Gerichtsreportagen; über mehrere spektakuläre Fälle schrieb er, um Justizirrtümer zu verhindern oder zu revidieren.

[164] Im Jahre 1928 wurde Philipp Halsmann (1906–1979), ein jüdischer Ingenieurstudent aus Dresden, beschuldigt, bei einer Bergtour im Zillertal seinen Vater Morduch Halsmann ermordet zu haben. In einem aufsehenerregenden Innsbrucker Prozeß wurde er wegen Totschlags zu vier Jahren schweren Kerkers verurteilt. Trotz massiver Proteste der Öffentlichkeit bestätigte der oberste Gerichtshof das Urteil. Doch im September 1930 wurde er, gegen lautstarke antisemitische Propaganda, begnadigt. Halsmann emigrierte 1940 von Paris nach New York und wurde als der Fotograf Philippe Halsman weltbekannt. – Hanns Margulies hat in der Berliner *Weltbühne* zweimal über den Prozeß geschrieben: *Der Halsmann-Prozeß* (Jg. 25, Nr. 43, 22. Oktober 1929, S. 626–629); *Philipp Halsmanns Begnadigung* (Jg. 26, Nr. 42, 14. Oktober 1930, S. 575–578).

[165] Das Register zum *Fackel*-Reprint verzeichnet den Namen Joseph Roths nicht. Möglicherweise hat Kraus ohne Namensnennung eine von Roths Veröffentlichungen, etwa im *Neuen Tag*, lobend zitiert.

[166] Nachdem im Jahre 1927 Stefan Großmann (1875–1935) ausgeschieden war, gab Leopold Schwarzschild (1891–1950) das *Tage-Buch* allein heraus. Die aus dieser Zeit einzig bekannte Arbeit Roths zum Thema ist sein umfangreicher Artikel *Psychiatrie*, erschienen in: Das Tage-Buch (Berlin), Jg. 11, Heft 26 (28. Juni 1930), S. 1036–1041 (Werke III, 215–221).

[167] Von den Reaktionen auf Roths Artikel veröffentlichte das *Tage-Buch* nur die folgenden: Dr. Lilienstein (Bad Nauheim), *Wie ein Dichter die Psychiatrie sah*, in Heft 31 (2. August 1930), S. 1222–1225 (Werke III, 221–225), mit Roths *Erwiderung*, S. 1225–1227 (Werke III, 225–228); Prof. Dr. Ritterhaus (Hamburg), *Nochmals Psychiatrie*, in Heft 32 (9. August 1930), S. 1273–1276; *Zuschrift eines früheren Patienten*, in Heft 34 (23. August 1930), S. 1363–1365.

[168] Dr. Ernst Jolowicz, 1882 in Posen geboren, wurde im Mai 1939 von den Nazis ausgebürgert (Näheres war nicht zu ermitteln). Ein »fanatischer Hasser der Psychoanalyse« kann Jolowicz damals übrigens nicht gewesen sein, wie sein Buch *Praktische Psychotherapie* (Zürich, Leipzig 1935) bezeugt, das Freud geradezu als den Schöpfer der psychotherapeutischen Forschung in »ihrer neuzeitlichen Form« (S. 12) anerkennt, zu dessen 80. Geburtstag Jolowicz im Pariser Exil denn auch einen großen Artikel veröffentlichte (Pariser Tageblatt, Jg. 4, 1936, Nr. 876, S. 4).

[169] Dr. Esti (Ernestine) D. Freud, geb. Drucker (1896–1980), verheiratet mit Jean Martin Freud (1889–1967), war Sprachtherapeutin. Nach dem »Anschluß« emigrierte sie nach Paris, später nach New York.

[170] Ludwig Lewisohn (1882–1955), in Berlin geboren, war schon als Kind in die USA gekommen und hatte dort später eine Professur für deutsche Literatur inne. Auch als Romancier, Publizist und Kritiker trat er hervor und wirkte außerdem als Übersetzer. Sein Leben hat er in den beiden Büchern

Upstream (1922) und *Midchannel* (1929) dargestellt. Lewisohn übersetzte von Morgenstern den zweiten Roman der Trilogie und *Die Blutsäule* für die amerikanischen Ausgaben.

[171] Zwei Abschnitte aus *Der stumme Prophet* veröffentlichte Roth im Jahre 1929; eine edierte Fassung des Fragment gebliebenen und lange verschollen geglaubten Romans erschien erst 1966.

[172] Siehe oben S. 398, Anm. 57.

[173] Dr. Hugo Wolf, ein mit Roth und Morgenstern befreundeter Wiener Rechtsanwalt, der Roth auch bei der Erlangung der neu-österreichischen Staatsbürgerschaft behilflich war. In einem Brief Roths ist von ihm die Rede (vgl. *Briefe*, S. 188).

[174] Siehe oben S. 411, Anm. 158.

[175] Die Buchausgabe von Sigmund Freuds *Der Mann Moses und die monotheistische Religion. Drei Abhandlungen* erschien bei Allert de Lange in Amsterdam 1939. Die ersten beiden Abhandlungen, *Moses ein Ägypter* und *Wenn Moses ein Ägypter war...*, publizierte im Jahre 1937 die Zeitschrift *Imago*.

[176] *Okkulte Erlebnisse*, zuerst gedruckt in: Die Neue Rundschau (Berlin), Jg. 35, Heft 3 (März 1924).

[177] Georg Brandes hat an der Universität Kopenhagen 1888, im Jahr vor Nietzsches Zusammenbruch, Vorlesungen über den Philosophen gehalten und wenig später die Schrift *En afhandling om aristokratisk radikalisme* (Kopenhagen 1889) veröffentlicht.

[178] *Perichole, der elfte Offenbach. In Wien von Karl Kraus gelesen. I. Der Vortrag* / Soma Morgenstern; *II. Die Musik* / Ernst Kfienek, FZ 23, 9. Januar 1931, S. 1–2.

[179] Der Pianist und Komponist Eduard (später Edward) Steuermann (1892–1964), wichtiger Vermittler neuer Musik, war einer der frühesten Freunde Morgensterns.

[180] Dieser von Morgenstern mitunterzeichnete, als Handzettel gedruckte Spendenaufruf vom Mai 1931, mit dem für die Gründung eines »Ensembletheaters der Dichtung« im Kraus'schen Sinne geworben wurde, trägt 39 Unterschriften; neben Berg und Steuermann unterschrieben Ernst Kfienek und Anton Webern, der Dirigent Jascha Horenstein, die Wiener Architekten Adolf Loos und Josef Frank, der französische Ethnologe Lucien Lévy-Bruhl sowie die Schriftsteller Ludwig Ficker und Werner Kraft, um nur die bekanntesten Namen zu nennen.

[181] *proster mentsch* (jiddisch): einfacher Mensch.

[182] Wilhelm Liebknecht, *Nachträgliches zur »Affaire«*, Fackel Nr. 18, Ende September 1899, S. 1–10; Nr. 19, Anfang October 1899, S. 1–12.

[183] Proust, der bei Ausbruch »der Affäre«, wie der Fall in Frankreich kurz genannt wurde, Ende 1897 Partei für Dreyfus genommen hat, führte sein

Duell nicht in dieser Sache, sondern gegen den Romanautor und berüchtigten Gesellschaftsjournalisten Jean Lorrain, der sich (unter dem Decknamen Raitif de la Bretonne) Anfang Februar 1897 im Pariser *Le Journal* über Prousts Homosexualität anzüglich geäußert hatte. Das Pistolenduell der beiden wurde im Wald von Meudon ausgetragen und endete ohne Blutvergießen (vgl. George D. Painter, *Marcel Proust*, Frankfurt/M. 1980, Bd. 1, S. 322 ff.).

[184] Georges Clemenceau (1841–1929) war mit einer Reihe von Artikeln in seiner Zeitschrift *L'Aurore* für eine Revision des Prozesses gegen Dreyfus eingetreten, wie kurz darauf an gleicher Stelle auch Émile Zola mit seinem berühmten Manifest *J'accuse*. Die Revision endete am 9. September 1899 mit dem Spruch: »Schuldig des Hochverrats mit mildernden Umständen«. Dreyfus wurde nun zu zehn Jahren Gefängnis verurteilt. Dieser Ausgang beendete die »Affäre« keineswegs, und so machte die Regierung Dreyfus schließlich das Angebot einer Begnadigung, das er annahm – sehr zum Mißvergnügen Clemenceaus.

[185] Der amerikanische Jurist Benjamin Victor Cohen (geb. 1894) war von 1919 bis 1921 im Londoner Zionistischen Büro als Sekretär Chaim Weizmanns tätig. Später gehörte er zum inneren Beraterkreis des Präsidenten Roosevelt und spielte eine einflußreiche Rolle bei der Vorbereitung der UN-Charta. Seine Arbeit bei den Vereinten Nationen setzte sich unter Präsident Lyndon B. Johnson fort, dem er ebenfalls als Berater diente.

[186] *Was der Tag mir zuträgt* (1901), in: *Peter Altenberg. Auswahl aus seinen Büchern von Karl Kraus*, Neuausgabe, Zürich 1963, S. 106.

[187] Freud hatte 1933 seine *Neue Folge der Vorlesungen zur Einführung in die Psychoanalyse* veröffentlicht. Aus dem Kapitel über *Traum und Okkultismus* sei die von Morgenstern referierte schöne Stelle über die Beschaffenheit des Erdinnern wiedergegeben: »Bekanntlich wissen wir nichts Sicheres darüber. Wir vermuten, daß es aus schweren Metallen im glühenden Zustand besteht. Nun stelle einer die Behauptung auf, das Erdinnere sei mit Kohlensäure gesättigtes Wasser, also eine Art Sodawasser. Wir werden gewiß sagen, das ist sehr unwahrscheinlich, widerspricht allen unseren Erwartungen, nimmt keine Rücksicht auf jene Anhaltspunkte unseres Wissens, die uns zur Aufstellung der Metallhypothese geführt haben. Aber undenkbar ist es immerhin nicht; wenn uns jemand einen Weg zur Prüfung der Sodawasserhypothese zeigt, werden wir ihn ohne Widerstand gehen. Aber nun kommt ein anderer mit der ernsthaften Behauptung, der Erdkern bestehe aus Marmelade! Dagegen werden wir uns ganz anders verhalten. Wir werden uns sagen, Marmelade kommt in der Natur nicht vor, es ist ein Produkt der menschlichen Küche, die Existenz dieses Stoffes setzt außerdem das Vorhandensein von Obstbäumen und von deren Früchten voraus, und wir wüßten nicht, wie wir Vegetation und menschliche Kochkunst ins Erdinnere

verlegen könnten; das Ergebnis dieser intellektuellen Einwendungen wird eine Schwenkung unseres Interesses sein, anstatt auf die Untersuchung einzugehen, ob wirklich der Erdkern aus Marmelade besteht, werden wir uns fragen, was es für ein Mensch sein muß, der auf eine solche Idee kommen kann, und höchstens noch ihn fragen, woher er das weiß.« (S. Freud, *Gesammelte Werke*, Bd. XV, 6. Auflage, Frankfurt/M. 1973, S. 33)

[188] Der schwedische Reichskanzler Axel Oxenstierna (1583–1654).

[189] Der aus Würzburg stammende Schriftsteller Leonhard Frank (1882–1961) war in seiner Jugend unter anderem Mechaniker, Fabrikarbeiter und Anstreicher gewesen, bevor er in München Malerei und Graphik zu studieren begann.

[190] Hermann Bang starb 1912, mit 54 Jahren.

[191] Morgensterns Feuilleton *Der Zwerghahn vor dem Kriegerdenkmal*, FZ 32, 12. Januar 1929, S. 1). – Marianne (May) von Klenau war eine Schwester Ingeborg Morgensterns.

[192] Berthold Viertel (1885–1953).

[193] Auch nach 1933 war Roth mehrfach in Wien.

[194] Offenbar eine Reminiszenz aus früheren Tagen: Roths Schwiegereltern waren schon 1935 nach Palästina ausgewandert.

[195] Salomon Schechter (1850–1915) lehrte rabbinische Literatur zunächst an der Universität Cambridge, dann in London; von 1902 an leitete er das ›Jewish Theological Seminary of America‹ in New York.

[196] Das von Hitler am 12. Februar 1938 dem Kanzler Schuschnigg diktierte Berchtesgadener Abkommen, in Wien offiziell als »Deutscher Friede« umschrieben, legte eine Amnestie für die inhaftierten Nazis und die Hereinnahme der Nationalsozialisten Österreichs in die Regierung fest. Roth nahm in Paris am 24. Februar den Zug nach Wien, von wo er, soweit bekannt ist, drei Tage vor dem »Anschluß«, also wohl am 10. März, wieder abreiste. Demnach muß er Morgenstern am 9. März getroffen haben, dem Tag, an dem Schuschnigg die im Text etwas später erwähnte Volksbefragung zur Unabhängigkeit Österreichs offiziell ankündigte. Diesen Daten entsprechend ist die Überschrift des Kapitels – im Typoskript »Januar 1938« – vom Herausgeber geändert worden.

[197] Heinrich Graf von Degenfeld-Schonburg war Erzieher, später Sekretär und Adjutant des damaligen österreichischen Thronprätendenten Otto von Habsburg.

[198] Morgenstern flüchtete am 13. März 1938, einem Sonntag, aus Wien. Am Vorabend hatte in Linz der österreichische Nazi Arthur Seyß-Inquart, nach Schuschniggs erzwungenem Rücktritt provisorischer Bundeskanzler, vom Balkon des Rathauses in Anwesenheit seines Führers, welcher aus Braunau eingetroffen war, die Gründung des »Großdeutschen Reiches« verkündet. Den Sonntag über weilte Hitler in Linz.

[199] Vgl. Roths *Brief an einen Statthalter*, in: Das Neue Tage-Buch (Paris), Jg. 6, Nr. 13 (26. März 1938), S. 309 (Werke III, 803 f.).

[200] Siehe oben S. 400, Anm. 71.

[201] Im Nachlaß ist die Durchschrift einer »Bescheinigung« der Grenzkontrollstelle Feldkirch vom 14. März 1938 erhalten.

[202] Der ungarische Filmregisseur und Buchautor Géza von Cziffra, welcher Roth unmittelbar nach dem »Anschluß« in Paris aufsuchte, erinnert sich: »Ich bezweifle, daß Roth während dieser Zeit an einem neuen Buch gearbeitet hat. [...] Tag und Nacht befaßte er sich mit Problemen der Legitimisten, mit der Gründung der Exilregierung, als literarisches Aushängeschild für ihre Zwecke.« (G. v. Cziffra, *Der heilige Trinker. Erinnerungen an Joseph Roth*, Frankfurt a. M., Berlin 1989, S. 116 f.) Übrigens findet sich auch hier der Name von Roths damaligem Hotel nicht: Cziffra nennt stattdessen fälschlich das nicht mehr existierende Foyot. Weder in den bisher publizierten Briefen Roths noch in der Roth-Biographik kommt das offenbar ein wenig triste Hôtel Florida vor. Aus den von Morgenstern angedeuteten Gründen dürfte Roth, von seiner Wiener Mission um den 11. März 1938 nach Paris zurückgekehrt, sich im 8. Arrondissement eingemietet haben. Etwa zwei Wochen darauf traf Morgenstern ein. Im Hôtel Florida wohnten die beiden, bis sie, vermutlich Anfang April, in die vertraute Rue de Tournon umzogen, ins Hôtel de la Poste. Von dieser neuen Anschrift verständigte Roth seinen damaligen Verlag am 21. April (vgl. *Aber das Leben marschiert weiter und nimmt uns mit. Der Briefwechsel zwischen Joseph Roth und dem Verlag De Gemeenschap 1936–1939*. Hg. von Theo Bijvoet und Madeleine Rietra, Köln 1991, S. 139).

[203] Darsie Rutherford Gillie gab 1931 bei Faber & Faber in London seine Übersetzung der Memoiren von Józef Piłsudski heraus. Näheres war über ihn nicht zu ermitteln. – James (Andrew) Stern, 1904 geboren, veröffentlichte seit 1932 mehrere Bände mit Erzählungen sowie ein Buch über seine Erfahrungen in Deutschland vor und nach der nationalsozialistischen Machtübernahme. Er machte ferner zahlreiche Übersetzungen aus dem Deutschen, manche zusammen mit seiner Frau Tania Stern.

[204] Im Typoskript: kaum ein halbes Jahr (siehe oben S. 405, Anm. 113).

[205] Morgensterns Récépissé wurde am 1. April 1938 in Paris ausgestellt.

[206] Olivier Harty de Pierrebourg (geb. 1908), Journalist und Industrieller, als Sozialist in hohen politischen Ämtern tätig. Unterm Vichy-Regime gehörte er der südfranzösischen Résistance an.

[207] Nach Kriegsbeginn wurde auch Morgenstern im September 1939 als »feindlicher Ausländer« gefangengesetzt, zunächst in der Fußballarena Stade Colombe, der Pariser Sammelstelle, anschließend im Internierungslager von Montargis im Loiret.

[208] Die amerikanische politische Publizistin und Journalistin Dorothy

Thompson (1906–1961), selbst aus Nazideutschland ausgewiesen, arbeitete in der ›American Guild for German Cultural Freedom‹, der Organisation zur Unterstützung emigrierter Schriftsteller, Künstler und Gelehrter. Zeitweilig war sie Präsidentin des amerikanischen P.E.N.-Clubs.

[209] Näheres war nicht zu ermitteln.

[210] In seinem Pariser Tagebuch, das Morgenstern auf seiner ersten Europa-Reise nach dem Kriege im Sommer 1950 geführt hat, findet sich eine etwas abweichende Aufzeichnung: »Nicht vergessen: die Szene auf der Straße nach unserem Besuch bei Aragon im April oder März 1939: Joseph Roth tanzt auf der Straße, weil in dem Kuvert das ihm Aragon für einen Artikel im ›Ce soir‹ überreicht hat *nicht* 200 fr – wie Roth erwartet hatte – sondern 600 fr drinnen waren.« Und Morgenstern setzt hinzu: »Daß ›Ce soir‹ Roth ›gut‹ bezahlt hat, lag vielleicht daran, daß Aragon wußte: J. R. war kein ›Kamerad‹, sondern ein Gegner – ein Monarchist.«

[211] Es war August 1929, im siebenten Jahr, als Roth die *Frankfurter Zeitung* verließ (siehe oben S. 401, Anm. 83).

[212] Im Typoskript irrtümlich: drei Jahre. Außer gelegentlichen Aufenthalten lebte Morgenstern wohl von Herbst 1926 bis Ende 1927 in dieser Stadt, die ihm nicht sonderlich lag.

[213] Ähnliches berichtet Hermann Kesten, offenbar ebenfalls, ohne den Titel des Romans zu kennen (vgl. J. Roth, *Briefe*, S. 558). In einem Brief Roths vom 10. Dezember 1929 an René Schickele findet sich die knappe Bemerkung: »Brandeis ist die Hauptfigur eines folgenden Romans, Eintritt verboten, Geschichte eines Mannes ohne Maß« – ein Roman, so Kesten, der wahrscheinlich nie geschrieben wurde (a.a.O., S. 155, 558). Aber am 1. April 1930 meldete Roth aus Berlin an Stefan Zweig: »Ich habe in der letzten Woche einen Zeitungsroman für die M.N.N. fertig gemacht.« (a.a.O., S. 157 f.) Nirgends jedoch ein sicherer Hinweis, welcher Roman das gewesen sein mag.

[214] Bela Horovitz hatte den Phaidon-Verlag 1923 in Wien gegründet. Roth verabredete mit Horovitz, für einen Vorschuß von 3000 Reichsmark ein Buch zu schreiben. »Es soll heißen: Der Orientexpress, und den Zug, seine Passagiere, ihre Hotels und Aufenthaltsorte behandeln.« (Roth an Stefan Zweig, 22. September 1930, Briefe, S. 179.) Statt dieses Romans, der nicht geschrieben worden ist, brachte der Phaidon-Verlag dann eine bibliophile, mit Federzeichnungen von Franz Howanietz versehene Neuausgabe des Romans *Hotel Savoy* von 1924 heraus (vgl. Werke IV, 1056).

[215] Über Stefan Heller war Näheres nicht zu ermitteln. Sein Bruder, der Schriftsteller und Journalist Fred Heller (1889–1949), war in Wien mit Roth und Morgenstern bekannt. Begonnen hatte er als Journalist und Theaterkritiker, war Redakteur der Wiener Wochenzeitung *Der Friede*, dann des *Neuen Tag* und schrieb später für die Wiener Zeitung *Der Tag*. Er ist Autor

einer Reihe von Komödien und einiger erzählender Werke. 1938 emigrierte
er über Italien in die Tschechoslowakei, von dort nach Uruguay.

[216] Stefan Fingal war als Mitarbeiter an Wiener Zeitungen nach dem ersten
Weltkrieg mit Roth befreundet und ging mit ihm 1920 nach Berlin. Ende der
zwanziger Jahre betreute er dort Roths psychisch erkrankte Frau. 1933 ging
Fingal ins Pariser Exil. Nach dem Krieg lebte er in Lausanne.

[217] Friderike Maria Zweig (siehe oben S. 395, Anm. 26).

[218] Der mit Roth und anderen deutschsprachigen Autoren befreundete französische Germanist und Kritiker Félix Bertaux (1881–1948) lehrte deutsche
Sprache an einem Pariser Gymnasium. Er wirkte bei den Aussöhnungsbe-
strebungen der Zwischenkriegszeit mit und war ein bedeutender Vermittler
deutscher Literatur, vor allem durch seine Schulbuchreihe, die nach dem
Ersten Weltkrieg an den Schulen Frankreichs benutzt wurde, und durch sein
Standardwerk *Panorama de la littérature allemande contemporaine* (Paris
1928). – Zu seinem Sohn Pierre Bertaux (1907–1986), ebenfalls Germanist
und 1938 Chef de cabinet beim Ministre de l'Éducation Nationale in Paris
sowie Leiter des französischen Rundfunks in deutscher Sprache bei Radio
Strasbourg, hatte Roth besondere Zuneigung gefaßt. Nach der deutschen
Invasion war Pierre Bertaux im Süden Frankreichs in der Résistance aktiv
und wurde von der Pétain-Regierung zu drei Jahren Festungshaft verurteilt.
Als Germanist ist er durch seine Hölderlin-Forschungen bekannt geworden.

[219] Der französische Politiker Pierre Laval (1883–1945) war seit 1925 mehrfach Minister und Ministerpräsident und hielt besondere Verbindung zum
faschistischen Italien. Zuletzt stand er unter Pétain an der Spitze der Vichy-
Regierung. Im Oktober 1945 wurde er wegen Hochverrats und Feindbe-
günstigung zum Tode verurteilt und hingerichtet.

[220] Der 1909 in Dresden geborene Klaus Dohrn war als Gymnasiast zum
Katholizismus übergetreten. Er ging 1933 nach Wien und redigierte hier die
von Dollfuß unterstützte antinazistische Zeitschrift *Der Christliche Stän-
destaat. Österreichische Wochenhefte*, deren Gründer und Herausgeber der
deutsche Professor der Philosophie Dietrich von Hildebrand (1889–1977)
war. Auch Roth wurde Mitarbeiter dieser konservativ-katholischen Zeitschrift. Bereits in seiner Wiener Zeit unterhielt Klaus Dohrn zu legitimistischen Kreisen um Otto von Habsburg Verbindung, die sich nach dem
»Anschluß« im Pariser Exil fortsetzte; hier wurde er, wie Roth, Mitarbeiter
bei der *Österreichischen Post*, dem Organ der monarchistischen Bewegung.
1941 flüchtete er aus Südfrankreich und erreichte nach monatelanger Internierung in Spanien 1942 die USA. – Sein jüngerer Bruder Serge (eigentlich
Joachim) arbeitete in der Pariser Flüchtlingshilfe. Nach Kriegsbeginn war er
Mitglied einer offiziellen ›Commission de triage‹, welche internierte Österreicher für eine Österreichische Legion in Frankreich rekrutieren sollte, die

von konservativen und legitimistischen Emigrantengruppen im Einvernehmen mit französischen Regierungsstellen geplant war. Im Sommer 1940 flüchtete er dann aus dem Internierungslager von Audierne/Bretagne nach England, wo er wenige Jahre später deutschen Bomben zum Opfer gefallen ist.

[221] Mit dem Dirigenten Otto Klemperer (1885–1973) und dessen Tochter war Morgenstern bis zuletzt befreundet.

[222] Eugenio Pacelli war päpstlicher Nuntius für Bayern und dann für das ganze Deutsche Reich, ehe er Kardinal wurde. Im Februar 1939 wurde er zum Papst gewählt und nannte sich Pius XII.

[223] Der aus Berlin stammende Walter Mehring (1896–1981) lebte nach Hitlers Machtantritt in Wien, von wo er 1938 nach Paris flüchtete. – Das *Corpus iuris canonici* ist die mittelalterliche Quellensammlung zum Kirchenrecht und war bis 1918 in Kraft.

[224] Mit dieser Zeitschrift setzte Leopold Schwarzschild im Pariser Exil sein *Tage-Buch* fort. *Das Neue Tage-Buch*, in dem Roth seit 1933 über vierzig Beiträge veröffentlicht hatte, brachte kurz nach seinem Tod die beiden Schlußkapitel der Novelle unter dem Titel *Das Ende der Legende vom heiligen Trinker* (Jg. 7, Heft 24 vom 10. Juni 1939, S. 570–571), bevor sie im selben Jahr als Buch bei Allert de Lange in Amsterdam erschien.

[225] Vom Anstoß zu dieser letzten Erzählung Roths gibt Bronsen, gestützt auf den Bericht Klaus Dohrns, eine ähnliche Darstellung wie Morgenstern; von ihrer Entstehung im Café Tournon allerdings steht bei ihm nichts (vgl. Bronsen, *Joseph Roth*, S. 582). In seinem Brief vom 20. März 1975 an David Bronsen gibt Morgenstern einen ausführlicheren Bericht von der Niederschrift und sagt auch, daß er etwa eine Stunde lang dabeigewesen sei: »[...] der jüngere Bruder von Klaus Dohrn hat diese Geschichte Joseph Roth erzählt. Er mußte das einige Male tun. Eines Tages bestellte Roth die Sekretärin vom ›[Neuen] Tage-Buch‹, Fräulein Freund, und ihr hat er in Anwesenheit von Klaus Dohrn und teilweise in meiner, die Geschichte diktiert. [...] Es hat sich so abgespielt: Roth saß, wie gewöhnlich, auf dem von ihm ausgehöhlten Platz vor seinem Glas. Ihm gegenüber saß Frl. Freund. Neben ihm saß Serge Dohrn, und Roth ließ ihn erzählen. Dann wiederholte Roth in kurzen Abständen, was erzählt worden war, jetzt schon in seinem Stil. Und Frl. Freund schrieb. Ich glaube nicht, daß Roth hernach je die von Frl. Freund nachher abgetippte Geschichte je mit der Hand abgeschrieben hat.« Hier scheint es, daß die im Café Tournon entstandene erste Fassung mit der Hand geschrieben worden ist. Wie Fritz Hackert mitgeteilt hat, existiert die Durchschrift eines Manuskripts, das nur im ersten Viertel von Roths Hand stammt, des weiteren aber in wechselnder Handschrift geschrieben ist und erhebliche Unterschiede zur Druckfassung aufweist (vgl. Werke VI, 789, 791). Dies könnte, wechselnde ›Sekretärinnen‹ angenommen, jene ›Urfassung‹ sein, von deren Entstehen Morgenstern berichtet.

[226] Es war das Lager von Audierne im Finistère, wohin Morgenstern bei seiner zweiten Internierung nach der deutschen Invasion im Mai 1940 gebracht wurde. Im darauffolgenden Monat konnte er fliehen, bevor die Gestapo Audierne erreichte.

[227] *Bar-mizwa*: feierliche Einführung des jüdischen Jungen, nach Vollendung seines dreizehnten Lebensjahres, in die religiösen Rechte und Pflichten des Erwachsenen. – *Tefillen*: Gebetsriemen und Kästchen mit Zitaten aus dem Pentateuch, werden bei den Morgengebeten an Stirn und linkem Arm getragen, zum Zeichen, daß der Betende dem Schöpfer mit Kopf und Herz ergeben ist.

[228] *Raw*: Titel des religiösen Richters der jüdischen Gemeinde.

[229] *Cheder*: wörtlich Zimmer; die traditionelle jüdische Elementarschule.

[230] Gemeint ist Morgensterns unveröffentlichter Romanbericht über die Zeit seiner Internierung in Frankreich und seiner Flucht aus dem Lager im Jahre 1940.

[231] Alfred J. Reis (geb. 1882 in Wien, 1951 in USA gestorben), Prof. der physikalischen Chemie.

[232] Franz von Hildebrand, 1912 geboren, Katholik und Monarchist wie sein Vater, war im Pariser Exil in der Flüchtlingshilfe tätig und später in Marseille Mitarbeiter des ›Centre Américain de Secours‹, dessen geheime Rettungsaktionen 1940/41 in Südfrankreich der Amerikaner Varian Fry leitete.

[233] Jakob Altmaier (1889–1963) war bei den Versailler Friedensverhandlungen Korrespondent des sozialdemokratischen *Vorwärts*, später Berliner Korrespondent des *Manchester Guardian*. Danach schrieb er u. a. für den *Vorwärts*, die *Frankfurter Zeitung*, die *Weltbühne* sowie für französische und englische Blätter. Von 1926 an war er Korrespondent beim *Sozialdemokratischen Pressedienst* in Belgrad, Paris und London. Nach der Machtübergabe an Hitler ging er nach Paris, von dort nach Belgrad, wo er Balkankorrespondent für verschiedene deutsche Exilblätter war. 1937/38 hielt er sich als Berichterstatter im republikanischen Spanien auf, ab 1939 in Belgrad und Athen, schließlich in Kairo. Nach Kriegsende gehörte er als Sozialdemokrat bis zu seinem Tode dem deutschen Bundestag an und betätigte sich in der Europapolitik. Er gilt als Initiator des Deutsch-Israelischen Vertrags von 1952.

[234] Im Anschluß an die Viermächte-Konferenz in München am 29. September 1938, in der Hitler sich seine Gebietsansprüche gegen die Tschechoslowakei offiziell bestätigen ließ, hatte Chamberlain eine deutsch-britische Nichtsangriffserklärung unterzeichnet.

[235] Nach Roths Tod schrieb Altmaier am 6. Juni 1939 an Rudolf Olden, dessen Nachruf er gelesen hatte: »Was Sie über unseren armen toten Freund schreiben, ist das beste und feinste, was von ihm gesagt worden ist. Ich kann es beurteilen, denn ich habe im letzten Jahr viele Tage und Nächte mit ihm

verbracht. Ganze Monate! Und es ist hier niemand, mit dem man sich über ihn unterhalten könnte. Sie waren ja alle so klein, die um ihn herumsaßen.« (nach: *Joseph Roth 1894–1939*. Eine Ausstellung der Deutschen Bibliothek Frankfurt am Main, 2., verb. Aufl., Frankfurt a. M. 1979, S. 399)

[236] Martin Fuchs jun. (1903–1969), von Haus aus Jurist, war österreichischer Diplomat und gehörte seit den dreißiger Jahren legitimistischen Gruppen an. Von 1927 an arbeitete er für die amtliche Nachrichtenstelle des österreichischen Bundeskanzleramtes in Paris, 1936/37 in Wien, vor dem »Anschluß« dann als Presseattaché der österreichischen Botschaft in Paris. Im französischen Exil war er, in enger Zusammenarbeit mit Otto von Habsburg, einer der aktivsten Vertreter der konservativen österreichischen Emigration und war Mitbegründer zahlreicher Zusammenschlüsse, so der Flüchtlingshilfsorganisation ›Entr'aide Autrichienne‹, der ›Ligue Autrichienne‹, der überparteilichen ›Fédération des émigrés provenant d'Autriche‹ (Zentralvereinigung österreichischer Emigranten) und des ›Aktionskomitees zur Befreiung Österreichs‹. Ferner war er Mitbegründer der *Österreichischen Post*, Publikationsorgan der monarchistischen ›Ligue Autrichienne‹, und initiierte nach Kriegsbeginn die Österreich-Sendungen von Radio Paris und des Österreichischen Freiheitssenders in Fécamp/Normandie. Nach der Kapitulation Frankreichs flüchtete er nach New York und setzte dort seine politische Tätigkeit fort. 1947 kehrte er nach Österreich zurück und nahm den diplomatischen Dienst wieder auf, zunächst in New York, dann als Botschafter in Brüssel, in den letzten Jahren seines Lebens als Botschafter in Paris.

[237] In Morgensterns Erinnerung ist aus zwei Texten Roths offensichtlich ein einziger geworden. Der erstgenannte über die Menschen auf der Präfektur trägt den Titel *Ein Kind im Wartezimmer der Polizei*. Er erschien am 10. September 1938 im *Neuen Tage-Buch* (Werke III, 819 f.) und ist ebensowenig Roths letzter wie der andere: *Rast angesichts der Zerstörung*. Dieser wurde in derselben Zeitschrift am 25. Juni 1938 veröffentlicht (Werke III, 813 ff.). Roth hatte das Hôtel Foyot am 1. November 1937 als letzter Gast verlassen, während man schon begann, es abzureißen. Er hat Stefan Zweig davon berichtet (vgl. Briefe, S. 516). Morgenstern zufolge ist also dieses düstere Stück Prosa, ungeachtet seiner durchgehenden Präsensform, erst einige Monate danach entstanden, wohl im April oder Mai 1938.

[238] André Philip (1902–1970), mit 26 Jahren Professor der Politischen Ökonomie an der Universität von Lyon, war von 1936 bis 1940 sozialistischer Abgeordneter des Département Rhône. Nach dem deutschen Einmarsch leitete er die Widerstandsorganisation ›Libération Sud‹. Im ›Comité français de libération nationale‹ war er unter General de Gaulle im Londoner Exil Kommissar für Inneres. Nach der Befreiung hatte er verschiedene hohe politische Ämter inne und publizierte als Hochschullehrer in Paris eine Reihe politischer sowie sozial- und wirtschaftsgeschichtlicher Schriften.

²³⁹ Valeriu Marcu (1899–1942), Publizist, vor allem im politischen Bereich.
²⁴⁰ Der bekannte Rabbiner Joachim Prinz (1902–1988) war schon im Sommer 1937 über Paris in die USA emigriert.
²⁴¹ Das Gedicht *Hatikwa* (Die Hoffnung) von Naftali Herz Imber (1856–1909), entstanden im Jahre 1878, ist mit der zionistischen Bewegung zur Nationalhymne Israels geworden.
²⁴² Siehe oben S. 411, Anm. 158.
²⁴³ Friedrich Sieburg (1893–1964) war im Mai 1926 politischer Korrespondent der *Frankfurter Zeitung* in Paris geworden und hatte, dank seiner guten Beziehungen, zugleich auch die dortige Alleinvertretung des Feuilletons für sich erlangt. Auf solche Art verlor der bisherige Pariser Kulturkorrespondent Joseph Roth schon nach einem knappen Jahr seine Stelle in der geliebten Stadt wieder – entgegen ursprünglichen Zusicherungen des Verlags. Verständlich, daß er gegen den ohnehin problematischen Kollegen entschiedene Aversionen hegte, aus denen später, mit Sieburgs Hinwendung zu reaktionärer und bald zu nationalsozialistischer Gesinnung, offene Feindschaft werden sollte.
²⁴⁴ Karol Rathaus' 1929/30 entstandene einzige Oper *Fremde Erde*, op. 25, wurde an der Berliner Staatsoper Unter den Linden Ende 1930 unter der musikalischen Leitung Erich Kleibers uraufgeführt. Am Tage der Uraufführung erschien in Berlin ein Artikel, worin der Komponist seine ästhetische Auffassung mit den Worten umriß: »Alle, die Augen haben und ein empfindliches Ohr, fühlen deutlich, daß die sternenweite Isolierung der Kunstmusik von der Masse (gleichgültig ob man sie Volk oder Publikum nennt) enorm geworden ist. Langsam beginnt die Oper, dem Theater folgend, sich darauf zu besinnen, daß uns heute der Inhalt eines Werkes am wichtigsten ist: das Theater dient ebensosehr der Aufklärung als der Kunst. [...] Dieser Standpunkt hat neben anderen Vorteilen auch diesen, daß er von rein formalen Problemen ablenkt und sein Hauptaugenmerk auf die Erfüllung und Deutlichmachung der Gesamtidee richtet.« (Karol Rathaus, *Oper, Bühnenmusik, Tonfilm*, Vossische Zeitung, 10. Dezember 1930, Unterhaltungsblatt)
²⁴⁵ Das Roth-Zitat lautet: »Auch Zeitung lesen ist gesund, man erfährt was aus der Welt, die man eben verlassen hat, um die Welt zu sehen.« (*Wo der Weltkrieg begann*, FZ 485, 3. Juli 1927, Werke II, 732)
²⁴⁶ Wie die Mutter, Sara Morgenstern, geb. Schwarz, lebten auch seine beiden Schwestern Klara und Helena und sein Bruder Moses damals noch in Wien. Klara Schwarz, verheiratet mit einem Verwandten aus der mütterlichen Linie, hatte vier Kinder. Ihr Sohn Adolf Schwarz, Dolfi genannt, 1911 geboren, wurde im Herbst oder Winter 1938 im Wiener Polizei-Gefängnis inhaftiert. Nach seiner Freilassung kam er über Belgien nach Frankreich, und hier in verschiedene Internierungslager. Seine letzte Nachricht stammt vom 1. September 1942 aus dem Camp Les Milles. Er ist in einem deutschen

Lager zugrunde gegangen. Auch Morgensterns Mutter und seine Geschwister Helena und Moses endeten in deutschen Lagern. Klara Schwarz und ihre übrigen drei Kinder konnten nach Israel flüchten und so ihr Leben retten.

[247] Der Verwaltungs- und Wirtschaftsfachmann Hermann Neubacher (1893–1960) war 1938–1940 Bürgermeister und Landeshauptmann von Wien.

[248] Unter dem Eindruck der Fingalshöhle auf der Hebriden-Insel Staffa, die Felix Mendelssohn-Bartholdy 1829 besuchte, entstand in ihm die Idee zur *Hebriden-Ouvertüre* (h-moll, op. 26, ursprünglich »Die Fingalshöhle« genannt).

[249] Lieselotte Maas (*Handbuch der deutschen Exilpresse 1933–1945*) verzeichnet Beiträge von Fingal in 50 Ausgaben der *Pariser Tageszeitung*, alle im Zeitraum 1939/40.

[250] Die nachstehende Episode hat Morgenstern auch in seinem Pariser Tagebuch festgehalten, das er auf seiner ersten Europa-Reise nach dem Kriege im Sommer 1950 führte. Der Name der dort genannten Frau Dr. Christ lautete aber möglicherweise Kris. Damals lebte im Pariser Exil der Wiener Rechtsanwalt Dr. Paul Kris mit seiner Frau, ein Mitarbeiter von Martin Fuchs und bei der *Österreichischen Post*, vermutlich auch Mitglied der ›Ligue autrichienne‹.

[251] Dr. Friedrich Adler, ein mit Roth und Morgenstern befreundeter österreichischer Arzt, der ebenfalls im Pariser Exil lebte. Näheres war nicht zu ermitteln.

[252] Pierre Bertaux (siehe oben S. 418, Anm. 218).

[253] Am 20. Mai 1938 machten die Tschechen unter der Drohung der Hitlerschen Gebietsansprüche mobil.

[254] Friderike Maria Zweig (siehe oben S. 395, Anm. 26).

[255] Blanche Gidon übersetzte u. a. Werke von E. T. A. Hoffmann, Gottfried Keller, René Schickele, Arnold Zweig, später auch Heinrich Böll, ins Französische. Von Roths Büchern hat sie einen beträchtlichen Teil übersetzt.

[256] Josef Bornstein war im Pariser Exil Chefredakteur von Leopold Schwarzschilds Zeitschrift *Das Neue Tage-Buch*.

[257] Otto Weininger, der sich bei Erscheinen seines Buches *Geschlecht und Charakter* 1903 mit dreiundzwanzig Jahren in Wien das Leben nahm.

[258] Aimee Semple McPherson, eine Predigerin in Los Angeles.

[259] Über Levi Isaak von Berditschew (1740–1809), den berühmten chassidischen Rebbe mit dem Beinamen »der Heilige«, auf den viele chassidische Lieder zurückgehen, sagt Simon Dubnow: »Ein durch und durch optimistisches Temperament und ein warmes Gefühl – dies waren die Grundeigenschaften dieses Zaddiks. In seinem Herzen brannte unausgesetzt die ›Liebe zu Israel‹, die Liebe zu jedem Menschen ohne Ansehen seines Standes

und Berufes. Und da Levi Isaak seine Hauptmission in der Verteidigung der Gesamtheit Israels vor dem Richterstuhl des Allerhöchsten erblickte, wurde er schon zu seinen Lebzeiten zum Lieblingshelden des Volkes. Unzählig sind die Geschichten, die man sich über die geistige Größe dieses Gerechten zu erzählen wußte, so namentlich über den Wagemut, mit dem er mit Gott rechtete und vor dem Allmächtigen seine Argumente zugunsten des auserwählten Volkes geltend machte.« (Simon Dubnow, *Geschichte des Chassidismus*, Berlin 1931, Bd. II, S. 50 f.)

[260] *Misrach*: der Osten, wo Israel liegt, die Richtung, in die sich der Betende wendet. – *Ma'ariw*: das jüdische Abendgebet.

[261] Max von Riccabona besuchte Roth im Jahre 1939 mehrere Male. »Ich war eine Art Kurier zwischen einer österreichischen Widerstandsbewegung im Entstehen und jenen österreichischen Emigranten, die versuchten, [...] eine Emigrationsregierung zu gründen« (Max von Riccabona, *Herr Roth im Café Tournon. Erinnerungen aus den letzten Tagen Joseph Roths*, in: Frankfurter Allgemeine Zeitung, 10. 9. 1969).

[262] Kaplan Johannes (später John M.) Oesterreicher, 1904 geboren, »der österreichische Priester und vormalige Jude, den Roth als seinen Seelsorger betrachtete, seitdem er einige katholische Praktiken zu den seinen gemacht hatte« (Bronsen, *Joseph Roth*, S. 597 f.).

[263] Kardinal Jean Verdier (1864–1940), Erzbischof von Paris, war einer der Initiatoren der ›Action catholique‹ in Frankreich.

[264] Beim Typoskript fand sich auf einem kleinen Zettel die handschriftliche Notiz: »Add footnote: Fingal's Kiss at Roth's death« – eine Absicht, die Morgenstern nicht mehr ausgeführt hat. Diese Fußnote sollte auf eine Behauptung Fingals antworten, die Bronsen in seine Roth-Biographie (S. 599) aufgenommen hat. Nach der Lektüre dieser Stelle schrieb Morgenstern in einem Brief vom 20. März 1975 an David Bronsen: »Was Fingal betrifft, so lügt er nur, weil er talentlos ist. Er glaubt offenbar, daß es schön ist, zu sagen, daß er – wie es sich so schickt – den toten Freund auf die Stirn geküßt hat. Ich bin mit ihm zum Krankenhaus gegangen, zu Fuß gegangen, denn wir haben uns sehr früh auf den Weg gemacht, nachdem er mir mitgeteilt hatte, daß Roth in der Nacht gestorben war. Leider hat man uns beide nicht zu ihm gelassen. Armer Fingal! Nicht einmal zum Tod eines Mannes, den er sein Leben lang bewundert hat, ist ihm was Wahres eingefallen.«

[265] Heines Gedicht *Gedächtnisfeier* aus seinem *Romancero*.

[266] Nämlich der um 1904 geborene litauische Talmudist und Journalist Joseph Gottfarstein, der in Paris lebte.

[267] Der letzte Kaiser der Habsburger Monarchie, Karl I. (1887–1922), bestieg den Thron am 21. November 1916, dem Todestag Franz Josephs I., und mußte am 11. November 1918 abdanken.

[268] Den Text des Epilogs entnahm Morgenstern seinem Pariser Tagebuch,

das er auf seiner ersten Europa-Reise nach dem Kriege geführt hatte; es handelt sich um den Eintrag vom 27. Juli 1950, den der Autor für sein Roth-Buch überarbeitet und erweitert hat. Das Typoskript weist irrtümlich die Jahresangabe »1951« auf; sie wurde vom Herausgeber korrigiert. Desgleichen wurde ein Datum im letzten Absatz geändert: 1931 in 1932.

[269] Diese Fotografie wurde im Nachlaß nicht gefunden; eine Abbildung enthält David Bronsens Roth-Biographie.

[270] Siehe oben S. 395, Anm. 25.

[271] Siehe oben S. 411, Anm. 158.

[272] Malcolm Lowry (1909–1957) veröffentlichte seinen Roman *Under the Volcano* zuerst 1947 in New York; die Neuausgabe erschien 1965.

[273] In seinem Nachruf in *Les Nouvelles Littéraires* (von der *Pariser Tageszeitung* am 3. Juni 1939 nachgedruckt) erinnert sich Fred Bérence, ein aus der Schweiz stammender Journalist, an Roths schlechte Verfassung und schreibt von einem Treffen vorm Café Tournon: »Er war allein, selbst der Getreueste der Getreuen, Soma Morgenstern, der brüderlich über ihn wachte, war fern.«

[274] Nahezu als einziger gedachte der Musil-Herausgeber Adolf Frisé des Toten: *Die Welt der galizischen Juden. Zum Tode von Soma Morgenstern* (Frankfurter Allgemeine Zeitung, 26. April 1976), in Wien veröffentlicht unter dem Titel: *Besuch bei Soma Morgenstern. Erinnerungen an einen Europäer in New York* (Die Presse, 17. Mai 1976). Auch die ›Internationale Robert Musil-Gesellschaft‹ publizierte in ihrem Organ einen Nachruf (Musil-Forum, Wien/Saarbrücken, Jg. 2, 1976, 1. Halbjahrsheft, S. 11).

[275] Die beiden Ausnahmen: der Professor der Germanistik an der University of Massachusetts at Boston, Alfred Hoelzel, *Soma Morgenstern 1890–1976*, in: Midstream (New York), Vol. 23, No. 3 (March, 1977), S. 41–50; Ders., *Soma Morgenstern*, in: Deutschsprachige Exilliteratur seit 1933, Bd. 2: New York, hg. von John M. Spalek und Joseph Strelka, Bern, München 1989, S. 665–689; und die Professorin der Musiktheorie an der University of California at Santa Barbara, Joan Allen Smith, *Berg's Character Remembered*, in: The Berg Companion, ed. by Douglas Jarman, London: The Macmillan Press, 1989, S. 13–32; dies., *Alban Berg and Soma Morgenstern: A literary Exchange*, in: Studies in the Schoenbergian Movement in Vienna and the United States. Essays in Honor of Marcel Dick, ed. by Anne Trenkamp and John G. Suess. (Studies in History and Interpretation of Music; vol. 26.) Lewiston, N. Y.: The Edwin Mellen Press, 1990, S. 33–56. – Genannt sei auch der Interview-Bericht von Israel Shenker, *Morgenstern*, in: Present Tense (New York), Jg. 1, Nr. 3 (Spring, 1974), S. 6–7.

[276] *Tagebuch, Heft 13: Amerikanisches Tagebuch* (1949), S. [34], Eintrag vom 18. Mai 1949 (Soma Morgenstern-Nachlaß, New York, im folgenden: Nachlaß). – Neben einem Heft vom Hollywood-Aufenthalt 1941–43 mit

wenigen beschriebenen Seiten und dem *Pariser Tagebuch* von 1950 sind die von Morgenstern numerierten Hefte 13 und 14 die einzigen im Nachlaß erhaltenen Tagebuch-Aufzeichnungen.

[277] Jascha Horenstein an Morgenstern, 28. Dezember 1964 (Nachlaß).

[278] *Tagebuch, Heft 13*, S. [82 ff.], Eintrag vom August 1949.

[279] *Tagebuch, Heft 14: Amerikanisches Tagebuch* (1949/50), S. [6], Eintrag vom 15. November 1949 (Nachlaß).

[280] *Tagebuch, Heft 13*, S. [2], Eintrag von Ende März 1949.

[281] Morgenstern an Gershom Scholem, 17. Februar 1973 (Durchschlag im Nachlaß).

[282] *Tagebuch, Heft 13*, S. [10 f.], Eintrag vom 14. April 1949.

[283] Vgl. *Joseph Roths Flucht und Ende*, oben S. 14.

[284] *Tagebuch, Heft 13*, S. [19 f.], Eintrag vom 24. April 1949.

[285] Morgenstern an Alban Berg, 30. November 1927 (Österreichische Nationalbibliothek, Musiksammlung: F 21 Berg 1106/15).

[286] Morgenstern berichtet von diesem Gespräch in einem Kommentar zum Brief Alban Bergs an ihn vom 27. November 1927 (Nachlaß).

[287] Ebd.

[288] Cuneus, *Wien*, FZ 957–958, 25. Dezember 1927, S. 8. Dieser Text von Roth findet sich in keiner der drei Werkausgaben.

[289] Walter Benjamin/Gershom Scholem, *Briefwechsel 1933–1940*, Frankfurt am Main 1980, S. 306, Anm. 2.

[290] Joseph Roth, *Briefe 1911–1939*, hg. von Hermann Kesten, Köln, Berlin 1970, S. 128.

[291] Heinrich Simon an Morgenstern, 9. September 1931 (Abschrift im Nachlaß).

[292] *Tagebuch, Heft 13*, S. [73], Eintrag vom 10. Juli 1949.

[293] A.a.O., S. [74], Eintrag vom 13. Juli 1949.

[294] Joseph Roth an Morgenstern, 13. Juli 1932 (der einzige erhaltene Brief ihrer Korrespondenz im Nachlaß).

[295] Vgl. David Bronsen, *Joseph Roth. Eine Biographie*, Köln 1974, S. 494 ff.

[296] Siehe oben das Kapitel »Die Gedenkrede«, S. 301 ff.

[297] Vgl. Roths Brief vom 27. Februar 1935 an seine französische Übersetzerin Blanche Gidon (Roth, Briefe 1911–1939, a.a.O., S. 406).

[298] Interview mit Joseph Gottfarstein, zit. bei David Bronsen, a.a.O., S. 549.

[299] So Fred Bérence, ein aus der französischen Schweiz stammender Kritiker und Journalist, in seinem Nachruf auf Roth (Pariser Tageszeitung, 3. Juni 1939).

[300] Morgenstern an Gershom Scholem, 8. Januar 1973 (Durchschlag im Nachlaß).

[301] *Alban Berg und seine Idole*, Typoskript, S. 135 f. (Nachlaß)

[302] *Joseph Roths Flucht und Ende*, oben S. 343.

303 *Alban Berg und seine Idole*, Typoskript, S. 36.

304 *Tagebuch, Heft 13*, S. [26 f.], Eintrag vom 1. Mai 1949.

305 *Pariser Tagebuch* (Juli/August 1950), S. [4 f.], Eintrag vom 14. Juli 1950.

306 A.a.O., S. [4], Eintrag vom 14. Juli 1950.

307 A.a.O., S. [5 f.], Eintrag vom 14. Juli 1950.

308 A.a.O., S. [9], Eintrag vom 21. Juli 1950.

309 *Zeitflüchtlinge*, FZ, 18. März 1928, Literaturblatt Nr. 12.

310 *Joseph Roths Flucht und Ende*, oben S. 281.

311 David Bronsen, a.a.O., S. 559, vgl. auch S. 494 u. 558.

312 *Warum reise ich gerne?*, FZ, Beilage ›Für die Frau‹, Jg. 4, Nr. 7, Juni 1929, S. 3 f., Roths Antwort auf S. 4. Auch dieser Text von Roth ist in keiner der Werkausgaben enthalten.

313 *Joseph Roths Flucht und Ende*, oben S. 281 f.

314 A.a.O., oben S. 346.

315 A.a.O., oben S. 348.

316 A.a.O., oben S. 282 f.

317 A.a.O., oben S. 281.

318 Morgenstern an Maria Frisé (Frankfurter Allgemeine Zeitung), 24. März 1975. Derselben Adressatin schrieb Morgenstern (am 28. Januar 1975) über den Zustand seines Typoskripts: »Ich habe es vor Jahren diktiert, vor vielen Jahren, und jetzt diktiere ich auch, wie Sie sehen werden, die Korrekturen. Aber alle sind meine, und hoffentlich die von meiner Hand geschriebenen genügend leserlich« (Durchschläge im Nachlaß).

319 *Tagebuch, Heft 14*, S. [13 f.], Eintrag von Ende November 1949.

320 *Tagebuch, Heft 13*, S. [20], Eintrag vom 25. April 1949.

321 *Alban Berg und seine Idole*, Typoskript (»Erklärung«).

322 Ebd.

323 *Tagebuch, Heft 14*, S. [9 f.], Eintrag vom 17. November 1949.

324 Vgl. Hermann Kesten, *Meine Suche nach dem Erbe von Joseph Roth*, in: Aufbau (New York), 8. April 1966.

325 Aus einer Aufzeichung Morgensterns in einem Heft von seinem Hollywood-Aufenthalt 1941–1943 (Nachlaß).

Joseph Roth
Die Erzählungen

DIE LEGENDE VOM HEILIGEN TRINKER | DER
LEVIATHAN | STATIONSCHEF FALLMERAYER
TRIUMPH DER SCHÖNHEIT | DIE BÜSTE DES
KAISERS | DER VORZUGSSCHÜLER | BARBARA
KARRIERE | VON DEM ORTE, VON DEM ICH
JETZT SPRECHEN WILL ... | KRANKE MENSCH-
HEIT | IMMER SELTENER WERDEN IN DIESER
WELT ... | DAS KARTELL | APRIL | DER BLINDE
SPIEGEL | DAS REICHE HAUS GEGENÜBER
ERDBEEREN | HEUTE FRÜH KAM EIN BRIEF
JUGEND

Kiepenheuer
& Witsch

Joseph Roth. Erzählungen. Sonderausgabe. Gebunden

Joseph Roths scharfe Beobachtungsgabe und minutiöse Prosa, die seine Romane und Feuilletons auszeichnen, lassen sich auch in seinen kunstvollen Erzählungen bewundern. Dieser Band präsentiert alle Geschichten Roths in einer besonderen Ausstattung, zum Sonderpreis und mit einem brillanten Nachwort von André Heller.

»Joseph Roth hatte die Lust des geborenen Erzählers an Menschen und Geschichten und das korrespondierende Talent des genialen Zuhörers.« *Hermann Kesten*

www.kiwi-verlag.de

Ausgewählte Romane
Joseph Roths als
gebundene Sonderausgabe

Die Kapuzinergruft. Roman. Gebunden

Radetzkymarsch. Roman. Gebunden

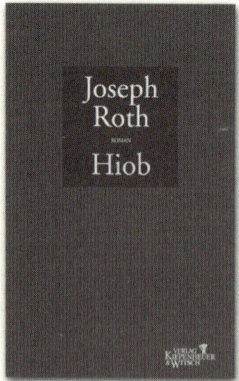

Hiob. Roman. Gebunden

Hotel Savoy. Roman. Gebunden

Kiepenheuer
& Witsch

www.kiwi-verlag.de

Weitere Titel von Joseph Roth bei Kiepenheuer & Witsch

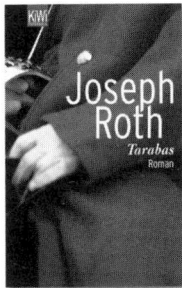

Tarabas. Roman. KiWi 884

Rechts und Links. Roman. KiWi 936

Die Rebellion. Ein Roman. KiWi 907

Die Geschichte von der 1002. Nacht. Roman. KiWi 881

Der Leviathan. Erzählungen. KiWi 883

Das falsche Gewicht. Roman. KiWi 904

Beichte eines Mörders, erzählt in einer Nacht. Roman. KiWi 882

Kaffeehaus-Frühling. Ein Wien-Lesebuch hrsg. von Helmut Peschina. KiWi 885

Sehnsucht nach Paris ... Ein Leben in Selbstzeugnissen. Helmut Peschina (Hg.). KiWi 903

www.kiwi-verlag.de